수렵면허 시험문제 필드사냥 완전정복

합격 후 사냥가이드북

자연과 사냥

www.gohunting.co.kr

머리말

사냥은 1등 국민의 스포츠라고 한다. 몸이 건강하고 범죄경력이 없어야 하며 경제적으로 성공한 사람이 가능하기 때문이다. 최근에는 면허시험에 합격해야 자격을 얻게 되니 쌀에서 뉘 고르듯 검증된 사람만이 가능한 스포츠다.

그런 의미에서 본다면 응시생 여러분은 자부심을 가져도 된다. 수렵면허시험은 1등 국민의 자격증을 따는 것쯤으로 생각하면 준비가 즐거울 것이다. 예전에는 '시민증' 보다 총포허가증이 위력을 발휘할 때도 있었다고 선배들은 전한다. 그 시절에 얼마나 자긍심이 높았을까 싶다. 양심에 따라 판단하는 엽사의 윤리적 수준은 누가 시켜서 하는 것이 아니었다. 600년 전 조선왕조 시대에도 그랬다.

그러나 요즘은 1등 국민도 사고를 쳐서 문제다. 감독자가 없는 수렵은 순간의 실수로 남을 다치게 하거나 경솔한 행동으로 보호해야 할 야생동물을 남획 할 수도 있다. 이런 문제를 예방하고 건전한 수렵문화를 정착시키고자 하는 사회적 시각에 따라 면허시험제를 두고 있다. 이를테면 면허시험은 합격이 중요한 것이 아니라 합격 후 지키는 것이 중요하다. 때문에 면허시험교재는 헌터의 교양과목이자 필독해야 할 수렵교과서이다. 이 교재는 수렵인이 그런 도리를 다 하도록 교양과 법률위주로 꾸몄다. 물론 예비헌터가 어렵지 않게 합격하고 열정을 지닌 야성의 엽사로 성장하는데 우선했다.

교재를 초월하여 한 번 익히면 야생동물을 보호하고 즐거운 사냥이 되도록 기초지식 위주로 꾸몄고 건전한 엽사는 먼 훗날 자연보호의 후원자로 성장한다는 헌터정신에 따라 편집했다.

이제 독자는 면허시험은 합격했고 사냥을 떠나는 자세로 교재를 읽으면 될 것이다. 애인처럼 안고 다닐 총기와 다정스런 사냥개를 생각하며 엽우들과 호연지기를 나누는 심정으로 책을 펼치면 된다.

다만 시험엔 왕도가 없다는 생각은 잊지 말아야 한다. 교재의 해설을 충분히 복습하고 문제를 풀어보면 정답이 쉽게 떠오를 것이다. 간단한 답을 외우는 것도 중요하지만 그보다 중요한 건 "안전사고 예방과 야생동물을 보호한다는 마음으로 문제의 흐름을 익히는 것이 합격의 지름길"이다.

모쪼록 면허시험에 합격하여 야성의 헌터복장을 차려입고 호연지기를 나누는 헌터가 되기 바란다.

저자 이종익

응시안내 및 출제 경향

1. 수렵면허시험 응시 안내

4~5월과 7~9월경 연2회 이상 실시되는 수렵면허시험은 응시 약 1개월 전 원서접수가 마감된다. 응시문제는 광역자치단체 홈페이지에 공고되며 주소지와 다른 시 도에서도 원서접수와 응시가 가능하다. 원서접수는 '인터넷 접수를 원칙'으로 하되 방문접수 등은 자치단체마다 다르나 시·군·구 민원실 또는 읍·면·주민자치센터에서 도와주는 곳도 있다. 인터넷 접수는 컴퓨터로 간편하게 실시할 수 있으나 방문접수는 반명함판 사진 2장, 수수료 1만원을 지참하여야 한다.

시험과목은 4과목, 과목당 20문항(총 80문항) 4지 선택1형이 출제된다. 응시 시간은 100분, 합격기준은 과목당 40점 이상 전과목 평균 60점 이상 획득해야 한다. 응시 장소엔 응시 40분 전까지 입실하여야 하며 "신분증·응시표·컴퓨터용 흑색 수성사인펜을 지참"하여야 한다.

2. 수렵면허시험 출제경향

시험 문제는 야생생물보호관리에관한법률과 총포도검화약류등안전관리에관한법률 등을 토대로 하고 있다. 그밖에 야생동물의 생태·수렵 시 우려되는 안전수칙·응급조치 등도 시험문제의 단골메뉴이다.

최근 출제 경향은 시험대상 문제(약 2,000 문항)를 광역자치단체 홈페이지에 게시하였다. 따라서 본 교재도 정부에서 발표한 내용을 중심으로 편집하였다. 다만 "합격 후 헌터들이 알아두어야 할 정보를 수록하여 두고두고 볼 수 있도록 꾸몄다. 문제에 대한 과목별 해설과 관련 서식 등도 삽입하여 짧은 시간에 익힐 수 있도록 편집하였다. 아울러 '중요한 내용은 **굵은 글씨와 밑줄 등으로 표시**'하여 연로한 응시생이 장시간 공부하지 않아도 이해할 수 있도록 간추려 정리"하였다.

그밖에 각종 수렵관련 별표·수칙·총기안전관리·야생동물의 계절별 변동 추이 등을 수록하여 합격 후에도 유익하게 사용할 수 있도록 내용을 추가하였다.

3. 답안지 작성요령 및 응시 장소 입실 시간

답안지는 한 번 표시하면 수정할 수 없다. 확실히 모르는 문제는 자리를 비워놓고 다음 문제를 풀어나가는 게 좋다. 뒤에 연관된 문제가 나오면 생각날 수 있기 때문이다. 고령자는 응시시간 100분이 부족할 수 있으니 시계를 보면서 밀도 있게 집중하여야 한다. 40분 이내 응시 장소에 입실하라는 내용이 있으나, "시험실시 시간 이내에만 도착"해도 가능할 수 있으니 입실시간 지각 자도 포기하지 말고 입실하는 게 현명하다.

CONTENTS

PART 01

수렵면허 시험 문제 해설

1장 수렵에 관한 법령 및 수렵의 절차 10

제1절 수렵에 관한 법령 10

가. 야생생물 보호 10

나. 멸종위기 야생생물의 보호 13

다. 멸종위기 야생생물 외의 야생생물 보호 14

라. 야생생물 특별보호구역 등의 지정 · 관리 17

제2절 수렵의 절차 24

2장 야생동물의 보호 관리에 관한 사항 32

3장 수렵도구의 사용법 53

제1절 총포 도검 화약류 등 안전관리에 관한 법률 해설 53

가. 총포 53

나. 석궁 67

다. 벌칙 68

라. 종목별 출제 요약 71

마. 총기와 엽탄 78

제2절 활 · 그물(2종 면허 총기 이외의 엽구) 102

4장 안전사고의 예방 및 응급조치에 관한 사항 113

제1절 안전사고의 예방 113

제2절 응급조치에 관한 사항 118

야생생물법에 관한 별표 및 서식 127

〈총안법〉에 따른 별표 및 서식 136

PART 02

수렵면허 시험문제

1장 수렵에 관한 법령 및 수렵의 절차 142

제1절 야생생물 보호 및 관리에 관한 법률 / 과목1, 영역1 142

제2절 수렵의 절차 / 과목1, 영역2 164

제3절 기타 / 과목1, 영역3 181

2장 야생동물의 보호 관리에 관한 사항 205

제1절 야생동물과 수렵동물의 특성 / 과목2, 영역1 205

제2절 야생동물과 수렵동물의 식별 / 과목2, 영역2 227

3장 수렵도구(제1종)의 사용법 243

제1절 수렵용 총기에 대한 기본 / 과목3, 영역1 243

제2절 수렵용 총기(엽총 공기총)의 특성 / 과목3(1종), 영역2 253

제3절 엽탄 · 연지탄 등의 용도 / 과목(3종), 영역3 265

제4절 사격술 등 / 과목(1종), 영역4 272

제5절 수렵도구(제2종)의 사용법 / 과목3, 영역5(2종) 279

4장 안전사고의 예방 및 응급조치에 관한 사항 296

제1절 총포 · 도검 · 화약류 등의 안전관리에 관한 법률 / 과목4, 영역1 296

제2절 총기 안전사고 방지 요령 / 과목4, 영역2 314

제3절 응급 처치 요령 / 과목4, 영역3 331

그림으로 보는 사냥규범 347

수렵면허시험답안지

200 년 월 일 시행

책임관리관 확 인 란	

성 명 (한 글)	
【필적감정용 기재란】 (예시) **본인은 위 응시자와 동일인임을 확인함.**	

응 시 번 호				
(1)				
(2)	⓪①②③④⑤⑥⑦⑧⑨	⓪①②③④⑤⑥⑦⑧⑨	⓪①②③④⑤⑥⑦⑧⑨	⓪①②③④⑤⑥⑦⑧⑨

면허종류		
	1종	●
	2종	○

문 제 책 형	
A 형	B 형
○	○

※ 면허의 종류가 1종이며 응시번호가 1234번일 경우

응시자 유의사항

1. 필적감정용 기재란은 예시된 내용을 자필로 기재할 것.
2. 답안은 반드시 (컴퓨터용) 흑색 싸인펜만을 사용하여 다음 보기와 같이 바르게 표기할 것.
   - ※ 바른표기 : ● ② ③ ④
   - ※ 틀린표기 : ⊘ ⊗ ◑ ⊙ ⊘
3. 응시번호(1)란은 숫자로 (2)란은 해당란에 ●표를 할 것.
   - ※ 보기 : 응시번호가 1234번인 경우

(1)	1	2	3	4
(2)	⓪ ● ② ③ ④	⓪ ① ● ③ ④	⓪ ① ② ● ④	⓪ ① ② ③ ●

4. 면허종류란은 1종, 2종 중 자기 해당란에 ●표를 할 것.
5. 문제책형란은 A · B형 중 자기 해당 책형란에 ●표를 할 것.
6. 답안 전체를 무효로 하는 경우
   - 가. 컴퓨터용 싸인펜 이외의 필기 도구를 사용하여 컴퓨터가 판독하지 못하는 답안지
   - 나. 응시번호, 면허종류, 책형을 표기하지 않거나 부정확하게 표기하여 컴퓨터가 판독하지 못하는 답안지
7. 정답을 2개 이상 표기한 답안과 정정한 답안은 당해 문항을 무효 처리함.
8. 시험이 끝난 후에는 답안지와 문제책을 반드시 제출할 것.
   (미제출자는 전체시험을 무효로 함.)

※ 수렵에 관한 법령문제의 답이 ②번일 경우

답 안 표 기 란

수렵에 관한 법령 및 수렵의 절차		야생동물의 보호·관리에 관한 사항		안전사고의 예방 및 응급조치에 관한 사항		수렵도구의 사용방법	
문항	보 기	문항	보 기	문항	보 기	문항	보 기
1	① ● ③ ④	1	①②③④	1	①②③④	1	①②③④
2	①②③④	2	①②③④	2	①②③④	2	①②③④
3	①②③④	3	①②③④	3	①②③④	3	①②③④
4	①②③④	4	①②③④	4	①②③④	4	①②③④
5	①②③④	5	①②③④	5	①②③④	5	①②③④
6	①②③④	6	①②③④	6	①②③④	6	①②③④
7	①②③④	7	①②③④	7	①②③④	7	①②③④
8	①②③④	8	①②③④	8	①②③④	8	①②③④
9	①②③④	9	①②③④	9	①②③④	9	①②③④
10	①②③④	10	①②③④	10	①②③④	10	①②③④

※ 본 란은 기존의 답안지 형식으로 일부 내용이 다를 수 있습니다.

〈편집자 주〉 답안지 작성요령

① 답안지에 한 번 표시하면 수정할 수 없습니다. 확실히 모르는 문제는 자리를 비워놓고 다음 문제를 풀어나가시오. 뒤의 연관된 문제가 나오면 생각날 수 있습니다.
② 고령자는 응시시간 50분이 부족할 수 있으니 시간을 보면서 밀도 있게 집중하여야 합니다. 응시시간 중 휴대폰은 감독관이 보관하여 시계를 지참하는 것이 좋습니다.
③ 컴퓨터 수성사인펜을 지참하시오.

P·A·R·T 01

수렵면허 시험 문제 해설

수렵에 관한 법령 및 수렵의 절차 | **제1장**
야생동물의 보호 관리에 관한 사항 | **제2장**
수렵도구의 사용법 | **제3장**
안전사고의 예방 및 응급조치에 관한 사항 | **제4장**

수렵 절차 및 구비서류

수렵면허시험(시 · 도청) ① 증명사진 ② 수수료 1만원 / 사이트 원서접수 원칙(전국동일): http://local.gosi.go.kr(서류작성 미숙자: 시 · 군 · 구청 민원실에서 서류 작성 도움)

수렵강습(수렵면허시험 합격자 및 면허 갱신자 대상) · 야생생물협회 위탁 ① 수수료 2만원(실습비 별도) ② 강습 1일 전까지 신청서 제출 ③ 강습 이수증 수령

총포소지허가 전 교육(총포화약안전기술협회 위탁) 1) 교육 과목 ① 총포 · 도검 · 화약류 · 석궁의 취급 및 관리 등에 관한 법령 ② 엽총 · 공기총 · 석궁의 사용 · 보관, 취급에 관한 실기 및 안전교육 ③ 화약류의 제조 및 취급상의 안전관리에 관한 실기(화약 면허 해당)

총포소지허가 신청(주소지 경찰서) 1. 구비서류: ① 신체검사서(공기총 및 석궁 외에는 종합병원 또는 병원에서 발행한 것) ② 총포의 출처를 증명할 수 있는 서류 ③ 총포의 용도를 소명할 수 있는 서류(사격선수확인증 · 수렵면허증 또는 수렵면허시험 합격증 · 수렵승인증 · 유해야생동물포획허가증 중 해당 서류) ④ 증명사진 ⑤ 수렵 또는 유해조수구제용의 경우, "총포 소지 적정 여부에 대한 정신건강의학과 전문의 의견이 기재된 진단서 또는 소견서" ⑥ 병력(病歷)신고 및 개인정보 이용 동의서(수렵용 또는 유해조수구제용 총포 제외)

수렵면허 신청(주소지 시 · 군 · 구청) 1. 구비서류 ① 수렵면허시험 합격증 ② 수렵강습 이수증(최근 1년 이내의 것) ③ 신체검사서 또는 총포 소지허가증 ④ 증명사진 1장

수렵 또는 유해조수 보험 가입(이름 · 주소 · 주민번호 · 스마트폰 번호)

포획승인 신청(수렵장 설정자) 1) 구비서류 ① 포획승인 신청서(소정서식) ② 수렵면허증 사본 ③ 입렵비 송금영수증 사본 ④ 보험 영수증 사본 ⑤ 유해조수 구제의 경우 해당 서류

수렵 전 안전교육(총포화약안전기술협회 위탁) 1. 안전교육 과목 ① 총포 또는 석궁의 조작방법 및 안전관리 수칙 ② 총포 또는 석궁의 도난·분실이나 안전사고 발생 시 조치 요령 ③ <총안법> 및 <야생생물법> 등 관련 법에 따른 주의사항 2. 수렵 전 안전교육은 교육을 받은 날부터 1년간 유효하다. 3. 수수료 2만원

수렵총기 및 실탄 인수(주소지 경찰서) 1) 구비서류 ① 반환사유 및 반환을 증명하는 서류 ② 보관증명서 ③ 총포소지자의 위치정보수집 동의서 ④ 수렵승인증 또는 유해조수 포획 허가증

수렵 실시(규정에 의한 수렵조끼 착용) 1) 허가증 등 휴대 의무 ① 총포소지허가증 ② 수렵면허증 ③ 수렵승인증

수렵(유해조수): 포획동물 신고(또는 확인표지 부착)

수렵(유해조수) 포획물 신고 또는 확인표지 부착(읍·면·동사무소)

총기보관 ① 수렵장 내 지구대·파출소·귀가 시 주소지 경찰서 ② 긴급사항 발생시: 주소지 경찰서 총포담담관에게 즉시 연락

수렵종료 후 총기 및 실탄 보관(주소지 경찰서) 1) 휴대품 ① 총기 ② 실탄 ③ 실탄 사용량 기록대장 제출

수렵 및 유해조수 포획신고서 및 수렵승인증 반납(엽기 마감 후 7일 이내, 발행처에 반납)

1장 수렵에 관한 법령 및 수렵의 절차

제1절 수렵에 관한 법령

가. 야생생물 보호

1. 야생생물보호관리에관한법률(이하 야생생물법)의 목적

(야생생물법)의 목적은 야생생물과 그 **서식환경**을 **체계적으로 보호·관리**함으로써 야생생물의 **멸종을 예방하고, 생물의 다양성을 증진시켜 생태계의 균형을 유지**함과 아울러 **사람과 야생생물이 공존하는 건전한 자연환경을 확보함을 목적**으로 한다. (법 제1조)

2. 야생생물법에서 사용하는 용어의 뜻은 다음과 같다(법 제2조) 〈개정 2014.3.24.〉

(1) **"야생생물"이란 산·들 또는 강 등 자연상태에서 서식하거나 자생(自生)하는 동물, 식물, 균류·지의류(地衣類), 원생생물 및 원핵생물의 종(種)을 말한다.**

(2) **"멸종위기 야생생물"이란** 아래에 해당하는 야생생물 종으로서 환경부령으로 정하는 종을 말한다.

① **멸종위기 야생생물 Ⅰ급: 자연적 또는 인위적 위협요인으로 개체수가 크게 줄어들어 멸종위기에 처한 야생생물이다.**

② **멸종위기 야생생물 Ⅱ급:** 자연적 또는 인위적 위협요인으로 개체수가 크게 줄어 **현재의 위협요인이 제거되거나 완화되지 아니할 경우 가까운 장래에 멸종위기에 처할 우려가 있는 야생생물**을 말한다.

(3) "국제적 멸종위기종"이란 "멸종위기종국제거래협약"에 따라 **국제거래가 규제되는 생물종**으로 아래와 같다.

① **멸종위기에 처한 종 중 국제거래로 멸종할 수 있는 종을 말한다.**

② 멸종위기에 처하지는 않았으나 **국제거래를 규제하지 않을 경우 멸종위기에 처할 수 있는 종**을 말한다.

③ **당사국이 이용을 제한할 목적으로 협력이 필요하다고 판단한 종**을 말한다.

(4) **"유해야생동물"이란 사람의 생명이나 재산에 피해를 주는 야생동물**로서 다음과 같다.

① **유해야생동물**

- 장기간에 걸쳐 무리를 지어 농작물 또는 과수에 피해를 주는 참새·까치·어치·직박구리·까마귀·갈까마귀·떼까마귀를 말한다.

- 일부 지역에 서실밀도가 너무 높아 농·림·수산업에 피해를 주는 꿩·멧비둘기·고라니·멧돼지·청설모·두더지·쥐류 및 오리류(오리류 중 원앙이 원앙사촌·혹부리오리·황오리·알락쇠오리·호사비오리·뿔쇠오리·(붉은가슴흰죽지를 제외한다)
- 비행장 주변에 출현하여 항공기 또는 특수 건조물에 피해를 주거나 군 작전에 지장을 주는 조수류를 말한다.
- 인가주변에 출현하여 인명·가축에 위해를 주거나 위해발생 우려가 있는 맹수류(멸종 위기 야생동물을 제외한다.)
- 분묘를 훼손하는 멧돼지
- 전주 등 전력시설에 피해를 주는 까치
- 일부 지역에 서식밀도가 너무 높아 분변·털날림 등으로 문화재 훼손이나 건물 부식 등 재산 피해를 주고 생활에 피해를 주는 집비둘기

(5) **"인공증식"이란 야생생물**을 일정한 장소 또는 시설에서 **사육·양식·증식하는 것**을 말한다.

(6) **"생물자원"이란** 사람을 위하여 **가치가 있거나** 실제적 또는 **잠재적 용도가 있는 유전자원, 생물체, 생물체의 부분, 개체군 또는 생물의 구성요소**를 말한다.

(7) **"유전자원"이란** 유전(遺傳)의 기능적 단위를 포함하는 **식물·동물·미생물 또는 그 밖에 유전적 기원이 되는 유전물질** 중 실질적 또는 잠재적 가치를 지닌 물질을 말한다.

(8) "외래생물"이란 **외국으로부터** 인위적 또는 자연적으로 **유입되어 그 본래의 원산지 또는 서식지를 벗어나 존재하게 된 생물**을 말한다.

(9) "생태계교란 생물"이란 **생태계 등에 미치는 위해가 큰 것이나, 유전자의 변형을 통하여 생태계의 균형을 교란하거나 교란할 우려가 있는 생물**을 말한다.

(10) **"생물다양성"이란** 육상생태계 및 수생생태계와 이들의 복합생태계를 포함하는 모든 원천에서 발생한 **생물체의 다양성을 말하며, 종내(種內)·종간(種間) 및 생태계의 다양성**을 포함한다.

(11) **'생태계'란 식물·동물 및 미생물 군집(群集)들과 무생물 환경이 기능적인 단위로 상호 작용하는 역동적인 복합체**를 말한다.

(12) **"생물자원"이란** 사람을 위하여 가치가 있거나 실제적 또는 잠재적 용도가 있는 **유전자원, 생물체, 생물체의 부분, 개체군 또는 생물의 구성요소를 말한다.**

(13) **"유전자원"이란** 유전(遺傳)의 기능적 단위를 포함하는 **식물·동물·미생물 또는 그 밖에 유전적 기원이 되는 유전물질 중 실질적 또는 잠재적 가치를 지닌 물질**을 말한다.

(14) **"전통지식"이란** 생물다양성의 보전 및 생물자원의 지속가능한 이용에 적합한 전통적 생활양식을 유지하여 온 **개인 또는 지역사회의 지식, 기술 및 관행(慣行)** 등을 말한다.

3. 야생생물 보호 및 이용의 기본원칙이란(법 제3조)

야생생물은 **현세대와 미래세대의 공동자산임을 인식하고 현세대는 야생생물과 그 서식환경을 적극 보호하여 그 혜택이 미래세대**에게 돌아갈 수 있도록 하여야 한다.

4. 야생생물 보호 기본계획의 수립 등(법 제5조)

환경부장관은 5년마다 멸종위기 야생생물 등에 대한 야생생물 보호 기본계획을 수립하여야 한다.

5. 야생생물 등의 서식실태 조사(법 제6조)

환경부장관은 멸종위기 야생생물, 생태계교란 생물 등 **특별히 보호하거나 관리할 필요가 있는 야생생물의 서식실태를 정밀하게 조사**하여야 한다. <개정 2012.2.1.>

6. 야생동물의 학대금지(법 제8조)

(1) **누구든지 정당한 사유 없이 야생동물에게 아래의 학대행위를 하여서는 아니 된다.**

① **때리거나 산채로 태우는 등 다른 사람에게 혐오감을 주는 방법으로 죽이는 행위**

② **포획·감금하여 고통을 주거나 상처를 입히는 행위**

③ **살아 있는 상태에서 혈액, 쓸개, 내장 또는 그 밖의 생체의 일부를 채취하거나 채취하는 장치 등을 설치하는 행위**

④ **목을 매달거나 독극물을 사용하는 등 잔인한 방법으로 죽이는 행위**

7. 불법 포획한 야생동물의 취득 등 금지(법 제9조)

누구든지 이 법을 위반하여 포획·수입 또는 반입한 야생동물을 사용하여 만든 **음식물 또는 가공품**을 그 사실을 알면서 취득·양도·양수·운반·보관하거나 그러한 행위를 알선하지 못한다.

8. 누구든지 덫, 창애, 올무 또는 그 밖에 야생동물을 포획할 수 있는 도구를 제작·판매·소지 또는 보관하여서는 아니 된다(법 제10조)

다만, 학술 연구, 관람·전시, 유해야생동물의 포획 등 환경부령으로 정하는 경우에는 그러하지 아니하다. [전문개정 2011.7.28.]

나. 멸종위기 야생생물의 보호 〈개정 2011.7.28〉

1. 멸종위기 야생생물의 포획·채취 등의 금지(법 제14조)

(1) 누구든지 멸종위기 야생생물을 **포획·채취·방사(放飼)·이식(移植)·가공·유통·보관·수출·수입·반출·반입(가공·유통·보관·수출·수입·반출·반입하는 경우에는 죽은 것을 포함)·훼손하거나 고사(枯死) 포획·채취**하여서는 안 되고 아래의 행위도 금지한다.

① **폭발물·덫·창애·올무·함정·전류 및 그물의 설치 또는 사용**

② **유독물·농약 및 이와 유사한 물질의 살포 또는 주입하는 행위**

(2) 아래의 경우 위의 (1)번을 적용하지 아니한다. 〈개정 2014.3.24〉

① **인체에 급박한 위해를 끼칠 우려가 있어 포획하는 경우**

② **질병에 감염된 것으로 예상되거나 조난 또는 부상당한 야생동물의 구조·치료 등이 시급하여 포획하는 경우**

③ **천연기념물에 대하여 허가를 받은 경우**

④ 법령에 따라 **포획·채취 등의 인가·허가 등을 받은 경우**

⑤ **보관 신고를 하고 보관하는 경우**

⑥ 법에 따라 **인공증식한 것을 가공·유통 또는 보관하는 경우**

- 허가를 받고 멸종위기 야생생물의 포획·채취 등을 하려는 자는 허가증을 지녀야 하고, 포획·채취 등을 하였을 때에는 그 결과를 환경부장관에게 신고하여야 한다.
- 야생생물이 멸종위기 야생생물로 정하여질 당시에 그 야생생물 또는 그 **박제품을 보관하고 있는 자는 그 정하여진 날부터 1년 이내에 환경부장관에게 신고**하야 한다. 다만, 「문화재보호법」에 따라 신고한 경우에는 그러하지 아니하다.

2. 멸종위기 야생생물 등의 광고 제한(법 제18조)

누구든지 멸종위기 야생생물과 국제적 **멸종위기종의 멸종 또는 감소를 촉진시키거나 확대를 유발(誘發)할 수 있는 광고를 하여서는 아니 된다.** 다만, 다른 법률에 따라 인가·허가 등을 받은 경우에는 그러하지 아니하다. [전문개정 2011.7.28.]

다. 멸종위기 야생생물 외의 야생생물 보호 〈개정 2011.7.28.〉

1. 야생생물의 포획·채취 금지(법 제19조)

(1) 누구든지 멸종위기 야생생물이 아닌 경우에도 **야생생물을 포획 또는 채취하거나 고사시켜서는 아니 된다**. 다만, 아래에 해당하는 경우로서 **특별자치시장·특별자치도지사·시장·군수·구청장(구청장은 자치구의 구청장)의 허가를 받은 경우에는 그러하지 아니하다.**

① **학술 연구 또는 야생생물의 보호·증식 및 복원의 목적으로 사용하려는 경우**

② **법에 따라 생물자원관에서 관람용·전시용으로 사용하려는 경우**

③ 법에 따라 **공익사업의 시행 또는 인가·허가 등을 받은 사업의 시행을 위하여** 야생생물을 이동시키거나 이식하여 보호하는 것이 불가피한 경우

④ **사람이나 동물의 질병 진단·치료 또는 예방을 위하여** 관계 중앙행정기관의 장이 시장·군수·구청장에게 요청하는 경우

⑤ 법에 따라 야생생물을 **상업적 목적으로 인공증식하거나 재배하는 경우**

(2) 누구든지 야생생물을 포획 또는 채취하거나 고사시키기 위하여 아래의 행위를 하여서는 아니 된다. 다만, 포획·채취 또는 고사 방법을 정하여 허가를 받은 경우 그러하지 아니하다. 〈개정 2014.3.24.〉

① **폭발물, 덫, 창애, 올무, 함정, 전류 및 그물의 설치 또는 사용**

② **유독물, 농약 및 이와 유사한 물질의 살포 또는 주입**

(3) 아래의 경우 행위제한을 적용하지 아니한다. 〈개정 2014.3.24.〉

① **인체에 급박한 위해를 끼칠 우려가 있어 포획하는 경우**

② **질병에 감염된 것으로 예상되거나 조난 또는 부상당한 야생동물의 구조·치료 등이 시급하여 포획하는 경우**

③ 천연기념물 또는 법에 따라 허가를 받은 경우

④ 법에 따라 포획·채취의 인가·허가 등을 받은 경우

⑤ **시장·군수·구청장으로부터 유해야생동물의 포획허가를 받은 경우**

⑥ **수렵장설정자로부터 수렵승인을 받은 경우**

(4) 멸종위기 야생동물 및 벌칙

번호	멸종위기종 1급 포획 등 (5년 이하의 징역 또는 500만원 이상 5천만원 이하의 벌금)		멸종위기종 2급 포획 등 (3년 이하의 징역 또는 300만원 이상 3천만원 이하의 벌금)			
	포유류 11종	조류 12종	포유류 9종	조류 종		
1	늑대	검독수리	담비	개리	무당새	뿔종다리
2	대륙사슴	넓적부리도요	무산쇠족제비	검은머리갈매기	쇠부엉이	새홀리기
3	반달가슴곰	노랑부리백로	물개	검은머리물떼새	알락개구리매	솔개
4	붉은박쥐	두루미	물범	검은목두루미	알락꼬리마도요	검은머리촉새
5	사향노루	매	삵	고니	올빼미	고대갈매기
6	산양	저어새	작은관코박쥐	긴점박이올빼미	재두루미	긴꼬리딱새
7	수달	참수리	큰바다사자	까막딱다구리	잿빛개구리매	노랑부리저어새
8	스라소니	청다리도요사촌	토끼박쥐	느시	조롱이	따오기
9	여우	크낙새	하늘다람쥐	독수리	참매	호사비오리
10	표범	흑고니		뜸부기	큰고니	흑기러기
11	호랑이	황새		먹황새	큰기러기	흑두루미
12		흰꼬리수리		물수리	큰덤불해오라기	흰목물떼새
13				벌매	큰말똥가리	흰이마기러기
14				붉은해오라기	팔색조	흰죽지수리
15				뿔쇠오리	항라머리검독수리	붉은배새매
16				흑비둘기	쇠검은머리쑥새	새매
17						섬개개비

2. 야생생물의 포획·채취 허가 취소(법 제20조)

(1) 시장·군수·구청장은 야생생물의 포획·채취 또는 고사 허가를 받은 아래의 경우에는 그 허가를 취소할 수 있다. 다만, 제1호에 해당하는 경우에는 그 허가를 취소하여야 한다. 〈개정 2014.3.24.〉

(2) **취소해야 할 경우**

① **거짓이나 그 밖의 부정한 방법으로 허가를 받은 경우**

② 야생생물을 포획 또는 채취하거나 고사시킬 때 허가조건을 위반한 경우

③ **허가받은 목적 외의 용도로 사용한 경우**

④ 허가받은 방법에 따라 인공증식하거나 재배하지 아니한 경우

⑤ **허가가 취소된 자는 취소된 날부터 7일 이내에 허가증을 시장·군수·구청장에게 반납**하여야 한다. [제목개정 2014.3.24.]

(3) **유해야생동물의 포획허가 및 관리(법 제23조)**

① **유해야생동물을 포획하려는 자는 시장·군수·구청장의 허가를 받아**야 한다.

② 시장·군수·구청장은 유해야생동물 포획허가를 하려는 경우 유해야생동물로 인한 농작물 등의 피해 상황, 유해야생동물의 종류 및 수 등을 조사하여 과도한 포획으로 인하여 생태계가 교란되지 아니하도록 하여야 한다.

③ 시장·군수·구청장은 유해야생동물 포획 허가를 신청한 자의 요청이 있으면 **수렵면허를 받고 수렵보험에 가입한 사람에게 포획을 대행**하게 할 수 있다.

④ **환경부장관은 유해야생동물의 관리를 위하여** 필요하면 관계 중앙행정기관의 장 또는 지방자치단체의 장에게 **피해예방활동이나 질병예방활동, 수확기 피해방지단 구성·운영 등 적절한 조치를 하도록 요청**할 수 있다. <개정 2014.3.24.>

⑤ **수확기 피해방지단의 자격은 a. 총포소지허가를 취득한 후 5년 이상 경과한 사람 b. 포획허가 신청일부터 최근 5년 이내에 수렵한 실적**이 있거나 유해야생동물을 포획한 실적이 있는 사람 c. 포획허가 **신청일부터 5년 이내에 이 법을 위반하여 처분을 받지 아니한 사람**

⑥ **유해야생동물을 포획한 자는 환경부령으로 정하는 바에 따라 유해야생동물의 포획 결과를 시장·군수·구청장에게 신고하여야 한다.** <신설 2013.3.22.>

(4) **유해야생동물의 포획허가 취소(법 제23조의2)**

① 시장·군수·구청장은 **유해야생동물의 포획허가를 받은 자가 다음에 해당하는 경우 그 허가를 취소**할 수 있다. 다만, 아래에 해당하는 경우에는 그 허가를 취소하여야 한다.

② **유해야생동물 포획허가를 취소해야 하는 사람**

- **거짓이나 그 밖의 부정한 방법으로 허가를 받은 경우**
- **포획신고를 하지 아니한 경우**

③ 유해야생동물을 포획할 때 생명의 존엄을 해치거나, 포획확인표지를 즉시 부착하지 않은 경우, 사용 후 남은 확인표지는 허가기관에 지체 없이 반납하지 않은 경우, 포획 후 5일 이내 포획물 신고를 하지 않은 경우, 기타 허가의 기준 · 안전수칙 · 포획 · 방법 등을 위반한 경우

④ 허가가 취소된 자는 **취소된 날부터 7일 이내에 허가증을 시장 · 군수 · 구청장에게 반납**하여야 한다. [본조신설 2011.7.28.]

3. 야생화된 동물의 관리(법 제24조)

(1) 환경부장관은 **버려지거나 달아나 야생화(野生化)된 가축이나 애완동물**로 인하여 야생동물의 질병 감염이나 생물다양성의 감소 등 생태계 교란이 발생하거나 발생할 우려가 있으면 관계 중앙행정기관의 장과 협의하여 그 가축이나 애완동물을 야생화된 동물로 지정 · 고시하고 필요한 조치를 할 수 있다.

(2) 현재 **야생화된 동물은 야생동물의 알 · 새끼 · 집에 피해를 주는 들고양이다**.

4. 시 · 도 보호 야생생물 지정(법 제26조)_

시 · 도지사는 관할구역에서 그 수가 **감소하는 등 멸종위기 야생생물에 준하여 보호가 필요하다고 인정되는 야생생물**을 해당 특별시 · 광역시 · 특별자치시 · 도 · 특별자치도(이하 "시 · 도"라 한다)의 조례로 정하는 바에 따라 **시 · 도보호 야생생물로 지정 · 고시**할 수 있다.

라. 야생생물 특별보호구역 등의 지정 · 관리 〈개정 2011.7.28.〉

1. 환경부장관이 지정할 수 있는 야생생물 특별보호구역(법 제27조)

(1) **환경부장관**은 멸종위기 야생생물의 보호 및 번식을 위하여 **야생생물 특별보호구역을 지정**할 수 있다.

2. 특별보호구역의 훼손 행위 제한(법 제28조)

(1) **누구든지 특별보호구역에서는 아래의 훼손행위를 하여서는 아니 된다**. 다만, 문화재보호구역에 대하여는 그 법에 따른다.

① 건축물 또는 그 밖의 공작물의 신축 · 증축(기존 건축 연면적을 2배 이상 증축하는 경우) 및 토지의 형질변경

② 하천, 호소 등의 구조를 변경하거나 수위 또는 수량에 변동을 가져오는 행위

③ 토석 채취

④ 폐기물 또는 유독물질을 버리는 행위

⑤ 인화물질을 소지하거나 취사 또는 야영하는 행위

⑥ 야생생물의 보호에 관한 안내판 또는 표지물을 더럽히거나 훼손·이전하는 행위
⑦ 소리·빛·연기·악취 등을 내어 야생동물을 쫓는 행위
⑧ 야생생물의 둥지·서식지를 훼손하는 행위
⑨ 풀, 입목(立木)·죽(竹)의 채취 및 벌채. 다만, 특별보호구역에서 그 특별보호구역의 지정 전에 실시하던 영농행위를 지속하기 위하여 필요한 경우 또는 관계 행정기관의 장이 야생생물의 보호 등을 위하여 환경부장관과 협의하여 풀, 입목·죽의 채취 및 벌채를 하는 경우는 제외한다.
⑩ 가축의 방목
⑪ 야생동물의 포획 또는 그 알의 채취
⑫ 동물의 방사(放飼). 다만, 조난된 동물을 구조·치료하여 같은 지역에 방사하는 경우 또는 관계 행정기관의 장이 야생동물의 복원을 위하여 환경부장관과 협의하여 방사하는 경우는 제외한다.
⑬ 그 밖에 야생생물 보호에 유해하다고 대통령령이 정하는 행위

(2) **행위제한의 예외**
① 군사 목적상 필요한 경우
② 천재지변 또는 이에 준하는 재해가 발생하여 긴급한 조치가 필요한 경우
③ 특별보호구역에서 기존에 하던 영농행위를 지속하기 위하여 필요한 행위
④ 환경부장관이 야생생물의 보호에 지장이 없다고 고시하는 행위

3. 야생생물 보호구역의 출입 제한(법 제29조)

(1) 환경부장관이나 시·도지사는 야생생물을 보호하고 멸종을 예방하기 위하여 필요하면 특별보호구역의 전부 또는 일부 지역에 대하여 **일정한 기간 동안 출입을 제한하거나 금지할 수 있다**. 다만, 아래의 행위를 하기 위하여 출입하는 경우에는 그러하지 아니하며, 문화재보호구역에 대하여는 문화재청장과 협의하여야 한다.
① 행위 제한의 예외 사항
- 야생생물의 보호 및 복원을 위하여 필요한 조치
- 군사 목적상 필요한 행위
- 천재지변 또는 이에 준하는 대통령령으로 정하는 재해가 발생하여 긴급한 조치를 하거나 원상 복구에 필요한 행위
- 특별보호구역에서 기존에 하던 영농행위를 지속하기 위하여 필요한 행위
- 실태조사·학술연구 조사(각급 학교 및 연구기관의 연구·의학상 필요한 연구)·자연환경 조사·통신시설 또는 전기시설 등 공익목적으로 설치된 시설물의 유지보수
- 그 밖에 야생생물의 보호에 지장이 없는 것으로서 환경부령으로 정하는 행위

4. 특별보호구역 토지 등의 매수(법 제31조)

(1) 환경부장관은 야생생물의 보호를 위하여 특별보호구역, 특별보호구역으로 지정하려는 지역 또는 그 주변지역의 토지 등을 소유자와 협의하여 매수할 수 있다.

5. 야생생물 보호구역의 지정(법 제33조)

(1) 시·도지사나 시장·군수·구청장은 멸종위기 야생생물 등을 보호하기 위하여 **특별보호구역에 준하여 보호할 필요가 있는 지역**을 야생생물 보호구역으로 지정할 수 있다.

(2) **야생동물의 번식기에 보호구역에 들어가려는 자는 시·도지사나 시장·군수·구청장에게 신고하여야 한다.** 다만, 아래의 경우에는 그러하지 아니하다.

(3) **야생동물 번식기에 보호구역에 들어갈 수 있는 자**

① 산불의 진화(鎭火) 및 재해의 예방·복구 등을 위한 경우
② 군의 업무수행을 위한 경우
③ 정부가 인정한 학술 연구 또는 조사를 하는 경우
④ 보호시설의 설치 등 야생생물의 보호 및 복원을 위하여 필요한 조치를 하는 경우
⑤ 실태조사를 하는 경우
⑥ 자연환경조사를 하는 경우
⑦ 자연공원의 보호·관리를 위하여 필요한 경우
⑧ 통신시설 또는 전기시설 등 공익 목적으로 설치된 시설물의 유지·보수를 위하여 필요한 경우
⑨ 보호구역 지정 전에 실시하던 영농행위 또는 영어(營漁)행위를 지속하기 위하여 필요한 경우 [전문개정 2012.7.27]
⑩ 그 밖에 법·령으로 정하는 경우 [전문개정 2011.7.28.]

6. 죽거나 병든 야생동물의 신고(법 제34조의6)

(1) **질병에 걸렸거나, 걸렸다고 의심되는 야생동물(죽은 야생동물을 포함)을 발견한 사람은 유선·서면 또는 전자문서로 지체 없이 환경부장관 또는 관할 지방자치단체의 장에게 신고**하여야 한다.

(2) **신고 방법**

① 신고대상 야생동물의 관리자 등의 성명(관리자가 있는 경우) 및 신고대상 야생동물의 발견 장소 또는 사육장소
② 신고대상 야생동물의 종류 및 마리 수
③ **질병명**(수의사의 진단을 받지 않은 때 **신고자가 추정하는 병명 또는 발견당시의 상태**)
④ **죽은 연월일**(죽은 연월일이 분명한 경우)
⑤ 신고자의 성명 및 주소, 연락처
⑥ 야생동물이 죽거나 병든 원인 등을 추측할 수 있는 주변 정황[본조신설 2015.3.25.]

7. 야생생물법 위반 벌칙(총정리)

벌칙	위반 법률조항	위반 내용
500만원 이상 5천만원 이하의 벌금	법제14조1항	**멸종위기종 1급: 포획 · 채취 · 훼손 · 고사시킨 자**
7년 이하의 징역과, 7천만원 이하의 벌금 병과		**상습적**으로 멸종위기 야생생물 Ⅰ급을 포획 · 채취 · 훼손하거나 고사시킨 자
3년 이하의 징역 또는 300만원 이상 3천만원 이하의 벌금	① 법제14조1항2항 ② 법제16조 제1항 ③ 법제16조의 2제1항 ④ 제28조제1항	① 멸종위기2급: 포획 · 채취 · 훼손 자 ② 멸종위기1급 · 가공 · 유통 · 보관 · 수출입 · 반출입 ③ 멸종위기 야생생물 포획 · 채취 · 훼손 · 고사 · 덫 · 창애 · 올무 · 함정 · 전류 · 그물설치 · 유독물살포행위 ④ 국제적멸종위기종 및 그 가공품을 불법 수출입 · 반출입한 자 ⑤ 특별보호구역 훼손행위 자
5년 이하의 징역과 5천만원 이하의 벌금 병과	법제14조1항 2항	상습적으로 멸종위기 야생생물 Ⅱ급을 포획 · 채취 · 훼손하거나 고사시킨 자
2년 이하의 징역 또는 2천만원 이하의 벌금	법제14조1항, 16조3항, 16조4항, 16조2의제2항, 19조1항, 19조3항, 30조, 42조2항, 43조1항, 44조1항, 50조1항	**① 멸종위기 야생생물 Ⅱ급을 가공 · 유통 · 보관 · 수출 · 수입 · 반출 또는 반입한 자** **② 멸종위기 야생생물을 방사하거나 이식한 자** **③ 국제적 멸종위기종 및 그 가공품을 수입 또는 반입 목적 외의 용도로 사용한 자** **④ 국제적 멸종위기종 및 그 가공품을 포획 · 채취 · 구입하거나 양도 · 양수, 양도 · 양수의 알선 · 중개, 소유, 점유 또는 진열한 자** **⑤ 야생생물을 포획 또는 채취하거나 고사시킨 자** **⑥ 야생생물을 포획 또는 채취하거나 고사시키기 위하여 폭발물, 덫, 창애, 올무, 함정, 전류 및 그물을 설치 또는 사용하거나 유독물, 농약 및 이와 유사한 물질을 살포하거나 주입한 자** ⑦ 명령을 위반한 자 **⑧ 수렵장 외의 장소에서 수렵한 사람** **⑨ 수렵동물 외의 동물을 수렵하거나 수렵기간이 아닌 때에 수렵한 사람** **⑩ 수렵면허를 받지 아니하고 수렵한 사람** **⑪ 수렵장설정자로부터 수렵승인을 받지 아니하고 수렵한 사람**

벌칙	위반 법률조항	위반 내용
		⑫ 사육시설의 변경등록을 하지 아니하거나 거짓으로 변경등록을 한 자
3년 이하의 징역과, 3천만원 이하의 벌금을 병과	법제19조1항 3항	**상습적으로 야생생물을 포획** 또는 채취하거나 고사시킨 자 또는 야생생물을 포획 또는 채취하거나 고사시키기 위하여 폭발물, 덫, 창애, 올무, 함정, 전류 및 그물을 설치 또는 사용하거나 유독물, 농약 및 이와 유사한 물질을 살포하거나 주입 한 자
1년 이하의 징역 또는 1천만원 이하의 벌금	법제8조, 9조1항, 10조, 16조1항 7항, 16조의4제1항, 18조, 19조1항, 21조1항, 23조1항, 34조의10제1항 2항, 41조1항, 43조2항, 44조1항, 48조2항, 55조.	① **야생동물에게 학대행위를 한 자** ② **포획·수입 또는 반입한 야생동물, 이를 사용하여 만든 음식물 또는 가공품을 그 사실을 알면서 취득(음식물 또는 추출가공식품을 먹는 행위를 포함한다)·양도·양수·운반·보관하거나 그러한 행위를 알선한 자** ③ **덫, 창애, 올무 또는 야생동물을 포획하는 도구를 제작·판매·소지 또는 보관한 자** ④ **거짓 또는 부정한 방법으로 포획·채취 등의 허가를 받은 자** ⑤ 거짓이나 그 밖의 부정한 방법으로 **일반 야생동물을 포획·채취 또는 고사 허가를 받은 자** ⑥ **허가 없이 야생생물을 수출·수입·반출 또는 반입한 자** ⑦ 살처분 명령에 따르지 아니한 자 ⑧ 살처분한 야생동물의 사체를 소각하거나 매몰하지 아니한 자 ⑨ 등록을 하지 않고 **야생동물의 박제품을 제조하거나 판매한 자** ⑩ **수렵장에서 수렵을 제한하기 위하여 정하여 고시한 사항(수렵기간은 제외)을 위반한 사람** ⑪ **거짓이나 그 밖의 부정한 방법으로 수렵면허를 받은 사람** ⑫ **수렵면허증을 대여한 사람** ⑬ **수렵 제한사항을 지키지 아니한 사람** ⑭ **야생동물을 포획할 목적으로 총기와 실탄을 같이 지니고 돌아다니는 사람**
국제적 멸종위기종과 그 가공품의 몰수	법제16조	① 허가 없이 수입 또는 반입되거나 그 수입 또는 반입 목적 외의 용도로 사용되는 국제적 멸종위기종 및 그 가공품 ② **허가 또는 승인 등을 받지 아니하고 포획·채취·구입하거나 양도·양수, 양도·양수의 알선 중개, 소유·점유 또는 진열되고 있는 국제적 멸종위기종 및 그 가공품**
행위자 및 법인·단체까지	법제67조1항, 68조1항,	1) 법인 또는 단체의 대표자나 법인·단체 또는 개인의 대리인, 사용인, 그 밖의 종업원이 그 법인·단체 또는 개인의 업무에 관하여 아래의 범죄를 저지른 자는 양벌규정에 따

벌칙	위반 법률조항	위반 내용
처벌하는 양벌규정	69조1항, 70조.	른다. ① 멸종위기 야생생물 I 급을 포획・채취・훼손하거나 고사시킨 경우 ② 멸종위기 야생생물 II급을 포획・채취・훼손하거나 고사시킨 경우 ③ 멸종위기 야생생물 I 급을 가공・유통・보관・수출・수입・반출 또는 반입한 경우 ④ 멸종위기 야생생물의 포획・채취 등을 위하여 폭발물, 덫, 창애, 올무, 함정, 전류 및 그물을 설치 사용하거나 유독물, 농약 및 이와 유사한 물질을 살포・주입한 경우 ⑤ 허가 없이 국제적 멸종위기종 및 그 가공품을 수출・수입・반출 또는 반입한 경우 ⑥ 특별보호구역에서 훼손행위를 한 경우 ⑦ 사육시설의 등록을 하지 아니하거나 거짓으로 등록을 한 경우 **그 행위자를 벌하는 외에 그 법인・단체 또는 개인에게도 해당 조문의 벌금형을 과(科)한다**(위반행위를 방지하기 위해 상당한 주의 감독을 한 경우 예외)
1천만원 이하의 과태료	법제26조2항, 33조4항	**① 시・도지사의 조치를 위반한 자** **② 시・도지사 또는 시장・군수・구청장의 조치를 위반한 자**
200만원 이하의 과태료(개정 2014.3.24)	법제14조4항 5항, 23조6항, 29조1항, 34조9의2항, 34조의10의3항, 34조11의1항, 56조1항.	**① 멸종위기 야생생물의 포획・채취 등의 결과를 신고하지 아니한 자** **② 멸종위기 야생생물 보관 사실을 신고하지 아니한 자** **③ 유해야생동물의 포획 결과를 신고하지 아니한 자** **④ 출입 제한 또는 금지 규정을 위반한 자** ⑤ 역학조사를 정당한 사유 없이 거부 또는 방해하거나 회피한 자 ⑥ 주변 환경의 오염방지를 위하여 필요한 조치를 이행하지 아니한 자 **⑦ 야생동물의 사체를 매몰한 토지를 3년 이내에 발굴한 자** **⑧ 공무원의 출입・검사・질문을 거부・방해 또는 기피한 자**
100만원 이하의 과태료(개정 2014.3.24)	법제7조의2제2항, 14조4항, 15조2항, 16조6, 7, 8항, 16조의22제2항,	① 서식지외 보전기관 취소 지정서를 반납하지 아니한 자 ② 멸종위기 야생생물의 포획・채취의 허가증을 지니지 아니한 자 ③ 멸종위기 야생생물의 포획・채취등의 허가증을 반납하지 아니한 자

벌칙	위반 법률조항	위반 내용
	16조의7제1항, 16조의9제2항, 19조5항, 20조2항, 23조7항, 23조7항, 23조의2제2항, 28조3항4항, 33조5항, 34조의5제2항, 34조의7제4항, 36조2항, 40조2항, 3항6항, 47조2의2항, 49조2항, 50조2항, 52조, 53조3항, 56조1항.	④ 수입하거나 반입한 국제적 멸종위기종의 양도·양수 또는 질병·폐사 등을 신고하지 아니한 자 ⑤ 국제적 멸종위기종 인공증식증명서를 발급받지 아니한 자 ⑥ 국제적 멸종위기종 및 그 가공품의 입수경위를 증명하는 서류를 보관하지 아니한 자 ⑦ 사육시설의 변경신고를 하지 아니하거나 거짓으로 변경신고를 한 자 ⑧ 사육시설의 폐쇄 또는 운영 중지 신고를 하지 아니한 자 ⑨ 사육시설등록자가 승계신고를 하지 아니한 경우 ⑩ 야생생물의 포획·채취 또는 고사 결과를 신고하지 아니한 자 ⑪ 야생동물 포획 채취 **허가증을 반납하지 아니한 자** ⑫ 유해야생동물포획 허가취소를 받은 자가 **7일 이내에 포획 허가증을 반납하지 않은 경우** ⑬ 특별보호구역의 **금지행위를 한 자** ⑭ 특별보호구역에서 **행위제한을 위반한 자** ⑮ **야생동물의 번식기에 신고하지 아니하고 보호구역에 들어간 자** ⑯ 야생동물 치료기관의 지정서를 반납하지 아니한 자 ⑰ **야생동물 질병이 확인된 사실을 알면서도 환경부장관과 관할 지방자치단체의 장에게 알리지 아니한 자** ⑱ 생물자원 등록 시설자가 등록증을 반납하지 아니한 자 ⑲ 박제업자가 장부를 갖추어 두지 아니하거나 거짓으로 적은 자 ⑳ 박제업 관련하여 시장·군수·구청장의 명령을 준수하지 아니한 자 ㉑ 박제업자 등록증을 반납하지 아니한 자 ㉒ 수렵강습의 지정서를 반납하지 아니한 자 ㉓ **수렵면허증을 반납하지 아니한 자** ㉔ **수렵동물임을 확인할 수 있는 표지를 부착하지 아니한 자** ㉕ **수렵면허증을 지니지 아니하고 수렵한 자** ㉖ 수렵장 운영실적을 보고하지 아니한 자 ㉗ 자료 제출을 하지 아니하거나 거짓으로 한 자

제2절 수렵의 절차

1. 수렵장 설정(법 제42조)

(1) **시장·군수·구청장은 야생동물의 보호와 국민의 건전한 수렵활동을 위하여** 일정 지역에 수렵을 할 수 있는 장소를 설정할 수 있다. 다만, **둘 이상의 시·군·구의 관할구역**에 걸쳐 수렵장 설정이 필요한 경우에는 시·도지사가 설정한다.

(2) 누구든지 수렵장 외의 장소에서 수렵을 하여서는 아니 된다.

(3) 시·도지사 또는 시장·군수·구청장은 **수렵장을 설정한 후 야생동물의 보호를 위하여 필요하면 "수렵장의 설정을 해제하거나 변경"할 수 있다.**

(4) 시·도지사 또는 시장·군수·구청장은 수렵장을 설정하였을 때에는 **지역 주민 등이 쉽게 알 수 있도록 안내판을 설치하는 등 필요한 조치를 하여야 하며, 수렵으로 인한 위해의 예방과 이용자의 건전한 수렵활동을 위하여 필요한 시설·설비 등을 갖추어야 하고**, 수렵장 관리규정을 정하여야 한다. 〈개정 2015.2.3.〉 [전문개정 2011.7.28.]

2. 수렵동물 지정(법 제43조)

(1) 환경부장관이나 지방자치단체의 장은 수렵동물의 보호·번식을 위하여 수렵을 제한하려면 수렵동물을 포획할 수 있는 **수렵기간**과 **그 수렵장의 수렵동물 종류·수량, 수렵도구, 수렵방법 및 수렵인의 수 등을 고시**하여야 한다.

(2) 수렵동물 16종

① **수류(獸類) 3종·조류(鳥類) 13종**

- 멧돼지·고라니·청설모(멧토끼 제외)
- 꿩·멧비둘기·까치·어치·까마귀·갈까마귀·떼까마귀(큰까마귀 제외)·참새·청둥오리·흰뺨검둥오리·고방오리·쇠오리·홍머리오리

(3) 환경부장관은 수렵동물의 지정 등을 위하여 야생동물의 종류 및 서식밀도 등에 대한 조사를 주기적으로 실시하여야 한다. [전문개정 2011.7.28.]

3. 수렵면허의 발급 등(법 제44조)

(1) 수렵을 하려는 사람은 **주소지를 관할하는 시장·군수·구청장으로부터 수렵면허를 받아야** 한다.

(2) **수렵면허 신청 구비서류**

① 수렵면허시험 합격증

② **수렵 강습 이수증**(최근 1년 이내에 수렵강습기관에서 강습을 받은 것만 해당한다)

③ **신체검사서**(최근 1년 이내에 병원에서 발행한 것만 해당한다) 또는 **총포소지허가증**

④ 증명사진 1장

⑤ **수수료 (수렵면허를 받거나** 수렵면허를 **갱신**하려는 사람 또는 수렵면허를 **재발급**

받으려는 사람은 **1만원의 수수료**를 내야 한다. [전문개정 2011.7.28.]

(3) **수렵면허의 종류**

① **제1종 수렵면허 : 총기를 사용하는 수렵**

② **제2종 수렵면허 : 총기 외의 수렵 도구를 사용하는 수렵**

(4) 수렵면허를 받은 사람은 **5년마다 수렵면허를 갱신**하여야 한다.

(5) 수렵면허를 갱신하려는 자는 수렵면허의 **유효기간이 끝나는 날의 3개월 전부터 수렵면허의 유효기간이 끝나는 날까지** 수렵면허 갱신신청서에 아래의 서류를 첨부하여 시장・군수・구청장에게 제출하여야 한다. 〈개정 2015.8.4.〉

① **신체검사서**(최근 1년 이내에 병원에서 발행한 것만 해당한다) 또는 **총포소지허가증**

② **증명사진 1장**

③ **수렵면허증**

④ **수렵 강습 이수증**(최근 1년 이내에 수렵강습기관에서 강습을 받은 것만 해당한다)

⑤ 수수료(1만원)

⑥ 시장・군수・구청장은 수렵면허의 유효기간이 끝나기 6개월 이전에 수렵면허 갱신대상자에게 갱신신청 절차와 해당 기간 내에 갱신신청을 하지 아니하면 수렵면허가 정지 또는 취소될 수 있다는 사실을 미리 알려야 한다. 이 경우 통지는 휴대전화에 의한 문자전송, 전자우편, 팩스, 전화, 문서 등으로 할 수 있다.
<개정 2015.8.4>

4. 수렵면허시험(법 제45조)

(1) 수렵면허를 받으려는 사람은 **시・도지사가 실시하는 수렵면허시험에 합격**하여야 한다.

(2) **수렵면허시험(4과목)**

① **수렵에 관한 법령 및 수렵의 절차**

② **야생동물의 보호・관리에 관한 사항**

③ **수렵도구의 사용방법**

④ **안전사고의 예방 및 응급조치에 관한 사항**

(3) 시・도지사는 수렵면허시험의 **필기시험일 30일 전에 수렵면허시험의 공고**를 하여야 하며 공고는 시・도 또는 시・군・구의 인터넷 홈페이지와 게시판・일간신문 또는 방송으로 하여야 한다. 〈개정 2015.3.25.〉

(4) 시・도지사는 매년 2회 이상 수렵면허시험을 실시하여야 한다.

(5) **수렵면허시험의 수수료는 1만원**으로 하되, **시・도의 수입증지**로 내야 한다. 다만, 시・도지사는 정보통신망을 이용한 전자화폐・전자결제 등의 방법으로 수수료를 내게 할 수 있다.

5. 수렵면허시험 결격사유(법 제46조)

(1) 미성년자

(2) 심신상실자

(3) 정신질환자: 정신병(기질적 정신병 포함)·인격장애·알코올 및 약물중독 기타 비정신병적 정신장애를 가진 자

(4) 마약류중독자

(5) '야생생물법'을 위반하여 **금고 이상의 실형을 선고받고** 그 집행이 끝나거나(집행이 끝난 것으로 보는 경우를 포함) 집행이 **면제된 날부터 2년**이 지나지 아니한 사람

(6) **'야생생물법'을 위반하여 금고 이상의 형의 집행유예를 선고받고 그 유예기간 중에 있는 사람**

(7) **수렵면허가 취소된 날부터 1년**이 지나지 아니한 사람 [전문개정 2011.7.28.]

6. 수렵 강습(법 제47조)

(1) **수렵면허를 받으려는 사람은 수렵면허시험에 합격한 후 수렵강습을 받아야 한다.** 〈신설 2015.2.3.〉

(2) 수렵강습을 받으려는 사람은 강습 전일까지 강습신청서를 해당기관에 제출해야 한다.
① 수렵 강습 과목 및 시간

[별표 10] <개정 2015.8.4.>

수렵 강습과목 및 강습시간(제59조제2항 관련)

강습과목	강습시간
수렵의 역사·문화	1시간
수렵에 관한 법령 및 수렵의 절차	1시간
야생동물의 보호·관리에 관한 사항	1시간
수렵도구의 사용법, 안전수칙 및 사고발생 시 조치방법	1시간(실기 강습은 제외한다)

비고

1. 수렵 강습과목 및 강습시간은 수렵면허를 받으려는 사람과 수렵면허를 갱신하려는 사람에게 동일하게 적용된다.
2. 강습과목 중 수렵도구의 사용법, 안전수칙 및 사고발생 시 조치방법은 강습시간 외에 1시간 이상의 실기 강습을 별도로 실시하여야 한다.
3. 제1종 수렵면허를 받은 자가 제2종 수렵면허를 받으려는 경우에는 수렵 강습을 면제할 수 있다.

② 수렵강습의 수수료는 2만원으로 한다. 다만 실기를 병행하여 실시하는 경우에는 이에 드는 비용을 추가로 징수할 수 있다. <개정 2015.8.4.>

(3) 수렵강습을 받으려는 사람은 수렵면허시험 "합격증을 발급받은 날부터 5년 이내에 강습신청"을 하여야 한다.

7. 수렵면허증의 발급 등(법 제48조)

(1) 시장・군수・구청장은 수렵면허시험에 합격하고, 강습이수증을 발급받은 사람에게 수렵면허증을 발급하여야 한다. 〈개정 2015.2.3.〉

(2) 수렵강습이수증은 최근 1년 이내에 강습 받은 것에 한하며, 수렵면허는 5년마다 갱신을 하여야 한다.

(3) 수렵면허의 효력은 수렵면허증을 본인이나 대리인에게 발급한 때부터 발생하고, 발급 받은 수렵면허증은 다른 사람에게 대여하지 못한다.

(4) 수렵장에서 수렵동물을 수렵하려는 사람은 수렵면허증을 지니고 있어야 한다.(법 제52조) (과태료 100만원)

(5) 수렵면허증을 잃어버렸거나 손상되어 못 쓰게 되었을 때에는 환경부령으로 정하는 바에 따라 재발급받아야 한다.

8. 수렵면허의 취소・정지(법 제49조)

(1) 시장・군수・구청장은 수렵면허를 받은 사람이 아래에 해당하는 경우 수렵면허를 취소하거나 1년 이내의 범위에서 기간을 정하여 그 수렵면허의 효력을 정지할 수 있다. 다만, 다음의 경우 수렵면허를 취소 또는 정지하여야 한다. 〈개정 2014.3.24.〉

① 면허 취소 또는 정지

- 거짓이나 그 밖의 부정한 방법으로 수렵면허를 받은 경우
- 수렵면허를 받은 사람이 수렵면허증 발급의 결격사유가 있는 경우
- 수렵 중 고의 또는 과실로 다른 사람의 생명・신체 또는 재산에 피해를 준 경우
- 수렵 도구를 이용하여 범죄행위를 한 경우
- 멸종위기 야생동물을 포획한 경우
- 허가를 받지 않고 야생동물을 포획한 경우
- 허가를 받지 않고 유해야생동물을 포획한 경우
- 수렵면허를 갱신하지 아니한 경우
- 수렵장 승인을 받지 않고 수렵을 한 경우
- 수렵제한 장소 또는 제한 시간에 수렵을 한 아래의 경우
  - a. 시가지・인가(人家) 부근 또는 그 밖에 여러 사람이 모이는 행사・집회 장소 또는 광장
  - b. 해가 진 후부터 해뜨기 전까지

c. 운행 중인 차량·선박 및 항공기 내에서의 수렵
d. 시 군도 이상의 도로로부터 100미터 이내의 장소 도로 쪽을 향하여 수렵을 하는 경우에는 도로로부터 600미터 이내의 장소, 해안선으로부터 100미터 이내의 장소(해안 쪽을 향하여 수렵을 하는 경우에는 해안선으로부터 600미터 이내의 장소)
e. 문화재가 있는 장소 및 문화재 보호구역으로부터 1킬로미터 이내의 장소
f. 울타리가 설치되어 있거나 농작물이 있는 다른 사람의 토지. 다만 점유자의 승인을 받은 경우는 제외한다.
g. 수렵장설정자가 야생동물 보호 또는 인명·재산·가축·철도차량 및 항공기 등에 대한 피해 발생의 방지를 위하여 필요하다고 인정하는 지역

(2) 수렵면허의 취소 또는 정지 처분을 받은 사람은 취소 또는 정지 처분을 **받은 날부터 7일 이내**에 **수렵면허증**을 시장·군수·구청장에게 **반납**하여야 한다. [전문개정 2011. 7.28.]

9. 수렵승인 등(법 제50조)

(1) **수렵장에서 수렵동물을 수렵하려는 사람은** 수렵장 설정자에게 수렵장 사용료를 납부하고, 수렵승인을 받아야 한다.

(2) 수렵승인을 받으려는 사람은 **수렵야생동물 포획승인신청서에** 다음의 서류를 첨부하여 수렵장을 설정자에게 제출하여야 한다.

① 수렵야생동물 포획승인 신청서
② 수렵장 사용료 납부 증명서
③ 수렵면허증 사본
④ 수렵보험 가입증명서

(3) 수렵장 사용을 승인한 수렵장설정자는 수렵동물 포획승인서와 **'수렵동물 확인표지'**를 신청인에게 내주어야 한다. 〈개정 2014.7.17.〉

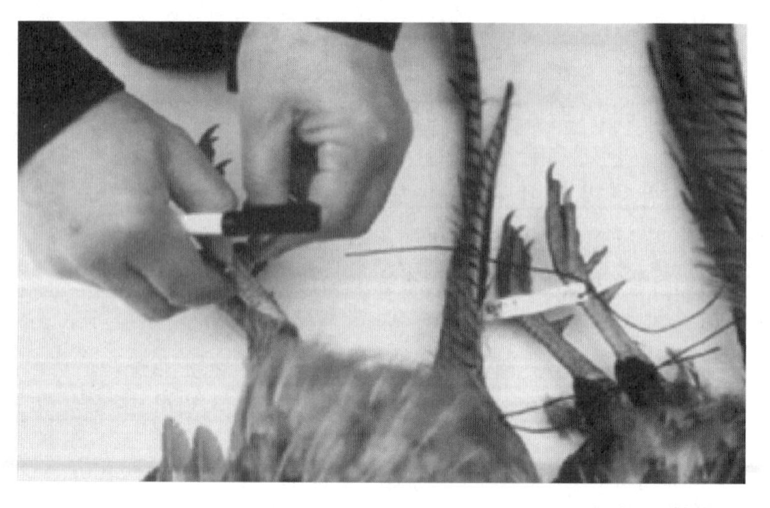

수렵동물 확인표지

(4) 수렵인이 수렵장에서 준수해야 할 사항(포획 즉시 태그를 부착할 경우 포획물 신고 생략)

포획동물 신고 기간	① **포획한 날부터 5일 이내**
신고 내용	② 날짜 · 종류 · 수량 · 포획장소 · 포획물 · 암수 등
신고 기관	③ 수렵장 설정자: 시 군 구청(읍 · 면 · 동사무소)
포획물 미신고의 경우 벌칙	④ **과태료 100 만원**
금지 사항	⑤ 가공 또는 훼손 · 요리금지(털을 뽑지 못함) 부패 방지를 위하여 내장을 제외하는 정도는 괜찮음
단기 수렵일 경우 신고기간	⑥ **엽기가 끝나는 날까지 신고**
포획장소의 시 · 군 · 구를 이탈할 때	⑦ **포획한 시 군 구 지역을 이탈하기 전까지**
유해야생동물 포획 확인표지	⑧ 포유류는 귀에 조류는 발목에 부착하고 참새는 5마리 이상 한 묶음으로 벌목에 부착

① 수렵동물을 포획한 후 지체 없이 "수렵동물 확인표지"를 포획한 동물에 붙여야 한다.
② 승인받은 포획기간 · 포획지역 · 포획동물 · 포획 예정량 등을 지켜야 한다.
③ 수렵동물 포획승인서 뒷면에 포획한 야생동물의 종류 · 수량 · 포획장소 등을 기록해야 한다.
④ 수렵기간이 끝난 후 **15일 이내에 수렵동물 포획승인서와 미사용 수렵동물 확인표지를 수렵장 설정자에게 반납**하여야 한다.
⑤ **수렵 승인 포획동물의 구별**
a. 적색 포획 승인 : 멧돼지를 포함한 수렵해제동물 전체 포획 가능
b. 황색 포획 승인 : 멧돼지를 제외한 수렵해제동물 포획 가능
c. 청색 포획 승인 : 멧돼지 고라니를 제외한 수렵해제동물 포획 가능

10. 수렵보험 가입(법 제51조)

(1) 수렵장에서 수렵동물을 수렵하려는 사람은 수렵으로 인하여 다른 사람의 생명 신체 또는 재산에 피해를 준 경우에 이를 보상할 수 있도록 아래에 해당하는 보험에 가입 하여야 한다. [전문개정 2011.7.28.]
① 수렵 중 다른 사람을 사망 · 부상하게 한 경우**(대인사고): 1억원 이상**
② 수렵 중 다른 사람의 재산에 손해를 입힌 경우**(대물사고): 3천만원 이상**

11. 수렵장 설정 제한지역(법 제54조)

(1) 특별보호구역 및 보호구역
(2) 생태 · 경관보전지역 및 시 · 도 생태 · 경관보전지역
(3) 습지보호지역
(4) 자연공원 및 도시공원

(5) 군사기지 및 군사시설 보호구역

(6) 도시지역

(7) 문화재가 있는 장소 및 문화재로 지정된 보호구역

(8) 관광지 등

(9) 자연휴양림・채종림・산림유전자원 보호구역의 산지

(10) 수목원

(11) 능묘(陵墓), 사찰, 교회의 경내

(12) 그 밖에 야생동물의 보호 등을 위한 아래의 장소 [전문개정 2011.7.28.]

① 여러 사람이 모이는 행사・집회 장소 또는 광장을 말한다.

② 도로 또는 해안선으로부터 100미터 이내의 장소(도로 해안 쪽을 향하여 수렵을 하는 경우에는 도로 해안선으로부터 600미터 이내의 장소)

③ 수렵장설정자가 야생동물 보호 또는 인명・재산・가축・철도차량 및 항공기 등에 대한 피해 발생의 방지를 위하여 필요하다고 인정하는 지역 [전문개정 2015.8.4]

12. 수렵 제한(금지) 지역(법 제55조)

(1) 수렵장에서도 다음 장소와 시간에는 수렵을 하여서는 아니 된다. <개정 2015.2.3.>

① 시가지, 인가(人家) 부근 또는 그 밖에 여러 사람이 모이는 행사・집회・광장

② 해가 진 후부터 해뜨기 전까지

③ 운행 중인 차량, 선박 및 항공기

④ 시 군도 이상의 도로로부터 100미터 이내의 장소. 도로 쪽을 향하여 수렵을 하는 경우에는 도로로부터 600미터 이내의 장소, 해안선으로부터 100미터 이내의 장소(해안쪽을 향하여 수렵을 하는 경우에는 해안선으로부터 600미터 이내의 장소)

⑤ 문화재가 있는 장소 및 문화재 보호구역으로부터 1킬로미터 이내의 장소

⑥ 울타리가 설치되어 있거나 농작물이 있는 다른 사람의 토지. 다만, 점유자의 승인을 받은 경우는 제외한다.

⑦ 수렵장설정자가 야생동물 보호 또는 인명・재산・가축・문화재・건축물・차량・선박・철도차량・항공기 등에 대한 피해 발생의 방지를 위하여 필요하다고 인정하는 지역

13. 보고 및 검사(법 제56조) : 환경부장관이나 지방자치단체장은 다음의 경우 보고 및 검사를 하게 할 수 있다.

(1) 수렵면허증 휴대의무를 이행하였는지 등을 확인하기 위하여 필요하면 소속 공무원으로 하여금 포획・채취 등을 한 멸종위기 야생생물과 수렵면허증의 소지 여부 등의 검사

(2) '야생생물법'을 위반하여 멸종위기 야생생물, 국제적 멸종위기종, 포획이 금지된 야생생물의 포획・채취 등의 행위를 한 자

(3) 보호조치, 반송, 몰수 등 필요한 조치를 하기 위하여 소속 공무원으로 하여금 **국제적 멸종위기종 및 그 가공품이 있는 장소에 출입하여 그 생물(혈액·모근 채취 등을 포함), 관계 서류 또는 그 밖에 필요한 물건을 검사** 〈개정 2013.7.16.〉

14. 수렵면허의 취소·정지(제49조)

(1) 시장·군수·구청장은 수렵면허를 받은 사람이 다음 각 호의 어느 하나에 해당하는 경우에는 **수렵면허를 취소하거나 1년 이내의 범위에서 기간을 정하여 그 수렵면허의 효력을 정지할 수 있다**. 다만, **제1호와 제2호에 해당하는 경우에는 그 수렵면허를 취소**하여야 한다. 〈개정 2014.3.24.〉

1) 면허 취소

① 거짓이나 그 밖의 부정한 방법으로 수렵면허를 받은 경우
② 수렵면허증 발급의 결격사유가 있는 자
③ 수렵 중 고의 또는 과실로 다른 사람의 생명·신체에 피해를 준 경우
④ 수렵면허를 갱신하지 않은 경우

2) 면허 정지(경고 등 행정처분)

① 다른 사람의 재산에 피해를 준 경우
② 수렵도구를 이용하여 범죄행위를 한 경우
③ 허가없이 야생동물을 포획한 경우
④ 수렵승인을 받지 않고 수렵을 한 경우
⑤ 수렵제한 장소에서 수렵을 한 경우

(2) **제1항에 따라 수렵면허의 취소 또는 정지 처분을 받은 사람은 취소 또는 정지 처분을 받은 날부터 7일 이내에 수렵면허증을 시장·군수·구청장에게 반납하여야 한다.**
[전문개정 2011.7.28.]

멧돼지 목사냥은 일정한 장소에서 조용히 앉아 멧돼지가 나타날 때를 기다리게 된다.

2장 야생동물의 보호 관리에 관한 사항

1. 포상금의 지급(법 제57조)

(1) 환경부장관이나 지방자치단체장은 **환경행정관서 또는 수사기관에 발각되기 전에 그 기관에 신고 또는 고발하거나 위반현장에서 직접 체포한 자와 불법 포획한 야생동물 등을 신고한 자, 불법 포획 도구를 수거한 자 및 질병에 걸린 것으로 확인되거나 걸릴 우려가 있는 야생동물(죽은 야생동물을 포함)을 신고한 자에게 포상금을 지급할 수 있다.** [포상금액: 뒷면 별표 서식 쪽 참고]

(2) **야생동물 불법 포획·밀렵 밀거래 등 신고 대상자**

① 야생동물을 불법 포획·수입·반입하여 만든 음식물 또는 가공품을 취득·양도·양수·운반·보관하거나 그러한 행위를 알선한 자

② 허가를 받지 않고 덫, 창애, 올무 또는 그 밖에 야생동물을 포획할 수 있는 도구를 제작·판매·소지 또는 보관한 자

③ 멸종위기 야생생물을 포획·채취 등을 한 자

④ 멸종위기 야생생물의 포획·채취 등을 위하여 폭발물, 덫, 창애, 올무, 함정, 전류 및 그물을 설치 또는 사용하거나 유독물, 농약 및 이와 유사한 물질을 살포하거나 주입한 자

⑤ 허가 없이 국제적 멸종위기종 및 그 가공품을 수출·수입·반출 또는 반입한 자

⑥ 야생생물을 포획 또는 채취하거나 고사시키거나 야생생물을 포획 또는 채취하거나 고사시키기 위하여 폭발물, 덫, 창애, 올무, 함정, 전류 및 그물을 설치 또는 사용하거나 유독물, 농약 및 이와 유사한 물질을 살포하거나 주입한 자

⑦ 허가를 받지 않고 야생생물 및 그 가공품을 수출·수입·반출 또는 반입한 자

⑧ 생태계교란 생물을 수입·반입·사육·재배·방사·이식·양도·양수·보관·운반 또는 유통한 자

⑨ 수렵장 외의 장소에서 수렵을 한 자

⑩ 수렵동물 외의 동물을 수렵한 사람

⑪ 수렵기간이 아닌 때에 수렵하거나 수렵장에서 수렵을 제한하기 위하여 지정·고시한 사항을 지키지 아니한 사람

⑫ 수렵장설정자로부터 수렵승인을 받지 아니하고 수렵한 사람

⑬ 수렵 제한사항을 지키지 아니한 사람

⑭ 야생동물을 포획할 목적으로 총기와 실탄을 같이 지니고 돌아다니는 사람

⑮ 살처분 명령에 따르지 아니한 자 [전문개정 2011.7.28.]

(3) **밀렵신고처(국번 없이 128 등)**

2. 야생생물 보호원(법 제59조)

(1) 환경부장관이나 지방자치단체의 장은 **멸종위기 야생생물, 생태계교란 생물, 유해야생동물 등의 보호·관리 및 수렵에 관한 업무를 담당하는 공무원을 보조하는 야생생물 보호원을 둘 수 있다.** 〈개정 2012.2.1.〉

(2) **야생생물 보호원의 자격**

① 전문대학 이상에서 야생생물 관련 학과를 졸업하거나 이와 같은 수준 이상의 학력이 있다고 인정되는 사람

② 야생생물의 실태조사와 관련된 업무에 3년 이상 종사한 경력이 있는 사람

(3) **명예 야생생물 보호원의 자격**

① 야생생물 보호와 관련된 단체의 회원

② 야생생물 보호에 경험이 많은 지역주민

③ 그 밖에 야생생물 보호 관련 활동실적이 많은 사람

(4) **야생생물 보호원의 직무 범위**

① 멸종위기 야생생물의 보호 및 증식·복원에 관한 주민의 지도·계몽

② 수렵인 지도 및 수렵장 관리의 보조

③ 특별보호구역 및 보호구역의 관리

④ 야생생물의 서식실태조사 및 서식환경 개선

⑤ 생태계교란 생물, 유해야생동물, 야생화된 동물 등의 관리

⑥ 야생동물의 불법 포획 및 불법 거래행위 감시업무의 보조 [전문개정 2012.7.27.]

(5) 야생생물 보호원이나 명예 야생생물 보호원이 다음 각 호에 해당할 때에는 해임 또는 위촉해제 할 수 있다.

① 위촉 및 해촉의 사유가 발생한 자

- 미성년후견인
- 파산선고를 받고 복권되지 아니한 사람
- '야생생물법'을 위반하여 금고 이상의 실형을 선고받고 그 집행이 끝나거나 집행이 면제된 날부터 3년이 지나지 아니한 사람
- '야생생물법'을 위반하여 금고 이상의 형의 집행유예를 선고받고 그 유예기간 중에 있는 사람 [전문개정 2011.7.28.]
- 업무 수행을 게을리하거나 업무 수행능력이 부족할 때
- 업무상의 명령을 위반하였을 때 [전문개정 2011.7.28.]
- 명예 야생생물 보호원이 단체의 회원 자격을 상실하였을 때

3. 한국의 야생동물

우리나라에 서식하는 야생동물은 조류 417종 포유류 80종(해양성 포유류 제외)이다. 계절별 분포는 텃새 59종, 여름철새 68종, 겨울철새 114종, 나그네새 109종, 길잃은새(미조) 67종이다. 그러나 조류와 종 수 및 북한서식 야생동물 종수는 국제 분류체계와 학자에 따라 차이가 있을 수 있다.

(1) 국내 서식하는 조류

구 분	종수	종명	습성
텃새	59	꿩 · 멧비둘기 · 참새 · 까치 등	연중 국내 서식 및 번식하는 조류
여름철새	68	뻐꾸기 · 꾀꼬리 · 파랑새 · 제비 등	봄에 왔다가 번식한 후 가을에 월동지로 돌아가는 새
가을철새	114	청둥오리 · 기러기 · 고니 등	가을에 왔다가 겨울을 나고 봄에 번식지로 돌아가는 조류
나그네새	109	도요 · 물떼새 · 꼬까참새 · 촉새 등	봄 가을에 한국을 통과하는 새
길잃은새	67	군함조 · 사막꿩 · 큰바람까마귀 등	이동 중 태풍 등으로 우연하게 국내에 도래하는 조류

(2) 수렵동물과 일반동물의 구별

① 흰색의 새 · 다리가 긴 새 · 부리가 긴 새 · 목이긴 새 · 이상하게 우는 새 · 청둥오리보다 큰 새 · 참새 보다 작은 새 · 처음 보는 동물은 수렵동물이 아니다.

② 야생동물은 먹이(식생) · 흔적 · 발자국 · 행동 · 울음소리 · 색깔 · 크기 · 형태 · 배설물 등으로 식별한다.

③ **맹금류(독수리 · 매 · 부엉이 등)와 유사한 종 · 딱따구리와 유사한 새 · 두루미류와 유사한 종 · 갈매기와 비슷한 새는 수렵조류가 아니다.**

④ **뿔이 있는 짐승 · 고양이과 동물 · 개과 동물(너구리 등)은 수렵동물이 아니다.**

⑤ **기러기류는 보호조 또는 천연기념물로 지정되어 있다.**

⑥ **민가 주변에 출현하지 않고 농수산물에 피해를 주지 않으며 먹이사슬에 의해 동물의 알, 새끼를 잡아먹는 야생동물은 수렵조수가 아니다.**

(3) 수렵동물

1982년부터 도별순환엽장제를 실시한 수렵제도는 당시 수렵조수를 25종(조류 22종, 수류 3종으로 규정했으나 현재는 시 군순환엽장제를 운영하며 **'수류 3종 · 조류 13종 계 16종'**으로 제한되어 있다.

(4) 수렵

① **수렵의의**

야생동물 먹이가 부족한 겨울철 실시되는 수렵은 농작물 피해예방 등 유해동물을 조절하고 지속가능한 이용과 인간과 야생동물이 공존하기 위한 활동이다.

과밀하거나 열등한 동물을 제거하여 동물의 발전을 꾀하고, 수렵인의 모니터링을 통하여 야생동물의 정보를 습득하여 자연보호에 기여하게 되는 것이 수렵이다. 따라서 건전한 수렵활동은 현대인의 정서함양과 자연을 이해하는 계기가 된다. 친자연적인 수렵은 야생동물관리의 제도적 발전을 촉진하며 인간과 야생동물의 건전한 삶을 공유하게 된다.

② 수렵제도의 변천

한민족의 수렵제도는 고려시대 응방(鷹坊, 이조년 저)과 조선시대의 수수법(1402, 태종 2년)이 효시였다고 할 수 있다. 그러나 근대수렵제도는 1911년 일제에 의해 제정된 수렵규칙이라 할 수 있다. 당시에는 곰・노루 등 44종의 수렵조수가 설정되었고, 수렵시기는 9월 15일부터 4월 30일까지 운영되었다. 수렵면허는 갑종・을종・특별종으로 구분하였다.

1961년 한국정부는 일제 법률에 근거한 수렵법률을 제정하였고 수렵면허를 갑종・을종・특별면허로 구분하여 수렵시기는 10월 1일부터 3월 31일까지 운영하였다.

1967년 제정된 조수보호및수렵에관한법률은 농수산부 산하 산림청에 의해 관리되었으며 수렵면허를 1종・2종・3종으로 구분하여 수렵기간은 11월 1일부터 2월 말일까지 운영하였다.

1972년부터 1982년 3월까지 제주도를 제외한 전국일원에 산림보호를 위한 입산금지와 더불어 수렵을 금지한 역사가 있었고, 1982년 11월 도별순환수렵장을 개설하게 된다.

1998년 조수보호및수렵에관한법률이 농수산부(산림청)에서 환경부로 이관되었고, 2005년 제정된 야생동식물보호관리에관한법률은 야생동물과 식물을 함께 보호하는 제도로 발전하였다. 이때 야생동식물보호법은 수렵면허를 1종・2종으로 분리하였으며 수렵기간은 11월 1일부터 2월 말일까지, 수렵조수는 수류 3종・조류 13종으로 제한하였다. 국민소득이 증가하고 도시화된 우리나라는 2011년 야생생물보호관리에관한법률이 새롭게 제정되어 야생조수보호에서 야생동식물보호로 발전하였고, 최근엔 야생생물보호관리로 폭 넓혀 총괄하고 있다.

따라서 우리나라의 수렵에 관한 법률은 1911년(일제) 수렵규칙・1961년 한국정부에 의한 수렵법・1967년 조수보호및수렵에관한법률・2005 야생동식물보호관리에관한법률・2011년 야생생물보호관리에관한법률로 발전되었다. 반면 수렵은 50여 년 전의 1960년대에 비교하면 규제의 해소와 강화가 반복되었으나 전반으로 규제 강화된 것이 특징이다. 수렵장 제도는 전국수렵장 제도에서 도별순환수렵장 제도 최근엔 시 군 순환수렵장 제도로 변경된 것이 특징이고, 유해조수 구제라는 독특한 제도가 탄생 운영되고 있다.

(5) 고정수렵장 및 순환수렵장

① 고정수렵장은 1967년 개장된 제주도와 1997년 개장된 강원도 춘천시 2곳이 있었으나 춘천수렵장은 폐지되어 제주도 한 곳만 남았다.

② 순환수렵장은 1982년 강원도를 시작으로 1개도씩 해제하였으나 1992년 수렵인구의 증가로 매년 2개도(광역자치 단체)씩 순환설정하였다. 2002년부터 유해조수 피해지역 등을 감안하여 시군수렵장으로 변경되었다.

4. 수렵조수의 생태

(1) 꿩

[수꿩 (장끼)]
화려한 색깔로 치장한 장끼는 땅바닥을 치면서 꿩꿩 소리지르고 거만을 떨며 거닐기도 한다.

[암꿩 (까투리)]
우중충한 색의 까투리는 알을 품기에 알맞도록 며느리발톱이 자라지 않았다. 그의 보호색은 타작 논에 앉으면 어디에 숨어 있는지 찾기가 힘들 정도다.

① 원산지 및 서식처

꿩의 원산지는 아시아이며 서식지는 평야·산림의 계곡 또는 낮은 구릉이다. 수풀과·늪 잡목이 우거진 야산·가시덤풀·경작지 부근에 주로 서식한다. 그러나 이러한 지역도 지나치게 건조한 지역과 울창한 삼림지대는 서식 비율이 낮다. 아시아 꿩은 유럽과 북미지역으로 분포될 만큼 적응력이 뛰어나고, 어느 지역이든 사냥새로 인기가 높다. 프랑스 등 일부 유럽의 경우 19세기에 수입되어 육식공급원으로 발전되는 대표적 수렵동물이다.

② 식별방법

수컷의 깃털은 찬란한 광택이 난다. 반면 암컷의 깃털은 베이지색과 갈색으로 우중충하고 단조로운 색깔을 띤다. 튼튼한 발톱 때문에 빨리 달릴 수 있고 먹이를 찾기 위해 땅을 긁을 수 있다. 근육조직이 단단해서 힘차게 비상할 수 있고 꼬리가 발달하여 비행할 때 편리하게 키잡이 역할을 한다. 꿩병아리는 부화된 후 2개월 동안 깃털에 윤기가 없다.

그러나 꿩병아리 수컷은 2개월이 지나면 서서히 색깔이 변한다. 이 때문에 멀리서 암수를 구별할 수 있다. 색이 변하기 때문에 부화 16주까지 수컷의 나이도 구분 가능하다. 하지만 암컷의 나이는 몸의 크기가 달라지는 것으로 짐작할 뿐이다. 부화 4개월이 지나면 어린 꿩의 모습은 어른 꿩과 다를 바가 없다. 며느리발톱은 오직 수컷에게만 있다. 며느리발톱이 송곳처럼 뾰족하여 공격무기로 이용하고 그것만으로 암수를 구별할 수도 있다. 그러나 며느리발톱으로 연령 감별은 곤란하다.

③ **꿩의 생활**

봄이면 수컷은 1정보~10정보에 이르는 면적을 확보하고 다른 수컷이 침입하지 못하도록 영역을 지킨다. 만약 다른 수컷이 영역을 침범하면 치열한 싸움이 벌어진다. 이 전투에 패배한 녀석은 영역을 잃고 번식할 기회도 잃는다. 이런 투쟁은 번식기인 봄에 이루어지며 승리한 수컷은 1마리 이상의 암컷을 확보해 일종의 처첩무리를 이룬다. 해마다 이때가 되면 수컷들은 '꿩~꿩'하고 두 음절의 탁한 울음소리를 내며 영역을 표시한다. 땅바닥에 대고 날개를 힘차게 부딪치며 거만하게 걷고 힘을 과시하기도 한다. 꿩의 먹이는 계절과 환경에 따라 다양하다. 농가근처의 곡물을 먹기도 하고 풀씨·나뭇잎·도토리나 상수리 과일 등을 먹기도 한다. 육식으로는 작은 뱀·개구리·곤충·애벌레·지렁이·개미도 먹는다.

④ **번식**

암컷은 3월 말경부터 알을 잉태하여 올리브색이나 회색 알을 9~12개 낳는다. **부화기간은 23일~25일이다. 정확하게 24일**로 표기한 예도 있다. 부화는 5월~6월에 이루어지고 포란 초기에 알이 깨질 때는 재교미 한 후 두세 번 산란을 보충한다. 부화는 7월이면 끝나지만 늦은 것은 8월까지 진행되는 것도 있다. 둥지는 냉해나 폭우로 인한 피해로 파괴될 수 있고 잡풀이 우거진 곳에 있으므로 까치·까마귀·고슴도치·족제비·너구리·뱀 등이 침입한다.

사람들이 심심풀이로 주워오는 행위도 큰 훼손 중의 하나이다. 훼손률이 높으므로 알 중에 30~70%만 부화된다. 부화된 꿩은 8월이나 9월이면 4마리에서 6마리의 무리를 이룬다. 무리가 많을 경우 16마리까지 함께 다니기도 한다. 헌터들이 간혹 떼꿩을 발견하는 경우가 있는데 이런 경우는 그 해 기후가 좋고 먹이가 풍부하며 천적이 적은 이유라 할 수 있다.

(2) 멧비둘기

전국적으로 흔히 볼 수 있는 멧비둘기는 텃새이고 수렵조류이다. 야산과 구릉의 나무위에 둥지를 틀고, 농경지 부근이나 도시에 잘 적응한다. 몸길이 약 33cm 날개길이 19~20cm이며 색깔은 회자색 바탕을 이루고 있다 목의 양쪽에 회청색의 굵은 무늬가 있고 날개 깃과 꽁지깃은 흑갈색으로 구별된다. 먹이는 풀씨 곡식 등이 주식이지만 여름에는 메뚜기나 그 밖의 곤충류도 잡아먹는다.

3~6월 나뭇가지 사이에 엉성하게 마른나뭇가지로 둥지를 틀며 한 배에 2개의 알을 낳는다. 새끼의 먹이는 콩이나 식물성 먹이를 반소화시켜 암죽 모양으로 된 것을 토해 먹인다. 여름에는 암수 짝을 지어 살지만 겨울에는 작은 무리로 생활하며 농작물에 피해를 주므로 일찍부터 수렵조수로 지정되었다.

[멧비둘기]

(3) **참새**

참새는 전국에서 번식하는 텃새이다. 도시·교외·농경지뿐 아니라 구릉의 숲에서도 볼 수 있다. 몸길이 약14cm이며 머리 뒷목은 다갈색이다. 눈 밑·귀깃뒷쪽·턱 밑·멱은 흑색이며, 가슴과 배는 흰색과 회색을 띤다. 옆구리는 연한 황갈색을 띤 회백색이고, 허리와 위꼬리덮깃은 다갈색이다. 깃가장자리는 회색이고, 번식기는 암수가 짝을 지어 생활하지만 가을과 겨울에는 무리생활을 하며 농작물 수확기에는 먼 거리까지 이동해서 먹이를 찾는다. 나무 위나 땅 위에서 먹이를 찾아다니며 땅에서는 양쪽 다리를 모아 뛰면서 먹이를 찾는다. 일정한 보금자리를 지키며 저녁때가 되면 소나무 등의 숲에 모여 재잘거린다. **산란기는 2~7월이고 3~6월에 가장 많이 번식한다. 한 배의 산란수는 4~8개이다. 포란 후 12~14일이면 부화하고 13~14일 만에 둥지를 떠난다.** 참새 외에도 제주도와 울릉도에서 번식하는 섬참새는 수렵조수가 아니다.

[참새]

(4) **오리류(5종)**

오리는 부유(담수)성 오리와 잠수성 오리 2종으로 구별된다. 부유성 오리는 물위에서 유영하며 수면에 있는 먹이를 먹거나 땅 위에 있는 보리싹 등을 먹는다. 잠수성 오리는 물고기 등을 주식으로 하고 먹이짓을 할 때 물속으로 잠수하는 것이 특징이다. 잠수성 오리는 바다 근처에 서식 밀도가 높은 편이나 제한적으로 육상의 먹이를 섭취할 때도 있다.

수렵이 가능한 오리는 농수산물 등에 피해를 주는 오리로 하고 있으며 청둥오리·흰뺨검둥오리·쇠오리·고방오리·홍머리오리 5종으로 지정되어 있으나 포획승인은 수렵장 여건에 따라 설정자가 별도 허가하고 있다.

① **흰뺨검둥오리**

머리위는 암갈색이고 눈 위에 폭넓은 흰색의 눈썹선이 있다. 부리기부에서 눈 뒤까지 갈색의 눈선이 있고 눈선 밑에서 목까지 흰색이며 뒷목은 암갈색이다. 부리는 흑색으로 끝 부분에는 황색의 띠가 있으며 다리는 오렌지색이다.

- 크기·중형
  부리 : 45~59mm
  날개 : 245~292mm
  꼬리 79~102mm
- 생태
  겨울철새이나 최근에는 연중 동일지역에서 서식하는 텃새로 변하고 있다. 호소와 늪·논·하천 등지에서 무리를 지어 서식한다. 서식지 주변의 초지 또는 야산에서 마른풀을 이용해 둥지를 튼다.
- 번식
  5~6월에 10~12개의 알을 낳고 포란기간은 26일이다.

[흰뺨검둥오리]
눈 위에 흰색의 눈썹선을 가진 흰뺨검둥오리는 한국에서 월동하는 텃새로 변하고 있다.

[흰뺨검둥오리알]
한국에서도 번식하는 흰뺨검둥오리는 5~6월, 10~12개의 알을 낳고 26일간 포란한다.

② **청둥오리**

- 형태
  수컷은 목에 하얀색의 띠가 있고 머리는 진한 녹색이다. 얼핏 보면 넓적부리나 청머리오리의 수컷과 비슷하지만 갈색 가슴과 주황색 다리로 구별된다. 암컷은 몸 전체가 흑갈색 반점이 있으며 눈썹은 흑색이다.
- 크기 : 중형
  부리 : 43.5~64mm
  날개 : 수컷 245~300mm
  암컷 239~275mm
  꼬리 : 74~99mm

- 생태

시베리아 또는 중국 북부에서 번식을 마치고 9~10월에 우리나라에 찾아온다. 호수·습지·하천·농지·연못 등지에서 서식하며 3~4월에 돌아가는 대표적인 겨울철새이다.

- 번식

5~7월 6~12개의 알을 산란하고 포란기간은 28~29일이다. 포란은 주로 암컷이 한다.

[청둥오리]
청둥오리는 "오리과에서 가장 시끄럽게 쑥덕공론"을 한다. "내려앉기 전에 상당한 거리에서 반복 선회하는 것이 특징이다. '이륙할 때는 우후죽순'으로 날아오른다.

③ 쇠오리

- 형태

수컷은 밤색머리에 녹색깃털이 눈 주위에서 머리 뒤까지 나 있는 모양이다. 이것이 <u>태극무늬로 착각하여 가창오리와 혼동하기 쉽다</u>. 머리와 뺨과 목은 밤색이다. 암컷은 진한 갈색이고 뺨 및 목은 흰색 바탕에 얼룩무늬가 산재해 있다.

- 크기 : 소형(가장 작은 오리)

부리 : 30.5~41mm
날개 : 수컷 165~194mm
암컷 160~185mm
꼬리 : 58~79mm

- 생태

9~10월에 도래하고 3~4월에 돌아가는 겨울철새이다. 아이슬랜드 시베리아 등지에서 번식하고 한국·일본·타이완·필리핀·중국 남부·인도·유럽·북부아프리카 등지에 분포한다.

[쇠오리]
얼굴 모양이 태극무늬와 유사하여 가창오리와 혼동하기 쉽다. 소형 오리이며 앉을 듯하면서 파도를 타듯 날고 잘 앉지 않는 것이 쇠오리의 특징이다.

- 번식

5~7월에 8~10개의 알을 낳고 21~23일간 포란한다.

④ 홍머리오리

- 형태

수컷은 밤색머리에 황색 정수리·핑크색 가슴·백색 복부와 흑색 꽁지깃을 가지고 있다. 등면은 회색이고, 날 때는 날개 윗부분(날개덮깃)의 백색반점이 뚜렷하다. 암컷은 고방오리와 비슷하나 몸집이 작고 둥글다.

- 크기 : 중형
  부리 : 28.5~38mm
  날개 : 220~272mm
  꼬리 : 77~120mm
- **생태**
  10월에 도래하여 다음해 3~4월 돌아가는 겨울철새이다. 간척지 · 호소와 늪 · 삼각주 연못 · 논 등지에서 서식하며 시베리아 · 몽고 · 중국남부 · 버마 · 인도 · 이란 · 한국 · 일본 · 유럽 · 북아메리카 등지에 분포한다.

[홍머리오리]
수컷은 머리에 황색의 정수리를 가졌다. 날개 앞깃(날개덮깃)의 백색반점이 뚜렷한 것이 특징이다.

- **번식**
  5~7월에 9개의 알을 낳고 포란기간은 21일이다.

⑤ **고방오리**

- **형태**
  수컷의 겨울깃 머리는 갈색이다. 목 아래 흰색이 뚜렷하고 백색은 옆쪽으로 가늘게 올라간다. 등은 흑백의 가는 가로무늬다. 중앙의 검은 **꽁지깃은 가늘고 창끝처럼 뾰족하다.** 이 때문에 **고방오리는 날아가는 것으로도 쉽게 구별된다.** 암컷 머리는 적갈색이며 깃털에 검은 무늬가 있다.
- **크기 : 중형**
  부리 : 43~57mm
  날개 : 255~282mm
  꼬리 : 91.5~210mm
- **생태**
  10월에 도래하여 다음해 3~4월에 돌아가는 겨울새이다. 해안 · 하천 · 초습지 · 늪 · 논 등지에서 서식하며 한국 · 대만 · 일본 · 필리핀 · 시베리아 · 유럽 · 아프리카 등지에 분포한다.

[고방오리]
오리과 중에서 가칭 '신사'인 고방오리는 목 아래 흰색이 뚜렷하다. '창끝꼬리'로 유명한 고방오리는 나는 것으로도 구별이 가능하다. 수줍은 듯 아무도 모르게 내려앉는다.

- **번식**
  5~7월에 9개의 알을 낳고 포란기간은 21일이다.

오리의 비행

✂ 청둥오리

청둥오리는 빠르게 날고 규칙적으로 날개를 퍼덕인다. 무언가 놀라서 기습적으로 이륙할 때는 우후죽순으로 날아오른다. 수면성 오리과의 다른 종족들과 마찬가지로 청둥오리 암컷이 수컷보다 훨씬 시끄럽다.

청둥오리는 위장막이 있는 늪이나 못의 가장자리에 내려앉기 전에 상당한 거리를 반복 선회한다. 이들은 주로 미끼와 거리를 두고 착지하며 목을 꼿꼿이 세우고 의심스러운 것이 있으면 사소한 움직임도 세심하게 확인한다. 오리과 중에서 가장 수다스럽고 쑥덕공론의 명수인 청둥오리는 괘액괘액 하는 단음절의 울음소리가 1km 밖에서도 들린다.

✂ 쇠오리

오리중에서 가장 작은 **쇠오리는 시속 110km 이상의 비행속도를 자랑한다.** 수선스러울 정도로 활발히 움직이는 쇠오리는 언제 착지할지 예견하기 어려운 날짐승이다. **쇠오리 떼는 날개를 꺾고 마치 늪 방향으로 자리를 잡을 듯하다가 마지막 순간에 창공으로 솟아오른다.** 비행중일 때 쇠오리의 실루엣을 보면 가늘고 길고 뾰족한 날개 덕분에 몸체의 윤곽이 뚜렷이 나타난다.

10월 중순부터 수컷들은 비행중일 때나 앉아 있을 때 **정답게 우는 휘파람소리를 낸다.** 암컷들은 매우 수다스러운데 이들의 노랫소리는 훨씬 급격하고 불규칙하며 날카롭다.

✂ 고방오리

고방오리는 창끝 모양의 꼬리깃을 지녔다. 때문에 높이 날아갈 때도 그 형태로 식별할 수 있다. 수컷이 지닌 긴 꼬리가 유명해 국가와 지역마다 다양한 별명을 가지고 있다.

고방오리는 경계심이 상당하다. 지나치게 얕아서 장애물이 없고 훤히 트인 공간은 내려앉지 않는다. 작은 연못이나 물이 얕은 늪에서는 고방오리를 만나기는 쉽지 않다. 고방오리가 **수면 위에 내려앉을 때 물방울이 튀지 않고 사람의 눈에 띄지 않도록 '살포시' 내려앉는다.** 수컷은 비행중일 때나 앉아 있을 때 수다스런 편이며 쇠오리 수컷을 연상시키는 휘파람 소리를 낸다.

오리의 식별

[붉은가슴흰죽지]

[가창오리]

※ 오리의 특징 있는 꼬리

넓적부리

고방오리

바다꿩

청둥오리

청머리오리

원앙

[원앙사촌]

조류를 식별하려면 먹이 · 배설물 · 크기 · 모양 · 생활상 · 색깔 · 동작 · 나는 방법 · 걷는 모양 · 우는 소리 · 관찰 장소 등에 주의를 기울여야 한다. 관찰자는 평소의 마음가짐도 중요하다. 비둘기와 까마귀 등도 크기를 파악할 때 기준이 되므로 잘 관찰해야 한다.

한국에서 기록된 전체 오리류는 30종 1아종이다. 원앙사촌은 멸종되었고 원앙은 천연기념물이다. 붉은가슴흰죽지 · 호사비오리 · 가창오리는 국제 보호 조류이다.

※ 유사한 머리 모양의 오리

쇠오리

가창오리

발구지

(5) **까마귀류 3종**

[갈까마귀]

[까마귀]

[떼까마귀]

[큰부리까마귀]

① **종류**

- 텃새 : 까마귀 · 큰부리까마귀(수렵불가) 잣까마귀(수렵불가)
- 겨울철새 : 갈까마귀 · 떼까마귀
- 미조(길잃은 새) : 붉은부리 까마귀(수렵불가)

② **특징**

구분	큰부리까마귀	까마귀	떼까마귀	갈까마귀
체형	대형	중형	떼까마귀와 갈까마귀 중간	소형
부리의 크기	중형	중형	중형	소형
꼬리길이	대형	중형	중형	소형
털의 색상	흑갈색	흑청색	흑청색	흑청색 백색형 어깨에 흰띠가 있으며 배가 흰색이다.
주요 서식지	깊은 산	평지 · 농경지	농경지 · 야산 · 평지	평지 · 소택지
계절(후조)별	텃새	텃새	남부지방 겨울철새	겨울철새

※ 큰부리 까마귀는 수렵조수가 아니다.

(6) 까치

[까치]

도시와 농촌을 불문하고 흔히 볼 수 있는 텃새이다. 까치는 민족의 길조로 대우를 받았으나 최근 밀도가 증가하여 과수와 전력설비 등에 피해를 주는 대표적 유해조류이다.

둥지를 중심으로 사시사철 한 곳에서 생활하는 까치는 큰 나무 또는 전신주 주위에 마른가지를 모아 둥지를 튼다. 둥지의 지름은 1m 크기의 구형으로 짓고 측면에 출입구를 만든다. 해마다 같은 집을 수리해서 살아가므로 둥지가 점점 커진다. 잡식성으로 쥐 따위의 작은 동물 곤충・나무열매・곡물・감자・고구마・개밥도 훔쳐 먹는다.

(7) 어치

[어치]

어치는 한국 산야에 분포된 흔한 텃새이다. 몸길이 약 34cm 몸의 색깔은 핑크색을 띤 갈색으로 백색의 허리와 흑색의 꽁지가 뚜렷이 대비된다. 참나무류의 열매를 즐겨 먹기 때문에 참나무 분포와 서식지가 일치하는 경우가 많다. 나뭇가지에서 옮겨다닐 때나 땅위에서 걸을 때는 무겁게 보이고 양쪽 다리를 모아 깡충 뛴다.

주로 나무 위에서 생활하며 먹이를 숨기는 습성이 있다. 4~6월 하순경 연1회 번식하며 4~8개의 알을 낳는다. 잡식성으로 동물성과 식물성을 혼식하나 식물성을 선호한다. 간혹 다른 조류의 둥지를 침략하여 부화된 새끼도 먹는다.

5. 수렵 수류

(1) 멧돼지

대형동물인 멧돼지는 번식력이 높은 수렵동물이다. 영양이 풍부하고 우수한 야생동물 자원으로 평가되는 멧돼지는 수렵조수로 인기가 높다. 생태학적으로 농작물 의존도가 높은 편이고 농민에게 피해를 주고 있다. 임목과 묘지 등 다양하게 피해를 주는 멧돼지는 많은 나라에서 수렵을 허용하여 밀도를 조절하고 있다. 엽견과 더불어 다양한 장

비와 경험이 필요한 멧돼지 사냥은 자연의 통찰력을 키우고 야생동물의 정보를 습득하는 기회를 제공한다.
깊이 있게 자연을 이해하는 멧돼지 사냥은 생명의 존엄과 자연의 소중함을 깨우치는 스포츠로 인기가 높다.
최근 전국적으로 번식이 확산된 멧돼지는 분묘까지 훼손하여 국민의 원성을 사고 있다. 간혹 도심에 출현하여 뉴스에 보도되는 멧돼지는 벼와 고구마류에 가장 큰 피해를 주고 있다.

[멧돼지]

[생후 1일된 멧돼지 새끼]
다람쥐처럼 줄무늬가 있는 멧돼지 새끼는 6개월령이 되면 줄무늬가 없어진다.

① **생태와 번식**

멧돼지는 소목 멧돼지과의 대형동물로 유라시아·아프리카·아메리카 등 아열대와 열대지역에 서식하며 분포도는 쥐류에 버금갈 만큼 광범위하다. 번식력이 빠르고 성장률이 높아 인류의 건강증진에 지대한 공로가 있는 멧돼지는 인간의 영양공급에 크게 기여한 동물이다.
암수 동색의 멧돼지는 수컷이 크다. 350kg의 대형이 발견되는 멧돼지는 주둥이가 긴 것이 특징이며 나팔처럼 생긴 코로 땅을 파 제키며 생활한다. 후각이 뛰어난 멧돼지는 땅속 30cm 밑에 있는 지렁이 냄새도 맡는다. 목이 짧고 머리와 가슴이 큰 멧돼지는 반대로 눈은 작고 꼬리는 파리 쫓기도 힘들다. 예민한 청각을 소유한 멧돼지이지만 귀는 큰 편이 아니다. 털은 갈색부터 검은 색을 띈 것도 있고, 색소결핍 등으로 하얀색의 멧돼지도 드물게 발견 된다.
흰색 멧돼지는 사육된 흰색 멧돼지와 교잡된 것도 있고 알비노(albino) 현상으로 유색 유전자 결핍증인 것도 있다. **교미기는 보통 12월부터 다음해 2월까지이다. 임신기간은 115~120일이다. 4~6월에 5~8 마리의 새끼를 낳으며 갓 태어난 새끼는 갈색 바탕에 흰색 줄무늬의 보호색을 띤다. 이 보호색은 생후 3개월이면 사라지기 시작해서 6개월이면 소멸된다. 멧돼지의 주 서식지는 관목이 무성한 활엽수림이나 갈참나무 지대이다.**

② **멧돼지 피해**

농작물의 피해는 멧돼지에 의한 것이 가장 많다. 그 중에서도 논과 밭에 피해를 많이 줘서 영세한 농민들의 고통이 심하다. 근래에는 산촌의 인구가 적어 남아 있는 노인들이 경작하는 것이 고작이므로 작은 피해라도 체감하는 정도가 매우 크다. 멧돼지가 주는 피해는 벼 · 고구마 · 감자 · 옥수수 등 다양하며 조상의 산소를 파헤치기도 한다. 하룻밤에 성숙한 멧돼지 한 마리가 먹어치우는 량은 4~5kg이다.

(2) 고라니

① 생태와 번식

몸길이 80~100cm, 몸무게 9~15kg으로 암수가 모두 뿔이 없다. **수컷 윗턱의 송곳니가 엄니 모양으로 발달하여 주둥이 밖으로 나왔다.** 이 엄니는 번식기에 수컷끼리 싸울 때나 나무줄기 등을 자를 때 쓰인다. **'털은 거칠고 굵으며' 색깔은 회백색 · 흑갈색 · 적갈색 순이고 배는 백색**이다. 어깨 · 다리 · 꼬리는 밤갈색 · 새끼는 흰색의 반점을 가지고 있다.

서식지는 초식성으로 갈대밭 또는 무성한 관목림 지대이다. 냇가의 갈대가 이어진 곳을 좋아하며 2~4미씩 지내지만 드물게 무리를 이루기도 한다. 일부다처제이고 **번식은 1~2월에 교미하며 임신기간은 정확하게 6개월(180일)이다.** 6~7월에 1~4 마리(초산 2마리) 많게는 6마리를 분만하기도 한다.

[고라니]

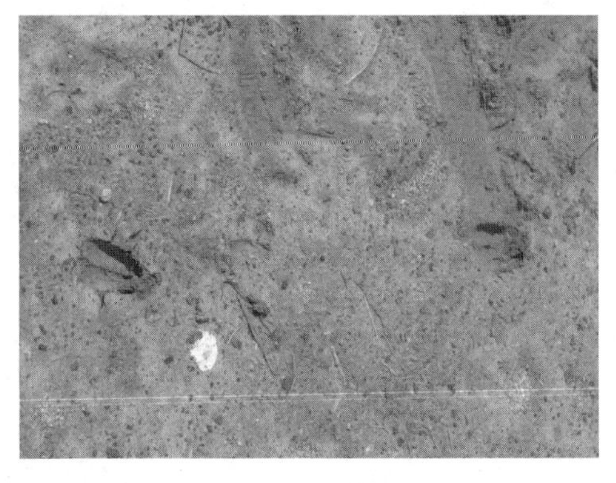

[고라니 앞발자국]

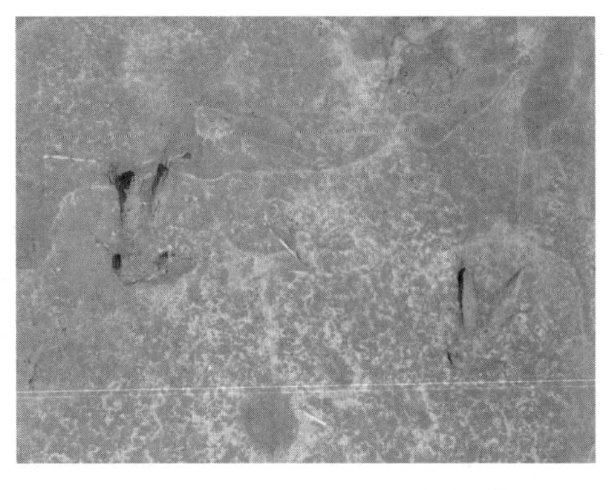

[고라니 뒷발자국]

② 고라니와 노루의 비교

구분	고라니	노루
주요 서식지	야산 · 구릉지 · 억새가 우거진 냇가	산악의 산림지대
특징	- 수컷은 뿔이 없고 견치(엄니)가 있다. - 엉덩이에 흰 반점이 없다. - 몸집이 작다. - 털이 거칠다.	- 수컷은 뿔이 있다. - 엉덩이에 흰색 반점이 있다. - 몸집이 크다. - 털이 부드럽다.
교미 시기	1~2월	9~10월
분만시기	6~7월	5~6월
임신기간	6개월(180일)	230~294일
분만수	평균 2~4 마리	평균 1~3 마리
초식성	초식	초식
분포	한국 중국(양자강 유역)	한국 중국 러시아 유럽
수명	야생 10~12 년(사육 약14년)	야생 3~5년(사육 10~12년)

(3) **청설모**

'행동과 습성이 다람쥐와 비슷'하지만 다람쥐보다 2배 이상 크다. 색깔은 진한 갈색이며 배면은 흰색이다.

주로 잣나무림에 서식하며 먹이를 먹을 때를 제외하고 거의 나무 위에서 생활한다. **나무구멍이나 나무 위에 까치집 모양으로 둥우리를 지어 새끼를 낳고** 겨울에는 월동장소로 이동한다. 번식기는 2월 상순, 임신기간은 약 35일이다. 한배에 약 5마리의 새끼를 분만하고 천적은 담비나 족제비 여우 등이다.

잣나무 · 가래나무 · 가문비나무 · 상수리나무의 열매를 비롯하여 호두 · 밤 · 땅콩 · 도토리 등을 잘 먹는다. 야생조류의 알이나 어미새를 잡아먹기도 한다. 늦가을에는 월동하기 위하여 도토리 · 밤 · 잣과 같은 굳은 열매를 바위 구멍이나 땅속에 저장하는 습성이 있다. 하지만 이런 습성으로 인하여 종자를 이식하는 일을 하기도 한다. 한국 · 일본 · 시베리아 · 유럽 · 중국 북부 · 몽골 등지에 분포한다.

[청설모]
(정병현 사진작가 제공)

6. 수렵동물의 번식 및 특성

구분	동물명		교미(산란) 시기	임신(포란) 기간(일)	부화 (분만)시기	분만 (산란) 수	특징
수류 3종	멧돼지		12~2월	115~120	4~6 월	5~8 마리	① 새끼는 줄무늬 보호색 ② 야생일수록 주둥이가 뾰족하다. ③ 몸집이 둥글고 갈기털이 무성하다. ④ 임목・농작물・문화재 묘지에 피해를 준다.
	고라니		1~2월	180	6~7 월	2~4 마리	암 수 뿔이 없다. 수컷에 견치가 있고 털이 거칠고 굵다.
	청설모		1~2월	35	2월 상순	약5 마리	① 다람쥐와 비슷하나 행동과 습성이 다르다. ② 잣 호두 등 유실수에 피해를 준다. ③ 나무 구멍이나 나무위에 까치집 형태로 둥지를 틀고 새끼를 낳는다.
조류 13종	꿩		4~5월	23~25	5~6월	9~12 개	① 암수의 색이 확연히 다르다. ② 수컷은 뾰족한 공격용 며느리 발톱이 있다.
	오리류 5종	청둥오리	5~7월	28~29	3~4월	8~10 개	① 경계심이 많고 오리 중에서 가장 '큰소리로 운다' ② 수컷의 목에 '흰띠'가 있다. ③ 넓적부리 청머리오리와 유사하고 암컷은 몸 전체가 황갈색 흑갈색 반점이 있고 '눈썹에 흑색'이 있다. ④ 천적이 나타나면 한꺼번에 우후죽순으로 날아 오른다.
		흰뺨검둥오리	4~5월	26	5~6월	8~12 개	① 눈 위에 폭넓은 '흰색의 눈썹선'이 있다. ② 눈선 밑에서 목까지 흰색이며 다리는 오렌지색이다. ③ 최근에는 텃새처럼 한국에서 연중 서식하기도 한다.
		고방오리	5~7월	21	5~7월	약9 개	① 창끝처럼 뾰족한 꼬로깃이 있다. ② 목 아래 흰색이 뚜렷하다.
		홍머리오리	철새	28~29	5~7월		① 수컷은 "밤색머리에 황색정수리, 핑크색가슴 날 때는 날개덮깃(날개 밑부분)의 백색이 뚜렷하다." ② 암컷은 고방오리 암컷과 유사하다.
		쇠오리	철새	21	5~7월		**① 소형 오리이며 가창오리의 '태극무늬'와 혼동하기 쉽다. ② 내려앉을 듯하다가 급상승하는 특징이 있다.**

구분	동물명		교미(산란) 시기	임신(포란) 기간(일)	부화 (분만)시기	분만 (산란) 수	특징
조류 13종	까마귀 3종	까마귀	3월 하순 ~ 6월			3~5 개	① '과~ 과~ 과하고 운다.' ② 몸은 중간 크기 털은 흑청색이다. ③ 텃새이며 야산 평지에 서식한다. ④ 높은 나무에 둥지를 튼다.
		떼까마귀	3~5월			3~6 개	① 카아~, 카아, 카아 운다. ② 흑청색이 까마귀와 떼까마귀의 중간이다. ③ 봄 가을 통과 새이며 남부지방은 겨울새이다 ④ 야산・평지・농경지에 서식하고 나뭇가지에 둥지를 튼다
		갈까마귀				4~6 개	① 캬, 캬, 캬 운다. ② 소형이며 흑청색이다. ③ 백색형은 어깨에 흰 띠 복부에 흰색이 있다. ④ 서식지는 평지와 농경지이며 겨울새이다. ⑤ 봄 가을 통과새이고 남부 지방은 겨울새이다. ⑥ 건물 틈, 벼랑 구멍에 둥지를 튼다.
	멧비둘기			15~16일	3~6월	2 개	① 암수 회자색이 동일한 텃새이다. ② 서식지는 야산 또는 구릉이다. ③ 새끼는 반소화된 먹이를 먹인다.
	까치						① 전력에 피해를 준다. ② 텃새 잡식성이다.
	어치				4~6월	4~8 개	① 몸 전체 핑크색을 띤 갈색, 허리는 백색이고 잡식이다. ② 열매를 주로 섭취한다.
	참새			12~14일	2~7월	4~8 개	① 도시 농촌 전국에서 번식하는 텃새이다. ② 제주도 울릉도에 서식하는 섬참새는 수렵조수가 아니다.

7. 천연기념물(문화재보호법)

우리나라의 천연기념물(2007년 5월 현재) 중 동물은 총 77 건이다. 그 현황은 동물서식지 7 건・동물 도래지 6 건・동물번식지 15 건・조류 27 건(47종)・포유류 10 건・어류 6 건・곤충 3 건・파충류 1 건・해양생물 2 건이다.

(1) 선정기준

현행 문화재보호법의 시행규칙에 따라 지정하며 다음과 같은 기준으로 선정한다.

① 우리나라 특유의 잘 알려진 동물
② 특수한 지역이나 환경에서 서식 하는 동물
③ 진귀하고 보존이 필요한 동물
④ 동물분포의 경계 등 학술적으로 중요한 동물

8. 야생동물의 생태

(1) 서식환경

① 서식밀도의 증감

야생동물의 밀도는 환경에 따라 연중 증감을 반복한다. 새끼를 번식하는 봄, 먹이와 은신처가 풍부한 여름철은 왕성하게 번식한다. 적절한 기후와 풍부한 먹이・은신처가 많은 가을은 야생동물에게 풍요의 계절이다.

그러나 먹이와 은신처가 줄어드는 겨울철 야생동물은 서서히 줄어든다. 낮은 기온이 이어지는 겨울이 오면 야생동물은 급격히 줄어든다. 야생동물에게 힘든 계절은 먹이와 은신처가 고갈되는 강추위의 겨울이다. 다시 날씨가 따뜻하고 새싹이 돋아나는 봄이 오면 야생동물 세계는 또 다시 생기가 돋는다. 이렇듯 야생동물의 증감 원인은 기후(장마 가뭄)・천적・질병・사고・먹이・은신처・물 등의 변화에 따라 다르게 된다.

② 서식환경의 중요성

- 먹이 : 야생동물의 중요한 서식 요소는 '먹이・은신처・물'이다.
- 은신처 : 은신처는 기후와 천적의 위험을 막아주는 피신처이다. 적당한 은신처는 직사광선을 피하고 악천후의 비바람을 막아주는 역할을 한다. 기온이 떨어지는 시기 열손실을 감소시켜주는 은신처는 야생동물의 서식 여건에 중요한 요소이다.
- 물 : 모든 생물에 영향을 미친다.
- 기후 : 기후는 생물의 분포를 증감하는 요인이다. 적절한 온습도 유지는 생물의 생존유지에 중요한 요소이다.
- 재해 : 야생동물도 부상 또는 사망하게 된다. 장마・가뭄・홍수・폭설・산불 등의 자연재해와 공해・도로・건축물・매립 등의 인위적인 재해가 있다. 최근 증가하는 것은 도로 발달에 의한 서식환경변화와 '로드킬'이다.
- 질병 : 질병은 동물을 폐사시키고 생리적 행동적 변화를 일으킨다. 특히 동물의 전염병은 일시에 많은 동물이 폐사할 수 있다.

③ 야생동물 서식요소

구 분	내 용	비 고
야생동물 3대 서식 요소	먹이・물・은신처	
야생동물 감소 원인	기후・포식자・질병・가뭄・사고・밀렵	

(2) 야생동물 보호

① 직접 보호

- 야생동물의 먹이 식재 : 종자식물 식재 · 산딸기 · 도토리 등 열매를 채취하지 않는다.
- 서식지 파괴금지 : 오폐수 발생금지 · 산림 · 하천 훼손금지 · 밀렵 밀거래 추방
- 보호의식 교육 : 가정과 학교의 동물사랑 교육 · 단체의 인공새집 설치 등 은신처 제공 · 언론의 동물보호 홍보

② 간접 보호(시행령 34조 관련)

- 야생동물의 서식환경 조성
- 야생동물의 이동통로 설치
- 야생동물의 보호판 설치
- 야생동물의 인공증식 복원 활동
- 야생동물 관람장 설치 등

③ 야생동물 보호구 설정

- 야생생물 특별보호구(멸종위기 야생생물보호) 설정 : 환경부 지정
- 시 · 도 야생생물보호구(특별보호구와 준하는 보호구역) 설정 : 시 · 도지사
- 야생생물보호구 설정 : 시장 · 군수 · 구청장

④ 야생동식물 보호구역 설정지역

- 야생동식물의 집단 서식지 · 도래지 · 번식지에 설정한다.
- 서식 밀도가 높은 곳으로 보호구를 확대한다.

⑤ 보호구의 행위 제한

- 건축물의 신증축 · 하천과 호소의 구조 수위 변경 제한 · 매립 및 간척행위 제한
- 토석채취 · 표지물 훼손 및 이전 금지 · 불 지르는 행위 금지
- 소리 · 빛 · 연기 등으로 동물의 서식을 방해하거나 포획 · 채취 · 서식지를 훼손하는 행위를 금한다.
- 임목 · 풀의 채취 · 가축의 방목 · 불법벌채 행위를 금지한다.

⑥ 보호구의 출입 허용

- 야생동물 보호시설 설치 및 복원에 필요한 사항
- 천재지변 · 전기 · 통신시설의 유지보수
- 합법적인 서식실태 및 밀도조사 학술연구
- 군사목적상 필요하다고 인정되는 경우
- 산불 진화 · 재해예방 및 복구

⑦ 밀렵단속(환경부 훈령 제441호)

- 밀렵단속은 특별단속과 수시단속으로 구분한다.
- 특별단속 : 매년 11월 1 일부터 다음해 2월말까지 · 월 4회(매회 3일 이상) 실시 · 기상예보에 눈 · 비 오는 날 및 주말과 공휴일 단속
- 수시단속 : 수시단속은 매년 3월 1일부터 10월말까지 · 월 1회(3일 이상) 실시, 기상예보에 눈 · 비 오는 날 및 주말과 공휴일 단속

3장 수렵도구의 사용법

제1절 총포 도검 화약류 등 안전관리에 관한 법률 해설

■ 총포 도검 화약류 등 안전관리에 관한 법률(이하 총안법) 제1조 목적

총포・도검・화약류・석궁 등의 제조・판매・임대・운반・소지・사용과 그 밖에 안전관리에 관한 사항을 정하여 총포・도검・화약류・석궁으로 인한 위험과 재해를 미리 방지함으로써 공공의 안전을 유지하는데 이바지함을 목적으로 한다.

가. 총포

1. 수렵용・사격용 등 민유 총기의 기준

(1) 연속 자동 격발식이 아닐 것 〈신설 2014.11.19.〉

(2) 탄창은 **6**개 이하의 실탄 또는 금속성탄알을 장전할 수 있는 것일 것

2. 산탄엽총(Shotgun)의 번경(gauge)과 공기총(Air gun) 구경(caliber)

(1) 산탄엽총의 번경 : **4**번~**32**번 및 **0.41**인치**(410**번**)**

(2) 공기총의 구경 : **4.5mm**~**5.5mm**, 다만 수렵용 산탄공기총의 경우 **5.5mm**~**6.4mm**

(3) 사격총의 구경

① 산탄엽총**(Shotgun)** : 번경 **12**번~**20**번

② 공기총**(Air gun)** 구경 : **4.5mm**~**5.5mm**

3. 총포의 부품

(1) 총포의 신(총신) 및 기관부

(2) 산탄탄알 및 연지탄(납탄)

(3) 소음기 및 조준경(스코프)

(4) 공기총이라 함은 사람・가축 또는 조류 등을 살상할 수 있는 성능을 갖춘 것

4. 총포의 구조 및 성능(규칙 제2조)

(1) 총포는 다음의 구조를 갖춘 것이어야 한다. 〈개정 2016.1.12.〉

① **총은 총열 · 기관부 · 노리쇠뭉치 · 방아틀뭉치 및 개머리**로 구성될 것.

② 탄알의 장전방법은 **삽탄식 · 탄창식 또는 회전식**일 것.

③ 공기총(공기 또는 가스압축식 · 용수철식 · 가스용수철식)의 구조 및 형식은 다음과 같다.

- 공기총의 총신과 압축실 시린다는 이은 자리가 없고 1㎠ 당 180kg 이상의 압력에 견딜수 있는 재질로 할 것.
- 공기총의 압축실 시린다 전체의 체적은 500㎤를 초과하지 아니할 것.
- **공기총의 전체 길이는 80cm 내지 120cm**로 할 것.
- 제작하는 총기마다 기관부의 왼쪽에 제조회사와 총의 종류 및 구경을, 오른쪽엔 제조회사별 영문약어 2자와 제조연도 2자 및 제조순번에 따른 일련번호를 여섯 자리 숫자로 새겨 표시하고, 방아틀뭉치엔 제조회사 영문약어 2자와 제조연도 2자 및 제조순번에 따른 일련번호를 여섯 자리 숫자로 새겨 표시할 것.
- **공기총의 구조는 겸용할 수 없는 단일형식의 구조**로 할 것.
- **방아쇠를 당길 수 있는 힘은 1kg 이상**으로 하고, 안전장치를 할 수 있는 구조로 제작
- 노리쇠 · 공이치기 · 방아쇠 · 단발자 · 안전장치의 재료는 한국산업규격(KS)D3752의 SM45C 이상 재질을 사용할 것.

5. 총포 안전관리 계획과 세부계획에 포함되는 사항

(1) 안전관리 계획

① 총포 소지자의 결격사유 확인 및 그에 따른 처분결정 절차

② 총포의 개조 및 분실 · 도난 여부 등 점검계획 [본조신설 2015.10.30.]

(2) 안전관리 세부계획 〈개정 2016.1.6.〉

① 최근 총포소지자 현황

② 불법 총포류 회수를 위한 신고소 설치, 신고된 불법 총포류 처리방법 및 불법 총포류 자진신고기간 운영계획

③ 총포소지자 점검 계획

④ 총포 소지자의 주소지 이전 및 사망 여부 확인

⑤ 총포의 개조 및 분실 · 도난 여부 확인

6. 옥외 등에서 판매 · 임대 · 광고 금지(법 제8조)

(1) 총포 · 도검 · 화약류 · 석궁 등은 **행상 · 노점이나 옥외 상행위, 인터넷 등을 이용한 전자상거래 · 통신판매 및 방문판매의 방법으로 판매 · 임대하거나 이를 목적으로 광고하지 못한다.** 다만, 제조업자 · 판매업자 · 임대업자가 허가받은 제품에 대한 광고를 하는 경우에는 그러하지 아니하다.

(2) 누구든지 총포·화약류를 제조할 수 있는 방법이나 설계도 등의 정보를 인터넷 등 정보통신망에 게시·유포하여서는 아니 된다. (법 제8조의2) [본조신설 2015.1.6.]

7. 총포·도검·화약류·석궁의 소지허가 및 갱신 신청 구비서류(법 제12조, 22조) [전문개정 2015.1.6.]

(1) **구비서류**

① 신체검사서
- 엽총 : 종합병원 또는 일반병원
- 공기총 및 석궁 : 일반병원 또는 의원

② 총포·화약류·석궁 등의 출처를 증명할 수 있는 서류
- 허가신청 : 출처증명서(제조증명서, 양도양수 증명서 등)
- 갱신신청 : 총포소지허가증

③ 총포의 용도를 소명할 수 있는 서류
- 사격경기용 총포: 사격선수확인증
- 수렵용 총포: 제1종 수렵면허증 또는 제1종 수렵면허시험 합격증
- 유해조수구제용 총포: 제1종 수렵면허증 또는 제1종 수렵면허시험 합격증 및 유해야생동물 포획 허가증(총포 허가에 해당)

④ 정신건강의학과 전문의 의견이 기재된 진단서 또는 소견서(수렵 및 유해조수 구제용 총포)

⑤ 병력신고 및 개인정보 이용 동의서(수렵 및 유해조수 구제를 위한 총포를 제외한 총포)

⑥ 법 제22조에 따른 총포안전 교육 이수증

⑦ 사진(2.5cm×3cm) 1매

⑧ 그 밖의 해당 용도를 소명할 수 있는 서류

(2) **총포소지 허가 미갱신 자의 조치 : 소지허가 취소**

(3) **경찰서에 임시 보관중인 총포는 본인에게 반환할 때까지 갱신 보류**

(4) **총포소지허가를 받은 날부터 3년마다 갱신기간 만료일까지 갱신**

(5) **엽총 공기총의 소지허가 및 갱신 : 주소지 경찰서장**

8. 총포·화약류·석궁 등 소지허가 결격사유 자(법 제13조) 〈개정 2015.7.24.〉

(1) **20세 미만인 자**(공인 사격선수 제외)

(2) 심신상실자 대마·향정신성의약품 또는 알코올 중독자·정신질환자 또는 뇌전증·우울증 환자 치매, 분열형 정동장애(情動障碍), 양극성 정동장애, 재발성 우울장애 등의 정신질환 또는 정신 발육지연 등으로 총포의 안전한 사용을 확신할 수 없다고 해

당 분야 전문의가 인정하는 사람 [본조신설 2015.10.30.]

(3) 금고 이상의 실형을 선고받고 그 집행이 끝나거나 면제된 날부터 5년이 지나지 아니한 자

(4) 〈총안법〉을 위반하여 벌금형을 선고받고 5년이 지나지 아니한 자

(5) 강력범죄로 벌금형의 선고 또는 징역 이상 형의 집행유예를 선고받고 그 유예기간이 끝난 날부터 5년이 지나지 아니한 자

(6) 〈총안법〉을 위반하여 금고 이상 형의 집행유예를 선고받고 그 유예기간이 끝난 날부터 3년이 지나지 아니한 자

(7) 아래의 죄를 범하여 벌금형을 선고받고 5년이 지나지 아니한 사람

① 범죄단체 조직의 죄

② 폭행·상해·존속상해 및 폭행·특수폭행 죄의 자

③ 아동·청소년에 대한 강간·강제추행 및 장애인 아동·청소년에 대한 간음 등 죄의 자

④ "음주운전으로 벌금 이상의 형을 선고 받은 날부터 5년 이내에 다시 음주운전으로 벌금 이상의 형을 선고 받고 그 집행이 종료되거나 면제된 날부터 5년"이 지나지 않은 사람

⑤ 허가가 취소된 후 1년이 지나지 아니한 자

(8) 지방경찰청장 또는 경찰서장은 다른 사람의 생명·재산 또는 공공의 안전을 해칠 우려가 있다고 인정되는 경우에는 총포·도검·화약류·석궁의 소지허가를 하지 아니할 수 있다.

9. 아래에 해당하는 경우를 제외하고 총포를 소지해서는 안 된다(령 제14조) 〈2016.1.6.〉

(1) 소지허가를 받은 사람이 사격경기·운동 또는 호신을 목적으로 권총을 소지하는 경우

(2) 소지허가를 받은 사람이 수렵·유해조수구제 또는 사격경기를 목적으로 산탄총·단탄총·공기총 또는 석궁을 소지하는 경우

(3) 소지허가를 받은 사람이 인명구조·도살·마취·어획·건축 그밖의 산업 용도에 사용하는 구명줄발사총·구명용신호총·도살총·마취총·포경총·포·섬총·포경용표지총·건설용타정총 및 쇠줄 발사총·청소용 그밖의 산업용에 필요한 총포로서 행정자치부령이 정하는 것을 소지하는 경우

(4) 국가기관 또는 공공기관에서 시험·연구를 위하여 총포·석궁을 소지하는 경우

(5) 체육대회 또는 국제 규모의 사격경기에 참가하는 선수나 후보자로서 공공기관장이 적격

하다는 추천을 받은 사람이 그 체육대회 또는 사격경기에 사용하기 위하여 권총을 소지하는 경우

(6) **소지허가를 받은 사람이** 도검술경기 · **수렵** · 도살 · 농어업 · 장식 또는 가보용으로 쓰거나 보관하기 위하여 도검을 소지하는 경우

(7) 축제 · 예식 등 행사용의 총포 · 도검과 가보 · 장식용의 도검 그밖의 도검으로서 일반풍속 또는 관습상 필요하다고 인정되는 것을 소지하는 경우

(8) 소지허가를 받은 사람이 경비 · 호신 또는 동물몰이의 목적으로 분사기 · 전자충격기를 소지하는 경우

(9) 법령상 무기를 휴대할 수 있는 사람이 호신용 또는 범인검거용으로 가스발사총을 소지하는 경우

(10) 법인이 종업원 등에게 다음 각 목의 용도구분에 따라 마취총 · 산업용총 · 가스발사총 · 분사기 · 전자충격기를 소지하게 하는 경우

① 토목 · 건축 기타 산업용 : 산업용총

② 경비용 : 가스발사총(소지하는 사람이 법령상 무기를 휴대할 수 있는 경우에 한한다) · 분사기 · 전자충격기

③ 동물마취용 : 마취총

(11) **산탄엽총(Shotgun)의 소지허가를 받은 사람이** 허가받은 그 **총포에 교체**하여 사용하기 위하여 **총신을 소지하는 경우**

(12) **소지의 금지(법 제10조) : 누구든지 다음 각 호의 어느 하나에 해당하는 경우를 제외하고는 허가 없이 총포 · 도검 · 화약류 · 석궁을 소지하여서는 아니 된다.**

〈개정 2016.1.6.〉

① 법령에 따라 직무상 총포 · 도검 · 화약류 · 석궁을 소지하는 경우

② 제조업자가 자신이 제조한 총포 · 도검 · 화약류 · 석궁을 소지하는 경우

③ 화약류를 제조한 자가 자신이 제조한 화약류를 소지하는 경우

④ 판매업자가 총포 · 도검 · 화약류 · 석궁을 소지하는 경우

⑤ 총포 판매업자가 판매하는 총포의 실탄 또는 공포탄을 소지하는 경우

⑥ 임대업자가 총포 · 도검 · 석궁을 소지하는 경우

⑦ 수출입허가를 받은 자가 그 총포 · 도검 · 화약류를 소지하는 경우

⑧ 화약류의 사용허가를 받은 자(사용허가를 받지 아니하여도 되는 자를 포함)가 그 화약류를 소지하는 경우

⑨ 화약류의 양수허가를 받은 자(양수허가를 받지 아니하여도 되는 자를 포함한다)가 그 화약류를 소지하는 경우

⑩ 제2호부터 제8호까지의 어느 하나에 해당하는 자의 종업원이 그 직무상 총포・도검・화약류・석궁을 소지하는 경우

⑪ 대통령령으로 정하는 자가 총포・도검・화약류・석궁을 소지하는 경우 [전문개정 2015.1.6.]

10. 허가 없이 총포 등을 소지할 수 있는 사람 〈개정 2006.3.10.〉

(1) 문화재로의 가치가 있는 총포・도검・화약류를 문화재보호관리기관이 발행한 증표를 가지고 소지하는 사람

(2) 「초・중등교육법」 및 「고등교육법」에 의한 **각급 학교 또는 공공기관에서 교재용 또는 연구용 총포・석궁의 사용자로 지정된 사람. 이 경우 총포는 공기총에 한한다.**

(3) **사격장・사설수렵장 또는 검술도장 등에서 총포・도검・석궁을 일시 대여 받아 같은 장소안에서 사격・수렵 또는 검도수련을 하는 사람**

(4) 군・학교 또는 공공기관에서 지휘 또는 예식에 사용하기 위하여 지휘도 또는 예식도를 소지하거나 현역의 군・경 지휘관으로서 지휘용으로 소지하는 사람. 이 경우 그 **도검은 날을 세우지 아니한 것**에 한한다.

(5) 「민방위기본법」・「소방법」・「선박안전법」에 의하여 인명구조를 위한 구명줄발사총을 그 업무와 관련하여 그 소속기관의 장의 명에 따라 소지하는 사람

(6) 총포・도검・화약류・분사기・전자충격기・석궁의 제조업자가 연구・개발용으로 제조소안에서 사용하기 위하여 지방경찰청장의 승인을 얻어 총포・도검・화약류・분사기・전자충격기・석궁원부를 비치・관리하는 제조업자

(7) **소지허가를 받은 총포(공기총에 한한다)에 사용하기 위하여 그 부품에 해당하는 산탄탄알・연지탄 및 조준경을 소지하는 사람**

11. 사용허가를 받지 아니하고 화약류를 사용할 수 있는 사람(령 제 15조)

(1) 사용허가를 받지 않고 화약류를 사용할 수 있는 사람은 아래와 같다. 〈개정 2006.3.10.〉

① 총포소지허가를 받은 사람으로서 그 소지목적을 위하여 실탄 또는 공포탄을 사용하고자 하는 사람

② 사격연습을 위하여 **400**개 이하의 실탄 또는 공포탄을 사용하고자 하는 사람 **<2006.3.10.>**

③ 조수류 구제를 위하여 **1**일 **100**개 이하의 실탄, 또는 10그램 이하의 꽃불류 200개 이하를 사용하고자 하는 사람

④ 조수류 구제를 위하여 약액주입용약포를 사용하고자 하는 사람

⑤ 법령에 의하여 총포 화약류 등을 소지할 수 있는 사람

12. 화약류의 소지와 사용

(1) 허가를 받지 아니하고 양수·보관할 수 있는 화약류의 수량 (령 제25조)

① 수렵용 실탄 또는 공포탄은 1일 100개 이하(개인끼리 양도·양수 불가)

② 사격용 실탄 1일 200개 이하(개인끼리 양도·양수 불가)

③ 수렵·사격용의 개인 보관 : 수렵용 200개, 사격용 500개

13. 총포와 석궁 등은 소지허가 받은 날부터 3년마다 갱신하여야 한다[규칙 제21조] 〈개정 2015.7.24.〉

(1) 총포소지허가의 갱신을 받으려는 사람은 갱신기간 만료일까지 정신질환 또는 성격장애 등을 확인할 수 있는 서류와 함께 아래의 서류를 첨부하여 허가관청에 제출하여야 한다. 다만, 재해·질병 그 밖에 부득이한 사유로 기간 내에 신청할 수 없는 경우에는 그 사유를 기록한 서류를 첨부하여 연기신청을 할 수 있다. 〈2015.11.20.〉

① 구비서류 : 신체검사서·사진(2.5cm × 3cm)·총포소지허가증

- 총포의 용도를 소명할 수 있는 서류(수렵면허증·유해조수구제 허가증·수렵면허시험합격증 등)
- 수렵 또는 유해조수구제용의 경우, 소지자의 적정 여부에 대한 정신건강의학과 전문의 의견이 기재된 진단서 또는 소견서
- 병력신고 및 개인정보 이용 동의서(수렵용 또는 유해조수구제용 총포를 제외한 총포소지 허가를 갱신하려는 경우에만 해당) [규칙 제21조]
- 허가관청은 "병력신고 및 개인정보 이용 동의서"의 기재내용 또는 국민건강보험공단 조회결과를 통해 정신질환 치료경력을 확인하여 필요한 경우에는 해당자에게 총포 소지의 적정 여부에 대한 정신건강의학과 전문의 의견이 기재된 진단서 또는 소견서를 허가관청에 제출하도록 요청하여야 한다. 이 경우 신청인 또는 법인 대표자는 해당되는 사람의 진단서 또는 소견서를 허가관청에 제출하여야 한다. <신설 2011.2.22, 2015.11.20.>
- 허가관청은 용도를 소명하지 못한 사람에 대하여는 허가 갱신과 동시에 해당 총기를 허가관청이 지정하는 곳에 보관할 것을 명할 수 있다. <신설 2011.2.22.>
- 허가갱신의 연기를 받은 사람은 그 사유가 없어진 날부터 3개월 이내에 허가갱신을 신청하여야 한다. <신설 12015.11.20.>

(2) 총포소지허가의 갱신 예고(법 제28조의2) 총포소지허가를 한 지방경찰청장 또는 경찰서장은 총포소지허가를 받은 사람에게 갱신기간 만료 30일 전까지 허가갱신에 필요한 안내사항을 통지할 수 있다. 〈개정 2004.2.2.〉

14. 총포・도검・석궁의 휴대・운반・사용 및 개조 등의 제한(법 제17조)

(1) 총포・도검・석궁의 소지허가를 받은 자는 **허가받은 용도에 사용하기 위한 경우와 그 밖에 정당한 사유가 있는 경우 외에는 그 총포・실탄・공포탄・석궁을 휴대・사용・운반하여서는 아니 된다.** 〈개정 2015.7.24.〉

(2) 총포의 소지허가를 받은 자는 그 **총포를 총집에 넣거나 포장하여 보관・휴대 또는 운반하여야 하며, 보관・휴대 또는 운반 시 그 총포에 실탄이나 공포탄을 장전하여서는 아니 된다.**

(3) **총포의 소지허가를 받은 자는 총포의 성능을 변경하기 위하여 그 총포를 임의로 개조하여서는 아니 된다.** [전문개정 2015.1.6.]

15. 총포 실탄의 보관 및 해제・위치정보 수집 동의(령 제14조의 4)

(1) **엽총・공기총의 소지허가를 받은 자는 허가관청이 지정한 장소에 그 총포와 실탄 또는 공포탄을 보관하여야 한다.**

(2) 총포 소지허가를 받은 자는 **허가받은 용도에 사용하거나, 수리 또는 매매** 등 허가관청이 인정하는 **정당한 사유가 있는 경우 허가관청에 보관해제를 신청**하여야 한다.

(3) 총포의 보관해제 기간 동안 총포 또는 **총포소지자의 위치정보를 확인할 수 있도록 위치정보수집 동의서를 함께 제출**하여야 한다.

(4) 허가관청은 보관해제 신청이 적합하지 않거나 위치정보수집에 동의하지 않은 경우와 그 밖에 공공의 안전유지를 위하여 필요하다고 인정될 경우 총포의 보관을 해제하지 않을 수 있다.

(5) 허가관청은 총포 보관증명서를 작성하여 총포의 소지허가를 받은 자에게 발급하여야 한다. 〈개정 2016.1.6.〉

(6) 경찰서 또는 지구대(파출소)에 **보관된 총기와 실탄을 찾을 경우, 수렵장 등에서 수렵하거나 유해조수를 구제할 경우, 안전관리에 우선해야 한다.**

(7) **보관 중인 총포와 실탄을 반환받으려는 자는 보관해제 신청서에 아래의 서류를 첨부하여 허가관청에 제출**하여야 한다.

① 반환받으려는 사유 및 이를 증명하는 서류

② 보관증명서

③ 총포소지자의 위치정보수집 동의서 [본조신설 2015.10.30.]

(8) **위치정보수집을 위한 총포소지자의 준수 의무**

① 위치정보수집에 동의한 휴대전화의 위성위치확인시스템(GPS) 작동을 유지할 것

② 경찰청장이 지정하는 휴대전화 응용프로그램을 설치하고 및 그 작동을 유지할 것

③ 총포를 재보관할 때까지 위치정보수집에 동의한 휴대전화를 작동 가능한 상태로 휴대할 것 **[본조신설 2015.10.30.]**

16. 총포의 분실 · 도난 · 발견 · 습득 신고 등(법 제23조, 제35조)

(1) **정당하게 관리되지 않는 총포 · 화약류 · 석궁을 발견하거나 습득하였을 때에는 24시간 이내에 가까운 경찰관서에 신고**하여야 하며, 국가경찰공무원(의무경찰을 포함한다)의 지시 없이 이를 만지거나 옮기거나 두들기거나 해체하여서는 아니 된다. [전문개정 2015.1.6.]

(2) 총포 · 화약류 · 석궁을 **도난당하거나 잃어버렸을 때에는 그 소유자 또는 관리자는 지체 없이 경찰관서에 신고**하여야 한다. [전문개정 2015.1.6.]

17. 교육의 실시(법 제22조)

(1) **엽총(Shotgun) · 공기총(air gun) · 석궁의 소지허가 전 교육** 〈개정 2015.3.11.〉

① 교육 과목

- 총포 · 도검 · 화약류 · 석궁의 취급 및 관리 등에 관한 법령
- 엽총 · 공기총 · 석궁의 사용 · 보관, 취급에 관한 실기 및 안전교육
- 화약류의 제조 및 취급상의 안전관리에 관한 실기(화약류 면허)

② 지방경찰청장 또는 경찰서장은 교육을 실시하고자 하는 때에는 교육실시 20일전에 교육의 일시 · 장소 그 밖의 교육의 실시에 관하여 필요한 사항을 공고하여야 한다. 다만, 교육을 위탁한 경우로서 항시 교육을 실시하는 경우에는 그러하지 아니하다.

- 교육을 받으려는 사람은 교육수강신청서를 지방경찰청장 또는 경찰서장에게 제출하여야 한다.
- 사후교육을 받으려는 사람은 신청서에 사후교육의 사유를 증명할 수 있는 서류를 첨부하여야 한다.
- 교육수료증은 총포 · 화약류 · 석궁교육수료증서로 한다.

③ 엽총(Shotgun) · 공기총(air gun)의 소지허가를 받은 자는 3년마다 면허증을 갱신 해야 한다.

④ 지방경찰청장 또는 경찰서장은 교육을 마친 사람에게 수료증을 발급하여야 한다.

⑤ 지방경찰청장 또는 경찰서장은 교육에 관한 사무의 전부 또는 일부를 총포 · 화약안전기술협회나 그밖에 행정자치부령으로 정하는 자에게 위탁할 수 있다.

(2) **엽총(Shotgun) · 공기총(air gun) · 석궁의 사용(수렵) 전(前) 안전교육 (령 제26조의2)**

① 엽총(Shotgun) · 공기총(air gun) · 석궁의 소지허가를 받은 자가 **수렵을 하고자 하는 때에는 안전교육을 받아야 한다.** 다만, 허가 전 교육을 받은 연도에는 그러하지 아니하다. <신설 2015.3.11.>

[별표 9] <개정 2001.4.12.>

총기소지허가를 받을 사람 등에 대한 교육의 과목 및 시간(제32조제1항 관련)

대상	교육과목		교육시간
1. 총포·석궁 소지허가를 받고자 하는 사람	1. 총포·도검·화약류 등 단속법규와 조수보호 및 수렵에 관한 법규	1. 소지·운반의 제한 2. 허가갱신절차(석궁의 경우 제외) 3. 보관·휴대·운반시의 제한 4. 수렵절차 및 제한(석궁의 경우 제외) 5. 허가목적 외 사용금지 6. 성능개조금지	30분
	2. 엽총·공기총·석궁의 취급실기	1. 성능 및 조작방법 2. 사격술(석궁의 경우 제외) 3. 안전관리 수칙 4. 도난·분실·안전사고 발생시 조치요령	30분

② 수렵 전 안전교육 과목

- 총포 또는 석궁의 조작방법 및 안전관리 수칙
- 총포 또는 석궁의 도난·분실이나 안전사고 발생 시 조치 요령
- <총안법> 및 <야생생물법> 등의 법령에 따른 수렵 시 안전 관련 주의사항

(3) **수렵 전 안전교육은 교육을 받은 날부터 1년간 유효하다.** [본조신설 2015.9.11.]

18. 화약류의 적재·운반 방법(령 제49조)

(1) 운반중에 마찰 또는 동요되거나 굴러떨어지지 아니하도록 할 것

(2) 화약류는 방수 및 내화성이 있는 덮개로 덮을 것

(3) 화약류는 싣고자 하는 차량 적재정량의 80퍼센트에 상당하는 중량을 초과하지 아니할 것

(4) 화약류는 다음의 물건과 동일한 차량에 함께 싣지 아니할 것

① 발화성 또는 인화성 물질

② 외장이 불완전하여 화약류에 마찰 또는 충격을 줄 염려가 있는 물건

③ 철강재·기계류·광석류·그 밖의 이에 준하는 물건

④ 독물·극물·방사성물질 그밖의 유해성 물질

19. 총포·석궁의 검사 및 현장 출입 검사(법 제42조 제 44조)

(1) **총포·석궁의 검사**

① **총포·석궁의 소지허가를 받은 자는 필요하다고 인정되는 경우 경찰서장 등의 검사를 받아야 한다.** [전문개정 2015.1.6.]

② 검사업무를 수행하는 총포·화약안전기술협회의 임직원은 공무원으로 본다.

③ 검사의 합격표시가 없는 총포·석궁은 판매 또는 임대하거나 판매 또는 임대의 목적으로 진열하여서는 아니 된다.

(2) 출입 검사

① 허가관청은 재해 예방 또는 공공의 안전유지를 위하여 필요한 장소에 출입하여 장부·서류나 그 밖에 필요한 물건을 검사하게 하거나 관계자에 대하여 질문을 할 수 있다.

② 허가관청은 재해 예방이나 공공의 안전유지를 위하여 관련 허가업자 또는 **총포·석궁의 소지허가자, 화약류사용자 등에 대하여 필요한 보고를 요청** 할 수 있다. [전문개정 2015.1.6.]

20. 총포 등의 소지허가를 받은 자에 대한 행정처분 및 허가취소(법 제46조)

(1) 총포 등의 소지허가를 받은 자가 아래에 해당하는 경우에는 **허가를 취소**하여야 한다.

① **총포소지허가의 결격사유에 해당된 경우**

② **소지허가를 받은 자가 허가받은 용도에 사용하기 위한 경우와 그 밖에 정당한 사유가 있는 경우 외 총포 등을 지니거나 운반한 경우**

③ 소지허가를 받은 자가 **허가받은 용도나 그 밖에 정당한 사유가 있는 경우 외에 총포 등을 사용한 경우**

④ **총포의 성능을 변경하기 위하여 총포를 임의로 개조한 경우** [전문개정 2015.1.6.]

⑤ 총포 등을 **도난당하거나 분실하여 경찰관서에 신고한 후 30일이 지난 경우**

⑥ **허가나 면허가 취소된 사람은 허가 또는 면허증을 허가기관에 반납하여야 한다.**

⑦ **이 법 또는 이 법에 따른 명령을 위반한 경우**

(2) **허가를 취소하였을 때**에는 해당 총포(법원의 재판 또는 검사의 결정에 따라 몰수되거나 국고에 귀속된 경우 제외) 등을 **그 소유자에게 15일 이내에 제출하도록 명하여 해당 허가관청에 임시 영치하여야 한다.**

① 임시 영치되거나 그 밖의 사유로 총포 등을 허가관청에 제출한 자는 **6개월 이내에 이를 적법하게 소지·사용할 수 있는 제3자에게 양도·증여**하거나 폐기하는 등 그 총포 등의 소유권을 포기하기 위한 조치를 하여야 한다.

② 양수·증여를 받고 그 총포 등의 소지허가를 받은 자는 허가관청에 그 총포 등의 반환을 신청할 수 있다.

③ 6개월 이내에 총포 등의 소유권 포기를 위한 조치를 할 의무가 있는 자가 그 의무를 이행하지 아니하거나 그 소재가 명확하지 아니한 경우에는 일정 기간 그 총포 등의 처리에 대한 최고(催告) 또는 공고를 할 수 있다.

④ 허가관청은 최고 또는 공고에서 정한 처리기간이 끝난 날부터 6개월이 지나도 그 총포 등에 대한 반환신청이 없거나 처리기간이 끝난 후 부패・변질될 우려가 있거나 보관에 지나치게 많은 비용이 드는 등 보관이 곤란한 경우에는 이를 매각할 수 있다. 다만, 매각할 수 없거나 매수를 원하는 자가 없는 경우 이를 폐기할 수 있다.

⑤ 허가관청은 총포 등을 매각한 경우, 그 매각대금에서 보관 및 매각에 든 비용을 공제하고 권리자에게 반환하여야 한다. 다만, 처리기간이 끝난 후 6개월이 지나도 권리자의 반환청구가 없는 경우 매각대금은 국고에 귀속한다. [전문개정 2015.1.6.]

21. 총포・화약류・석궁소지자의 준수사항(규칙 제54조의3)

(1) 법 제47조 제3항에 따라 총포・화약류・석궁을 소지하는 사람이 준수하여야 할 사항은 다음과 같다. 〈개정 2015.11.20.〉

① **개인이 보관하는 총포는 캐비닛 등 자물쇠장치가 된 장소에 보관할 것.**

② 수렵을 위한 총포운반 전 주소지 관할경찰관서에 수렵지・수렵기간 등의 사항을 신고할 것.

③ **수렵기간 중 총포야간운반금지를 위하여 관할경찰서장이 지정하는 경찰관서에 일몰 이후부터 일출 이전까지 동안 총포를 보관할 것을 지시하는 경우 이에 따를 것.**

④ **수렵장에서는 총포 소지자임을 쉽게 구분할 수 있도록 수렵용 조끼를 착용할 것** (규칙 제54조의3)

⑤ 기타 공공의 안전유지를 위하여 경찰서장이 발하는 지시・명령에 따를 것.

22. 공공의 안전을 위한 조치 등(법 제47조)

(1) 허가관청은 재해 예방 또는 공공의 안전유지를 위하여 필요하다고 인정되는 경우에는 다음 각 호의 명령 또는 조치를 할 수 있다.

① 총포・도검・화약류・석궁 등의 **소지허가 및 화약류의 사용・양도・양수 허가의 취소 또는 운반의 제한.**

② 제조업자, 판매업자, 임대업자, 화약류저장소설치자 또는 화약류사용자에 대한 시설의 전부나 일부의 사용금지 또는 시설의 이전・보완, 그 밖의 시정조치.

③ 제조업자, 판매업자, 임대업자, 총포 등의 수출입허가 또는 **소지허가를 받은 자**, 화약류 저장소설치자, 화약류사용자, 그 밖의 취급자에 대한 제조・판매・수수・수출입・적재・**운반・저장・소지・사용・폐기의 일시 금지 또는 제한.**

④ 화약류의 소유자나 점유자에 대한 화약류 보관 장소의 변경 또는 폐기의 명령, 화약류를 운반하려는 자에 대한 화약류의 **안전운반을 위한 명령.**

⑤ 제조업자, 판매업자, 임대업자, 화약류저장소설치자에 대한 그 시설의 안전·방호를 위한 명령.

⑥ 허가관청은 재해예방 등에 필요하다고 인정되면 총포 등을 허가관청이 지정하는 곳에 보관할 것을 명할 수 있다.

⑦ '야생생물법'에 따라 총포 등을 소지하는 자는 명령 또는 조치 외에 공공의 안전유지를 위하여 총포 등의 운반 및 취급 등과 관련하여 정하는 사항을 준수하여야 한다.

⑧ 허가 관청은 총포 사고의 발생, 총포의 소재불명, 그 밖에 재해의 예방 또는 공공의 안전유지를 위하여 필요한 경우 경보를 발령하거나, 총포를 추적 또는 수색하는 등 필요한 조치를 취한다. <신설 2015.7.24.> [전문개정 2015.1.6.]

23. 총포 소지 등 결격사유 확인을 위한 개인정보 통보에 따라야 할 기관

(1) 보건복지부장관

(2) 병무청장

(3) 특별시장·광역시장·특별자치시장·도지사·특별자치도지사 또는 시장·군수·구청장(자치구의 구청장을 말한다)

(4) 육군참모총장, 해군참모총장, 공군참모총장 및 해병대사령관

(5) 「치료감호법」 제16조의2에 따른 치료감호시설의 장

(6) 위 기관은 **개인정보를 매 분기 1회 이상 경찰청장에게 통보**하여야 한다.
[본조신설 2015.10.30.]

24. 규정에 따라 허가 관청이 보관하도록 할 수 있는 총포

(1) **총포 및 총포의 부품·석궁** 등

(2) **보관명령을 받은 총포 등의 소지자는 지정된 일시까지 지정된 곳에 이를 보관하여야 하며**, 허가관청은 그 보관의 사실을 증명하는 서면을 작성하여 교부하여야 한다.

(3) 보관중인 총포 등을 반환받고자 하는 사람은 **반환받고자 하는 이유 및 이를 증명하는 서류와 총포 등의 보관사실을 증명하는 서면을 허가관청에 제출하여야 한다**.

(4) 규정에 의한 총포 등의 **보관기간은 수렵 등 법령에 의하여 총포 등의 사용이 허용되는 기간을 제외한 기간으로 한다**. [본조신설 1997.4.12.]

25. 〈총안법〉에 따른 허가 또는 면허를 받거나 허가증 또는 면허증을 재발급 받으려는 자는 수수료를 내야 한다. [법 제67조]

(1) 수수료 중 지방경찰청장 또는 경찰서장이 허가 또는 면허를 하거나 허가증 또는 면허증을 재발급하는 경우의 수수료는 그 **특별시·광역시·특별자치시·도 또는 특별자치도의 수입**으로 한다. [전문개정 2015.1.6.]

26. 허가증 등의 반납(법 제65조)

(1) 이 법에 따라 허가증이나 면허증을 발급받은 자는 그 **허가 또는 면허가 취소된 경우** 또는 영업정지·사용정지·면허의 효력정지처분을 받은 경우에는 **허가증이나 면허증을 그 허가관청에 지체 없이 반납하여야 한다.**

(2) 허가증이나 면허증을 발급받은 자는 그 **허가증 또는 면허증의 기재사항이 변경된 경우에는 그 허가관청 또는 면허관청에 신고하여야 한다. 다만, 기재사항 중 주소지 변경의 경우는 그러하지 아니하다.**

(3) 허가증 또는 면허증을 **잃어버렸거나 헐어 못쓰게 되어 다시 교부받고자 하는 때에는 지체없이 재교부** 받아야 한다. [전문개정 2015.1.6.]

① 잃어버린 경우 : 분실경위서 제출

② 헐어서 못 쓰게된 경우 : 허가증 또는 면허증 제출

27. 민감정보 및 고유식별정보의 처리(법 제83조의2)

(1) 경찰청장, 지방경찰청장, 경찰서장은 다음 각 호의 사무를 수행하기 위하여 불가피한 경우 그 개인의 **"건강에 관한 정보, 범죄경력자료에 해당하는 정보, 주민등록번호, 여권번호, 운전면허의 면허번호" 또는 외국인등록번호가 포함된 자료를 처리**할 수 있다.

① 총포·도검·화약류·석궁의 소지와 사용 및 교육에 관한 사무

② 석궁의 관리 및 검사에 관한 사무

③ 감독에 관한 사무

④ 교육에 관한 사무

⑤ 완성검사에 관한 사무

⑥ 공공의 안전을 위한 조치 등에 관한 사무

⑦ 협회 감독에 관한 사무

(2) 경찰청장, 지방경찰청장 또는 경찰서장은 **과태료 금액의 100분의 50의 범위에서 경감하거나 가중할 수 있다.** 다만, 가중하는 때에는 법 제74조제1항에 따른 과태료 금액의 상한을 초과할 수 없다.

(3) 과태료를 부과 받은 자는 과태료 부과 고지서를 받은 날부터 **60일 이내에 납부**하여야 한다. 다만, 천재지변이나 그 밖의 부득이한 사유로 과태료를 납부할 수 없는 때에는 그 **사유가 없어진 날부터 5일 이내에 납부**하여야 한다.

28. 장부의 비치 등(령 제81조)

(1) **총포소지자는 실탄의 양도·양수 및 사용 대장을 기록하고 보관한 날부터 1년간 보존해야 한다.** 〈개정 2016.1.6.〉

29. 총포소지허가자 등의 총포화약안전기술협회의 회원(법 제49조)

(1) **총포**·화약류·분사기·전자충격기·석궁의 제조업자, 판매업자, 임대업자, **소지허가를**

받은 자(분사기 · 전자충격기 · 석궁의 소지허가를 받은 자는 제외한다), 화약류저장소 설치자, 화약류 사용자, 화약류제조보안책임자면허 또는 화약류관리보안책임자면허를 받은 사람은 이 법에 따라 허가 또는 면허를 받은 날부터 총포화약안전기술협회의 회원이 된다. 다만, 총포의 일시 수출입 및 일시 소지의 허가를 받은 사람이나 일시적인 화약류사용자로서 협회의 정관으로 정하는 사람은 그러하지 아니하다.

(2) 엽총 소지허가를 받은 사람이 납부해야 할 총포화약안전기술협회의 회비는 연 7,500원, 공기총의 경우 연 3,000원이다.

(3) 총포화약안전기술협회의 회원 회비의 징수(법 제79조)

① 회비는 연 1회 징수한다. 다만, 총포소지허가를 받은 사람에 대하여는 허가 또는 그 갱신시에 회비를 징수한다. <개정 1987.11.10.>

나. 석궁

1. 석궁의 기준(신설 2014.11.19.)

(1) 도르래형 또는 권총형 석궁이 아닐 것.

(2) 현의 당김압력이 68kg 이내일 것.

(3) 활촉은 둥근 모양으로 칼날형이 아니어야 하며, 화살대와 분리되지 아니하는 고정식일 것.

(4) 조준경 부착장치가 없을 것.

(5) 기타 행정자치부령이 정하는 구조와 성능에 적합할 것.

2. 석궁의 추진력은 활의 원리

(1) 조준 및 발사장치는 총의 원리를 이용하여 만든 기기(국궁 또는 양궁 제외)로서 다음의 것 〈개정 1997.4.12.〉

① 일반형 석궁

② 도르래형 석궁(지렛대 원리를 이용한 것)

③ 권총형 석궁

3. 석궁의 구조 및 성능(규칙 제2조의4)

(1) 석궁은 다음의 구조를 갖춘 것을 말한다.

① 림 · 현 · 방아틀뭉치 · 개머리로 구성될 것.

② 제작하는 석궁 및 화살마다 몸통에 제작회사 · 제품 명칭 및 두 자리의 제조연도와 제조순번에 따라 일련번호로 다섯 자리의 제조번호를 새겨서 표시할 것.

다. 벌칙 〈개정 2015.1.6.〉

1. 10년 이하의 징역 또는 2천만원 이하의 벌금(법 제70조)

(1) **수출하기 위한 목적으로 성능기준을 적용하여 제조된** 총포·도검·화약류·분사기·전자충격기 또는 석궁을 **국내에 판매하거나 유출시킨 자**

(2) **허가를 받지 아니하고** 총포·화약류 등을 제조·**판매하거나 제조·판매 시설의 구조 변경·수출입 한 자.**

① 상습적으로 허가를 받지 아니하고 총포·화약류 등을 제조·판매하거나 제조·판매 시설의 구조 변경·수출입한 자는 제1항제2호에서 정한 형의 2분의 1까지 가중한다.

② 제1항의 죄 미수범은 처벌한다. [전문개정 2015.1.6.]

2. 5년 이하의 징역 또는 1천만원 이하의 벌금(법 제71조) [전문개정 15.7.24.]

(1) 허가를 받지 않고 도검·분사기·전자충격기·석궁을 제조·임대·수출입한 자

(2) 총포와 실탄 또는 공포탄을 지정하는 곳에 보관하지 아니한 자

(3) 허가를 받지 않고 화약을 양도 양수하거나 총포 소지허가를 받은 사람이 수렵 또는 사격을 하기 위하여 허가된 수량 이상의 화약류를 판매업소에서 양수하는 경우
(법 21조제1항·제3항·제4항 또는 제5항을 위반한 자)

(4) 감독을 소홀히한 화약류관리보안 책임자

(5) **공공의 안녕을 위한 법에 따른 명령을 위반한 경우(법 제47조 ①항 ②항)**

(6) **공공의 안녕질서를 해칠 우려가 있다고 믿을 만한 상당한 이유가 있는 경우**

3. 3년 이하의 징역 또는 700만원 이하의 벌금(법 제72조)[전문개정 2015.1.6.]

(1) 총포·화약류·석궁 등을 행상·노점이나 옥외 상행위, **인터넷 등을 이용한 전자상거래·통신판매·방문 방법으로 판매·임대하거나 이를 목적으로 광고 한 자**
(제조업자·판매업자·임대업자의 허가받은 제품 광고 제외)

(2) **거짓 그 밖의 옳지 못한 방법으로 이 법에 따른 허가 또는 면허를 받은 자**

(3) **아래에 해당하는 자에게 총포·실탄·화약류·석궁 등을 취급하게 한 자**

① 총포 소지허가의 결격사유가 있는 자.

② 피성년후견인 및 피한정후견인.

③ 파산선고를 받고 복권되지 아니한 자.

④ 총포 화약류 석궁을 제조 판매 임대한 업자가 취소된 후 3년이 지나지 않은 자.

⑤ 총포·실탄·화약류·석궁 등을 화약류포장기준에 따라 포장하지 않거나 위장 또는 물건과 혼합 포장하여 소지·저장·운반하거나 발송한 자.

⑥ 총포 · 분사기 · 전자충격기 · 석궁의 **소지허가를 받은 자가 검사를 받지 않은 때.**
⑦ **필요한 보고를 하지 않은 자.**

4. 2년 이하의 징역 또는 500만원 이하의 벌금(법 제73조)

(1) 모의총포의 제조 · 판매 · 소지자

(2) 총포 · 실탄 · 화약류 · 석궁 등을 **정당한 사유 없이 사용하거나, 총포의 성능 변경을 위하여 임의로 개조한 자**

(3) **인터넷 등을 통한 총포 · 화약류 제조방법 등의 게시 · 유포한 자(법 제8조의2)**

(4) 정당하게 관리되고 있지 아니하는 **총포 · 도검 · 화약류 · 분사기 · 전자충격기 · 석궁을 발견하거나 습득하고 24시간 이내 경찰관서에 신고하지 않은 자(법 제23조)**

5. 300만원 이하의 과태료(법 제74조) [전문개정 2015.1.6.]

(1) 총포 · 도검 · 화약류 · 분사기 · 전자충격기 · 석궁을 **도난당하거나 잃어버렸을 때 지체 없이 신고하지 않은 자**(법 제35조) [전문개정 2015.1.6]

(2) 총포(실탄 · 공포탄 포함) · 도검 · 분사기 · 전자충격기 · 석궁의 **소지허가를 받은 자가 허가 받은 용도 외에 사용하거나, 정당한 사유가 있는 경우 외 휴대 운반한 자 (법 제17조)**

(3) **총포 소지허가를 받은 자가 총포를 포장하거나 총집에 넣지 않고 보관 · 휴대 · 운반하고, 보관 · 휴대 또는 운반 시 총포에 공포탄을 장전한 자(법 제17조 ③항)**

(4) **[남은 화약류에 대한 조치] 법에 따라 화약류(실탄)를 소지하거나, 사용 할 수 있는 자가 그 허가가 취소되고 소지 또는 사용할 필요가 없게 된 경우, 지체 없이 남은 화약을 양도 하거나 폐기하지 않은 자**(법 제33조) [전문개정 2015.1.6]

(5) **총포소지허가를 받은 자가 실탄에 관한 장부를 기록하지 않거나, 관계 공무원의 요청에도 불구하고 장부를 제출하지 않은 자**(법 제63조) <신설 2015.7.24>

(6) 총포 · 화약류 · 석궁 등의 **허가(면허)를 받은 자가 허가가 취소된 경우**, 또는 영업정지 · 사용정지 · 면허의 효력정지처분을 받았을 때 지체 없이 **허가(면허)증을 그 허가관청에 반납하지 않은 자**(법 제65조)

(7) 총포 · 도검 · 분사기 · 전자충격기 · 석궁의 제조 판매 임대 수출입 **소지허가를 받은 자가 공공의 안전유지를 위한 보고를 하지 않은 경우**[전문개정 2015.1.6.] (법 제44조 3항)

(8) **총포 · 화약류 · 석궁을 소지한 자가 운반 · 취급 등에 관한 사항을 준수하지 않은 때** (법 제47조 3항)

(9) **과태료는 소관에 따라 경찰청장, 지방경찰청장 또는 경찰서장이 부과 · 징수**한다.

6. 제75조(형의 병과) 다음의 경우 징역형과 벌금형을 병과 할 수 있다. [전문 개정 2015.1.6.]

(1) **총포 화약류의 국내 생산성능을 적용하지 아니하고, 수출용 성능으로 허가를 받아 그 생산된 제품을 국내에 유통하거나 유출시킨 자**(10년 이하의 징역 또는 2천만원 이하의 벌금)

(2) **총포판매업 허가를 받지 않고 총포 화약류를 판매하거나 판매시설을 변경한 자**(10년 이하의 징역 또는 2천만 원 이하의 벌금)

(3) **허가를 받지 않고 총포 화약류를 제조 수리하거나, 제조소의 위치 · 구조 · 시설 또는 설비, 제조방법을 변경한 자**(10년 이하의 징역 또는 2천만원 이하의 벌금)

(4) **총포 · 도검 · 화약류 · 분사기 · 전자충격기 · 석궁의 소지허가를 받지 않고 소지한 자**(10년 이하의 징역 또는 2천만 원 이하의 벌금)

(5) **허가를 받지 않고 "상습적으로 총포 화약류 석궁을 제조하거나 판매한 자는 위(1)~(4)번 형의 이분의 1까지 가중"**한다.

(6) 위 항의 미수범은 처벌한다.

7. 양벌규정(법 제76조)

법인의 대표자나 법인 또는 개인의 대리인, 사용인, 그 밖의 종업원이 그 법인 또는 개인의 업무에 관하여 제70조부터 제73조까지의 어느 하나에 해당하는 위반행위를 하면 그 행위자를 벌하는 외에 그 법인 또는 개인에게도 해당 조문의 벌금형을 과(科)한다. 다만, 법인 또는 개인이 그 위반행위를 방지하기 위하여 해당 업무에 관하여 상당한 주의와 감독을 게을리 하지 아니한 경우에는 그러하지 아니하다. [전문개정 2008.12.26.]

라. 종목별 출제 요약

1. 수렵인 준수 사항

제 목	구 분	내 용	
공기총·엽총 소지허가 신청 (법 제12조, 규칙 제21조)	구비서류(허가: 주소지 경찰서) ① 총포소지허가 신청서 ② 총포출처증명서 ③ 신체검사서(엽총:종합병원 또는 일반병원, 공기총: 일반병원 또는 의원) ④ 허가종목에 따라 사격선수확인증, 제1종 수렵면허증 또는 제1종 수렵면허시험 합격증, 유해조수포획허가증, 기타 총포의 용도를 증명할 수 있는 서류 ⑤ 증명사진 ⑥ 수렵 또는 유해조수 구제의 경우 "정신건강의학과 전문의 의견이 기재된 진단서 또는 소견서" ⑦ 수렵 또는 유해조수 구제용 이외의 경우 "병력(病歷)신고 및 개인정보 이용 동의서" ⑧ 총포안전교육 이수증		
총포소지허가를 받을 수 없는 자(법13조)	1) 20세 미만의 자 2) 심신상실자, 마약·대마·향정신성의약품 또는 알코올 중독자, 정신질환자 또는 뇌전증 환자로서 우울증 환자 치매, 분열형 정동장애(情動障碍), 양극성 정동장애, 재발성 우울장애 등의 정신질환 또는 정신 발육지연 등으로 총포의 안전한 사용을 확신할 수 없다고 해당 분야 전문의가 인정하는 사람 3) 금고 이상의 실형을 선고받고 그 집행이 끝나거나 면제된 날부터 5년이 지나지 않은 자 4) 이 법을 위반하여 벌금형을 선고받고 5년이 지나지 아니한 자 5) 특정강력범죄를 범하여 벌금형의 선고 또는 징역 이상의 형의 집행유예를 선고받고 그 유예기간이 끝난 날부터 5년이 지나지 아니한 자 6) 이 법을 위반하여 금고 이상의 형의 집행유예를 선고받고 그 유예기간이 끝난 날부터 3년이 지나지 아니한 자 7) 다음의 죄를 범하여 벌금형을 선고받고 5년이 지나지 않은 자 ① 범죄단체 등 조직의 죄 ② 폭행·상해·존속상해 및 폭행·특수폭행 죄의 자 ③ 아동·청소년에 대한 강간·강제추행 등 및 장애인 아동·청소년에 대한 간음 등 죄의 자 ④ "음주운전으로 벌금 이상의 형을 선고 받은 날부터 5년 이내에 다시 음주운전으로 벌금 이상의 형을 선고 받고 그 집행이 종료되거나 면제된 날부터 5년이 지나지 아니한 사람 (5) 허가가 취소된 후 1년이 지나지 아니한 자 8) 다른 사람의 생명·재산 또는 공공의 안전을 해칠 우려가 있다고 인정되는 경우		
총포소지허가 갱신	갱신기간	① 3년마다 갱신 만료일 까지 갱신 ② 미갱신자 허가 취소	경찰서장
	제출서류	① 구 허가증 ② 총포소지허가 신청서 란의 ③번부터 ⑦번까지의 서류 ⑧ 수렵강습 이수증	
허가증 기재사항 변경 신청	허가증의 기재사항 변경이 있을 경우 변경사유가 발생한 날부터 30일 이내 허가기관에 신청		경찰서장
	벌칙	300만원 이하의 과태료	
	구비서류	① 허가증 ② 기재사항 변경신고서	
허가증 재교부 신청서	내용	허가증을 잃어버렸거나 헐어 못쓰게 되었을 경우 지체 없이 재교부 받아야 한다.	경찰서장
	구비서류	① 잃어버린 경우: 잃어버리게 된 경위서 ② 헐어서 못쓰게 된 경우: 허가증 또는 면허증	
총기 및	① 총포소지허가를 받은 자는 총포와 실탄·공포탄을 허가관청이 지정한 장소에 보관하여야 한다.		

제 목	구 분	내 용
실탄의 보관 (령 제14조의 4)	② 수렵장에서 수렵을 하거나 경찰서 또는 지구대(파출소)에 보관된 총기와 실탄을 찾거나 보관할 경우, 관련 수첩 등 서류를 제시하여야 한다. (규칙 제54조의3)	
보관된 총기 및 실탄의 반환	1) 총기와 실탄을 허가받은 용도에 사용하거나, 수리 또는 매매 등 허가관청이 인정하는 정당한 사유가 있는 경우 보관해제를 신청하여야 한다. 2) 총포의 보관해제 기간 동안 총포 또는 총포 소지자의 위치정보를 확인할 수 있도록 위치정보수집 동의서를 함께 제출하여야 한다. 3) 총포의 보관해제 기간 동안 휴대전화의 위성위치확인시스템(GPS) 기능의 작동을 유지해야 한다. 4) 허가관청은 보관해제 신청이 적합하지 않거나 위치정보수집에 동의하지 않은 경우와 그 밖에 공공의 안전유지를 위하여 필요하다고 인정될 경우 총포의 보관을 해제하지 않을 수 있다. 5) 보관 중인 총포와 실탄을 반환받으려는 자는 보관해제 신청서에 아래의 서류를 첨부하여 허가관청에 제출하여야 한다. ① 반환받으려는 사유 및 이를 증명하는 서류 ② 보관증명서 ③ 총포소지자의 위치정보수집 동의서 [본조신설 2015.10.30.] 6) 위치정보수집을 위한 총포소지자의 준수의무 ① 위치정보수집에 동의한 휴대전화의 위성위치확인시스템(GPS) 기능의 작동을 유지할 것 ② 경찰청장이 지정하는 휴대전화 응용프로그램을 설치하고 및 그 작동을 유지할 것 ③ 총포를 재보관 할 때까지 위치정보수집에 동의한 휴대전화를 작동 가능한 상태로 휴대할 것 [본조신설 2015.10.30.] 7) 수렵용의 경우: ① 수렵승인증 ② 수렵면허증 ③ 수렵보험가입 확인증 등을 제출해야 한다.	
허가증의 반납	① 허가가 취소된 사람은 허가증을 허가기관에 반납하여야 한다(미반납 시 과태료 300만원)	
총포휴대·운반·사용·개조 등의 제한(법 제17조)	① 허가받은 용도에 사용하기 위한 경우와 그 밖에 정당한 사유가 있는 경우 외에는 그 총포·실탄·석궁을 휴대·사용·운반하여서는 안 된다. (사용:2년 이하 징역 500만원 이하 벌금 / 휴대·운반: 300만원 이하의 과태료) ② 소지허가를 받은 자는 그 총포를 총집에 넣거나 포장하여 보관·휴대 또는 운반하여야 하며, 보관·휴대 또는 운반 시 그 총포에 실탄이나 공포탄을 장전하여서는 아니 된다. ③ 총포의 소지허가를 받은 자는 총포의 성능을 변경하기 위하여 그 총포를 임의로 개조하여서는 아니 된다. (2년 이하 징역 500만원 이하 벌금)	
총포의 양도 양수 제한(법21조4)	① 총포소지허가를 받은 사람은 총포를 허가 없이 양도하거나 빌려주어서는 안 된다. (5년 이하의 징역 500만원 이하의 벌금)	
허가를 받지 않고 양도·양수·사용 할 수 있는 실탄의 수량 (법21조)	① 허가를 받지 아니하고 "양수"할 수 있는 화약류의 수량(령 제25조) : - 수렵용 실탄 또는 공포탄은 1일 100개 이하, - 사격용 실탄은 1일 200개 이하 ② 사용허가를 받지 아니하고 화약류를 "사용"할 수 있는 사람(령 제15조) : 사격연습을 위하여 1일 400개 이하의 실탄 또는 공포탄을 사용하고자 하는 사람	

<table>
<tr><th>제 목</th><th>구 분</th><th>내 용</th></tr>
<tr><td></td><td colspan="2">③ 허가를 받은 수렵인이 가정에 보관할 수 있는 엽탄의 수량 : 수렵용 200발, 사격용 500발(개인이 주고받을 수 없음)</td></tr>
<tr><td>총포·화약·석궁 소지자의 준수사항 (법47조3항, 규칙 제54조의3) 〈개정 2015.11.20〉 / 300만원 이하의 과태료</td><td colspan="2">① 개인이 보관하는 총포는 캐비닛 등 자물쇠장치가 된 장소에 보관할 것
② 수렵을 위한 총포운반전에 주소지 관할경찰관서에 수렵지·수렵기간 등의 사항을 신고할 것
③ 수렵기간 중 총포야간운반금지를 위하여 관할경찰서장이 지정하는 경찰관서에 일몰 이후부터 일출 이전까지의 시간 동안 총포를 보관할 것을 지시하는 경우 이에 따를 것
④ 수렵장에서는 총포 소지자임을 쉽게 구분할 수 있도록 '수렵용 조끼를 착용'할 것(규칙 제54조의3)
⑤ 기타 공공의 안전유지를 위하여 경찰서장이 발하는 지시·명령에 따를 것</td></tr>
<tr><td>교육의 실시
(법 제22조)</td><td colspan="2">① 소지허가 전 교육(엽총(Shotgun)·공기총(air gun)·석궁)의 교육 과목 〈개정 2015.3.11.〉
가. 총포·도검·화약류·석궁의 취급 및 관리 등에 관한 법령
나. 엽총·공기총·석궁의 사용·보관, 취급에 관한 실기 및 안전교육
다. 화약류의 제조 및 취급상의 안전관리에 관한 실기(화약류 면허)
② 지방경찰청장 또는 경찰서장은 교육을 실시하고자 하는 때에는 교육실시 20일전에 교육의 일시·장소 그 밖의 교육의 실시에 관하여 필요한 사항을 공고하여야 한다. 다만, 교육을 위탁한 경우로서 항시 교육을 실시하는 경우에는 그러하지 아니하다.
가. 교육을 받으려는 사람은 교육수강신청서를 지방경찰청장 또는 경찰서장에게 제출하여야 한다. 사후교육을 받으려는 사람은 신청서에 사후교육의 사유를 증명할 수 있는 서류를 첨부하여야 한다.
나. 교육수료증은 총포·화약류·석궁교육수료증서로 한다.
③ 엽총(Shotgun)·공기총(air gun)의 소지허가를 받은 자는 3년(갱신시) 마다 교육을 받아야 한다.
④ 지방경찰청장 또는 경찰서장은 교육을 마친 사람에게 수료증을 발급하여야 한다.
⑤ 지방경찰청장 또는 경찰서장은 교육에 관한 사무의 전부 또는 일부를 총포·화약안전기술협회나 그 밖에 행정자치부령으로 정하는 자에게 위탁할 수 있다.
⑥ 사용(수렵) 전 안전교육 엽총(Shotgun)·공기총(air gun)·석궁(령 제26조의2)
⑦ 엽총(Shotgun)·공기총(air gun)·석궁의 소지허가를 받은 자가 수렵을 하고자 하는 때에는 수렵 전 안전교육을 받아야 한다. 다만, 허가 전 교육을 받은 연도에는 그러하지 아니하다. 〈신설 2015.3.11.〉
⑧ 수렵 전 안전교육 과목
가. 총포 또는 석궁의 조작방법 및 안전관리 수칙
나. 총포 또는 석궁의 도난·분실이나 안전사고 발생 시 조치 요령
다. 〈총안법〉 및 〈야생생물법〉 등 관련 법령에 따른 수렵 시 안전 관련 주의사항
⑨ 수렵 전 안전교육은 교육을 받은 날부터 1년간 유효하다. [본조신설 2015.9.11.]</td></tr>
</table>

제 목	구 분	내 용
공공의 안전을 위한조치 (법47조) 5		1) 허가관청은 재해의 예방, 공공의 안전을 유지하기 위하여 다음 각호의 명령 또는 조치를 할 수 있다(**5년 이하의 징역 또는 1천만원 이하의 벌금**) ① 총포 관련 허가의 취소 ② 제조 판매 등 시설의 이전 또는 사**용금지 그밖의 시정조치** **③ 소지 또는 운반의 금지 ④ 지정하는 장소에 총포 화약류의 보관 명령 등**
총포의 성능(규칙2조)		1) 총은 **총열·기관부·노리쇠뭉치·방아틀뭉치 및 개머리**로 구성될 것 2) 탄알의 장전방법은 **삽탄식·탄창식 또는 회전식**일 것 3) 공기총(**공기 또는 가스압축식·용수철식·가스용수철식** 포함)의 구조 및 형식은 다음과 같다. ① 공기총의 총신과 압축실 시린다는 이은 자리가 없고 1㎠당 180kg 이상의 압력에 견딜 수 있는 재질로 할 것 ② 공기총의 압축실 시린다 전체의 체적은 500㎤를 초과하지 아니할 것 ③ **공기총의 전체 길이는 80cm 내지 120cm**로 할 것 ④ **공기총의 구조는 겸용할 수 없는 단일형식의 구조**로 할 것 ⑤ **방아쇠를 당길 수 있는 힘이 1kg 이상**으로 하고, 안전장치를 할 수 있는 구조로 제작할 것
총포의 분실·도난·발견·습득 신고 등(법 제23조, 제35조)		① 정당하게 관리되지 않는 총포·화약류·석궁을 발견하거나 **습득하였을 때에는 24시간 이내에** 가까운 경찰관서에 신고하여야 한다.(법 제23조) **(2년 이하의 징역 또는 500만원 이하의 벌금)** ② 총포·화약류·석궁을 도난당하거나 잃어버렸을 때에는 그 소유자 또는 관리자는 **지체 없이 경찰관서에 신고**하여야 한다.(법 제35조) **2년 이하의 징역 또는 500만원 이하의 벌금**
총포소지허가자의 행정처분 등 허가취소 (법46조)		1) 총포 등의 소지허가를 받은 자가 아래에 해당하는 경우에는 **허가를 취소**하여야 한다. ① 총포소지허가의 **결격사유**에 해당 된 경우 ② 소지허가를 받은 자가 허가받은 용도에 사용하기 위한 경우와 그 밖에 **정당한 사유가 있는 경우 외 총포** 등을 **지니거나 운반한 경우** ③ 소지허가를 받은 자가 허가받은 용도나 **그 밖에 정당한 사유가 있는 경우 외에 총포 등을 사용한 경우** ④ 총포의 성능을 변경하기 위하여 **총포를 임의로 개조한 경우** ⑤ 총포 등을 **도난·분실하여 경찰관서에 신고한 후 30일이 지난 경우** ⑥ 허가 또는 면허가 취소된 사람은 그 **허가 또는 면허증을 허가기관에 반납하**여야 한다. ⑦ **이 법 또는 이 법에 따른 명령을 위반한 경우** 2) **허가를 취소하였을 때**에는 해당 총포(법원의 재판 또는 검사의 결정에 따라 몰수되거나 국고에 귀속된 경우는 제외) 등을 **그 소유자에게 15일 이내에 제출하도록 명하여 해당 허가관청에 임시 영치**하여야 한다. ① 임시 영치되거나 그 밖의 사유로 총포 등을 허가관청에 제출한 자는 **6개월 이내**에 이를 적법하게 소지·사용할 수 있는 **제3자에게 양도·증여하거나 폐기**하는 등 그 총포 등의 소유권을 포기하기 위한 조치를 하여야 한다. ② 양수·증여를 받고 그 총포 등의 소지허가를 받은 자는 허가관청에 그 총포 등의

제 목	구 분	내 용
		반환을 신청할 수 있다. ③ 6개월 이내에 총포 등의 소유권 포기를 위한 조치를 할 의무가 있는 자가 그 의무를 이행하지 아니하거나 그 소재가 명확하지 아니한 경우에는 허가관청은 행정자치부령으로 정하는 바에 따라 일정 기간 그 총포 등의 처리에 대한 최고(催告) 또는 공고를 할 수 있다. ④ 허가관청은 최고 또는 공고에서 정한 처리기간이 끝난 날부터 6개월이 지나도 그 총포 등에 대한 반환신청이 없거나 처리기간이 끝난 후 부패·변질될 우려가 있거나 보관에 지나치게 많은 비용이 드는 등 계속적인 보관이 곤란한 경우 이를 매각할 수 있다. 다만, 매각할 수 없거나 매수를 원하는 자가 없는 경우에는 이를 폐기할 수 있다. ⑤ 허가관청은 총포 등을 매각한 경우, 그 매각대금에서 보관 및 매각에 든 비용을 공제하고 권리자에게 반환하여야 한다. 다만, 처리기간이 끝난 후 6개월이 지나도 권리자의 반환청구가 없는 경우 매각대금은 따라 국고에 귀속한다.
옥외 등에서의 판매·임대·광고 금지(법 제8조, 8조의2)		① 총포·화약류·석궁 등은 행상·노점이나 옥외 상행위, **인터넷 등을 이용한 전자상거래·통신판매 및 방문판매의 방법으로 판매·임대하거나 이를 목적으로 광고하지 못한다.** 다만, 제조업자·판매업자·임대업자가 허가받은 제품에 대한 광고하는 경우 그러하지 아니하다.(**법 제8조 3년 이하의 징역 또는 700만원 이하의 벌금** ② **인터넷 등을 통한 총포·화약류 제조방법 등의 게시·유포 금지**(법 제8조의2) ③ 누구든지 **총포·화약류를 제조할 수 있는 방법이나 설계도 등의 정보를 인터넷 등 정보통신망에 게시·유포하여서는 아니 된다.** [본조신설 2015.1.6.] (법8조의2 / **2년 이하의 징역 또는 500만원 이하의 벌금**)
참고사항		석궁 및 활사냥에 관한 문항은 주요 출제대상이 아니어서 시간이 부족한 응시생은 총기위주의 준비가 유리할 것이다(응시 대상자가 극소수이기 때문에 출제문항이 없거나 적을 수 있음)

2. 벌칙

벌칙	위반 내용
10년 이하의 징역 또는 2천만원 이하의 벌금(법 제70조) / 미수범 처벌 또는 가중처벌	① **무허가** 총포·화약류 등 **제조·판매하거나 제조·판매 시설의 구조 변경·수출입 한 자.** ② **수출하기 위한 목적으로 성능기준을 적용하여 제조된** 총포·도검·화약류·분사기·전자충격기 또는 석궁을 **국내에 판매하거나 유출시킨 자** ③ **상습적으로 허가를 받지 아니하고** 총포·화약류 등을 **제조·판매하거나 제조·판매 시설의 구조 변경·수출입 한 자는 제1항제2호에서 정한 형의 2분의 1까지 가중한다.**
5년 이하의 징역 또는 1천만원 이하의 벌금(법 제71조) [전문개정 15.7.24]	① 허가를 받지 않고 총포·도검·분사기·전자충격기·석궁을 제조·임대·수출입한 자 ② **총포와 실탄 또는 공포탄을 지정하는 곳에 보관하지 아니한 자**

벌칙	위반 내용
	③ 허가를 받지 않고 화약을 양도 양수하거나 **총포 소지허가를 받은 사람이 수렵 또는 사격을 하기 위하여 허가된 수량 이상의 화약류를 판매업소에서 양수하는 경우**(법 21조제1항 · 제3항 · 제4항 또는 제5항을 위반한 자) ④ **총기를 빌려주거나 빌려받은 사람 또는 엽탄의 양도양수 제한 위반** ⑤ **공공의 안녕을 위한 법에 따른 명령을 위반한 자**(법 제 47조 ①항 ②항)
3년 이하의 징역 또는 700 만원 이하의벌금(법제72조) [전문개정2015.1.6.]	1) 총포 · 화약류 · 석궁 등을 행상 · 노점이나 옥외 상행위, **인터넷 등을 이용한 전자상거래 · 통신판매** · 방문 방법으로 **판매 · 임대하거나 이를 목적으로 광고 한 자**(제조업자 · 판매업자 · 임대업자의 허가받은 제품 광고 제외) 2) **거짓 그 밖의 부정한 방법으로 허가 또는 면허를 받은 자** 3) 아래에 해당하는 자에게 **총포 · 실탄 · 화약류 · 석궁 등을 취급하게 한 자** ① **총포 소지허가의 결격사유가 있는 자** ② **피성년후견인 및 피한정후견인** ③ 파산선고를 받고 복권되지 아니한 자 ④ 총포 화약류 석궁을 제조 판매 임대한 업자가 취소된 후 3년이 지나지 않은 자 ⑤ 총포 · 실탄 · 화약류 · 석궁 등을 **화약류포장기준에 따라 포장하지 않거나 위장 또는 물건과 혼합 포장하여 소지 · 저장 · 운반하거나 발송한 자** ⑥ 총포 · 석궁의 **소지허가를 받은 자가 검사를 받지 않은 때** ⑦ **필요한 보고를 하지 않은 자**
2년 이하의 징역 또는 500만원 이하의 벌금(법 제73조)	① 총포의 성능 변경을 위하여 **임의로 개조한 자** ② **정당한 사유 없이 총포 · 화약류 · 석궁을 사용한 자** ③ **인터넷 등을 통한 총포 · 화약류 제조방법 등의 게시 · 유포한 자** (법 제8조의2) ④ 정당하게 관리되고 있지 아니하는 총포 · 도검 · 화약류 · 분사기 · 전자충격기 · 석궁을 **발견하거나 습득하고 24시간** 이내 경찰관서에 **신고하지 않은 자**(법 제23조)
300만원 이하의 과태료 (법 제74조) [전문개정 2015.1.6.]	① 총포 · 도검 · 화약류 · 분사기 · 전자충격기 · 석궁을 **도난 당하거나 잃어버렸을 때 지체 없이 신고하지 않은 자**(법 제35조) [전문개정 2015.1.6] ② 총포(실탄 · 공포탄 포함) · 석궁의 소지허가를 받은 자가 **허가받은 용도 외에 사용하거나, 정당한 사유가 있는 경우 외 휴대 운반한 자**(법 제17조) ③ 총포 소지허가를 받은 자가 총포를 포장하거나 **총집에 넣지 않고 보관 · 휴대 · 운반하고, 보관 · 휴대 또는 운반 시 총포에 공포탄을 장전한 자**(법 제17조 ③항) ④ **[남은 화약류에 대한 조치]** 법에 따라 화약류(실탄)를 소지하거나, 사용 할 수 있는 사가 **그 허가가 취소되고 소지 또는 사용할 필요가 없게 된 경우, 지체 없이 남은 화약을 양도 하거나 폐기하지 않은 자**(법 제33조)

벌칙	위반 내용
	[전문개정 2015.1.6] ⑤ 총포소지허가를 받은 자가 **실탄에 관한 장부를 기록하지 않거나, 관계 공무원의 요청에도 불구하고 장부를 제출하지 않는 자**(법 제63조) 〈신설 2015.7.24〉 ⑥ 총포·화약류·석궁 등의 **허가가 취소된 경우,** 또는 영업정지·사용정지·면허의 효력정지처분을 받았을 때 지체 없이 **허가(면허)증을 그 허가 관청에 반납하지 않은 자**(법 제65조) ⑦ 총포·석궁의 제조 판매 임대 수출입 **소지허가를 받은 자가 공공의 안전유지를 위한 보고를 하지 않은 경우**[전문개정 2015.1.6] (법 제44조 3항) ⑧ 총포·화약류·석궁을 **소지한 자가 운반·취급 등에 관한 사항을 준수하지 않은 때**(법 제 47조 3항) ⑨ 허가증의 **기재사항을 변경하지 않은 자** ⑩ **불법 부착물을 부착한 사람** ⑪ **신고 없이 화약류를 폐기한 사람** **과태료는 소관에 따라 경찰청장, 지방경찰청장 또는 경찰서장이 부과·징수** 한다.
제75조(형의 병과) 징역형과 벌금형을 병과 할 수 있다. [전문개정 2015.1.6.]	① 총포 화약류의 국내 생산성능을 적용하지 아니하고, **수출용 성능으로 허가를 받아 그 생산된 제품을 국내에 유통하거나 유출시킨 자(10년 이하의 징역 또는 2천만원 이하의 벌금)** ② 총포판매업 **허가를 받지 않고 총포 화약류를 판매하거나 판매시설을 변경한 자**(10년 이하의 징역 또는 2천만원 이하의 벌금) ③ 허가를 받지 않고 **총포 화약류를 제조 수리하거나, 제조소의 위치·구조·시설 또는 설비, 제조방법을 변경한 자**(10년 이하의 징역 또는 2천만원 이하의 벌금) ④ 총포·도검·화약류·분사기·전자충격기·석궁의 **소지허가를 받지 않고 소지한 자**(10년 이하의 징역 또는 2천만원 이하의 벌금) ⑤ 허가를 받지 않고 **"상습적으로 총포 화약류 석궁을 제조하거나 판매한 자는 위(1)~(4)번 형의 이분의 1까지 가중"**한다. ⑥ 위 항의 미수범은 처벌한다.
양벌규정(법 제76조)	법인의 대표자나 법인 또는 개인의 대리인, 사용인, 그 밖의 종업원이 그 법인 또는 개인의 업무에 관하여 제70조부터 제73조(벌칙)까지의 어느 하나에 해당하는 위반행위를 하면 그 행위자를 벌하는 외에 그 법인 또는 개인에게도 해당 조문의 벌금형을 과(科)한다. 다만, 법인 또는 개인이 그 위반행위를 방지하기 위하여 해당 업무에 관하여 상당한 주의와 감독을 게을리 하지 아니한 경우에는 그러하지 아니하다.

마. 총기와 엽탄

1. 산탄엽총(shot gun)의 종류

총강이 유리알처럼 매끄러운 산탄총열

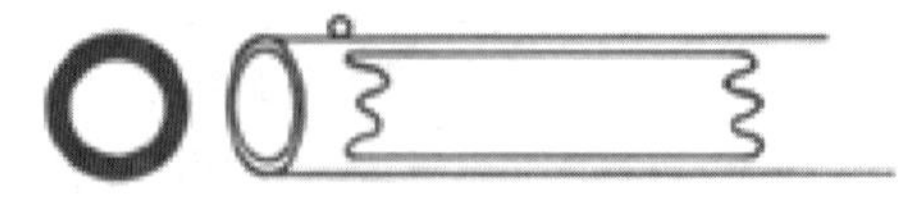

총강에 2개 이상의 홈이 파인 라이플 총신

산탄총열과 라이플 총신

한국에서 사냥에 이용할 수 있는 총은 산탄엽총(shot gun)과 공기총(air rifle) 두 종류가 있다. 외국의 경우 총열 내면에 두 개 이상의 홈(라이플)이 파여 있는 라이플건도 사용하지만 한국에서는 1980년대 이후부터 사용이 금지되고 있다.

따라서 한국에서 엽총하면 화약용 산탄총을 말한다. 산탄총은 많은 량의 산탄알을 발사하기 때문에 빠르게 움직이는 목표물을 포위(적중) 하는데 효과적이다. 산탄총의 내면은 평활하고 유리알처럼 매끄럽다. 일반적으로 **총구 부분에 초크(choke)**가 있어 산탄의 퍼짐을 조절하는 것이 특징이다.

(1) 수평쌍대(side by side)

수평쌍대 엽총

외형적으로 간단한 것 같으나 정교한 기술이 필요한 제품으로 제조가 어렵다. 탄피를 빼내거나 배출할 때 총신을 아래 방향으로 완전히 꺾어야 하며 두 개의 총열 때문에 기능이 뛰어나고 안전성이 높은 것이 특징이다. 클래식하고 세련미가 넘치는 샷건으로 비교적 상류층과 유럽에서 선호하고 있다.

(2) 상하쌍대(over and under)

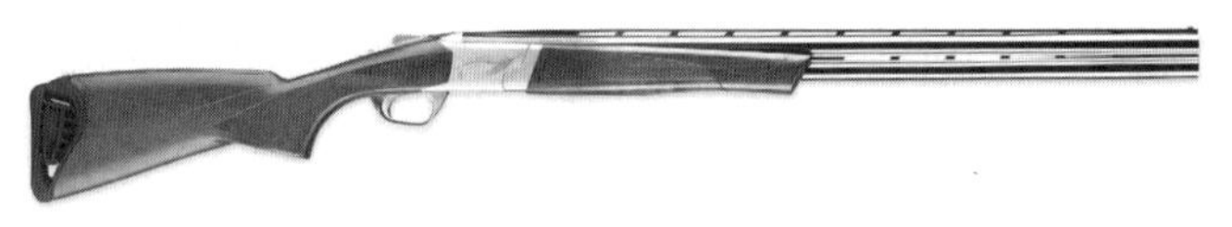

상하쌍대 엽총

하나의 총열 위에 다른 하나의 총열이 있는 것으로 서로 다른 두 개의 총열 때문에 다양한 기능을 발휘할 수 있다. 조준이 잘 되고 착용감도 좋아 주로 사격용으로 사용하고 있으나 최근에는 수렵용으로도 사용하고 있다.

(3) 반자동 엽총(semiautomatic shotgun)

외대 반자동 엽총

총열이 하나이고 아래에 여분의 탄창이 있다. 방아쇠를 당길 때마다 약실에 있는 산탄이 발사되고 탄피가 배출되며, 아래 탄창에 있는 엽탄이 위(약실)로 올라와 자동으로 장전돼 연속발사가 가능하다. 오리사냥 등에 인기가 있으며 가스식 관성작동식 등의 형태로 발전하고 있다.

(4) 수동식 엽총

수동식은 펌프식과 볼트식이 있다. 일명 훌치기식 또는 펌프식으로 불리는 이 총은 총신 아래의 탄창덮개를 앞으로 밀어 엽탄을 장전하고 뒤로 당겨 탄피를 배출한다. 총열은 반자동엽총과 동일하게 외대이고 기관부 아래에 여분의 엽탄을 저장하는 탄창을 가지고 있다.

펌프(훌치기)식 엽총

볼트식 엽총

볼트식은 기관부 옆에 있는 노리쇠를 잡아당겨 탄피를 배출시키고 엽탄을 약실에 공급하기 위해 전방으로 밀어 넣는다. 단발식이 많아 대부분 엽탄을 편리하게 삽입할 수 있도록 탄창이 부착되어 있다.

베넬리 엽총의 노리쇠

(5) 단발식 엽총

오늘날 사냥에서 그다지 이용되지 않는다. 단지 유럽에서 물위에 있는 오리나 움직이지 않는 게임을 원거리에서 사냥할 때 최대 구경(10번경)의 단발총이 보조용으로 간혹 사용되고 있다. 저개발 국가나 농부들이 새 쫓기용으로 사용하기도 한다.

(6) 총기 시험필 마크

<각국의 시험필 마크>

	독일	오스트리아	벨기에	스페인	프랑스	영국 (버밍험)	영국 (런던)	이탈리아
일반 시험필	N	NPV		BP	PT	BNP	CP	PSF
고급 시험필	V	PV		CH	PT	SP	SP	PSF

2. 총기 구조의 이해

(1) 번경(gauge)

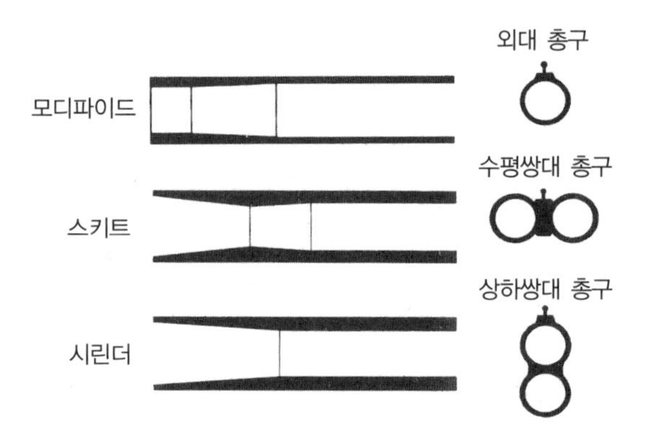

영국에서 최초로 개발된 번경은 구슬처럼 둥근탄알의 크기를 구분하는 국제적 용어이다. 강선이 없는 산탄엽총의 총강내부지름을 표시하는 용어로 통하기도 한다. 12번의 경우 12분1파운드의 납을 구슬처럼 만들어 총구를 통과할 수 있는 탄알의 직경을 말한다. 즉, 1번경은 1파운드의 납을 구슬처럼 둥글게 만든 것이다. 한국은 12번의 지름이 18.3mm로 규정되어 있고 총구의 직경은 이보다 넓어야 탄알이 통과할 수 있으므로 18.5mm로 되어 있다.

20번경은 총기의 무게 등으로 작은 구경을 선호하는 베테랑 엽사가 애용하며 16번경은 극히 일부 계층이 사용한다. 특이한 것은 410번(410 bore)는 총강 지름이 1000분의 410(0.41인치)을 일컫는 라이플 구경을 뜻하지만 관습상 번경으로 호칭되고 있다. 번경의 숫자가 커질수록 총기의 무게가 가벼운 것도 특징이다.

(2) 번경(gauge)별 탄알의 직경

12번	16번	20번	24번	28번	30번	410번
18.3mm	17.2mm	16.0mm	14.5mm	13.5mm	12.5mm	10.8mm

※410번 게이지는 라이플 구경(1000분의 410)이지만 번경으로 부른다.

3. 산탄엽총(shot gun)의 번경(gauge)

(1) 산탄알의 규격(스커트 지름)

[별표 2] <개정 2006.2.22.>

<u>산탄탄알 및 연지탄의 명칭과 규격</u>(제2조3항 관련)

1. 산탄탄알의 규격

구분	표준직경(탄알의 지름)	탄알의 수	탄알의 형태
장약총용	18.3mm 이하	2개 이상	원형
공기총용	2.9mm 이하	2개 이상	원형

2. 산탄총 번경의 크기

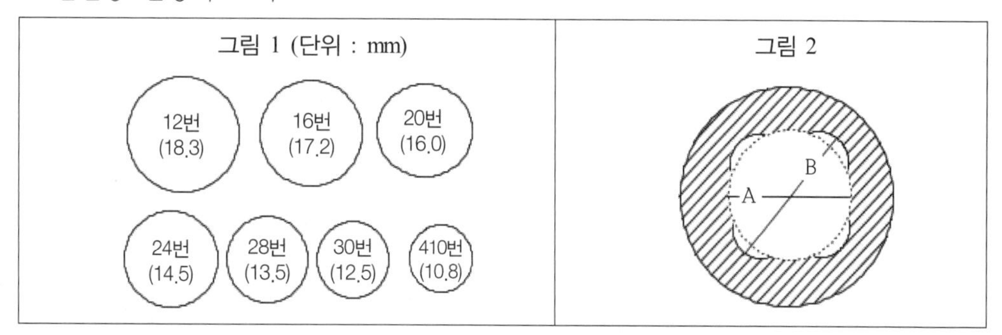

※ ① 그림 1은 산탄총의 번경으로서 (   ) 안의 숫자는 밀리미터를 표시하는 것
② 그림 2는 라이플총의 4조 우선을 표시하는 것으로서 A는 좁은 지름(산모양), B는 넓은 지름(골모양)임
③ 총의 구경을 표시할 때 제조업소에 따라 좁은 지름으로 표시하는 경우와 넓은 지름으로 표시하는 경우가 있음

(2) 구경(Caliber)

구경은 총강내 강선이 있는 라이플총의 내경(또는 실탄의 스커트 직경)을 말한다. 즉 한 발이 라이플총강을 통과하는 총기이다. 군용 소총부터 맹수용 총기까지 라이플총의 범위는 다양하다.

라이플 구경은 유럽에서는 미리미터(mm) 미국에서는 인치(inch)로 표기되나 우리나라에서는 유럽식인 미리미터로 표기하고 있다.

탄알 뒷면(스커트)의 직경 또는 총구의 지름(내경)을 말하기도 하는 구경은 제조사에 따라 총구의 직경계측지점을 달리하기도 한다. 즉, 나선형 라이플의 깊이 파인 면 대면의 직경을 계측하기도 하고 나선형의 튀어나온 면과면의 지름을 말하기도 한다.

공기총의 구경별 연지탄(납알) 규격

명칭	중량	표준직경
연지탄 1호 5.5mm	1.7g 이하	5.5±0.1 5.7±0.1 5.5㎜탄의 지름
연지탄 2호 5.0mm	1.5g 이하	5.0±0.1 5.2±01 5.0㎜탄의 지름
연지탄 3호 4.5mm	1.3g 이하	4.5±0.1 4.7±0.1 4.5㎜탄의 지름

(3) 초크(choke 조리개)

초크는 총구 앞부분의 지름을 줄여놓은 것으로 총열 좌측 상단에 표기되어 있다. 초크는 산탄이 발사될 때 산탄이 너무 퍼지는 것을 방지하고 산탄의 비행을 늘려주는 역할을 한다. 그러므로 더 많은 수의 산탄을 집중시키고 명중률을 높여 번경이 작은 총도 번경이 큰 총과 같은 성능을 낼 수 있게 한다.

초크의 종류는 고정형(Fixed)·교환형(interchangeable)·조절형 등이 있으며 초크의 등급이 커질수록 지름을 줄여 주는 정도도 커져 산탄의 비행거리를 늘릴 수 있다.

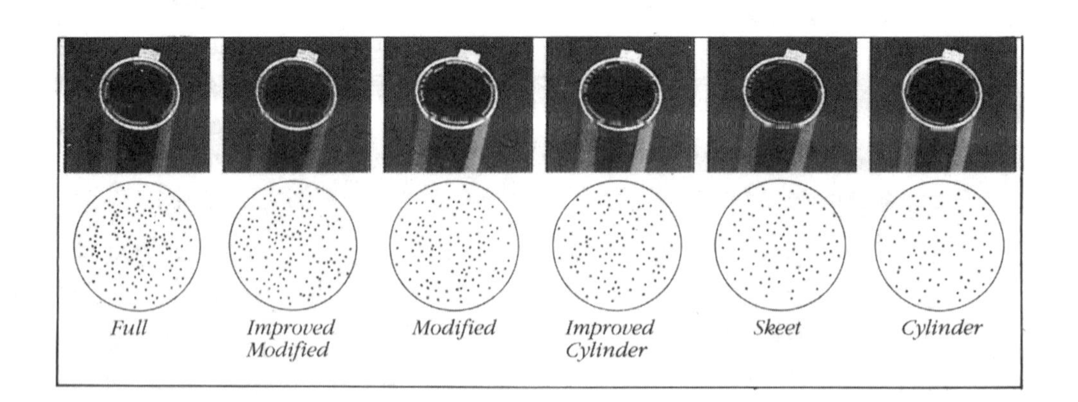

초크의 종류

초크	풀(F)	임프루브드 모디 파이드(I.M)	모디파이드(M)	임프르부드 시린더(I.c)	스키트(S)	시린더(C)
영문표기	Full	Improbed Modified	Modified	Improbed Cylinder	SKeet	Cylinder
줄임	1	0.75	0.50	0.13	0.01-0.05	0
줄임표시	★	★★	★★★	★★★★	★★★★	★★★★★
게임 용도	장거리 (오리류)	근거리 오리, 장거리 꿩	꿩 등	근거리 꿩 등	멧비둘기 류	멧돼지 류 [슬락(단발)의 경우]

※ 초크는 제조사에 따라 다르게 표시될 수 있으며 일부 엑스트라풀(X-F-☆)이 생산되기도 한다.

(4) 패턴(Pattern)

산탄이 발사되어 퍼지는 것을 말한다. 국제적 측정방법은 40야드(약37m) 거리에서 사격하는 것을 규정하고 있다. 엽탄을 발사하여 산탄의 밀도가 가장 높은 부분을 직경 30인치(76.2cm)의 원을 그린다. 그 안에 들어간 산탄의 개수를 확인하는 것이다.

그 수가 발사한 산탄 입자수의 몇 %인가를 표시한 것이 비로 페턴율이다. 즉, 패턴은 초크 구조상의 분류가 아니라 산탄의 입자수에 따라 분류하는 것이다.

초크와 패턴

초크별 줄임의 정도 : %

초크의 종류	27.3m (30 야드)	31.8m (35 야드)	36.4m (40 야드)	40.9m (45 야드)	45.5m (50 야드)	50.0m (55 야드)	54.6m (60야드)
풀초크	100%	84%	70%	59%	49%	40%	32%
임프르부드 모디파이드 초크	91	77	65	55	46	37	30
모디 파이드 초크	83	71	60	50	41	33	27
임프루브드 실린더	72	60	50	41	33	27	22
실린더 초크	60	49	40	33	27	22	18
스키드 초크	35	30	25				

(5) 엽총의 구조

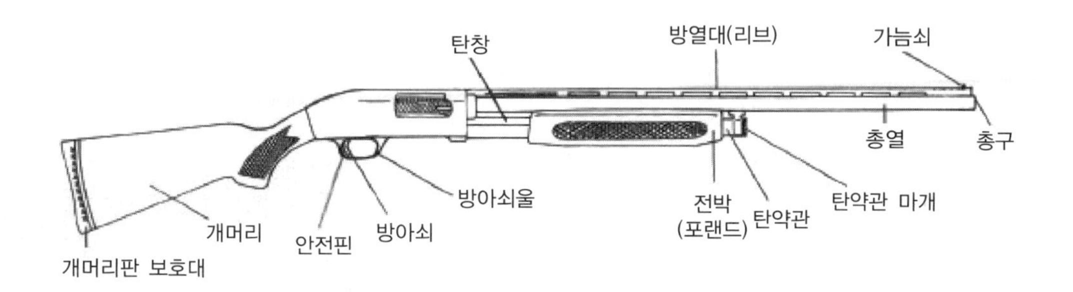

① 무게와 게이지

엽총은 체력에 따라 선택해야 한다. 지나치게 가벼운 총은 매그넘탄 등에 약하고 무거운 총은 쉽게 피로해진다. 무거운 총은 속사(snapshot)에도 약하다. 한국인의 체력에는 3.2kg을 최대로 본다. 세계적으로 인간에게 적합한 샷건도 12 게이지이다. 이유는 12번경의 샷건이 인간의 체력에 적합하기 때문이다.

② 밸런스(balance)

총기 전체의 밸런스는 총열 근부에서 약 3인치(약8cm) 앞에 있다. 이곳을 끈으로 묶고 매달아보면 수평이 유지된다. 총기가 밸런스를 잃게 되면 전방 또는 후방이 무거워져 피로가 가중된다. 스윙도 불편하고 명중률도 낮아지므로 총기는 밸런스가 중요하다.

③ **총열(barrel)**

총열이 필요 이상 길면 부정확하고 총탄의 지나친 마찰로 인해 위력이 감소된다. 최근 사용되는 무연화약의 연소시간은 500분의 1초이기 때문에 약실에서 완전히 연소되므로 총열이 예전처럼 길 필요가 없다. 국제적으로 가장 많이 보급된 12게이지의 경우 28인치(71cm) 총열에 모디파이드 초크가 일반적으로 사용된다.

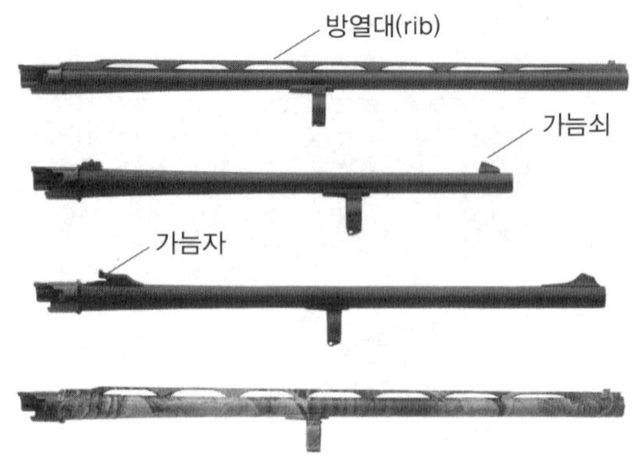

길이가 다양한 총열

④ **기관부(action)**

총열 하단에 방아틀뭉치 등 격발장치가 내장된 부분이다. 수평 상하 쌍대를 막론하고 핀에 의해 결합되어 있다. 쌍대의 경우 사이드록(side lock) 복스록(boxlock)으로 나뉜다. 총기 발달사를 예측할 수 있는 사이드록은 고장시 수리가 간편하고 디자인이 화려하다.

⑤ 조준장치(sight)

총구 가까이에 있는 가늠쇠와 기관부 상단에 위치한 가늠자가 조준장치이다. 그러나 이동사격용 샷건에는 가늠자가 없는 것이 일반적이다. 공기총에는 가늠자와 가늠쇠가 있다. 날짐승을 사냥하는 조렵용 총기는 오픈 사이트 형식의 조준장치를 가지고 있다. 공기총에는 조준경(scope) 부착이 허용되나 샷건에 부착이 금지된다.

가늠쇠만 부착된 신탄엽총 총신

⑥ **개머리(stock)**

개머리는 총기를 일정 형태로 고정시켜 줄 뿐만 아니라 발포시 반동을 완화시켜주기 때문에 총의 명중률을 좌우하는 중요한 부분이다. 종류는 영국식・프랑스식・권총잡이식・반권총잡이식・안면접촉식・몬테카를로식・바바리안식 등으로 구분된다.

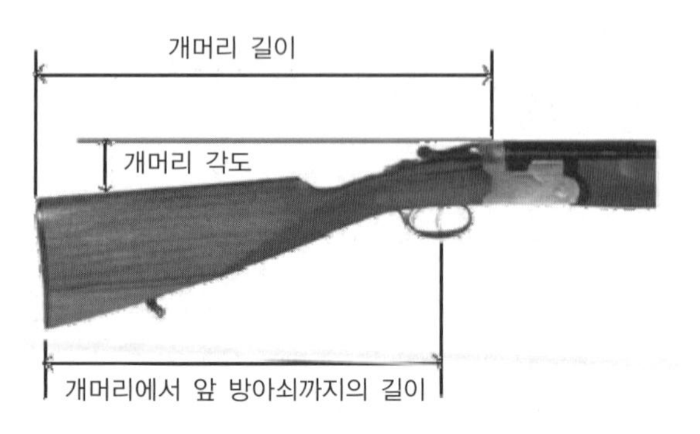

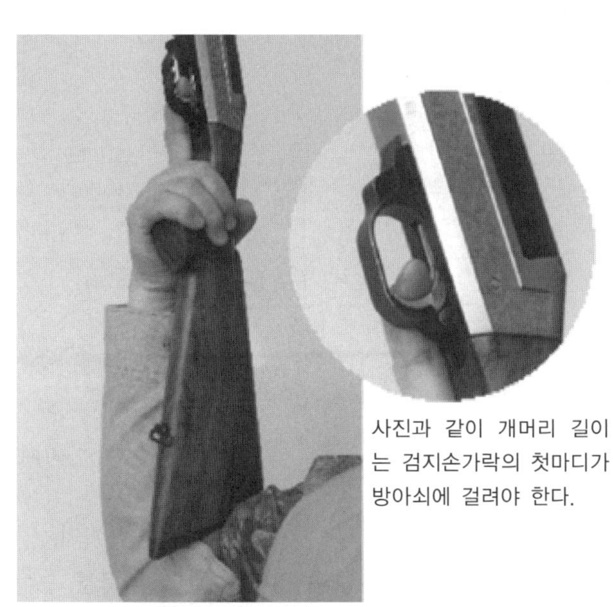

사진과 같이 개머리 길이는 검지손가락의 첫마디가 방아쇠에 걸려야 한다.

개머리 길이는 사냥복을 착용한 상태에서 개머리를 올려놓고 검지손가락의 첫마디가 방아쇠에 걸려야 개머리 길이가 적당한 것으로 본다.

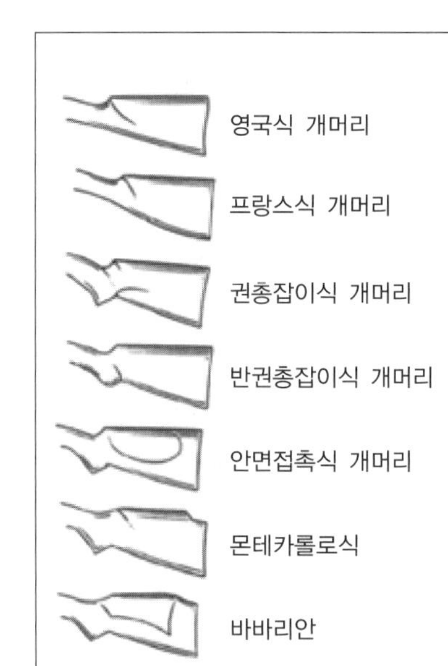

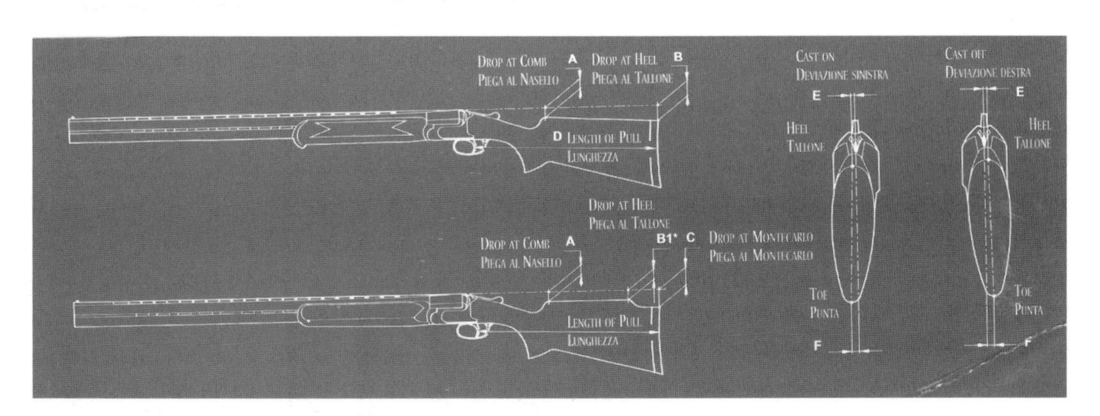

페라찌 회사의 개머리 도면

⑦ 약실(chamber)

약실은 총열 후미에 실탄을 장전하는 부분이다. 탄약의 길이에 따라 2와3/4인치, 3인치 매그넘으로 부른다. 우리나라에서는 2와3/4인치 엽탄이 일반적으로 시판되고 있다. 그러나 일부 헌

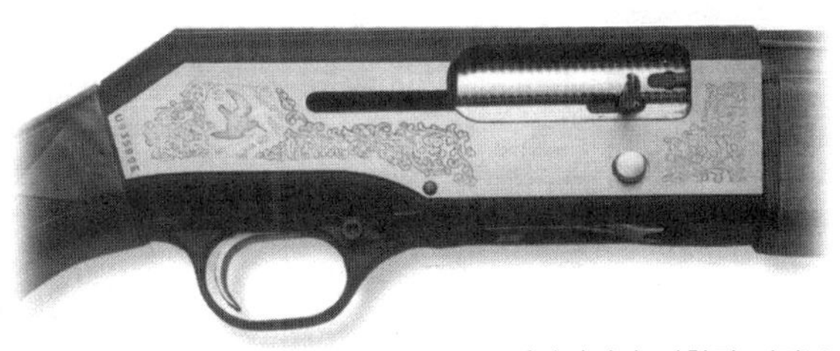

격발장치가 장착된 기관부

터는 강력한 화력 필요시 매그넘탄을 사용하기도 한다. 다만 매그넘탄을 빈번하게 사용할 경우 무리한 반동으로 인한 피로는 물론 총기수명이 단축될 수 있다. 참고로 오랜 경험의 유럽 헌터들은 2와3/4인치, 32그램 화약사용이 상식화되어 있다.

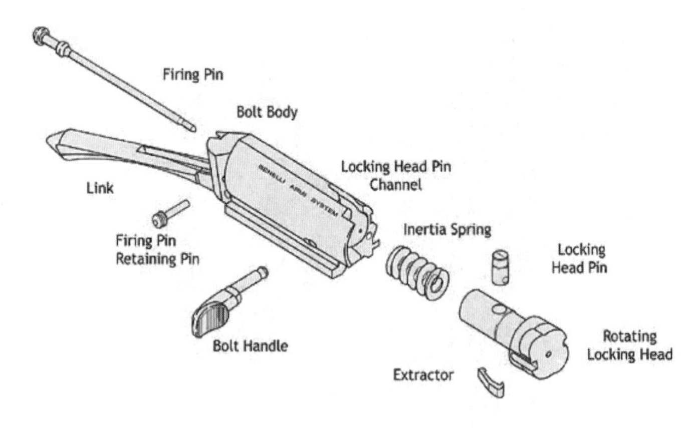

베넬리 방아틀뭉치 분해도

약실의 길이는 엽탄이 발사된 뒤의 '케이스(탄피) 길이'와 동일한 것이 원칙이다. 약실의 길이보다 엽탄의 길이가 긴 엽탄을 사용하면 장탄량이 많아 총강에 피로를 주게 됨은 물론 총열이 파열되는 등 사고로 이어질 수도 있다.

약실과 같은 길이의 장탄이라 하더라도 매그넘탄은 화약량이 많고 반동이 강력하므로 경량총에 사용하지 않는 것이 좋다. 특히 수평 등의 경량총에는 사용하지 않는 것이 원칙이다.

(6) 엽탄

엽탄은 작은 크기의 납알이 일시에 그물형으로 방출되어 총기와 게임에 따라 선택해야 한다. 납알의 크기 별로 호수(번호)를 정해놓은 엽탄은 탄량·화약량·탄두형태(공기총탄) 탄피형태 등에 따라 특색이 있으므로 총기에 맞는 엽탄인지 확인해야 한다. 엽탄 구입시 박스에 표기된 기록을 확인하는 습관도 중요하다.

일반적으로 소립자 일수록 탄환의 수가 많고 착탄거리가 짧다. 최대사거리도 10호탄은 100m 2호탄은 300m로 성능의 차이가 크다.

게임의 크기에 비해 산탄입자가 너무 작으면 모처럼 명중했다하더라도 치명상을 입히기 어렵다. 반대로 입자가 너무 크면 명중시키기 어려우므로 적당한 산탄의 호수를 선택헤야 한다.

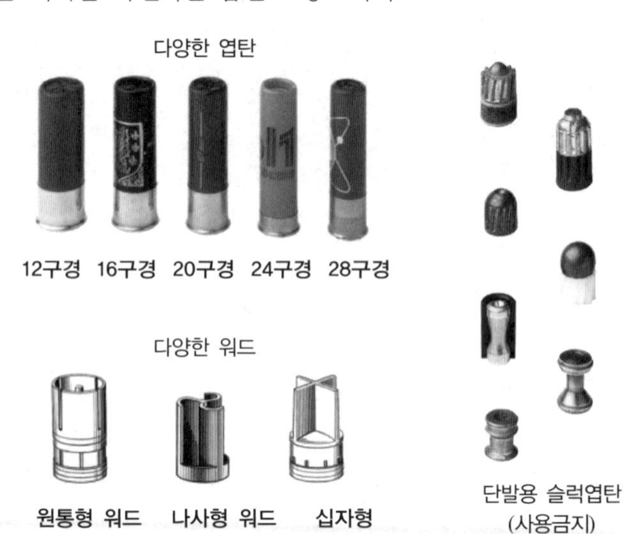
다양한 엽탄

12구경 16구경 20구경 24구경 28구경

다양한 워드

원통형 워드 나사형 워드 십자형 워드

단발용 슬럭엽탄 (사용금지)

① 엽탄의 구조

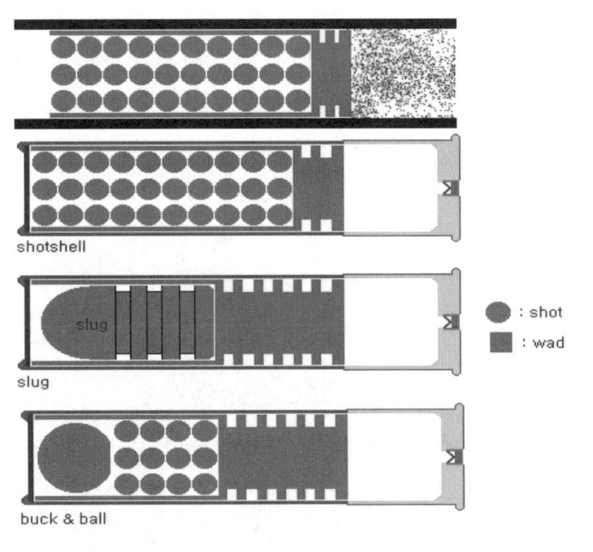

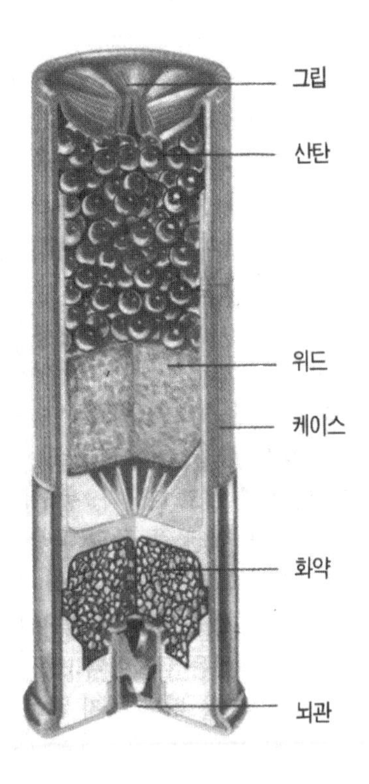

'엽탄의 구조'
탄피 내부에 탄환·워드(탄환을 감싸고 있는 부분)·화약·뇌관 등으로 구성돼 있다.

엽탄의 뇌관(중앙)을 중심으로 제조사와 게이지가 표시되어 있다.

② 엽탄별 사거리

총기의 종류	탄알 규격	유효사거리(m 이내)	최대도달거리(m 이내)
산탄총(샷건)	SSG	60	560
	BB	50	360
	1호	50	320
	2호	50	300
	3호	50	280
	4호	45	250
	6호	40	190
	8호	40	170
	9호	40	160
	10·11·12호	40	100
공기총		30	250

③ **엽탄의 포장 박스에 기록된 내용**

엽탄정보는 엽탄이 포장되어 있는 박스에 표기되어 있다. 언뜻 보기에는 무슨 표기인지 알 수 없다. 그러나 자세히 살펴보면 유익한 정보가 가득 차있다. 다음은 헌터들이 사용하는 엽탄박스에 어떤 정보가 들어있는지 살펴보았다. 세심하게 알아두면 포획의 성공률은 물론 사고 예방에 도움이 될 수 있다.

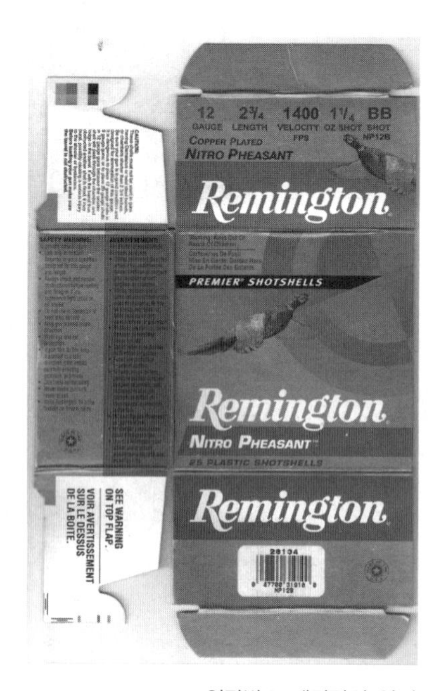

엽탄박스 레밍턴의 앞면

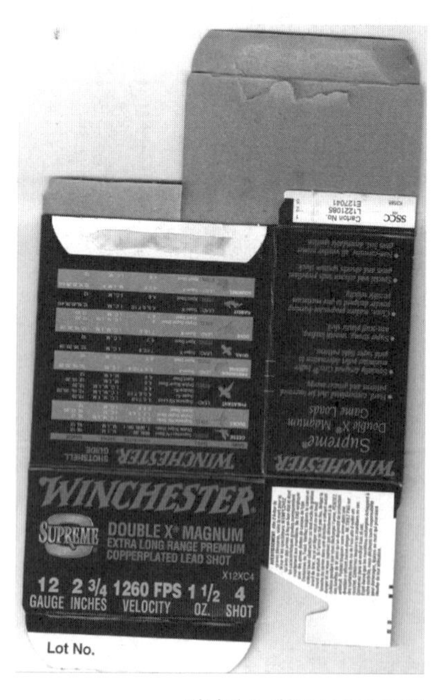

엽탄박스 윈체스터의 앞면

[엽탄 박스에 기록된 글]

① 엽탄의 호수(산탄알의 크기)

② 엽탄의 무게 : 1과1/4온즈(OZ), 1온즈 : 28.35g

③ 화약량 : 3과3/4드램(DR)-EQ(DEAM-Equiv)

④ 엽탄(탄피) 길이 : 2와3/4인치

⑤ 번경(게이지) : 12 게이지

⑥ 엽탄의 명칭 / 특성 : 익스프레스 / 빠르고 멀리나감

⑦ 브랜드 명

⑧ 주의사항 : 이 엽탄은 '다마스커스'나 '트위스트스틸 총열로 된 총기, 혹은 2와3/4인치 이하의 약실에 사용하지 마시오. 사용하는 샷건의 컨디션이 양호한 상태이며 이와 동일한 게이지의 엽탄을 사용하거나 12게이지 총열에 20게이지 엽탄을 사용하는 것은 매우 위험합니다. 적은 규격의 엽탄은 약실을 통과하지 못하여 사고의 원인이 됩니다. 만약 이런 현상에도 불하고 엽탄이 발사되면 총열이 파열될 수 있

습니다. 엽탄을 장전하기 전에 총열 내부에 이물질이 걸려있는지, 총강이 깨끗한지 반드시 확인하십시오.

⑨ 안전수칙

- 총기를 주시하고 총기가 안전한 방향을 향하도록 하시오.
- 눈과 귀에 보호대를 착용하시오.
- 발사하지 못했다면 총열을 안전한 방향으로 향하고 엽탄을 제거하시오.
- 타켓이 무엇인지 게임과 사격자 사이에 어떤 장애물이 나타날지 예견하시오.
- 총열에 이물질이 없도록 깨끗하게 유지하시오.
- 게임이 나타나기 전 절대로 방아쇠를 당기지 마시오.
- 엽탄의 안전관리에 관한 책자를 필히 읽어보시오.
- 사용하는 총기에 알맞은 엽탄만 사용하시오.
- 사용하는 총기와 엽탄의 매뉴얼을 반드시 읽어두시오.

⑩ 경고 : 통풍이 안 되는 실내에서 사격할 때 미처 발화되지 않은 화약이 쌓여 차후에 폭발할 수 있습니다. 또한 총기를 사용하거나 엽탄을 만질 때 엽탄의 성분이 분출되어 인체에 해가 될 수 있습니다. 통풍이 잘 되도록 환기시키고 사격 후에는 반드시 손을 씻으시오.

⑪ 주의사항 : ⑧의 내용과 동일

⑫ 제작회사 :

⑬ 경고 : ⑩의 내용과 동일

⑭ 개수 : 00발

경고 : 어린이의 손에 닿지 않도록 보관하시오.

⑮ 안전수칙 : ⑨의 내용과 동일

산탄의 비행

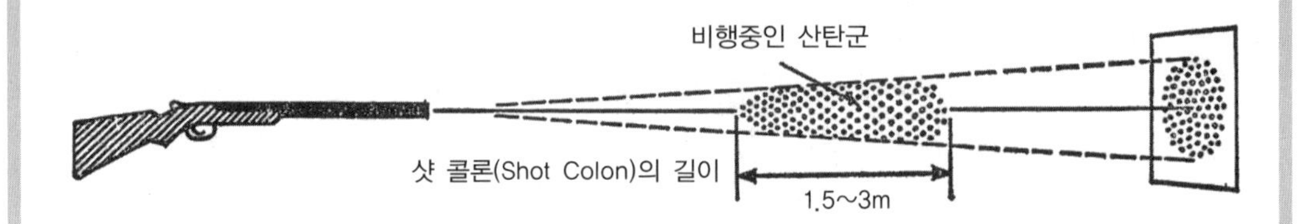

샷건을 사용하는 사람은 총기와 엽탄의 원리를 잘 파악해야 한다. 그 원리를 자신의 경험으로 수정 보완해서 체득해야 명사수가 되기 때문이다.
산탄은 라이플총과 같이 한 발의 탄으로 명중시키는 것이 아니다. 산탄의 입자들이 목표물을 포위하여 그중 3~5알이 맞게 되므로 거리에 따른 산개의 조절이 중요하다.
산탄은 처음에는 작은 덩어리로 날아가다가 점차 퍼지게 된다. 방추형을 형성하여 벌떼처럼 표적의 앞을 향해 날아가는 것이다. 선두 탄과 후미 탄알 사이에는 얼마간의 간격이 생기게 된다. 이 간격을 '샷 콜론(shot colon)'이라 한다. 샷 콜론은 유효사거리 내에서 대략 '1.5~3m'이고 소구경일수록 길어지는 것이 보통이다. 샷 콜론이 길어질수록 패턴은 나빠진다. 현실적으로 어떤 장탄을 사용해도 샷 콜론은 항상 존재하기 때문에 너무 의식하면 오히려 사격술에 나쁜 영향을 미칠 수 있다. 샷건은 확률의 총기이기 때문이다.
패턴 중심부와 말미에 날아가는 힘이 어떻게 다른가를 조사한 실험에서, 균일하게 산개한 패턴에서는 중심부와 말미의 밀도차이가 크지 않았다. 만약 10개의 산탄이 날아가며 작은 원을 그렸을 경우 2~3개는 비교적 얕고 2~3개는 깊으며 나머지는 대체로 중간쯤에 침투하고 있다. 깊은 것과 얕은 것의 침투력은 약 2배 차이가 났다. 이같은 상태는 패턴의 어느 부분에도 거의 비슷하다는 것이다. 그러므로 약한 산탄알과 강한 산탄알이 있을지라도 패턴의 어느 부분에서는 평균적으로 산포된다고 볼 수 있다.

⌘ 산탄알의 성질

방아쇠를 당기면 탄알은 총강에서 격렬하게 부딪히며 총구 밖으로 밀려나간다. 공기를 뚫고 진행하다 그 힘이 다하면 땅에 떨어지게 된다.
만약 중력도 공기도 없는 진공상태에서 발사된다면 탄알은 계속해서 일직선으로 날아갈 것이다. 그러나 탄알은 끊임없이 공기저항의 영향을 받는다. 기온이 낮으면 공기밀도가 높아지면서 공기저항이 커지게 되어 속도가 느려진다. 반대로 기온이 높아지면 화약의 연소가 빨라져 가스압력이 증대되므로 탄속이 빨라지게 된다. 바람도 탄도의 변화를 많이 준다.

⌘ 발사각

탄알을 목표물에 명중시키려면 떨어지는 만큼 위쪽으로 총구를 올려서 발사해야 한다. 이 각도를 사각(射角)이라한다. 그러나 사격을 하면 반동이 생기므로 처음의 사각과는 달라진다. 발사순간의 각도를 발사각이라 한다. 총알이 진공상태에서 날아간다면 발사각은 0도에서 점차 커지면서 45도에서 가장 멀리 날아가게 될 것이다. 그후 점점 짧아지다가 발사각도가 90도가 되면 총알이 똑바로 위에서 떨어지게 될 것이다. 현실에서 공기저항 등 다양한 작용이 있기 때문에 30도~35도의 발사각이 좋다.

✂ 탄도

방아쇠를 당기고 탄알이 총구로부터 나오는 시간은 대략 0.0015초이다. 탄알은 공기의 저항과 중력 때문에 속도가 떨어지면서 포물선을 그리게 된다. 이때 공중을 날아가는 탄알이 중심을 그리는 선을 탄도라 한다. 탄도는 속도가 점점 약해짐에 따라 급속이 떨어지게 되는데 탄도에서 가장 높은 지점을 탄도의 정점이라고 한다.

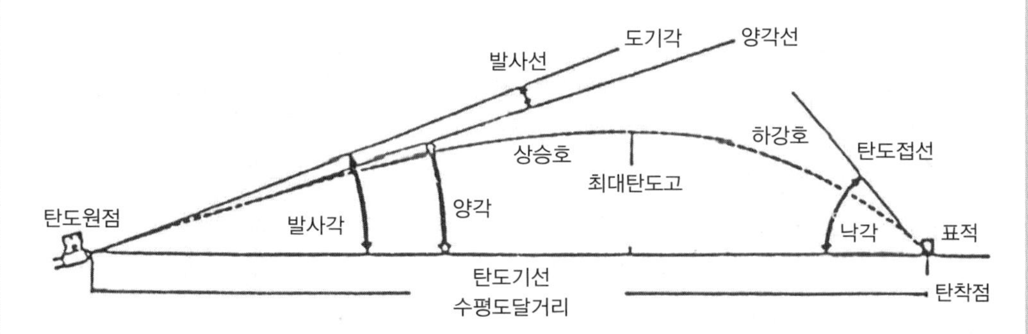

✂ 탄속과 강압 측정법

탄속은 총구 가까운 곳에서 측정하는 것이 이상적이지만 계측장치가 분출가스의 영향을 받기 때문에 어느 정도 떨어진 곳에 설치해야 한다. 계측방법은 총구와 목표물 두 계측점 사이에 두 군데 표적을 두고 제1표적을 통과한 탄이 제2표적을 통과할 때까지의 속도를 측정하고 그 평균탄속을 구한다.
계측점의 거리가 짧으면 통과시간이 짧아지기 때문에 계측오차가 커진다. 온도나 습도는 속도에 약간의 영향을 미치기 때문에 단도를 계산할 때 그 계수를 기록한다. 대체로 온도가 10℃ 상승하면 속도가 매초 약10m 오른다. 강압은 약실압으로 표시하는 것이 대부분이나 총강 부분의 압력을 표시하기도 한다. 강압측정의 경우 kg-m의 단위를 사용하는데 1kg의 중량을 단위거리인 1m를 움직이는데 필요한 에너지로 표시하게 된다. 12게이지 샷건에서 표준장탄을 사용하면 신탄이 약실에서 출발하여 약 25mm 지점의 강압이 최대가 된다. 이때 강압은 약 770kg/cm로 표시되며 총구 부근의 압력은 총열이 길수록 저하된다. 그래서 총열의 근부가 두텁고 총구 쪽은 얇게 제조된다. 대체로 엽총 공기총의 탄속은 280m~350m/sec 정도가 평균적이다.

✂ 조해항력과 탄속

탄환이 약실에서 출발하여 총구로 나갈 때 총강 내벽의 마찰로 저항을 받게 된다. 샷건의 경우 마찰만 받지만 라이플은 돌아가면서 파고들기 때문에 깎여나가는 절삭저항(切削抵抗)을 받게 된다. 여기에 중력과 공기저항이 덧붙여지면 탄속이 빠를수록 그 힘에 대한 저항은 강해진다.
맑은 여름밤 하늘에서 볼 수 있는 아름다운 별똥별은 지구의 인력권 내에 들어온 우주진(宇宙塵)이 지구를 둘러싸고 있는 공기중에 돌입하면서 그 마찰로 급속하게 연소되어 타버리는 현상과 유사하다. 이런 사항을 조해항력(阻害抗力)이라 한다.
즉, 탄환의 아랫부분에 가해지는 가스의 압력이 크면 클수록 탄환은 가속되게 된다. 보통 총열에서 탄환이 총구를 이탈하기까지 점점 가속되고 총구를 떠나는 순간 탄환의 속도는 최대가 된다.

(7) 리드사격과 목측거리

엽탄은 많은 양의 산탄이 그물처럼 포위되기 때문에 움직이는 게임에 효과적이다. 따라서 엽총사격은 이동표적 사격이라 한다. 조준에서 격발, 추적이 끝날 때까지 목표물의 비행속도와 같은 속도로 스윙해야하며 목표물 전방에 리드 조준을 해야 한다. 여기서 리드 거리는 목표물의 비행방향과 속도에 따라 다르므로 자신의 감각적인 판단에 의존 할 수밖에 없다. 이동표적의 사격은 물체를 발견한 후 인체의 반응시간·실탄의 탄속·목표물의 비행속도 등을 고려한 리드와 스윙이 요구되며 이것은 엽총사격술의 핵심이다.

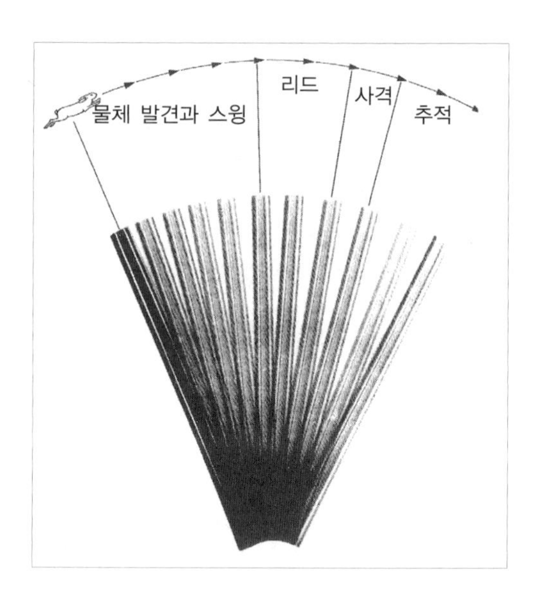

특히 엽총사냥은 이동표적의 통쾌함을 맛보게 한다. 아득히 나르는 조류를 단발에 떨어뜨리는 장쾌함이란 인간이 신의경지에 도달한 것처럼 감동스런 장면이다. 헌터들은 이러한 통쾌함 때문에 오랜 시간을 투자한다. 공기총 수렵은 세심한 관찰과 기후적 특성을 파악하여야 한다. 가슴 조이는 포복과 숨막히는 조준을 마친 순간, 드디어 게임을 손에 넣는 기분은 첫사랑의 설렘을 떠올리게 한다. 이와 같은 공기총 사냥은 지리적 분석과 야생조수의 생태를 익혀야 잡을 수 있는 기술의 극치이다. 공기총 사냥은 샷건 사냥보다 은밀한 접근술이 요구되며 목측거리 훈련 등 야생동물의 특성을 알아야 한다.

① 인체의 반응시간

인체의 반응시간이란 대뇌에서 어떠한 변화를 직감하고 실행명령을 내려 신체운동으로 반응할 때까지의 시간을 말 하는데 대략 0.2~0.3초가 소요된다. 정조준에서부터 발사할 때까지 과정을 분석해보면 인체반응+격발장치 작동+공이치기 타격+화약의 폭발을 거쳐 엽탄이 총열을 떠난다. 이를테면 순발력이 아무리 빠른 사람일지라도 본인이 쐈다고 인지하는 시간에서 0.3초 후에 탄두가 총구를 떠난다는 사실을 염두에 두어야 한다.

② 반응속도를 고려한 조준법

이동표적인 경우 정지된 상태에서의 시각적인 정조준을 믿어서는 안 되며 반드시 목표물과 비슷한 속도의 스윙 동작이 연속적으로 이루어져야 한다. 정지된 상태에서 격발할 때는 인체의 반응시간・엽탄의 비행속도 등을 고려하여 조준을 해야 한다.

③실탄 및 목표물의 비형속도 예측

실탄의 비행속도는 총구에서 목표물까지 거리와 기상상태, 실탄의 종류에 따라 다르다.

엽총의 경우 초당 약 280m~350m의 탄속이다. 또 목표물이 일정한 속도로 움직이므로 사수는 실탄과 목표물의 비행방향과 속도를 고려하여 목표물 전방에 일정 거리를 띄워 놓고 발사해야 한다.

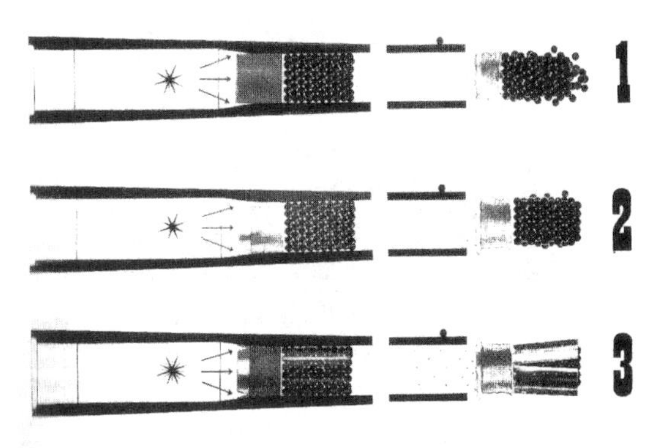

산탄이 총강을 떠나는 과정

3. 공기총 및 연지탄

(1) 학습요령

응시자는 제1종 수렵면허인 "엽총과 공기총"의 출제가 다를 것이라고 예측할 수 있다. 물론 일부 총기구조와 엽탄, 사거리 등은 다르다. 그러나 엽총과 공기총은 동일하게 1종 면허이고 모든 규제가 동일한 법률을 적용받기 때문에 벌칙에 관한 문제는 동일하다. 특히 공기총 응시자는 소지 운반 등에 관한 법적제한이 엽총과 일치하므로 법령편을 필독하여야 한다.

(2) 공기총의 역사

공기총은 화약총처럼 정확한 기원을 갖고 있지 못하다. 최초의 공기총은 15세기 중반에서 16세기 사이에 발명된 것으로 보이며 1500년대 후반에 이르러 광범위하게 퍼져있었다고 한다. 초기의 공기총은 공기주머니가 달린 것이 일반적이다. 18세기 후반과 19세기 초에 스프링식 공기총이 유행했다. 이 시기에 시용하던 대부분의 공기총은 큰 스프링 두 개를 사용하여 위와 이래에 넣고 총탄 장진은 후미장전식으로 하는 방법을 쓰고 있다. 그러나 스프링 제조기술이 빈약해 실용적인 가치는 없었다. 공기총 가운데 강력한 총으로 꼽히는 압축용은 16세기 후반 알려지게 된다. 프랑스의 앙리 4세가 만들었다고 하는 공기총은 한 번의 압축공기로 7~8발을 발사할 수 있었다. 이후 다양한 형태로 발전하던 공기총은 1889년 프랑스에서 이산화탄소로 발사되는 가스식으로 이어져 현대식 공기총으로 발전하게 된다.

주머니 달린 공기총

(3) 총포의 검사기준(별표 16)

① 성능 및 개조 검사 기준

총종	검사 항목	검사 및 합격 기준
엽총 및 공기총	구조와 형식의 원형유지 상태 검사	구조와 형식의 변형이나 개조 손괴 부식 등의 결함이 없을 것
	기관부 및 총신의 원형 유지 상태 검사	기관부 및 총신의 대체 등 변경이 없을 것
	제조번호의 타각 유지 상태 검사	총기 제조번호의 타각, 변경 등의 결함이 없을 것

② 안전 검사 기준

총종	검사 항목	검사 및 합격 기준
엽총 공기총	① **격발장치**	**연속 자동격발식이 아닐 것**
	② **방아쇠 압력**	방아쇠를 당길수 있는 힘이 **1kg 이상일 것**(사격총 제외)
	③ 안전장치	안전장치의 결함이 없을 것
	④ 조준경 부착장치	**조준경 부착장치가 없을 것(공기총 제외)**
	⑤ 총번 및 구경 표시	제조연도 · 총번호 · 형식 · 구경 표시 등이 있을 것
	⑥ 연지탄의 에너지 및 탄속	**60줄(J) 이하 일 것**
	⑦ 공기압축실 시린다	전체 체적이 500㎤를 초과하지 않을 것
	⑧ 공지총의 전체 길이	**80cm~120cm 이내 일 것**
	⑨ 탄창	**6개 이하의 실탄**, 금속성 탄알을 장전할 수 있을 것
	⑩ 총의 구경(번경)	① 엽총은 12번경 이내 일 것 **② 공기총 구경은 4.5mm~5.5mm** **산탄공기총은 5.5mm~6.4mm 일 것**

(4) 총기소지허가를 받을 사람 등에 관한 교육과목 및 시간

[별표 9] <개정 2001.4.12.>

<u>총기소지허가를 받을 사람 등에 대한 교육의 과목 및 시간</u>(제32조 제1항 관련)

대상	교육과목		교육시간
1. 총포 · 석궁 소지허가를 받고자 하는 사람	1. 총포 · 도검 · 화약류 등 안전법규와 야생생물법	- 소지 · 운반의 제한 - 허가갱신절차(석궁의 경우 제외) - 보관 · 휴대 · 운반시의 제한 - 수렵절차 및 제한(석궁의 경우 제외) - 허가 목적 외 사용금지 - 성능개조금지	30분
	2. 엽총 · 공기총 · 석궁의 취급실기	- 성능 및 조작방법 - 사격술(석궁의 경우 제외) - 안전관리 수칙 - 도난 · 분실 · 안전사고 발생시 조치요령	30분

(5) 공기총의 종류

① 스프링식

스프링식은 공기총의 대표적인 추진방식이다. 내부기관이 단순하고 구조가 튼튼하다. 꺾어대(break-barrel)로 총열을 한번 꺾어서 장전할 수 있으며 정교함은 다소 떨어진다. 레버식은 언더레버식(under-lever system)과 사이드 레버식(side-lever system)이 있으며 4.5mm 구경이 보급돼 있다.

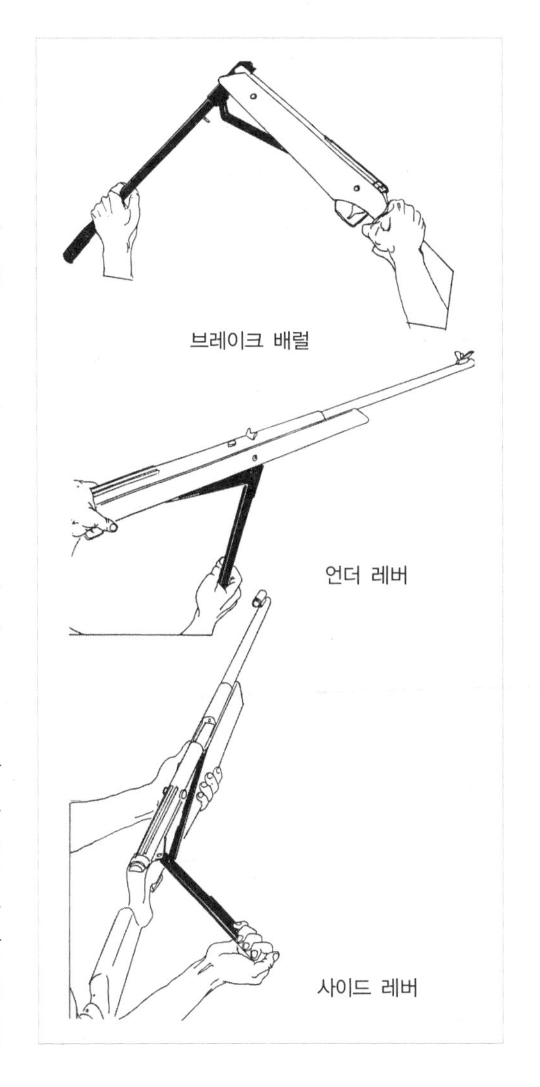

② 펌프식

튜브형 탱크 속에 공기를 압축한 다음 밸브를 통해서 압축된 공기가 방출될 때 생기는 에너지를 이용해 발사된다. 레버를 손으로 젖혔다가 접는 레버펌프식이 주로 사용된다. 사격할 때마다 펌프질을 해야하며 펌프질 횟수가 많아질수록 탄속이 높아진다.

③ 가스식

연발형식으로 기동력이 빠르다. 이산화탄소가 기화될 때 발생하는 순간압력을 이용하기도 하며 소형 카트리지(catridge) 에 압축공기를 충전하여 발사하는 방식도 있다. 한 번의 가스주입으로 20~30회 발사할 수 있다. 폭음이 크지 않고 비교적 위력도 있기 때문에 국산공기총은 거의 이 형식을 채택하고 있다.

(6) 공기총의 구조와 성능

① 구조

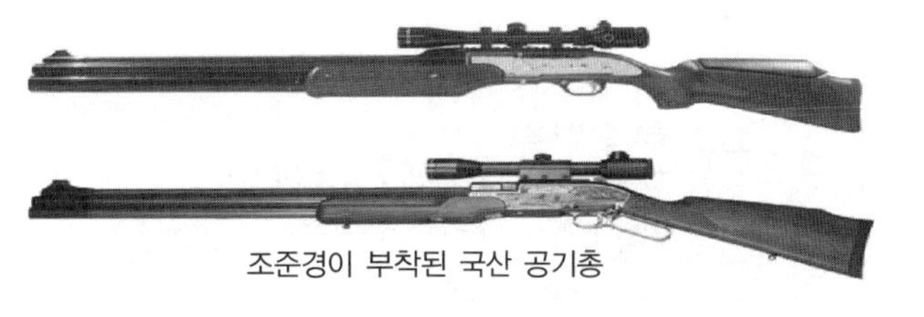
조준경이 부착된 국산 공기총

공기총은 크게 총열과 기관부 개머리로 구성되어 있다. 총열은 탄착점에 영향을 미치며 기관부는 격발장치와 장전을 수행하는 기관을 담고 있다. 개머리는 정확한 사격술을 지원한다. 대부분의 공기총은 발사에너지를 총기 내에서 얻기 때문에 화약총보다 훨씬 복잡한 구조로 만들어져 있다.

② 구경

우리나라에서 공기총의 구경은 밀리미터(mm)법을 사용하고 있다. 구경의 종류는 4.5mm · 5.0mm · 5.5mm · 6.4mm 등 4종류이며 강선이 없는 산탄공기총은 6.4mm와 5.5mm로 제한되고 있다. 연지탄을 사용하는 라이플형 단탄 공기총은 4.5mm · 5mm · 5.5mm 구경이 있다.

③ 공기총의 사거리

총의 종류	탄알	유효사거리(m)	최대도 달거리 (m)
공기총	4.5mm~5.5mm	30	250
	5.5~6.4mm산탄	12	250

※ 공기총의 성능은 60줄(J)로 통일되었다. 따라서 법률상의 유효사거리는 없다. 다만 엽장에서 적용될 수 있으므로 참고적으로 알아두어야 한다.

④ 공기총의 성능

공기총에서 발사된 연지탄의 총구에너지는 60J(줄)이다.

(7) **공기총탄**

① **공기총탄의 재질**

공기총의 발사에너지는 압축된 공기이다. 이른바 연지탄 자체의 폭발은 없으며 납으로 만든다.

② **공기총탄의 종류**

- 공기총탄은 4.5mm · 5.0)mm · 5.5mm 단발용 연지탄과 5.5mm · 6.4mm 산탄공기총에 사용하는 구슬(BB)형 산탄이 있다.
- 산탄공기총에 5.5mm 내지 6.4mm의 단탄은 사용하지 못한다.
- **연지탄의 명칭**

워드커터(Wadcutter)형
앞면이 직각이어서 공기 저항을 많이 받는다. 관통력이 약해 단거리 사격에 적합하고 사격용으로 사용된다.

포인티드(Pointed)형
앞부분이 공기저항을 덜 받아 장거리 사격에 알맞다. 관통력이 커서 수렵용으로 사용되나 측면 공기저항을 많이 받는 것이 단점이다.

돔(Dome)형
앞면이 직각인 워드커터 형과 앞면이 뾰족한 포인티드 형의 중간이다. 탄속과 관통력 사정거리가 우수한 탄이다. 워드커터 형보다 15%의 관통력이 높다.

할로우 포인티드 (Holloew pointed)형
돔 형과 워드커터 형을 보완한 형이다. 명중도가 높고 파괴력도 크나 한국에서 그다지 사용되지 않는다.

[별표 1] <개정 2006.2.22.>

총기의 성능기준(제2조 제2항 관련)

1. 장약총

총의 종류	탄알	유효사거리 (m 이내)	최대도달거리 (m 이하)
산탄총	18.3mm 이하	60	560
강선총	22호	100	1,600
	30호	300	2,000
	38호	300	4,000

2. 공기총

총의 종류	구경	연지탄의 에너지	압축실 시린다 전체체적
단탄총	4.5mm	60J 이하	500㎤ 이하
	5.0mm	〃	〃
	5.5mm	〃	〃
산탄총	5.5~6.4mm	〃	〃

③ 공기총탄의 법적 제한 기준

- 4~5mm : 1.3g
- 5mm : 1.5g
- 5.5mm : 1.7g

④ 형태

연지탄은 앞쪽이 납작한 경기용과 앞쪽이 뾰족한 수렵용, 이를 보완한 돔형 등이 있다. 그러나 공기총탄은 형태를 불문하고 발사 시 추진력을 최대로 얻기 위해 뒷부분이 스커트 모양을 하고 있다.

(7) 사격술과 안전

총기의 올바른 사용법은 안전사고로부터 자신과 타인의 생명을 지키는 것이 우선이어야 한다. 안전하고 명랑한 수렵활동이 최선이기 때문이다. 우수한 사격술은 강인한 정신력과 신체적 컨디션이 일치될 때 좋은 결과를 얻을 수 있으므로 사격 이론을 숙지한 후 훈련을 병행해 나가야 한다. 공기총의 경우 접근술과 목측거리 연습이 무엇

보다 중요하다. 공기총을 구입한 후 최하 500발 이상 연습하고 필드에 나가면 어떠한 자세에도 자신감이 생긴다. 엽총사격은 사격장을 찾는 방법과 엽장에서 흔히 보이는 멧비둘기 사냥으로 즐거운 훈련이 될 수 있다.

① 자세의 중요성

사격하는 사람마다 자기의 체형에 맞게 여러가지 자세가 있을 수 있다. 그러나 기본자세란 누구에게나 공통적으로 적용되는 자세이다. 어떤 경우이건 남이 보기에 어색하거나 불안한 자세는 좋은 자세라 할 수 없다. 총과 인체가 조화롭게 균형잡힌 자세라야 올바른 자세이다. 육체의 어느 부분도 긴장됨이 없고 무리한 동작이 없는 것이 좋다. 편안하고 안정되어야 하며 총기의 견착이 견고해야 한다. 겨울철 사냥에는 두터운 복장에 의해 견착에 방해가 될 수 있어 총기를 앞으로 내밀 듯 견착하는 요령이 필요하다.

- 기초 자세

공기총 사격은 기초 자세가 가장 중요하다. 불완전한 자제에서 좋은 결과를 기대할 수 없기 때문이다. 안정된 자세를 유지하고 총기를 뼈로 지탱해야 한다. 총이 몸에서 겉돌지 않고 뼈와 밀착돼야 한다.

- 긴장완화

사수는 어떠한 형태의 사격이건 긴장을 풀어야 한다. 근육이 긴장되면 그 상태가 총에 전달되어 명중할 수 없다.

- 자연스런 조준점

사수는 자연스러운 자세를 취해야 한다. 조준점도 자연스럽게 찾아야 한다. 이것은 총이 안정되어야 한다는 뜻이다. 총이 안정되면 사수의 자세가 안정되고 총구의 방향도 표적을 향한다. 총구를 억지로 끌어다가 표적을 향하면 같은 자세를 계속 유지할 수 없다.

- **용접점(鎔接點)의 형성**

총과 몸을 접목하기 위해서는 눈과 가늠쇠를 표적에 일치시키는 것이 중요하다. 눈은 사수 몸의 한 부분이고 조준장치는 총의 부속품이므로 둘이 하나 되기 위해서는 총의 개머리와 사수의 광대뼈 아래 볼이 용접기로 접착한 듯 하나가 되어야 한다.

② 조준과 시력

사람이 물체를 보는 것은 두 눈 가운데 더 나은 한 눈으로 보는 것이다. 이 때 다른 한 쪽은 보조를 한다. 만일 두 눈의 초점이 모여 한 곳을 본다면 다른 곳은 정확하게 보이지 않고 윤곽만 보일 것이다. 사격에서도 두 눈 중 더 나은 눈이 필요하다. 이 눈을 찾아 자기의 사격자세를 결정하는 것이 좋다. 초보자의 경우 두 눈을 뜨면 초점을 맞추기기 어려울 것처럼 생각하지만 꾸준한 훈련으로 기능해진다. 눈의 초점을 가늠쇠에 둘 경우 총의 동요폭이 적게 느껴져 안정되게 격발할 수 있다. 수렵용 공기총의 조준장치는 오픈사이트 가늠자와 가늠쇠로 구성되어 물체를 쉽게 분별하고 빠른 조준을 돕는다.

③ 자신 있는 격발

격발은 사격에 결정적인 영향을 미친다. 격발 시 기장 중요한 건 총이 움직이게 해서는 안 된다. 우수한 격발은 주변에 위축되지 않는 마음에서 이뤄진다. 방아쇠 압력을 점진적으로 용기 있게 증가시키는 것도 요령이다.

④ 사격과 바람

맞바람과 뒤에서 불어오는 바람이 사격에 미치는 영향은 극히 적다. 그러나 옆바람은 탄알을 옆으로 이동시켜 근거리 사격에도 영향을 미친다. 따라서 사수는 지형지물을 이용하여 이를 예방하고 때로는 지형변화에 따른 풍향과 풍속에 대응하는 훈련이 필요하다.

⑤ 조준 용어

- 조준선 : 눈・가늠자・가늠쇠를 통하여 조준점에 이르는 시선
- 조준점 : 조준선의 목표가 되는 지점
- 조준각 : 조준선과 시선 사이에 형성되는 각도
- 발사선 : 발사 순간 총열의 연장선

4. 총기 용어 및 해설

용 어	해 설
액션(Action)	노리쇠 뭉치(노리쇠 또는 기관부로 번역되기도 한다.)
볼(Ball)	구슬처럼 둥근 산탄알
배럴(Barrel)	총열 또는 총신
워드(Wad)	산탄알을 저장하는 '컵', 탄알을 보호하고 패턴을 돕는다.
포랜드(fore end)	총열 아래 손에 잡히는 '나무 판'
볼트(bolt)	노리쇠
구경(bore)	원통의 구멍, 라이플총의 구경을 말한다
캘리버(caliber)	총포의 구경, 원통의 직경
브릿지(breech)	총기의 포미
벅샷(buckshot)	산탄알이 큰 엽탄
바트(butt)	엽총의 개머리판
바트 플래이트(butt plate) 또는 패드(pad)	개머리판의 맨 아래를 덧대는 판(개머리 패드)
캡(cap)	엽탄의 '뇌관'

용 어	해 설
카드리지(cartridge)	약포(산탄이 들어있는 탄피)
캐스트(cast)	총열선과 개머리의 구부러진 각도
피치다운((pitch down)	개머리판을 바닥에 수직으로 세웠을 때, 지면에서의 90도 수직 선과 립(rib)선과의 각도
캐스트 온(cast-on)	왼손잡이가 뺨에 대는 개머리 부분을 두텁게 한 것
캐스트 업(cast-off)	오른손잡이가 뺨에 대는 개머리 부분을 덧대는 것
챔버(chamber)	약실(기관부)
체커링(checkering)	개머리의 손목부분을 미끄러지지 않도록 바둑판 모양으로 무늬를 놓은 것
초크(choke)	샷건 총구의 지름을 줄여놓은 것(산탄의 효율적 패턴을 얻기 위함)
클레이(Clay)	트랩, 스키트 사격
클레이 피존(clay pigeon)	점토로 구워 만든 비둘기
햄머(hemmer)	격침 · 공이치기 · 격철
콤브 드롭(comb / drop)	개머리의 높이와 굽은 형태 등을 말한다. drop at comb · drop at hell · stock lengtT 등으로 분리된다.
컴피티션 건(competition gun)	샷건을 사격용으로 사용할 수 있도록 한 엽총
시린더(cylinder)	초크의 협착도가 0.1mm 이내의 것
이젝터(ejector)	탄피를 뱉어내는 장치
에너지(energy)	격발후의 반동 또는 화약이 폭발하는 힘
게임(game)	사냥대상 짐승(사냥감)을 말한다.
번경(gauge)	파운드로 계산하는 영국에서 산탄알을 만들 때 지어진 이름, 12게이지는 12분의 1파운의 납을 구슬처럼 둥글게 만든 것을 말한다. 이것이 총강의 내부지름을 표시하는 부호로 통한다.
매그넘 챔버(magnum)	화약량이 많이 담긴 챔버(3인치), 전통적으로 12번경은 2와 3/4인치 엽탄에 32그램의 화약을 넣었다. 최근엔 3인치 엽탄에 57그램의 화약을 넣기도 한다. 그러나 50그램이 넘는 것은 위험하다.
그립(grip)	개머리를 잡는 부분
헌터맨쉽(huntsmanship), 엽도	수렵 예절 / 엽도
매거진(magazine)	탄창, 매거진 건하면 연발총을 말한다.
카드릿지(cartridge)	탄피, metallic cartridgem는 탄약 뇌관 탄알로 구성된 탄피를 말한다.
상하쌍대(over-and under gun)	총열이 상하로 이어진 엽총, 주로 사격용으로 사용한다.
수평쌍대(side-by-side)	수평쌍대 엽총(유럽에서 조렵용으로 사용한다. 위협적이지 않고 안전한 것이 장점이다.)
싱글배럴(slug barrel)	총구가 하나인 총열
패턴(pattern)	샷건에서 발사된 엽탄알의 분포(그물, 포위망)

용 어	해 설
반자동(seme-automatic)	흔히 샷건에서 채택되고 있는 반자동 연발형식이다. 군용총으로는 오토매틱이며, 세계적으로 민간 샷건은 자동으로 제작할 수 없도록 규제하고 있다.
화약(powder)	화약
레인지(range)	총구로부터 표적까지의 거리
립(rib)	총열 위에 부착된 사다리, 립은 표적을 뚜렷이 식별할 수 있게 하며, 스팀이나 열이 발생하여 시야를 흐리게 하는 것을 막아준다.
트리거(trigger)	방아쇠는 1차 2~2.5kg의 압력을 가한 후 200~300g의 추가 압력을 가하는 것이 국제 기준이다. 그러나 한국에서는 1kg 이상으로 되어 있다.
스코프(scope)	조준경
스코프 마운트(scope mounts)	스코프의 받침대
슬럭(slug)	단발 엽탄, 멧돼지 등 큰짐승 사냥에 쓰인다. 안타깝게도 한국은 사용이 금지되어 있다.
파이프 건(pipe gun)	총열이 파이프 형으로 된 샷건을 말한다.
개머리(stock)	개머리는 조준을 돕는다.
챔버(chamber)	약실

<바람의 종류>

미풍

화풍

강풍

풍속	미풍(微風)	2m/sec
	화풍(和風)	4~5m/sec
	강풍(强風)	8~10m/sec

제2절 활 · 그물(2종 면허 총기 이외의 엽구)

1. 활사냥

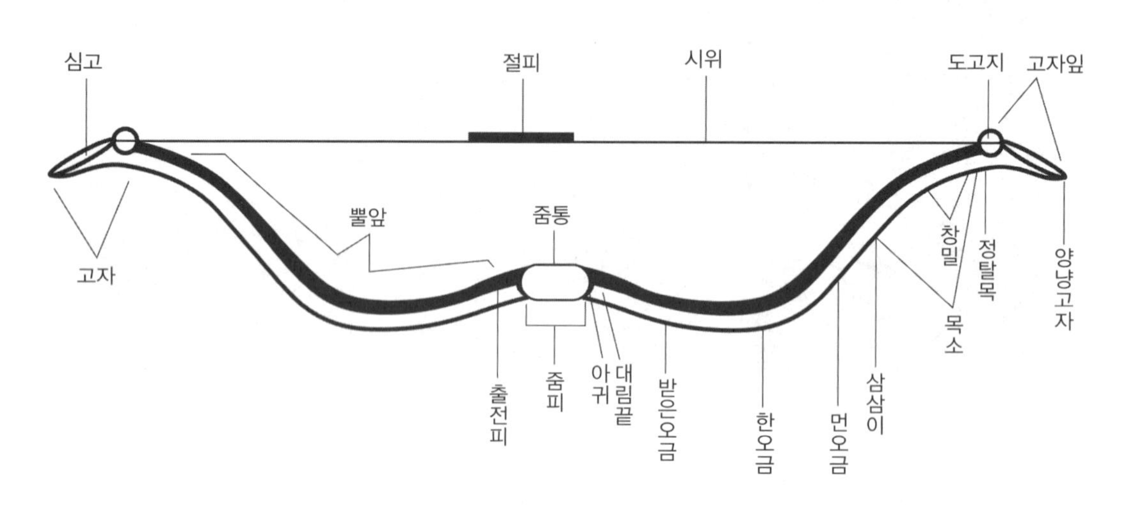

(1) 궁도의 유래와 활사냥

① 궁도의 유래

활의 발명 시기는 확실하지 않다. 고고학자는 원시인과 직립원인(直立猿人)이 활을 사용하지 않았다고 한다. G. 챠일드의 저서 "문명의 기원"은 인류가 투창이나 활을 사용한 것은 구석기시대 말로 추측한다. 대략 1~3 만 년 전 일 것이라는 학자도 있고 일부 학자는 약10 만 년 전부터 활을 사용했다고 추정하기도 한다.

② 한민족의 활사냥

옛날 중국에서 한민족을 동이(東夷)이라 불렀다. 이는 '동쪽에 사는 활 잘 쏘는 오랑캐' 란 뜻이었다. 고구려의 공격으로 중국민족의 두려움이 컸던 것으로 여겨진다. 이처럼 활사냥은 한민족 고유의 민족무술이었다. 때문에 활은 조선시대까지 국가방위수단으로 훈련된 전통무술이었다. 오늘날 활사냥은 총기에 밀려 설 자리가 없어졌다. 그러나 배우기가 간편하고 심심단련 코스로 점차 발전하고 있다. 올림픽 경기 때마다 한국의 양궁선수가 메달을 휩쓰는 것을 보아도 한민족의 유전자는 활과 인연이 깊은 것을 알 수 있다.

③ 활사냥과 안전수칙

총기와 더불어 활사냥은 사고 예방이 중요하다. 규정을 준수하는 것 또한 안전을 위한 훌륭한 지름길이다. 활사냥은 시위를 당기는 근력과 지구력, 집중력을 기르는 훈련이 중요하다. 팔굽혀펴기 · 맨손체조 등을 반복하여 근육과 관절의 유연성을 높이고 체력을 유지해야 한다. 체력운동이 끝나면 장비사용과 동물포획이 원활히 이루어지도록 연습하여야 한다. 선조들은 인(仁) 의(義) 예(禮) 지(志) 신(信)의 궁도를 익혀 함부로 활을 놓는 일을 금했다.

<안전수칙>

- 수렵하기 전 장비 점검을 생활화하여 기능이 정상적으로 작동하는지 점검한다.
- 음주 피로 등 불완전한 상태에서 활을 가까이 하지 않는다.
- 활의 개조 구조 변경은 금지 되어 있다.
- 활에 스코프 등 전기 장치를 부착하는 것도 금지된다.
- 이동시 화살을 장전하면 안 된다.
- 장전되지 않은 활도 사람을 향하여 조준하면 안 된다.
- 하늘을 향해 사격하면 안 된다(낙하하는 화살은 강력한 파워를 갖는다).
- 발사 시 전방을 주시하여 의심나는 게 보이면 조건이 없어질 때까지 기다려야 한다.
- 수렵 시 안전한 활동과 사고 시 조치를 위해 2인 1 조를 유지해야 한다.
- 활은 움직이는 동물은 잡지 않는다.

④ 활사냥의 5대 혼

인(仁) · 의(義) · 예(禮) · 지(志) · 신(信)

⑤ 만작의 시간 : 4~6초

(2) 국궁

① 장비

- 국궁의 기본 장비는 · 화살 · 깍지이다. 활은 수제품인 각궁(角弓) 또는 FRP궁을 선택한다.
- 각궁은 수렵용과 습사용 두 가지가 있다. 전시 수렵은 뽕나무 · 소의 힘줄 · 실 · 민어부레풀 · 옻칠 6가지 재료를 사용하여 제작하였다. 연악 습사용은 뽕나무 · 뿔 · 소힘줄 · 민어부레풀 · 참나무 · 대나무 · 화피의 7가지 재료로 제작한다.
- 우리의 민족 활인 각궁은 궁신이 가볍고 탄성이 좋아 화살을 보낼 때 충격을 흡수하는 장점이 있다. 그러나 보관이 까다로운 것이 단점이다. 보관은 여름 30~34℃, 겨울 27~30℃를 유지하며 습도는 적당해야 한다.
- FRP궁은 양궁 재료인 글라스 파이버(glass fiber) 각궁 형태로 만든 활이다. 온도나 습도에 민감하지 않아 보관하기 좋다. 가격도 저렴해 활을 배우는 사람이나 일반선수들이 연습용으로 애용한다.

② 장비의 선택

- 활을 쏘는 사람의 체력에 맞게 선택하는 것이 중요하다. 힘에 겨운 활을 쏘면 올바른 자세를 유지할 수 없다.
- 체력에 적당한 활이란 시위를 놓기 전 만작상태로 4~5초 유지할 수 있는 활을 말한다.
- 활의 중량과 길이는 궁사의 팔길이 · 체격 · 활의 강도와 일치되게 골라야 한다.
- 깍지는 쇠뿔로 만들며 시위를 당기는 엄지에 끼운다.

③ 국궁의 사용법

- **발디딤 동작**
  - 활을 쏠 때 발 딛는 자세는 활쏘기의 기본동작이다. 어깨 넓이만큼 다리를 벌리고 왼발은 과녁을 향한다.
  - 오른발은 1/2~2/3 정도 뒤로하고 체중은 두 발에 고루실어 안전을 유지한다.
  - 八자도 丁자도 아닌 자세가 활쏘기의 기본자세이다. 예부터 이 자세를 비정비팔(比丁比八)이라 하여 활쏘기의 기본동작으로 가르쳤다.
  - 발끝의 각도는 20~60도를 유지해야 한다.
  - 활사용 자세와 동작을 8단계로 구분하여 가르치는 방법을 '사법팔절'이라 한다.
  - 사법팔절 : 몸가짐 · 발디딤 · 살먹이기 · 들어올리기 · 밀고 당기기 · 만작 · 발사 · 잔신.
- **기본자세**
  - 발디딤 뒤 몸을 곧게 세우며 허리를 펴야 한다.
  - 상체는 척추와 목덜미를 바르게 펴고 세운다.
  - 온몸의 중심을 허리 중앙에 두어 기력을 단전에 모은다.

- **쥐는 동작**
  - 활의 줌을 쥐는 동작 즉, 화살을 허리에서 빼고 현의 절피에 끼우는 동작이다. 깍지손을 현에 걸어쥐는 동작이 포함된다.
- **활을 양손으로 들어올리기**
  - 활과 화살을 먹여 좌우 양손을 머리 위로 들어 올린다.
  - 들어올릴 때 두 손과 팔은 유연하고 부드러워야 한다.
  - 어깨는 올라가지 않아야 한다.
- **앞뒤로 밀며 당기기**
  - 들어올린 활을 앞뒤로 밀고 당겨서 만작에 이를 때까지 밀며 당긴다.
  - 활쏘기의 극치인 만작은 4~6초가 적당하며 이 순간 겨냥과 굳힘에 몰두한다.
- **완전히 밀고 당긴 만작(滿酌)의 자세**
  - 밀며 당기기의 연속으로 몸과 마음이 혼연일체가 되어야 한다. 활을 밀고 당기며 발사의 기회를 만들어 내는 활쏘기의 극치이다.
- **활쏘기**
  - 발사는 활을 쏘는 최후의 동작이다.
  - 이때 손끝을 사용하는 것이 아니라 가슴을 펴가며 기력을 몸속에서 폭발시키는 것처럼 하여 화살이 현을 떠나게 만드는 것이다. 몸은 흔들림 없이 자연스레 중심을 잡는다.
- **잔신(殘身)**
  - 발사 후에 형성되는 자세로 활을 잘 쏘았는지 여부를 결산하는 최후의 단계이다.
  - 이때 팔은 상하로 흐트러지지 않게 과녁을 향해 뻗고 깍지손은 뒤로 젖히듯 뻗는다.

④ 국궁 용어

- 결피 : 줌 위를 싼 벚나무 껍질을 말한다.
- 고자 : 도고지로부터 양냥고자 끝까지 전제부분을 말한다.
- 궁간목 : 목궁의 재료 애끼지는 산비마자나무를 말한다.
- 깃 : 깃간도피 아래 세 갈래로 붙인 것이다.
- 깃간 : 회칼대의 깃붙인 사이를 말한다.
- 깃간도피 : 오늬 아래에서부터 깃 위까지 복숭아나무 껍질로 싼 것이다.
- 깃간마디 : 깃 바로 아래 마디로 윗마디라고도 한다.
- 단궁 : 한국 목궁의 시발이며 박달나무 활을 말한다.
- 더데 : 과거 화살촉이 쇠촉이었을 때 절목 중간을 둥글고 우뚝하게 하여 내측과 외측을 구별한 것이다.
- 먼오금 : 한 오금과 삼삼이 사이를 말한다.
- 받은오금 : 대림끝과 한 오금 사이
- 뽈끝 : 뽈과 뽕나무 끝이 서로 닿은 곳이다.
- 삼삼이 : 먼오금 아래 대나무와 뽕나무가 연결되는 곳을 말한다.

- 상사 : 살대 아래에 끼운 대나무 통
- 시위 : 활에 화살을 끼워 잡아당기는 줄
- 심고 : 시위 끝에 심으로 만들어 양냥고자에 거는 고리
- 아귀 : 좀피의 상하 끝부분
- 오금 : 한 오금과 같음
- 오늬 : 시위 끝에 끼고 쓰는 화살 윗부분으로 참싸리로 만든다.
- 오늬도피 : 오늬를 감싸고 있는 복숭아나무 껍질이다.
- 우궁깃 : 꿩의 왼쪽 날개깃을 이용한 것으로 우궁의 화살에 쓰인다.
- 은오절 : 상사에 감추어진 마디이다.
- 전사과녁 : 내기할 때 쓰는 과녁을 말한다.
- 절피 : 활시위의 오늬를 먹이는 부분에 감은 실 또는 실로 감는 것
- 점화 : 각궁 제작 시 부레풀을 접착제로 사용하기 때문에 습기에 의해 접작 부분이 떨어져 탄력이 줄어드는 것을 방지하기 위해 따뜻하게 건조 보관하는 것을 말한다.
- 정순 : 정식으로 활을 쏘는 것
- 정탈목 : 도고지 밑의 굽은 부분
- 좌궁깃 : 꿩의 오른쪽 날개 깃으로 만든 화살깃으로 좌궁의 화살에 쓰는 것
- 줌통 : 줌과 같음
- 줌피 : 줌을 싼 피
- 중포 : 소포보다 큰 솔
- 초순 : 처음 쏘는 한 순(화살)
- 출전피 : 좀 위 회칼 닿는 곳에 붙인 가죽
- 터과녁 : 거리는 120보에 한하고 습사할 때 쏘는 소포나 과녁
- 토성 : 무겁 뒤 흙을 쌓아 화살이 멀리가는 것을 방지하는 곳
- 편사 : 사정과 사정이 평소 닦은 기량을 서로 비교하여 승부를 결정하는 것
- 평사 : 과녁과 높이가 같은 사대에서 활을 쏘는 것
- 하말 : 사발과 같은 말
- 하사 : 사대의 높이보다 낮은 과녁을 향하여 활을 쏘는 것
- 한오금 : 밭은오금 다음으로 오금이라고도 한다.
- 해갑순 : 종순과 같은 말로써 원래 무사가 갑옷을 벗는다는 뜻에서 유래되었다.
- 해궁 : 활을 다 만든 후 양편의 균형을 살펴서 삐뚤어진 부분을 바로잡은 후 시위를 걸고 불에 쪼여가며 다시 바로잡은 다음 시위를 풀고 2~3 일간 점화 후에 올바른가를 확인하는 작업이다.
- 허리간마디 : 화살의 중간부분에 있는 마디로 가운데 마디라고도 한다.
- 홍심 : 과녁의 빨갛게 칠한 둥근 부분
- 활터 : 활을 쏘는 곳. 사장이라고도 한다.
- 획기시 : 시지와 같다. 과거시험(대회)에서 참가선수의 시수를 기록하여 우승한 선수에게 주는 두루마리 형식의 시지를 말한다.

(3) 양궁 동작과 시위 순서

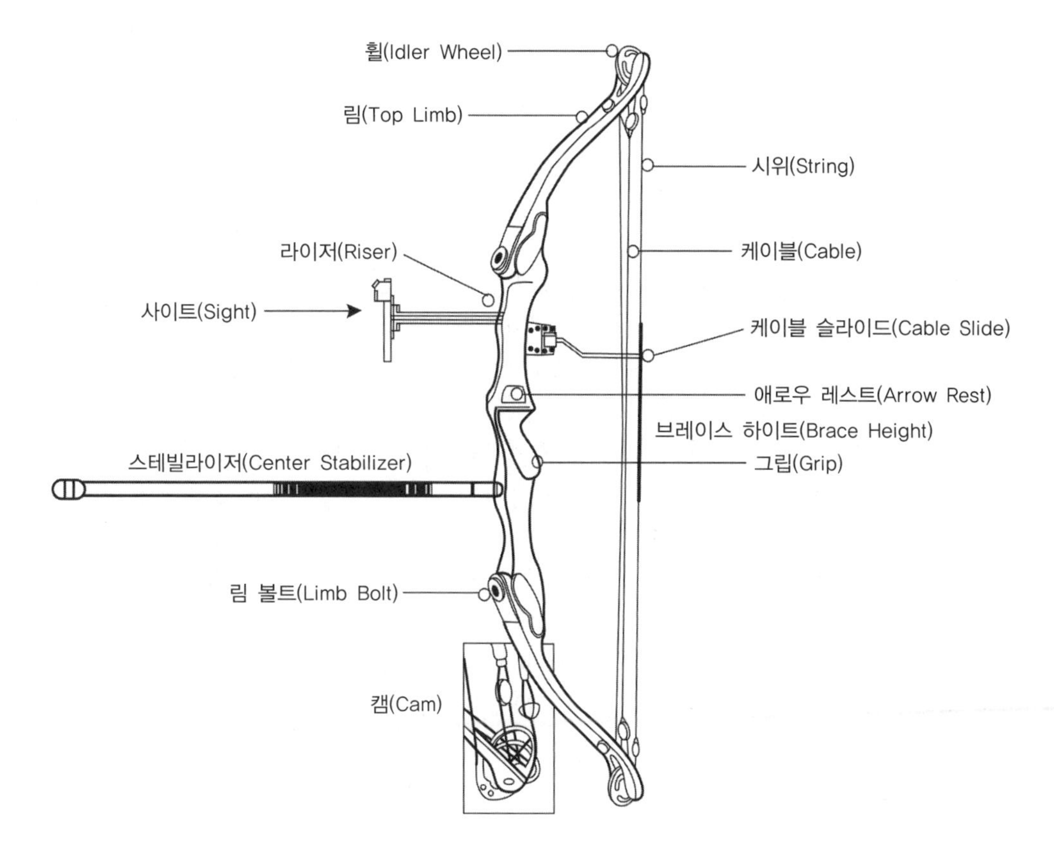

① 동작

- 스탠드 : 양발을 안정감 있게 벌린 후 체중을 양발에 고루 싣고 양발 끝이 표적의 중심선에 일직선이 되도록 한다. 발끝의 각도를 20~60도 유지하는 것이 이상적이다.
- 세트 : 허리를 고정시키고 좌우의 어깨를 내리며 몸의 중심을 허리 중앙에 둔다.
- 녹킹 : 화살을 뽑아 화살의 샤프트를 레스트에 얹어 놓는 자세다. 오른손 인지와 엄지손가락으로 오늬 또는 샤프트를 잡고 현의 노킹 포인트에 가까이 댄다. 현에 끼워 엄지손가락과 **인지로 오늬를 잡고 오늬를 현에 잡아당기면서 포인트 사이에 끼워 넣는다.**
- **그립 : 미는 지점을 일정하게 정하여 언제나 같은 지점을 밀도록 한다.**
- **세트업 : 얼굴의 방향을 확인하고 화살을 거의 수평으로, 양 어깨는 내리고 양팔을 올린 후 화살 끝을 표적에 향한다.**
- 드로우닝 : 셋업 시킨 활을 균등하게 당기는 동작이다.
- 풀 드로우 : 드로우닝하여 당긴 손을 고정시켜 표적을 향해 미는 것과 당기는 것의 균형을 맞추는 것이다.
- 앵커링 : 당기는 손을 턱 또는 볼에 대어 일정한 지점에 오늬의 위치를 고정시키는 것
- 에이 밍 : 표적의 중심에 초점을 맞추는 동작이다.

- 사이트 슈팅 : 에이밍의 눈을 통해 조준기 중심에 있는 점을 표적 중심점에 맞추는 과정
- 릴리이즈 : 화살을 발사하는 동작

② 양궁 시위 순서

- 용어 및 부품 익히기
  양궁을 쏘기 전에 기본구조를 파악하고 각부 명칭을 숙지하는 것이 중요하다. 모든 부위를 세심하게 이해하면 웬만한 고장은 응급처치 할 능력이 배양되기 때문이다. 궁사 스스로 양궁과 친해지는 것이 양궁을 잘 쏘는 지름길이다.
- 양궁 사격은 올바른 자세가 중요하다. 자세가 확립되면 자연스런 슈팅이 이어지고 높은 점수를 얻을 수 있다.
- 세트 동작은 허리를 고정시키고 어깨는 내려야 한다. 몸의 중심은 허리에 둔다. 상체에 힘이 들어가서는 안 된다. 자세가 불안하면 기본자세를 반복하여 유연한 자세가 되도록 시도하여야 한다.
- 녹킹은 화살을 뽑아 화살의 샤프트를 테스트에 얹어 놓는 자세다. 오른 손 엄지와 인지로 오늬나 샤프트를 잡아 현의 노킹 포인트에 가까이 댄다. 그다음 현에 끼운 뒤 엄지와 인지로 오늬를 잡아 현에 당기며 포인트 사이에 끼운다. 오늬를 끼웠으면 인지와 중지사이에 오늬를 끼운 뒤 약지에 기댄 세 손가락의 제1관절에 현을 건다. 엄지와 새끼손가락은 손바닥에 자연스럽게 구부리면 된다.
- 그립은 미는 지점이 일정하여야 한다. 언제든지 동일한 지점을 미는 것이 힘을 고루 분산시키는 방법이다. 미는 지점은 개인차가 심하므로 자신에 알맞은 지점을 알아두어야 한다. 이때 무리하게 활을 당겨서는 안 된다. 어깨가 올라가면 올바른 자세 유지가 어렵기 때문이다.
- 녹킹의 마무리는 얼굴방향을 정하는 것이다. 얼굴은 목뼈를 축으로 표적을 향하며 90도에 가깝도록 표적을 본다. 이 순간 턱을 내밀거나 당기면 안 된다. 표적은 얼굴을 돌렸을 때 정면에 들어오도록 해야 한다.
- 세트업은 얼굴 방향을 정한 후 화살을 수평으로 해야 한다. 어깨는 내리고 양팔은 올려 화살 끝이 표적을 향하도록 한다. 이때 오른쪽 팔꿈치가 화살과 일직선이 되는 것이 바람직하다. 미는 손은 손목이 젖혀지지 않도록 주의하여야 한다. 그립은 엄지와 인지로 지긋이 받친다.
- 호흡은 자연스레 동일한 리듬을 유지 한다. 위로 양손을 올리면서 화살을 약간 당긴 상태로 멈춘다. 상반신과 화살의 각도는 직각되는 것이 양호하다. 상반신은 절대 움직이면 안 된다.
- 다음은 활을 일정하게 당기는 드로우닝이다. 이 동작은 팔의 힘이 아니라 몸의 힘으로 당겨야 한다. 몸의 뒷면 근육으로 안면근육에 힘을 가하거나 지장을 주면 안 된다. 어깨는 균형을 유시하되 미는 손 팔꿈치와 당기는 손 팔꿈치를 균등하게 드로우닝 한다. 대부분 초보는 이 드로우닝 때 자세가 흐트러지게 된다. 최적의 드로우닝은

드로우잉과 동시에 자연스레 숨을 들이 마신 후 호흡을 멈추지 말고 코에서 숨이 새어나오는 상태다.

- 드로우닝으로 당긴 손을 고정시키고 표적을 향해 미는 것과 당기는 힘이 적당하여 좌우 같은 힘을 가하며 균형을 유지하는 것이 풀 드로우이다.
- 그다음 앵커링으로 당기는 손을 턱이나 볼에 대고 일정한 곳에 오늬의 위치를 고정한다. 이때 앵커 포인트는 일정한 지점이어야 한다.
- 표적 중심에 초점을 맞추는 동작을 에이밍이라 한다. 이 동작은 앵커와 동시에 이루어져야 한다. 앵커가 정해지고 잠시라도 힘을 멈추면 힘의 균형이 깨진다. 끊임없는 훈련과 연습이 중요하다.
- 이제 사이트 슈팅 시간이다. 에이밍의 눈으로 조준점 중심을 과녁 중심점에 맞춘다. 이 때 양안을 뜨는 것이 좋으나 부득이한 경우 한쪽 눈을 감아도 된다. 그러나 무의식중에 양안을 다 감지 않도록 주의하여야 한다.
- 최후의 동작은 화살을 발사하는 릴리이즈이다. 손목의 힘을 빼며 시위를 지탱하고 있던 3개의 손가락이 풀어지고 현이 손가락에서 놓아지게 된다. 이 동작은 절대로 힘을 가해서는 안 된다. 자연스럽게 이루어져야 한다.

③ 양궁 사격 시 주의 사항

- 활을 무리하게 당기지 않는다. 무리한 당김은 어깨가 올라가게 되므로 올바른 자세를 유지할 수 없다.
- 화살을 릴리이즈 할 때 양안을 감지 않도록 주의 한다.
- 화살이 애로우레스트 상태에서 이탈되는 현상이 없도록 손가락에서 힘을 빼야 한다. 3손가락의 제1관절에 현을 자연스럽게 걸어 놓는 것이다.

2. 석궁

[별표 16의4] <개정 1999.7.15.>

석궁의 검사기준(제50호 제1항 관련)

1. 성능개조여부 검사기준

구분	종목	검사항목	검사합격기준
구조형식	석궁	구조형식의 원형 유지상태	구조형식의 변경이나 개조・손괴・부식 등의 결함이 없을 것
		개머리 및 기관부 원형 유지상태	개머리 및 기관부의 대체 등의 변경이 없을 것
	석궁 및 화살	제조번호의 타각유지 상태	제조번호의 타각・변경 등의 결함이 없을 것

2. 제조시 제품종합검사 및 제조품안전검사기준

구분	종목	검사항목	검사합격기준
구조형식	석궁	설계도면 일치여부	허가 당시 제출한 설계도면과 일치할 것
		탄력성	68kg 이하일 것
		격발장치	연속격발식이 아닐 것(수출용 제외)
		방아쇠압력	방아쇠를 당기는 압력이 1kg 이상일 것(선수용 제외)
		안전장치	안전장치에 결함이 없을 것
		현을 당기는 힘	도르래식이 아닐 것
	석궁 및 화살	제작회사 및 제조번호 표시	제작회사 · 제품명칭 · 제조연도 및 제조번호가 표시되어 있을 것
안전도 시험	석궁	탄력성 검사	현을 당기는 힘이 68kg에서 현 및 림의 결함이 없을 것

[별표 2의4] <개정 1999.7.15.>

석궁의 성능기준(제2조의4 제2항 관련)

구분	성능
탄력성	68kg 이하일 것
유효사거리	30m 이내

3. 그물 사냥

그물사냥은 참새만 포획이 가능하다.

(1) 그물 사용법

① 그물사냥 규정을 준수하고 수렵조는 참새에 한한다.
② 그물이 뒤엉키지 않도록 세심하게 다루어야 한다.
③ 단추, 장식 등 그물이 걸릴 수 있는 의복은 피한다.
④ 그물 주위의 나뭇가지 등을 제거하여 그물이 엉키지 않도록 해야 한다.
⑤ 장시간 사용한 그물은 햇빛에 펼쳐 말린다.

(2) 그물 설치 방법

① 설치장소 주변의 나뭇가지 낙엽 등을 제거하여 그물이 걸리지 않도록 한다.
② 그물 양쪽 끝의 고리(5개)를 아래부터 순서대로 끼운다.
③ 나뭇가지 등에 걸리지 않도록 그물을 펼친다.
④ 그물을 펴서 팽팽해지면 같은 방법으로 나머지 고리를 그물 고정대에 끼운다.
⑤ 그물대에 끈을 묶고 팽팽하게 한 다음 양쪽 고정대를 땅에 꽂아 고정시킨다.
⑥ 양쪽 고리를 30~50crn 간격으로 펼쳐 그물주머니를 만든다.
⑦ 그물을 2개 이상 설치 할 때는 양쪽 그물고리가 서로 엇갈리도록 그물대에 끼운다.

⑧ 그물설치가 끝난 후 그물주머니가 한쪽 방향이 되도록 손질하고 그물에 붙어 있는 낙엽 등 이물질을 제거한다.

⑨ 그물을 걷을 때는 설치방법의 역순으로 실시한다.

(3) 그물에서 새를 꺼내는 법

새가 걸려 있는 방향에서 새를 꺼내며, "날개 → 다리 → 머리"순으로 한다.

(4) 그물사냥의 주의사항

① 참새가 아닐 경우 반드시 방사한다.

② 매시간 그물을 점검하고 다른 조류나 동물이 포획되었는지 확인한다.

③ 그물은 일출 후 설치하고 일몰 전 반드시 거둔다.

④ 비·눈·강한 바람 등과 같은 기상변화가 있을 때는 그물을 걷는다.

과태료의 부과기준(제40조 관련)

1. 일반기준

가. 위반행위의 횟수에 따른 과태료의 부과기준은 최근 1년간 같은 위반행위로 과태료 부과처분을 받은 경우에 적용한다. 이 경우 위반행위의 횟수는 최초로 과태료를 부과처분한 날과 다시 같은 위반행위를 적발한 날을 기준으로 하여 계산한다.

나. 부과권자는 다음의 어느 하나에 해당하는 경우에는 제2호의 개별기준에 따른 과태료 금액의 2분의 1 범위에서 그 금액을 줄일 수 있다. 다만, 과태료를 체납하고 있는 위반행위자에 대해서는 그러하지 아니하다.

1) 위반행위가 「질서위반행위규제법 시행령」 제2조의2제1항 각 호의 어느 하나에 해당하는 경우

2) 위반행위가 위반행위자의 사소한 부주의나 오류 등 과실로 인한 것으로 인정되는 경우

3) 위반행위자가 위반행위를 바로 정정하거나 시정하여 해소한 경우

4) 그 밖에 위반행위의 정도, 동기 및 그 결과 등을 고려하여 줄일 필요가 있다고 인정하는 경우

2. 개별기준

(단위: 만원)

위반행위	근거 법조문	과태료 금액		
		1차 위반	2차 위반	3차 이상 위반
노. 법 제49조제2항을 위반하여 수렵면허증을 반납하지 않은 경우	법 제73조 제3항제20호	50	100	100
도. 법 제50조제2항을 위반하여 수렵동물임을 확인할 수 있는 표지를 부착하지 않은 경우	법 제73조 제3항제21호	50	100	100
로. 법 제52조를 위반하여 수렵면허증을 지니지 않고 수렵한 경우	법 제73조 제3항제22호	50	50	100

4장 안전사고의 예방 및 응급조치에 관한 사항

제1절 안전사고의 예방

1. 수렵인과 엽도

경험이 많은 선배일수록 사냥은 안전이 가장 중요하다고 한다. 포획에 집착하는 헌터가 사고에 노출되어있다는 통계도 있다. 그들은 다음 사항을 주의해야 한다. 엽탄은 안전띠에 휴대하고 "**총구는 하늘로 향한다.**" 흥분을 자제하고 게임에 집착을 버린다. 포획에 집착하면 환각에 빠질 수 있다. 사람을 짐승으로 착각하여 돌이킬 수 없는 사고를 초래하는 예가 있다. 주변 환경을 예의 주시하고 최소 200~300m 이내의 물체 움직임을 관찰하여야 한다. 불시에 동물이 나타나 발포하게 될 경우를 대비한다. 발사 전 탄착점을 예측하는 습관이 사고를 예방한다.

(1) 유해야생동물 포획 시 안전수칙(제31조의 2)

유해조수 포획허가를 받은 자는 다음 각 호의 안전수직을 지켜야 한다.

① 총기사고 등을 예방하기 위하여 포획허가 지역의 지형 · 지물 · 산림 · 도로 · 전 · 답 등에 주민이 있는지를 미리 확인할 것.

② 포획허가를 받은 사람은 **식별하기 쉬운 복장을** 착용하여야 한다.

③ **인가 · 축사로부터 100미터 이내의 장소에서는 총기를 사용하지 아니할 것**. 다만, 인가 · 축사와 인접한 지역의 주민을 미리 대피시키는 등 필요한 안전조치를 한 후에는 총기를 사용할 수 있다.

(2) 총기 보관 관리의 안전수칙

① **언제나 총구는 하늘을 향한다.**

② 총기는 해당 경찰서에 맡기거나 철제 격납고 또는 **잠금장치가 있는 격납고에 보관**한다.

③ **총기보관은 약실에 실탄이 없어야 하고, 격발된 상태로 보관**하여야 한다.

④ **총기는 총집에 넣어 운반**해야 한다.

⑤ 총기를 빌려주어서는 안 된다. 승낙 없이 타인의 총기에 손을 대서도 안 된다.

⑥ 빈총이라도 총구를 사람에게 향해서는 안 된다.

⑦ 빈총을 격발할 땐 **장탄유무를 확인하고 총구는 하늘을 향한다.**

⑧ **총기와 실탄은 분리 보관한다.**
⑨ **총기를 개조 또는 변조해서는 안 된다.**
⑩ 발사할 때 외에는 방아쇠에 손가락을 대지 않아야 한다.

(3) 수렵장 안전수칙

① 이동시 눈에 잘 띄는 적색 모자를 쓰거나 **오렌지(적)색 수렵복을 착용**하여야 한다.
② 사냥화・장갑・보안경을 작용하여야 한다.
③ 휴대폰・나침반・사냥칼 등 간단한 구급약과 비상식량을 준비하여 조난사고에 대비한다.
④ 이동 중 총기를 발사하면 안 된다.
⑤ **강・바다 등 물 위에 앉은 조류는 공중으로 날아오르게 한 후 발사**하여야하며 물위에 직접 발사해서는 안 된다.
⑥ **전깃줄에 앉아있는 새는 날린 후에 사격**해야 한다.
⑦ 출렵장소를 변경하거나 예정시간 내에 엽장에 도착하지 못할 경우 도착 즉시 수렵지 경찰서에 신고하고 총기는 인근 지구대에 보관한다.
⑧ 공공시설물에 대한 연습사격과 총구의 수평 사격을 금한다.
⑨ 판단이 흐려지거나 피로할 땐 사냥을 중지해야 한다.

(4) 수렵장에서의 안전한 이동

① **나뭇가지가 울창한 숲을 통과할 때는 실탄을 추출하거나 방아쇠울을 손으로 감싸** 안아야 한다. 방아쇠가 나뭇가지에 걸려 발사되는 사고를 예방하기 위함이다.
② **장해물을 통과할 때는 실탄을 추출하고 총기를 안전하게 휴대한 후 통과하**여야 한다.
③ 총기를 휴대하고 단체로 이동할 경우 **총구는 서로 반대쪽을 향**한다. **총구를 수평으로 어깨에 메는 행위나 사람이 있는 방향으로 휴대하지 말 것.**
④ 총기를 휴대하고 이동할 때는 상대가 확인하기 쉽도록 약실을 개방해야 한다.
⑤ 총기를 지팡이나 지렛대 또는 의탁용으로 사용해서는 안 된다.
⑥ 초보자와 동행할 경우 **수렵조수와 일직선이 되지 않도록 주의**를 주어야 한다.

[별표 17의2] <신설 2015.11.20.>

수렵용 조끼 세부사항(제54조의3 제4호 관련)

□ 수렵 조끼 모양(예시)

□ 수렵 조끼 색상·크기 세부사항

1. 수렵용 조끼의 색깔은 아래의 색상표에 따른 수치값에 해당하는 주황색(이하 "주황색"이라 한다)으로 한다.

색상표	수치값
Hex	#FF6600
RGB	266, 102, 0
CMYK	0, 60, 100, 0
HSB	24, 100, 100

2. 수렵용 조끼 길이는 허리선까지 내려오도록 충분한 길이를 갖춰야 한다.
3. 수렵용 조끼의 4면에서 주황색이 잘 보이도록 조끼의 뒷면에 자수 또는 인쇄
4. 수렵용 총포 소지자임을 잘 알아볼 수 있도록 조끼의 뒷면에 자수 또는 인쇄 등의 방법으로 "수렵"이라는 단어를 검정색 글씨로 명시하여야 한다. 이 경우 각 글자는 가로 10cm 세로 10cm 크기 이상으로 하여야 한다.

(5) 안전 정찰과 목측훈련

수렵에서 주변정찰은 사고를 예방하고 사냥효율을 높인다. 민가를 확인하고 게임의 은신처에 따라 수색루트를 계획할 수 있다. 때문에 사각지대에서 일하는 사람을 발견하거나 방목된 가축도 발견하게 된다. 주변의 농민과 우정을 나누며 사전 허락을 받으면 더욱 안전하다.

멧돼지사냥은 저수지의 위치와 물이 고인 전답을 파악하는 것은 기본이다. 엽사에게 발견된 멧돼지는 1차적으로 체온을 조절하기 위해 물가로 달려가기 때문이다.

목측훈련 또한 중요하다. 현장에서 거리를 잴 수 없으므로 물체를 기준으로 거리를 판단하여야 한다. 이러한 목축은 평소에 연마하여야 한다. 전봇대의 간격을 걸어보기

도 하고 작은 물체와 크기를 비교하며 목측실력을 높여야 한다.

엽총이든 공기총이든 목축은 절대적이다. 공기총 사격은 작은 게임을 겨냥하는 것이어서 정확한 목측은 매우 중요하다. 작은 물체도 세심하게 관찰해야 하는 헌터는 목측훈련을 통해서 사각지대의 사람을 발견하게 된다.

2. 사례별 안전수칙

(1) 휴식

① 휴식 중에는 총기에서 실탄을 추출한 후 보관한다.

② 총기보관이 부득이한 환경은 잠금장치를 하고 약실을 개방하여 안전한 곳에 놓아야 한다.

③ **총기의 방아쇠를 사냥견이 밟아 오발사고가 나는 경우가 있다**. 이를 예방하기 위해 총기를 안전하게 보관하고 사냥개를 줄에 매어 안전을 유지하여야 한다.

(2) 총기 고장

① 총기가 고장을 일으키거나 불발이 발생한 때는 지체 없이 엽탄을 제거하고 원인을 찾아야 한다.

② **엽총의 경우 뇌관을 타격한 흔적을 살펴보아 흔적이 희미하거나 없을 경우 총기고장으로 판단**한다. **정상적인 타격흔적이 있을 때는 실탄불량**으로 이해하면 된다.

③ 불발을 일으킨 엽탄을 다시 쏘아보면 정상적으로 발사되는 경우가 많으므로 처리에 주의해야 한다.

(3) 총기 사고 사례(오인과 오발사고)

① 갈대(물체)에 가려 있는 사람을 고라니로 오인 사격하여 80발의 실탄이 몸에 박힌 사건 : 물체를 확인하지 않고 사격한 원인이 있다.

② 수렵금지구역에서 민간인을 게임으로 오인한 사격 : 물체를 식별하지 않고 사격한 책임

③ 총을 휴대한 사람이 넘어지면서 격발된 사고 : 이동시 실탄분리원칙을 불이행한 사례

④ 화장실에 간 사이 차내에 있는 엽총의 방아쇠를 당겨 자동차가 파손된 사건 : 엽탄을 추출하지 않고 이탈한 사고.

⑤ 야간수렵 중 숲속의 일행을 오인하여 발생한 사고 : 야간수렵금지규정을 위반한 사고

⑥ 승용차에서 엽총을 꺼내다 격발된 사고 : 실탄을 분리보관하지 않은 원인

⑦ 수렵장에 성급히 도착하여 승용차에서 엽탄을 삽입하다 발생된 오발사고 : 포획에 집착하여 발생된 사건(침착하지 않은 행동이 원인)

⑧ 수렵장에서 게임을 향해 엽총을 발사했으나 인근의 행인이 총탄에 맞은 사건 : 사격 전에 주변을 살펴야 하는 주변 확인 불이행 사고

⑨ 멧돼지를 포획한 후 엽견들이 우왕좌왕할 때 엽사가 총을 옆의 나무에 걸쳐 놓고

휴대폰을 받다 엽견이 방아쇠를 밟아 헌터가 사망한 사건 : 흥분하여 총기를 안전한 장소에 보관하지 않은 사고이다.

⑩ 엽견이 방목된 염소를 물어죽인 후 달아난 사건 : 사전 정찰 불이행・보험사에서 배상을 받아 보장할 수 있는데도 불구하고 정보가 부족하여 발생된 사례

(4) **엽총의 도난・분실・탈취 사례**

① 수렵 중 멧돼지에게 공격받은 엽견을 살리기 위해 당황하여 총기를 분실한 사례 : 즉시 경찰서에 분실신고를 하여야 한다.

② 총기를 승용차에 실어둔 채 모텔에 투숙한 후 엽총을 도난당한 사례 : 총기를 지구대 또는 파출소에 보관해야 하는 규정을 불이행한 사례

③ 승용차에 엽총을 놓고 식사하고 나온 사이 엽총을 도단 당한 사례 : 총기를 안전하게 보관하여야 하는 관리수칙 불이행

④ 엽장에서 도로 보행 중 지나가던 행인이 갑자기 총기를 탈취해간 사건 : 주변 관찰 의무 불이행, 탈취 즉시 신고

3. 수렵장 예절

(1) 수렵장 농민과 인사를 나누며 우호적으로 지낸다.

(2) 작물이 있는 장소를 침범하지 않는다.

(3) 마을을 보행으로 통과하게 될 경우 엽견을 개줄에 맨 후 이동한다.

(4) 포획한 수확물은 농민과 나눈다.

(5) 피해가 발생하였다면 진심으로 사과하고 따뜻하게 위로한 후 적절하게 보상한다.

(6) 차량은 농민의 보행에 지장이 없도록 주차한다.

(7) 농가를 방문하거나 농민과 대화할 때 예의를 다한다.

(8) 농가의 전답 근처에서 사격연습을 하지 않는다.

(9) 농가와 축사 주변에서 발사하지 않는다. 부득이할 경우 사전에 양해를 구한다.

(10) 농로 주변을 지나가는 길이면 차량으로 농작물을 운반해주거나 일손을 거들어 준다.

(11) 복장을 과시하지 않고 행동을 크게 하지 않는다.

(12) 조류사냥일 경우 가능한 엽견은 1일 1마리를 동반한다.

(13) 부상당한 동물은 추적하여 포획하고 고통을 줄여준다.

(14) 새끼를 거느린 어미는 포획하지 않는다.

(15) 따발총 식으로 연속 발사하지 않는다.

(16) 밀렵도구를 폐기하고 나무에 묶인 철사를 풀어준다.

(17) 거동이 불편한 노인을 부축하고 먼 거리 이동은 차량으로 돕는다.

4. 활사냥시 안전사고 예방

(1) 활을 쏘았을 때 화살은 2~300미터 이상 날아간다. 만일 다른 물체에 맞을 때 화살 방향은 45도 이상 이탈하게 되며 살상력이 커지기 때문에 주의해야 한다.

(2) 화살의 관통력은 30미터에서 1mm 두께의 철판을 관통할 수 있으므로 안전사고에 대비해야 한다.

(3) 사람이 있는 방향이나 의심나는 방향에 활을 향하는 것은 금기로 되어 있다.

(4) 대상게임이 지나치게 큰 경우(멧돼지 등) 사격하지 않는다.

제2절 응급조치에 관한 사항

1. 응급처치(First aid)란?

사고나 질병에 의해 환자가 전문적인 의료서비스를 받기 전까지 적절하게 돌보아주는 활동을 말한다. 즉 의료기관에서 전문적인 치료를 받기 전 사고현장에서 행해지는 즉각적이고 임시적인 처치이다.

2. 응급처치의 중요성

(1) 응급처치의 목적은 사고나 질병에 의한 상처가 심화되지 않도록 조치하는데 있다. 또한 응급처치법을 배움으로써 위급상태에 대한 대응법과 사고의 발생원인을 알게 되므로 사고와 질병 예방에 힘쓰게 된다.

(2) 안전의식을 갖게 되어 사고예방에 대비하게 된다.

(3) **적절한 응급처치**

① 적절한 응급처치는 환자가 입은 부상의 악화를 방지하며 회복에 도움을 준다.

② 응급처치의 잘못에 따라 환자의 생사 회복 또는 입원기간과 신체의 불구 정도가 결정될 수 있다.

③ 응급처치 교육은 부상자에게 무엇을 해야 되며 무엇을 해서는 안 된다는 것을 알 수 있게 한다.

3. 응급처치의 원칙

(1) 당황하지 말 것. 침착하고 냉정한 판단이 응급처치의 기본이다.

(2) 부상을 확인한 후 질병의 정도를 냉정하게 판단하고 그에 따른 처치를 신속하게 선택해야 한다.

(3) 처치법을 모르면 처치하지 않는다. 적절한 처치를 할 수 없는 경우에는 황당한 처치보다 아무것도 하지 않는 편이 좋을 때가 있다.

(4) 악화되는 것을 막기 위해 의사나 구급차가 올 때까지 환자를 움직이지 않게 안정을 취한

다.

(5) 위급한 처치부터 실시한다. 심장정지는 인공호흡과 심장마사지, 출혈이 심한 경우 지혈법, 독을 미셨을 때는 상황에 따라 토하게 한다. 구토 중 경련이 일어날 경우 구토를 중단시킨다.

(6) 기도를 확보해야 한다. 구토중인 환자 또는 의식불명인 경우에는 질식위험이 있기 때문에 기도를 확보해야 한다.

(7) 의식이 없을 때는 음료수를 주지 않는다. 액체가 기도에 들어가기 쉽고 위험하다.

(8) 체온 유지에 주의하며 몸이 식지 않도록 따뜻하게 보온한다.

(9) 부상자를 격려한다. 환자를 불안하게 하는 말은 금물이다.

(10) 이동할 경우 악화방지를 위해 부상에 알맞은 방법을 선택한다.

4. 응급환자 진단법

(1) 음성·자극·눈동자 확인

① 음성적 반응 : 환자에게 말을 걸어 반응을 살핀다.

② 자극적 반응 : 환자의 몸을 가볍게 흔들거나 발바닥 등에 자극을 주면서 반응을 살핀다.

③ 눈동자 반응 : 환자의 동공에 빛을 반사하여 반응을 보거나 동공의 탁도를 확인한다.

(2) 맥박 및 호흡 진단법

① 손목 등의 맥박을 확인하거나 가슴에 귀를 밀착하여 심장박동을 확인한다.

② 가슴이 움직이는 상태를 확인한다.

③ 환자의 코나 입에 귀를 밀착하여 숨소리를 듣는다.

5. 인공호흡법

(1) 제1단계 : 부상자의 이마에 한 손을 대고 이마를 가볍게 젖힌다. 이때 엄지와 검지는 환자의 코를 막는다. 다른 한 손으로 환자의 턱을 가볍게 들어올린다.

(2) 제2단계 : 천천히 2회 숨을 불어넣어 준다. 이때 환자의 가슴이 부풀어 오르는 것을 확인해가며 숨을 불어넣는다.

(3) 제3단계 : 맥박을 확인한다. 만약 맥박이 있는데 환자가 호흡을 하지 않을 경우 계속 해서 인공호흡을 실시한다.

(4) 제4단계 : 5초에 한 번 씩 천천히 숨을 불어넣는다(1분 12회, 어린이 3초).

(5) 제5단계 : 맥박과 호흡을 1분마다 확인한다. 환자가 호흡은 없지만 맥박이 있는 한 계속 인공호흡을 실시한다.

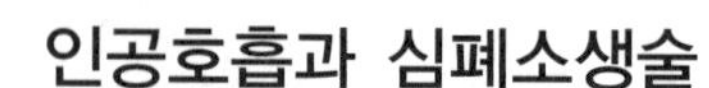

인공호흡과 심폐소생술

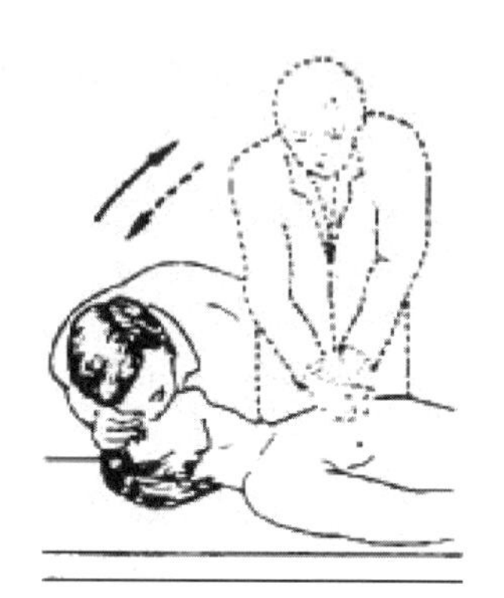

(1) 인공호흡 2회 시행

① 기도개방 : 머리를 뒤로 젖히고 턱을 위로 올려 기도를 열어 준다.

② 환자의 코를 막고 가슴이 부풀어 오도록 공기를 불어준다.

③ 공기는 2회씩 불어 넣어 준다(구조자가 인공호흡을 모르거나 능숙하지 않은 경우 가슴압박만 시행한다).

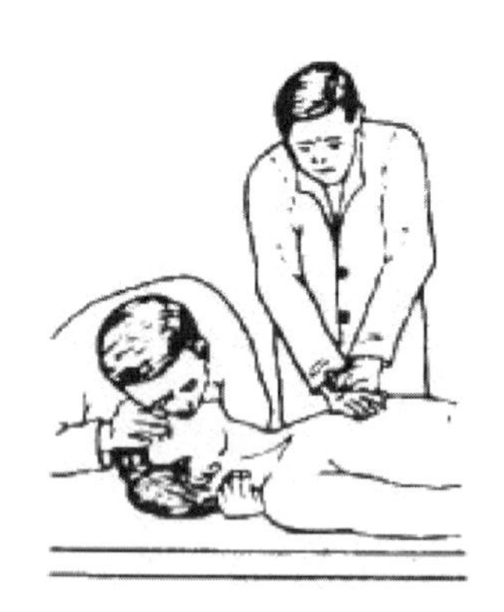

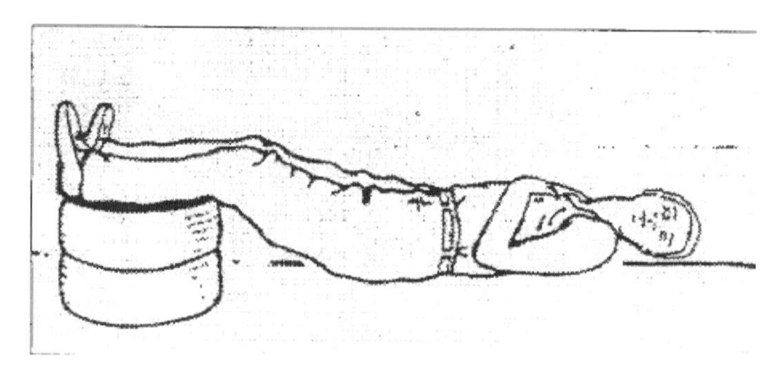

환자의 머리를 옆으로 돌려 기도가 막히지 않게 한다.

환자의 기도 확보

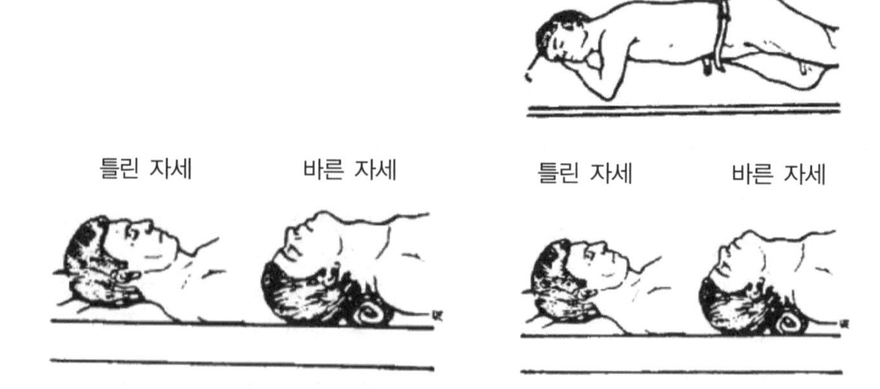

① 인공호흡을 할 경우 목 뒤에 가벼운 베개를 넣어 머리를 뒤로 젖힌다.

② 입에 이물질이 들어갈 위험이 있거나 토할 우려가 있을 때 환자를 측면자세로 눕혀야 한다.

목의 경동맥과 대퇴골 맥박 점검 부위

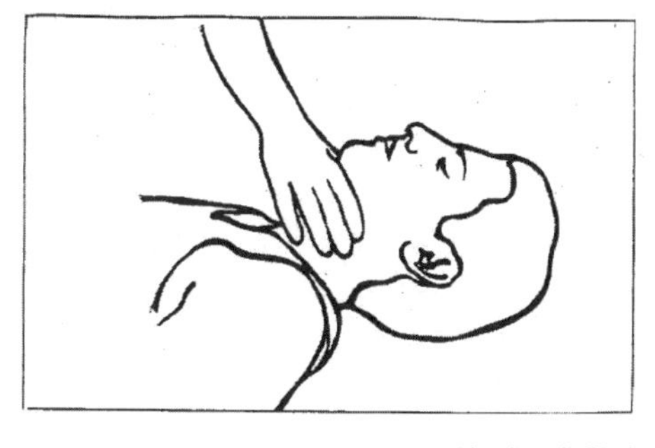

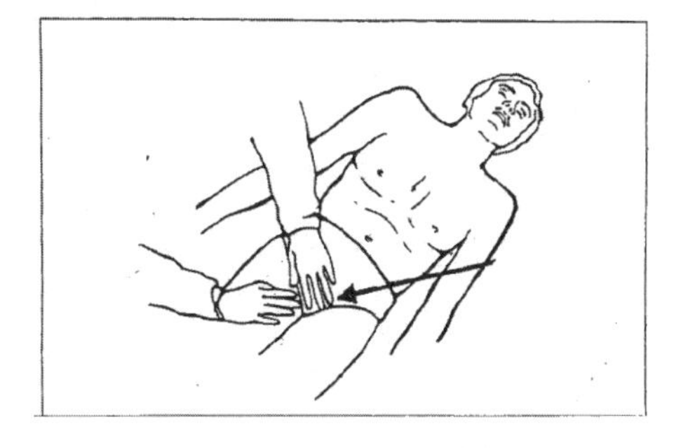

목 부위 경동맥 확인 대퇴골 맥박 확인

(손가락으로 목 부위 경동맥을 짚으면 환자의 맥박을 알 수 있다.)

① 목 부분의 경동맥을 눌러 맥박을 검사하고 머리 등의 출혈 시 지혈할 수 있다.
② 대퇴골을 눌러 맥박을 검사하고 다리 등의 출혈 시 이곳을 눌러 지혈할 수 있다.

심장 마사지

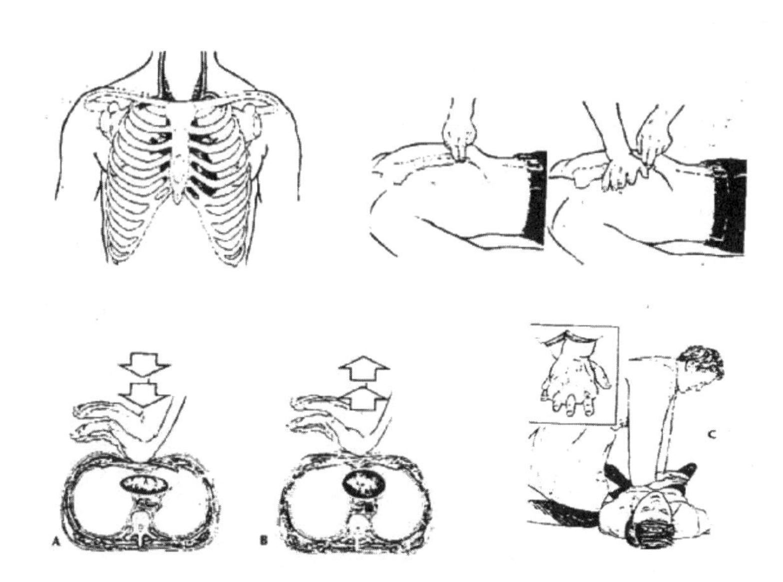

– 압박요령

① 환자의 양쪽 젖꼭지 사이(흉부중앙)를 확인한다.
② 그림과 같이 두 팔을 곧게 펴고 손바닥 안쪽을 환자의 흉골에 직각으로 댄다.
③ 상하로 포갠 두 손으로 환자의 가슴을 힘껏(최소 5cm 깊이) 압박한 뒤 펌핑하듯 힘을 뺀다.

④ **분당 최소 100회 속도, 30회 압박**한다.

⑤ **서른까지 크게 소리내며 시도하고 환자의 가슴에서 양손을 떼지 않는다.**

6. 지혈법

(1) 출혈이 심하지 않은 경우

① 출혈이 심하지 않은 상처는 병균의 침입을 막아 감염을 예방한다.

② 상처를 불결한 손이나 헝겊으로 건드리지 말고 뭉친 핏덩어리를 떼어내지 않는다.

③ 흙이나 오물이 묻었을 때 깨끗한 물로 상처를 씻어준다.

④ 소독된 거즈를 상처에 대고 드레싱한다.

(2) 출혈이 심한 경우

① 출혈이 심하면 즉시 지혈하고 출혈부위를 높게 하여 안정되게 눕힌다.

② 출혈이 멎기 전 음료수를 주지 않는다. 수술을 받을지도 모르기 때문이다. 지혈방법은 직접 압박 · 지혈점 압박 · 지혈대 압박 등이 있다.

(3) 출혈을 지혈시키는 방법

① 직접 압박

- 상처부위를 직접 압박하면 대부분의 출혈은 멈추게 된다.
- 출혈이 멈춘 후에도 소독거즈를 덮고 압박붕대로 감아준다.
- 출혈이 멈추지 않으면 더 세게 압박해본다.
- 팔 다리에서 출혈이 될 때는 출혈부위를 심장보다 높게 하여 출혈량을 줄여준다.

② 지혈점 압박

- 팔 다리의 상처가 직접압박으로 지혈되지 않을 경우 동맥의 근위부를 압박하여 출혈을 줄일 수 있다. 상지의 출혈은 상완동맥을 압박하고, 하지의 출혈은 대퇴동맥을 압박하여 지혈시킬 수 있다.

③ 지혈대 사용과 주의 사항

- 지혈대는 다른 방법으로 출혈을 멈출 수 없을 때 사용된다.
- 출혈 부위보다 심장에 가까운 부위에 지혈띠를 감는다.
- 손과 팔은 심장에 가까운 상단부에, 다리의 출혈은 대퇴부에 감는다.
- 지혈띠는 폭 5cm의 삼각건 · 수건 · 스카프 · 넥타이 등을 이용한다.
- 가느다란 끈과 철사는 사용하지 않는다.
- 지혈시간을 기록한다.
- 지혈대는 신경이나 혈관에 손상을 줄 수 있고 팔이나 다리에 괴사를 초래할 수 있으므로 30분에 한 번씩 느슨하게 해야 한다.

7. 코피의 출혈

(1) 원인

코피의 출혈은 두개골 골절 · 안면손상 · 축농증 · 감염 · 고혈압 · 출혈성 질환에 의해 일어날 수 있다.

(2) 응급처치

① 부상자를 앉혀 놓고 안정시킨다.

② 손가락으로 코끝을 잡아주거나 윗입술과 잇몸사이에 붕대를 대고 눌러준다.

③ 가능하면 코 주위에 얼음찜질을 해준다.

④ 외상이 있는 환자가 코나 귀에 출혈이 있다면 머리에 골절이 있다는 것을 의미한다.

8. 환자의 운반

(1) 들것으로 옮기기

상처가 크거나 의식이 없는 사람을 옮기는데 알맞은 들것은 다친 사람을 안전하고 편안하게 옮길 수 있는 장점이 있다. 다친 사람이 머리 · 가슴 · 등 · 허벅지 뼈가 부러지는 따위의 큰 상처를 입었을 때 고통은 이루 말할 수 없다. 이런 중상자를 좋지 않은 방법으로 옮기는 것은 차라리 내버려두는 것보다 못한 결과를 가져올 수도 있다. 따라서 다친 사람의 상태를 냉정하게 확인해서 될 수 있는 대로 들것으로 옮기는 것이 바람직하다.

들것으로 옮기기 위해서는 구조대의 도움을 받거나 사고가 난 곳에서 들것을 직접 만들만한 재료가 있어야 한다. 또 들것으로 옮기기 위해서 사람들이 충분히 있어야 하고, 내려가는 길이 좁거나 경사가 급할 때 들것으로 운반하기가 어려울 때도 있다. 그럼에도 불구하고 다친 사람의 안전을 고려한다면 들것으로 옮기는 방법이 가장 좋은 방법이다.

(2) 들것으로 옮길 때의 기본원칙

① 환자의 발을 앞(아래쪽)으로 해서 옮기는 것을 원칙으로 한다. 단 발을 다쳐서 피가 많이 날 때는 머리를 앞으로 한다.

② 부상자의 옷이나 신발 허리띠를 느슨하게 하고 환자를 따뜻하게 한다.

③ 부상자의 상처와 얼굴을 자주 살펴보고 갑자기 더 나빠지는 것에 주의한다.

④ 환자는 눕혀서 옮기는 것이 원칙이지만 의식이 없을 때나 토할 염려가 있을 때는 옆으로 눕힌다. 이때 토한 이물질이 호흡을 방해하지 않도록 주의한다.

⑤ 부상자를 들것과 완전하게 묶어 어떤 경우에도 흔들리거나 이탈하지 않도록 한다.

⑥ 경사가 급한 곳이나 바위 능선 등 위험한 지형을 지날 때는 들것에 로프를 묶어 안전하게 이동하고 들것을 들고 있는 사람도 들것에 자기의 몸을 묶어 위험에 대비한다.

(3) 들것을 만들 때 주의할 점

① 먼 거리를 옮길 때나 험한 길에서 망가지지 않도록 튼튼하게 만들어야 한다.

② 내려갈 길을 생각해서 들것의 폭과 길이를 정한다.

③ 가지고 있는 장비와 사고가 난 곳의 여건, 운반할 수 있는 사람 수를 생각해서 들것의 모양과 크기를 정한다.

④ 부상자를 들것으로 옮겨 놓기 전에 들것이 튼튼한지 꼭 확인한다(더 무거운 사람을 눕혀서 들고 움직여 본다).

(4) 부상자를 안전하게 들것에 고정하기

① 부상자를 가장 편안한 자세로 눕힌다.

② 가슴과 허리, 다리와 발을 들것과 수직으로 묶는다.

③ 몸 전제를 윗몸과 다리 두 부분으로 나누어 비스듬히 여러 번 묶는다.

④ 들것이 어느 방향으로 기울어도 사람이 빠져 나오지 않도록 확실하게 붙잡아 맨다.

⑤ 들것을 곧게 세워도 빠져나오지 않고 발을 걸칠 수 있어야 한다.

⑥ 중상자를 붙잡아 맬 때는 줄이 복부를 피하는 것이 좋고 잡아 맨 줄이 상처 가까이에 가지 않도록 한다.

9. 산악 사고시의 구조와 부상자 운반

(1) 장비가 없을 때의 운반

① 두 사람이 추켜들어 옮기기

- 뼈가 부러지지 않은 사람을 짧은 거리에 옮길 때 사용한다.
- 한 사람은 다친 사람의 뒤쪽에서 겨드랑이 아래로 손을 넣어 다친 사람의 윗몸을 추켜든다.
- 두 손을 길게 뻗쳐 환자의 무릎 위 바지를 움켜잡아 환자의 두 다리를 자기 쪽으로 당기면서 두 무릎을 벌린다.
- 한 사람은 부상자의 두 다리 사이에 서서 무릎을 꿇고 환자의 무릎 뒤를 두 팔로 낀 다음 두 사람이 동시에 일어선다.

② 손을 맞잡고 걸터앉기

- 두 사람이 손을 엇갈리게 맞잡고 그 위에 환자를 걸터앉게 한다.
- 무릎을 펴면서 같이 일어선다.
- 환자는 균형을 잡기 위해 구조하는 사람의 어깨를 감싸안는다.
- 힘이 많이 드는 이 방법은 발목이나 정강이뼈가 부러졌을 때 짧은 거리 이동에 이용된다.

③ 엇갈려 안아 올리기

- 두 사람이 마주보고 선 다음 환자의 몸 아래로 손을 넣어 손목을 맞잡고 환자를 안아 올리는 방법이다.
- 부상자를 안아 올렸을 때 편안한 느낌을 주어야 한다.
- 산 아래로 옮길 때는 다친 사람의 다리가 아래쪽으로 향하도록 하는 것이 좋다.

(2) 장비를 이용한 운반

① 로프를 이용해서 업어 나르기

- 로프는 지름이 1m 정도 둥글게 사려서 둘로 나누어 8자 모양을 만든다.
- 매듭 부분이 환자의 엉덩이에 걸치도록 환자의 두 다리에 끼운다.
- 업는 사람은 배낭을 메듯 두 어깨에 로프를 끼고 몸을 앞으로 숙이면서 천천히 일어선다.
- 주의할 것은 로프를 사릴 때 전체 길이를 똑같이 해야 한다. 환자의 두 손을 가슴 앞에 엇갈리게 잡게 하거나 윗몸을 긴 줄로 연결하여 묶는다.

② 배낭을 이용하기

- 작은 배낭을 거꾸로 해서 배낭등판과 멜빵 사이에 다친 사람을 걸친 다음 멜빵끈을 늘려 다친 사람을 업는다.
- 멜빵끈에 옷 등을 끼워서 아프지 않도록 해야 오랫동안 업을 수 있다.
- 큰 배낭은 배낭 아래 부분의 박음질 실을 뜯어내고 다친 사람을 배낭 안에 넣어 두 다리를 배낭 바깥으로 나오게 한 후 업는다.
- 지게배낭을 쓸 때는 받침대에 침낭이나 매트를 깔고 그 위에 환자를 앉힌다.
- 다친 부위에 따라 환자를 앞 또는 뒤쪽을 향하도록 하고 환자의 몸과 발을 묶거나 편안하게 줄사다리나 연결줄을 건다.
- 부상자의 안전과 업는 사람을 교체하기 쉽고 장거리를 이동할 때 이용된다.

(3) 들것 만들기

① 넓은 천과 받침목을 이용하는 방법

- 넓게 펼친 천의 1/3되는 곳에 받침목을 세로로 놓고 좁은 쪽 천을 넓은 쪽으로 접는다.
- 그 위에 또 다른 받침목을 천 가운데에 놓아 좁은 쪽 천이 받침목 위로 겹쳐지도록 천을 접는다.

② 상의를 받침목으로 이용하기

- 약 3m 정도의 굵고 긴 받침목을 한 사람이 두 손으로 잡고 허리를 깊이 숙인 다음 다른 사람이 옷자락을 두 손으로 움켜잡고 받침목 쪽으로 벗긴다.
- 벗겨진 상의는 몸 부분과 소매가 받침목 가운데까지 끼워지도록 당긴 다음, 다시 받

침목 끝으로 당겨 몸 부분과 소매가 겹쳐지도록 만든다. 한 사람 옷을 다 끼웠으면 다음 사람이 앞사람과 같은 방법으로 상의를 끼워 넣는다.

③ **들것을 이용하여 하강하기**

- 받침목과 들것으로 만든 간이 들것으로 환자를 들것에 올려 내린다.
- 천에 달려있는 긴 연결줄로 다친 사람을 받침목에 묶고 어느 한쪽으로 치우치지 않도록 무게 중심을 잘 잡으면 된다.
- 바위에 닿거나 걸리지 않도록 구조하는 사람이 들것을 잡아주면서 같이 하강한다.

10. 로프매듭 형태와 만들기

(1) 8자형 매듭

8자형 매듭은 매듭 중에서 가장 강한 강도를 가지고 있는 매듭이다. 이 매듭은 강한 충격을 받아도 견디며 풀기도 쉽다. 로프 중간 안전벨트에 걸려 있는 카라비너에 걸 때, 아무 때나 움직이지 않는 확보물에 로프를 직접 묶거나 로프를 서로 묶을 때에도 많이 이용한다. 구조 활동에 가장 많이 사용되는 매듭이 8자형 매듭이다.

(2) 핏셔맨 매듭(장구매듭)

최소한의 용적으로 매듭을 할 수 있기 때문에 안전하다. 이 매듭은 두 줄을 이을 때 가장 많이 쓰이며 확실한 매듭이다. 강한 충격을 받은 다음에 풀기가 힘들어 장시간 고정시켜두어야 할 상황에 주로 사용된다.

(3) 옭매듭(접친매듭)

굵기가 서로 다른 매듭을 이을 때 쓰는 매듭으로 다른 매듭보다 강하다. 두 겹 옭매듭(겹접친 매듭)을 이용하면 한 겹 옭매듭보다 더 단단하게 묶을 수 있고, 매듭 부분의 마찰을 줄여 안정성을 높일 수 있다. 이 매듭의 끝은 꼭 절반 매듭으로 마무리해야 한다.

(4) 아카데미 매듭

굵기가 다른 로프를 서로 이을 때 쓰는 매듭으로 다른 매듭과 비슷하지만 로프를 한 번 더 올려 매듭을 해야 한다. 일반적으로 매듭은 겨울철에 잘 풀리지 않는데 이 매듭은 쉽게 풀 수 있다. 매듭의 끝을 절반매듭으로 처리해야 한다.

야생생물법에 관한 별표 및 서식

■ 야생생물 보호 및 관리에 관한 법률 시행규칙 [별지 제49호서식] 〈개정 2015.8.4.〉

수렵면허 신청서

※ [ ]에는 해당되는 곳에 √표를 합니다.

접수번호	접수일	처리기간 (갱신) 5일 (재발급, 기재사항 변경) 즉시

신청인	성 명	생년월일(외국인등록번호)
	주 소	전화번호

수렵면허증의 종류	[ ] 1종 [ ] 2종
수렵을 하려는 야생동물의 종류	
수 렵 방 법	

「야생생물 보호 및 관리에 관한 법률」 제44조제1항, 같은 법 시행령 제30조 및 같은 법 시행규칙 제52조제1항에 따라 위와 같이 수렵면허를 신청합니다.

년 월 일

신청인 (서명 또는 인)

시장·군수·구청장 귀하

신청인(대표자) 제출 서류	1. 수렵면허시험 합격증 2. 수렵 강습 이수증(최근 1년 이내에 수렵강습기관에서 강습을 받은 것만 해당합니다) 3. 신체검사서 1부(최근 1년 이내 병원에서 발행한 것만 해당합니다) 또는 「총포·도검·화약류 등 단속법」에 의한 총포소지허가증 사본 1부 4. 증명사진 1장	수수료 10,000원

처리절차

신청서 작성	➔	접 수	➔	확 인	➔	결 재	➔	면허증 작성	➔	면허증 발급
신청인		접수기관 (민원실)		처리기관: 시·군·구(수렵면허 담당부서)						신청인

210mm×297mm(백상지 80g/㎡, 재활용품)

■ 야생생물 보호 및 관리에 관한 법률 시행규칙 [별지 제50호서식] 〈개정 2015.8.4.〉

수렵면허 [ ]갱 신 / [ ]재 발 급 / [ ]기재사항변경 신청서

※ [ ]에는 해당되는 곳에 √표를 합니다.

접수번호	접수일	처리기간 (갱신) 5일 (재발급, 기재사항 변경) 즉시

신청인	성 명	생년월일(외국인등록번호)
	주 소	

수렵면허증의 종류	[ ] 1종 [ ] 2종	
수렵을 하려는 야생동물의 종류		
수 렵 방 법		
변 경 사 항	변 경 전	변 경 후
유 효 기 간	. . .~ . . .	

「야생생물 보호 및 관리에 관한 법률」 제44조제3항, 같은 법 시행규칙 제52조제2항 및 제61조제3항 · 제4항에 따라 위와 같이 신청합니다.

년 월 일

신청인 (서명 또는 인)

시장 · 군수 · 구청장 귀하

신청인(대표자) 제출 서류	1. 갱신하는 경우 가. 신체검사서(최근 1년 이내에 병원에서 발행한 것만 해당합니다) 또는 「총포 · 도검 · 화약류등 단속법」에 따른 총포소지허가증 사본 1부 나. 증명사진 1장 다. 수렵면허증 라. 수렵 강습 이수증(최근 1년 이내에 수렵강습기관에서 강습을 받은 것만 해당합니다) 2. 재발급받는 경우 가. 수렵면허증(수렵면허증을 분실한 경우는 제외합니다) 나. 증명사진 1장 ※ 기재사항을 변경하는 경우에는 수수료가 없습니다.	수수료 10,000원

처리절차

신청서 작성 (신청인) → 접 수 (접수기관(민원실)) → 확 인 → 결 재 → 면허증 (처리기관: 시 · 군 · 구(수렵면허 담당부서)) → 면허증 발급 (신청인)

210mm×297mm(백상지 80g/㎡, 재활용품)

■ 야생생물 보호 및 관리에 관한 법률 시행규칙 [별지 제59호서식] 〈개정 2015.8.4〉

수렵강습 수강신청서

접수번호	접수일	처리기간 즉시

신청인	성명	생년월일(외국인등록번호)
	주소	

강습개최일	
장 소	

「야생생물 보호 및 관리에 관한 법률」 제47조제1항·제2항 및 같은 법 시행규칙 제60조제2항에 따라 위와 같이 수렵강습 수강을 신청합니다.

년 월 일

신청인 (서명 또는 인)

수렵강습기관장 귀하

첨부서류	없 음	수수료 없음

처리절차

신청서 작성 ➔ 접 수 ➔ 확 인 ➔ 결 재 ➔ 이수증 작성 ➔ 이수증 발급

신청인 / 처리기관: 수렵강습기관

210mm×297mm(백상지 80g/㎡, 재활용품)

■ 야생생물 보호 및 관리에 관한 법률 시행규칙 [별지 제65호서식] 〈개정 2012.7.27〉

수렵야생동물 포획승인 신청서

접수번호	접수일	처리기간 15일

신청인	성 명	생년월일(외국인등록번호)
	주 소	

포 획 장 소			
야생동물별 포획신청량		포 획 기 간	
총기의 종류		수렵장사용료	

「야생생물 보호 및 관리에 관한 법률」 제50조제1항 및 같은 법 시행규칙 제63조제1항에 따라 위 수렵장의 수렵야생동물을 포획하려 하오니 승인하여 주시기 바랍니다.

년 월 일

신청인 (서명 또는 인)

시장 · 군수 · 구청장 귀하

신청인(대표자) 제출 서류	1. 수렵면허증 사본 1부 2. 「야생생물 보호 및 관리에 관한 법률」 제51조에 따른 보험의 가입증명서 1부 ※ 참고사항 「야생생물 보호 및 관리에 관한 법률」 제50조제1항에 따른 수렵장사용료는 수렵동물 확인표지 수령시 납부하여야 합니다.	수수료 없음

처리절차

신청서 작성	➔	접 수	➔	서류 확인	➔	결 재	➔	승인서 작성	➔	승인서 발급
신청인		접수기관 (민원실)		처리기관: 시 · 군 · 구(수렵야생동물 포획승인 담당부서)						신청인

210mm×297mm(백상지 80g/㎡, 재활용품)

■ 야생생물 보호 및 관리에 관한 법률 시행규칙 [별지 제32호서식] 〈개정 2012.7.27〉

유해야생동물 포획허가 신청서

※ [ ]에는 해당되는 곳에 √표를 합니다.

접수번호	접수일	처리기간 3일

신청인 (대표자)	성 명 외 인(명단별첨)	생년월일(외국인등록번호)
	주 소 (전화번호:)	

피해상황	피해지역 군 면 리 번지	
	피해대상	가해야생동물명
	피해기간 (일간)	
	피해정도	피해금액 천원

⑩포획방법

[ ] 자력포획희망 [ ] 포획의뢰

위와 같이 유해야생동물에 의한 피해가 발생하였으므로 「야생생물 보호 및 관리에 관한 법률」 제23조제1항 및 같은 법 시행규칙 제30조제1항에 따라 유해야생동물 포획허가를 신청합니다.

년 월 일

신청인(대표자) (서명 또는 인)

피해확인 이장 (서명 또는 인)

시장 · 군수 · 구청장 귀하

첨부서류	없 음	수수료 없음

처리절차

수렵인 선발

신청서 작성 ➔ 접 수 ➔ 현지조사 ➔ 포획계획수립 ➔ 허가증 ➔ 수렵인

신청인 / 접수기관 (민원실) / 처리기관: 시 · 군 · 구(수렵야생동물 포획허가 담당부서) / 신청인

210mm×297mm(백상지 80g/㎡, 재활용품)

[별표 12] <개정 2015.8.4.>

행정처분의 기준(제78조 관련)

2. 개별기준

위반사항	근거 법령	행정처분 기준			
		1차 위반	2차 위반	3차 위반	4차 이상 위반
1) 거짓이나 그 밖의 부정한 방법으로 허가를 받은 경우	법 제17조 제1항제1호	허가취소			
2) 허가의 조건을 위반한 경우	법 제17조 제1항제2호	경고	허가취소		
3) 법 제16조제3항을 위반하여 수입 또는 반입 목적 외의 용도로 사용한 경우	법 제17조 제1항제3호	경고	허가취소		
마. 야생동물의 포획허가를 받은 자가 법 제20조제1항을 위반한 경우					
1) 거짓이나 그 밖의 부정한 방법으로 허가를 받은 경우	법 제20조 제1항제1호	허가취소			
2) 허가조건을 위반한 경우	법 제20조 제1항제2호	경고	허가취소		
3) 법 제19조제1항제1호 또는 제2호에 따라 허가받은 목적 외의 용도로 사용한 경우	법 제20조 제1항제3호	경고	허가취소		
4) 법 제19조제1항제5호에 따라 허가받은 기준	법 제20조 제1항제4호	경고	허가취소		
사. 유해야생동물의 포획허가를 받은 자가 법 제23조의2제1항을 위반한 경우					
1) 거짓이나 그 밖의 부정한 방법으로 허가를 받은 경우	법 제23조의2 제1항제1호	허가취소			
2) 유해야생동물을 포획할 때 법 제23조제6항에 따라 환경부령으로 정하는 허가의 기준, 안전수칙, 포획 방법 등을 위반한 경우	법 제23조의2 제1항제2호	허가취소			
아. 생태계교란 야생생물의 수입 또는 반입허가를 받은 자가 법 제25조의2제1항을 위반한 경우					

위반사항	근거 법령	행정처분 기준			
		1차 위반	2차 위반	3차 위반	4차 이상 위반
1) 거짓이나 그 밖의 부정한 방법으로 허가를 받은 경우	법 제25조의2 제1항제1호	허가취소			
하. 수렵면허를 받은 자가 법 제49조제1항을 위반한 경우					
1) 거짓이나 그 밖의 부정한 방법으로 수렵면허를 받은 경우	법 제49조 제1항제1호	면허취소			
2) 수렵면허를 받은 사람이 법 제46조제1호부터 제6호까지의 어느 하나에 해당하는 경우	법 제49조 제1항제2호	면허취소			
3) 수렵 중 고의 또는 과실로 다른 사람의 생명·신체 또는 재산에 피해를 준 경우	법 제49조 제1항제3호				
가) 생명·신체에 피해를 준 경우		면허취소			
나) 재산에 피해를 준 경우		면허정지 3개월	면허정지 6개월	면허취소	
4) 수렵도구를 이용하여 범죄행위를 한 경우	법 제49조 재1항제4호	면허정지 6개월	면허취소		
5) 법 제14조제1항 또는 제2항을 위반하여 멸종위기야생동물을 포획한 경우	법 제49호 제1항제5호	경고	면허정지 6개월	면허취소	
6) 법 제19조제1항 또는 제2항을 위반하여 야생동물을 포획한 경우	법 제49조 제1항제6호	경고	면허정지 3개월	면허정지 6개월	면허취소
7) 법 제23조제1항을 위반하여 유해야생동물을 포획한 경우	법 제49조 제1항제7호	경고	면허정지 1개월	면허정지 3개월	면허정지 6개월
8) 법 제44조제3항을 위반하여 수렵면허를 갱신하지 않은 경우	법 제49조 제1항제8호				
가) 1년을 초과하지 않은 경우		면허정지 3개월			
나) 1년을 초과한 경우		면허취소			
9) 법 제50조제1항을 위반하여 수렵을 한 경우	법 제49조 제1항제9호				
가) 수렵승인을 받지 않은 경우		경고	면허정지 3개월	면허정지 6개월	면허취소
나) 수렵장 사용료를 납부하지 않은 경우		경고	면허정지 1개월	면허정지 3개월	면허정지 6개월
10) 법 제55조 각 호의 어느 하나에 해당하는 장소 또는 시간에 수렵을 한 경우	법 제49조 제1항제10호	경고	면허정지 3개월	면허정지 6개월	면허취소

밀렵신고 포상금 지급기준표 개선

* 지급액 산정 예시(멧돼지 5마리 밀렵 신고) : 125만원 = (2마리×50만원) + 25만원(초과한 3마리에 대해서는 지급기준액 50만원의 50% 가산 지급)

<table>
<tr><th>구분</th><th>지급 기준액</th><th>밀렵 신고 대상</th><th>분류기준</th><th>지급기준</th></tr>
<tr><td rowspan="4">포유류</td><td>200만원</td><td>반달가슴곰, 호랑이, 표범, 산양, 사향노루</td><td>멸종Ⅰ</td><td rowspan="4">신고수량 2마리까지 기준액 지급, 2마리를 초과한 수량은 가산금(기준액의 50%)을 지급</td></tr>
<tr><td>100만원</td><td>늑대, 수달, 시라소니, 여우, 담비, 물개, 물범류, 큰바다사자, 하늘다람쥐</td><td>멸종Ⅰ, Ⅱ</td></tr>
<tr><td>50만원</td><td>대륙사슴, 붉은박쥐, 무산쇠족제비, 삵, 작은관코박쥐, 토끼박쥐, 고라니, 너구리, 노루, 멧돼지, 멧토끼, 오소리</td><td>멸종Ⅰ, Ⅱ, 먹는 것이 금지된 야생동물</td></tr>
<tr><td>20만원</td><td>위 포유류를 제외한 야생생물 보호 및 관리에 관한 법률 시행규칙 제24조 별표6의 포획금지 야생동물 및 가공품(박제품 등)</td><td>포획금지 야생동물</td></tr>
<tr><td rowspan="3">조 류</td><td>50만원</td><td>검독수리, 넓적부리도요, 노랑부리백로, 두루미, 매, 저어새, 참수리, 청다리도요사촌, 크낙새, 흑고니, 황새, 흰꼬리수리</td><td>멸종Ⅰ</td><td rowspan="3">신고수량 3마리까지 기준액 지급, 3마리를 초과한 수량은 가산금(기준액의 50%)을 지급</td></tr>
<tr><td>30만원</td><td>개리, 검은머리갈매기, 검은머리물떼새, 검은머리촉새, 검은목두루미, 고니, 고대갈매기, 긴꼬리딱새, 긴점박이올빼미, 까막딱다구리, 노랑부리저어새, 느시, 독수리, 따오기, 뜸부기, 먹황새, 무당새, 물수리, 벌매, 붉은배새매, 붉은해오라기, 뿔쇠오리, 뿔종다리, 새매, 새호라기, 섬개개비, 솔개, 쇠검은머리쑥새, 수리부엉이, 알락개구리매, 알락꼬리마도요, 올빼미, 재두루미, 잿빛개구리매, 조롱이, 참매, 큰고니, 큰기러기, 큰덤불해오라기, 큰말똥가리, 팔색조, 항라머리검독수리, 호사비오리, 흑기러기, 흑두루미, 흑비둘기, 흰목물떼새, 흰이마기러기, 흰죽지수리, 가창오리, 고방오리, 쇠기러기, 쇠오리, 청둥오리, 흰뺨검둥오리</td><td>멸종Ⅱ, 먹는 것이 금지된 야생동물</td></tr>
<tr><td>20만원</td><td>위 조류를 제외한 야생생물 보호 및 관리에 관한 법률 시행규칙 제24조 별표6의 포획금지 야생동물 및 가공품(박제품 등)</td><td>포획금지 야생동물</td></tr>
<tr><td rowspan="3">양서・파충류</td><td>30만원</td><td>비바리뱀, 수원청개구리</td><td>멸종Ⅰ</td><td rowspan="3">신고수량 5마리까지 기준액 지급, 5마리를 초과한 수량은 가산금(기준액의 50%)을 지급</td></tr>
<tr><td>20만원</td><td>구렁이, 금개구리, 남생이, 맹꽁이, 표범장지뱀, 산굴뚝나비, 상제나비, 수염풍뎅이, 장수하늘소, 계곡산개구리, 북방산개구리, 한국산개구리, 까치살모사, 능구렁이, 살모사, 유혈목이, 자라</td><td>멸종Ⅱ, 먹는 것이 금지된 야생동물</td></tr>
<tr><td>10만원</td><td>위 파충류를 제외한 야생생물 보호 및 관리에 관한 법률 시행규칙 제24조 별표6의 포획금지 야생동물 및 가공품(박제품 등)</td><td>포획금지 야생동물</td></tr>
<tr><td rowspan="2">어 류</td><td>30만원</td><td>야생생물 보호 및 관리에 관한 법률 시행규칙 제2조 별표1의 멸종위기 야생생물 Ⅰ급(어류 9종)</td><td>멸종Ⅰ</td><td rowspan="2">신고 건수당 지급</td></tr>
<tr><td>10만원</td><td>야생생물 보호 및 관리에 관한 법률 시행규칙 제2조 별표1의 멸종위기 야생생물 Ⅱ급(어류 16종)</td><td>멸종Ⅱ</td></tr>
</table>

구분	지급 기준액	밀렵 신고 대상	분류기준	지급기준
곤충류	30만원	야생생물 보호 및 관리에 관한 법률 시행규칙 제2조 별표1의 멸종위기 야생생물 Ⅰ급(곤충류 4종)	멸종Ⅰ	신고 건수당 지급
	10만원	야생생물 보호 및 관리에 관한 법률 시행규칙 제2조 별표1의 멸종위기 야생생물 Ⅱ급(곤충류 18종)	멸종Ⅱ	
무척추 동물	30만원	야생생물 보호 및 관리에 관한 법률 시행규칙 제2조 별표1의 멸종위기 야생생물 Ⅰ급(무척추동물 4종)	멸종Ⅰ	신고 건수당 지급
	10만원	야생생물 보호 및 관리에 관한 법률 시행규칙 제2조 별표1의 멸종위기 야생생물 Ⅱ급(무척추동물 27종)	멸종Ⅱ	
식 물	10만원	야생생물 보호 및 관리에 관한 법률 시행규칙 제2조 별표1의 멸종위기 야생생물 Ⅰ급(식물 9종)	멸종Ⅰ	신고 건수당 지급
	5만원	야생생물 보호 및 관리에 관한 법률 시행규칙 제2조 별표1의 멸종위기 야생생물 Ⅱ급(식물 68종)	멸종Ⅱ	
해조류	10만원	그물공말, 삼나무말	멸종Ⅱ	신고 건수당 지급
불법 엽구	3,000원	창애(중형, 대형), 올무(스프링올무)	도구	신고수량 100개까지는 개수당으로, 100개를 초과한 수량은 가산금(초과수량 × 기준액의50%)을 지급
	1,000원	창애(소형)	〃	
	500원	올무(스프링올무 제외)	〃	
기타 불법 행위	10만원	위험한 방법에 의한 밀렵 미수범 및 총기·실타 휴대 배회자	행위	신고 건수당 지급
	10만원	불법포획(수입·반입)한 야생동물 및 이를 사용하여 만든 음식물(가공품)을 취득·양도·양수·운반·보관하거나 그러한 행위를 알선한 자	〃	
	10만원	올무, 덫, 창애 등 불법엽구 제작·판매·소지·보관한 자	〃	
	10만원	폭발물 및 불법엽구설치한 자, 유독물 살포(주입)한 자	〃	
	10만원	생태계교란야생동·식물을 자연환경에 풀어 놓거나, 이를 수입 또는 반입한 자	〃	
	10만원	수렵장안에서 수렵제한사항을 지키지 아니한 자	〃	

총안법에 따른 별표 및 서식

[별표 17] <개정 2016.1.12.>

행정처분 기준(제52조 관련)

항목	위반사항	적용법령	처분기준					
			취소	효력정지				경고
				6월	3월	1월	15일	
총포·도검·화약류·분사기·전자충격기·석궁 소지사용자	가. 허가요건 결격사유 발생	법 제46조 (법 제13조)	○					
	나. 소지허가 받은 총포의 임의 개조	법 제46조 (법 제17조)	○					
	다. 총포소지허가의 미갱신	법 제16조	○					
	라. 총포·도검·화약류·분사기·전자충격기·석궁의 도난·분실신고 불이행	법 제35조					○	
	마. 총포·도검·화약류·분사기·전자충격기·석궁의 소지허가를 받지 아니한 사람에게 양도	법 제21조						
	1) 1회 위반			○				
	2) 2회 위반		○					
총포·도검·화약류·분사기·전자충격기·석궁 소지사용자	바. 총포·도검·화약류·분사기·전자충격기·석궁의 허가 받은 용도외 사용	법 제46조 (법 제17조)	○					
	사. 정당한 사유없는 총포·도검·화약류·분사기·전자충격기·석궁의 소지운반	법 제46조 (법 제17조)	○					
	아. 법 또는 법에 의한 명령에 위반한 때	법 제45조 법 제47조						
	1) 1회 위반							○
	2) 2회 위반					○		
	3) 3회 위반				○			
	4) 4회 위반		○					

[별표 17] <신설 2008.11.26.>

과태료의 부과기준(제84조제1항 관련)

(단위: 만원)

연번	위반행위	관련조항	총포		도검	화약류	분사기	전자충격기	석궁	비고
			권총 소총	엽총 공기총 기타총						
1	정당한 사유 없이 총포 등의 휴대·운반	법 제17조 제1항	30	20	10		10	10	10	
2	총포의 보관·휴대·운반시 준수사항 위반	법 제17조 제3항	20	10						
3	도난·분실신고의무 위반	법 제35조	100	50	20	50	20	20	20	

■ 총포·도검·화약류 등 단속법 시행규칙 [별지 제9호서식] <개정 2016.1.12.>

총포 소지 허가 신청서

※ 뒤쪽의 안내사항을 참고하시기 바라며, [ ]에는 해당되는 곳에 √표를 합니다. (앞 쪽)

접수 번호	접수 일자	처리 일자	처리 기간 경찰서장 허가 7일 지방경찰청장 허가 10일

신청인	성명	주민등록번호
	직업	운전면허번호
	주소	전화번호

관리책임자 (예술소품용 총포 등 소지허가를 신청하는 경우에만 해당한다)	성명	주민등록번호	휴대전화번호	성명	주민등록번호	휴대전화번호

총포내용				
	총종(銃種)·형식	[ ]산탄외대 [ ]산탄상하쌍대 [ ]산탄수평쌍대 [ ]삼연쌍대 [ ]라이플 [ ]공기총스프링 [ ]공기총(펌프) [ ]공기총(가스) [ ]권총회전 [ ]권총착탈 [ ]공간 [ ]원절 [ ]중절 [ ]레바 [ ]수동장전 [ ]자동장전 [ ]기타		
	총명	제조국명	명칭	
	구경	공칭 번(구경)	총신의 길이 cm	
		실측치수 mm	총 전체의 길이 cm	
	대체총신	구경 번(구경) mm	총신의 길이 cm	
	총번(銃番)	제 호	총중량	kg
	적합실탄 공포탄명		탄창장전 탄수	개

용도	[ ]호신 [ ]수렵 [ ]유해조수 구제 [ ]사격경기 [ ]어획 [ ]건축 [ ]공업 [ ]기타 산업 [ ]신호·구명 [ ]도살·마취 [ ]시험·연구 [ ]예술소품용

입수경위			
	양 도 인	성명	주민등록번호
		직업 또는 직위	주소
		허가청	업소명
		허가번호 제 호	허가연월일 년 월 일
		양도양수연월일 년 월 일	
	수입내용	수입면장번호 제 호	수입연월일 년 월 일
		수입국명	수입지
	임 대	임대업소명	임대업소 주소

보 관	총포 소지 허가증이 발급될 때까지 보관합니다.	보관연월일 년 월 일
	보관처	보관책임자 (서명 또는 인)

허가증 발급		조사복명		신원·전과 조회	

「총포·도검·화약류 등 단속법」 제12조제1항 및 같은 법 시행규칙 제21조제1항에 따라 위와 같이 신청합니다.

년 월 일 신청인 : (서명 또는 인)

지방경찰청장·경찰서장 귀하

210㎜×297㎜(백상지 80g/㎡)

(뒤 쪽)

첨부서류	1. 신체검사서 2. 총포의 출처를 증명할 수 있는 서류 3. 총포의 용도를 소명할 수 있는 서류 4. 사진(가로 2.5㎝, 세로 3㎝) 5. 정신건강의학과 전문의 진단서 또는 소견서(수렵용 또는 유해조수구제용 총포를 소지하려는 경우에만 해당합니다) 6. 병력신고 및 개인정보 이용 동의서(수렵용 또는 유해조수구제용 총포를 제외한 총포를 소지하려는 경우에만 해당합니다)	수수료 3,000 ~ 5,000원

유의사항

1. 신체검사서는 공기총·가스발사총·마취총·산업용총 및 구명줄발사총의 경우 외에는 종합병원 또는 병원에서 발행한 것에 한하며, 가스발사총·산업용 타정총의 경우 「도로교통법」 제80조에 따른 운전면허가 있는 사람은 신체검사서를 첨부하지 아니합니다.
2. 총포 출처 증명서류는 입수경위에 따라 다음과 같습니다.
   가. 기존 허가 총포의 경우는 총포 소지 허가증
   나. 소지 허가 총포로서 상품화할 경우에는 총포 소지 허가증 반납증명 서류
   다. 수입 또는 양도 총포의 경우에는 수입면장
   라. 국내 제품인 경우에는 제조명세서
3. 총포의 용도를 소명할 수 있는 서류는 다음과 같습니다.
   가. 사격경기용 총포: 사격선수확인증
   나. 수렵용 총포: 제1종 수렵면허증 또는 수렵면허시험 합격증
   다. 유해조수구제용 총포: 제1종 수렵면허증, 제1종 수렵면허시험 합격증 또는 유해야생동물 포획허가증
   라. 그 밖의 용도에 필요한 총포: 총포의 해당 용도를 소명할 수 있는 서류

처리절차

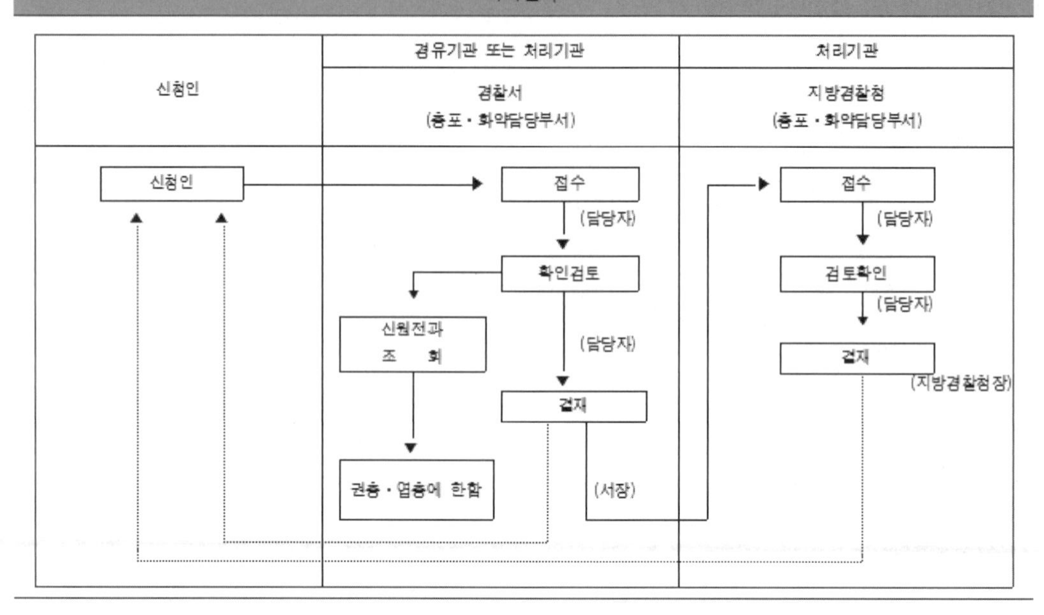

■ 총포·도검·화약류 등 단속법 시행규칙 [별지 제10호의3서식] <개정 2016.1.12.>

병력(病歷) 신고 및 개인정보 이용 동의서

※ 다음 물음을 읽고 있음 또는 없음의 해당 [ ]란에 √표시를 하며, 있음에 표시한 경우 그 내용을 적습니다. (앞 쪽)

접수번호	접수일자	처리일자	처리기간 10일

(1) 귀하는 정신분열증·정동장애(情動障碍)·고도의 성격장애 및 이에 준하는 증세로 인하여 치료받은 사실이 있습니까?			[ ]있음 [ ]없음
(있는 경우)	병명	치료병원	
	치료개시일	치료종료일	

(2) 귀하는 뇌전증 등으로 치료받은 사실이 있습니까?			[ ]있음 [ ]없음
(있는 경우)	병명	치료병원	
	치료개시일	치료종료일	

(3) 귀하는 마약·대마·향정신성의약품·알코올중독 등으로 치료 받거나 수사기관에 단속된 사실이 있습니까?			[ ]있음 [ ]없음
(치료사실이 있는 경우)	병명	치료병원	
	치료개시일	치료종료일	
(단속된 사실이 있는 경우)	단속일시	단속기관	
	위반행위		

년 월 일

신고인 (서명 또는 인)

지방경찰청장·경찰서장 귀하

개인정보 이용 동의서

본인은 허가관청이 「총포·도검·화약류 등 단속법」 제13조에 따른 총포 소지허가 결격사유 등의 해당여부 판단을 위해 국민건강보험공단이 보관 중인 본인의 동의일로부터 최근 5년간 치매, 정신분열병, 분열형 정동장애, 양극성 정동장애, 재발성 우울장애, 정신 발육지연, 뇌전증의 치료경력을 조회하는 데 동의합니다.

년 월 일

동의인 (서명 또는 인)

유의사항

1. 기재하신 내용은 소지허가(갱신) 시 「총포·도검·화약류 등 단속법」 제13조에 따른 결격사유 등의 해당여부 판단을 위한 자료로만 활용됩니다.
2. 허위사실을 기재하여 소지허가를 받은 경우 「총포·도검·화약류 등 단속법」 제46조 및 제47조에 따라 허가가 취소되거나 총기가 경찰관서에 보관 조치될 수 있습니다.

210㎜×297㎜(백상지 80g/㎡)

■ 총포·도검·화약류 등 단속법 시행규칙 [별지 제12호의4서식] <신설 2015.10.30.>

위치정보수집 동의서

동의자	성명	생년월일
	주소	
	전화번호	직업

수렵 동행인 정보	성명	휴대전화 번호
	성명	휴대전화 번호
	성명	휴대전화 번호
	성명	휴대전화 번호

본인은 「총포·도검·화약류 단속법」 제14조의2제2항 및 같은 법 시행령 제14조의3제3항제3호에 따라 총포를 보관해제하여 사용하기 위해서는 위치정보수집 동의서를 제출해야 하고, 이에 따라 본인의 위치정보를 경찰청에서 수집·활용하는데 대하여 동의합니다.

년 월 일

동의인 (서명 또는 인)

경 찰 서 장 귀하

위치정보수집 목적 및 이용 등

1. 위치정보수집 목적
총포의 보관해제 기간 동안 총포 또는 총포소지자의 실시간 위치정보 확인을 통해 총포소지자의 관련 법령 위반행위 확인 및 사고 발생시 신속한 대처 등 총포 사용 간 총포 오남용 및 안전사고 예방에 활용하기 위함입니다.

2. 근거법률
「위치정보의 보호 및 이용에 관한 법률」 제15조
「총포·도검·화약류 등 단속법」 제14조의2
「총포·도검·화약류 등 단속법 시행령」 제14조의3

3. 위치정보수집 동의서 및 위치정보 보존기간
위치정보수집 동의서를 받은 때부터 보관해제 총포 반납 또는 수렵기간 종료 후 30일까지

4. 위치정보에 대한 총포소지자의 권리 및 행사방법
위치정보수집에 대한 동의를 거부할 의사를 명백히 표시하고 제출하지 아니할 수 있습니다.
다만, 위치정보 자료의 수집에 동의하지 않을 경우 「총포·도검·화약류 등 단속법」 제14조의2에 따라 총포의 보관을 해제하지 않을 수 있습니다.

210㎜×297㎜(백상지 80g/㎡)

P·A·R·T 02

환경부 발표
수렵면허 시험문제

수렵에 관한 법령 및 수렵의 절차 | **제1장**

야생동물의 보호 관리에 관한 사항 | **제2장**

수렵도구(제1종)의 사용법 | **제3장**

안전사고의 예방 및 응급조치에 관한 사항 | **제4장**

1장 수렵에 관한 법령 및 수렵의 절차

제1절 야생생물 보호 및 관리의 법률 (과목1/영역1)

이 문제지에서 나오는 “야생생물 보호 및 관리에 관한 법률”은 〈야생생물법〉으로, “총포·도검·화약류 등의 안전관리에 관한법률”은 〈총포안전법〉으로 약칭되니 착오 없기 바란다.

1. 야생생물 보호 및 관리에 관한 법률의 목적이 아닌 것은?

① 생물의 다양성을 증진시킴.
② 사람과 야생생물이 공존하는 건전한 자연환경을 확보함.
③ 야생생물과 그 서식환경을 체계적으로 보호・관리함.
④ 야생생물의 활용을 도모함.

2. 야생생물 보호구역에 대한 설명으로 옳지 않은 것은?

① 우리나라는 아직까지 야생생물 보호구역이 없다.
② 시・도지사나 시장・군수・구청장이 보호구역을 지정・변경 또는 해제할 때에는 주민 및 관계 행정기관의 장과 협의하여야 한다.
③ 산불의 진화 및 재해의 예방・복구 등을 목적으로 야생동물의 번식기에 보호구역에 들어갈 수 있다.
④ 야생생물 보호구역은 멸종위기 야생생물 등을 보호하기 위하여 특별보호구역에 준하여 보호할 필요가 있는 지역이다.

3. '야생생물 보호 및 관리에 관한 법률'에 의한 '인공증식'의 정의로 가장 적합한 것은?

① 산・들 또는 강 등 자연상태에서 서식하거나 자생(自生)하는 동물, 식물, 균류・지의류 (地衣類), 원생생물 및 원핵생물의 종(種)을 말한다.
② 기존의 자연환경과 유사한 기능을 수행하거나 보완적인 기능을 수행하도록 하기 위하여 조성하는 것을 말한다.
③ 야생생물을 일정한 장소 또는 시설에서사육・양식 또는 증식하는 것을 말한다.
④ 사람의 생명이나 재산에 피해를 주는 야생동물로서 환경부령으로 정하는 종(種)을 말한다.

4. 다음 중 멸종위기 야생생물의 포획·채취가 가능한 경우는?

① 학술 연구 또는 멸종위기 야생생물의 보호・증식 및 복원의 목적일 경우
② 개인이 전시를 목적으로 포획・채취한 경우
③ 야생생물을 이용하여 수익사업에 활용할 경우
④ 누구든지 멸종위기 야생생물을 포획・채취가 가능함

5. 야생생물의 서식지외 보전기관의 지정취소 사유가 아닌 것은?

① 관련법을 위반하여 야생동물을 학대한 경우
② 환경부장관이 관계중앙행정기관의 장의 의견을 들어 지정한 경우
③ 관련법을 위반하여 야생동물을 포획·수입 또는 반입한 경우
④ 야생생물을 사용하여 만든 음식물 또는 가공품을 그 사실을 알면서 취득한 경우

정답 1.④ 2.① 3.③ 4.① 5.②

6. 환경부령으로 정하는 바에 따라 유해야생동물의 포획허가 승인권이 없는 사람은?
① 시장　② 구청장
③ 경찰청장　④ 군수

7. 멸종위기 야생생물의 포획 · 채취 허가가 취소되는 경우가 아닌 것은?
① 멸종위기 야생생물의 포획 · 채취 시 허가 조건을 위반한 경우
② 거짓이나 그 밖의 부정한 방법으로 허가를 받은 경우
③ 허가받은 목적이나 용도 외로 멸종위기 야생생물을 포획 · 채취하는 경우
④ 인체에 급박한 위해를 끼칠 우려가 있어 포획하는 경우

8. 야생동물 질병관리 기본계획에 대한 설명으로 옳지 않은 것은?
① 환경부장관은 야생동물 질병의 예방과 확산 방지, 체계적인 관리를 위해 5년마다 야생동물 질병관리 기본계획을 수립 · 시행하여야 한다.
② 기본계획의 수립 또는 변경을 위하여 관계 중앙행정기관의 장과 시·도지사에게 그에 필요한 자료 제출을 요청할 수 있다.
③ 우리나라는 야생동물의 질병이 없으므로 해당되지 않는다.
④ 야생동물 질병관리 기본계획을 시 · 도지사에게 통보하여야 한다.

9. 멸종위기 야생생물의 보호에 대한 설명으로 옳은 것은?
① 멸종위기 야생생물의 포획 · 채취 등은 환경부장관의 허가를 받은 경우 가능하다.
② 환경부장관은 멸종위기 야생생물에 대한 확보 · 이용대책을 수립 · 시행하여야 한다.
③ 환경부장관은 야생생물 보호와 멸종방지를 위해 1년마다 멸종위기야생생물을 다시 정하여야 한다.
④ 멸종위기 야생생물의 수출 및 수입은 자유롭다.

10. 야생생물 보호 및 관리에 관한 법률'에 의한 '야생생물'의 정의로 가장 적합한 것은?
① 산 · 들 또는 강 등 자연상태에서 서식하거나 자생(自生) 하는 동물, 식물, 균류 · 지의류(地衣類), 원생생물 및 원핵생물의 종(種)을 말한다.
② 사람의 생명이나 재산에 피해를 주는 야생동물로서 환경부령으로 정하는 종(種)을 말한다.
③ 사람을 위하여 가치가 있거나 실제적 또는 잠재적 용도가 있는 유전자원, 생물체, 생물체의 부분, 개체군 또는 생물의 구성요소를 말한다.
④ 일정한 장소 또는 시설에서 사육 · 양식 또는 증식하는 생물을 말한다.

11. 사육시설등록자가 등록취소를 당하는 경우로 옳지 않은 것은?
① 1년에 2회 이상 시설폐쇄 명령을 받은 경우
② 거짓이나 그 밖의 부정한 방법으로 등록을 한 경우
③ 다른 사람에게 명의를 대여하여 등록증을 사용하게 한 경우
④ 고의 또는 중대한 과실로 사육동물의 탈출, 폐사 또는 인명피해 등이 발생한 경우

12. 다음 중 야생동물의 질병진단에 대한 설명으로 옳은 것은?
① 질병진단은 야생동물 질병진단기관의 장 또는 야생동물 질병에 관한 업무를 수행하는 대통령령으로 정하는 행정기관의 장에게 의뢰할 수 있다.
② 야생동물의 질병진단은 일반 병원에서 가능하다.
③ 민간연구소는 허가 없이 질병진단기관의 역할수행이 가능하다.
④ 야생동물의 질병전문진단기관은 따로 정해져 있지 않다.

13. 야생생물 특별보호구역의 지정에 대해 옳지 않은 설명은?

정답 6.③ 7.④ 8.③ 9.① 10.① 11.① 12.① 13.①

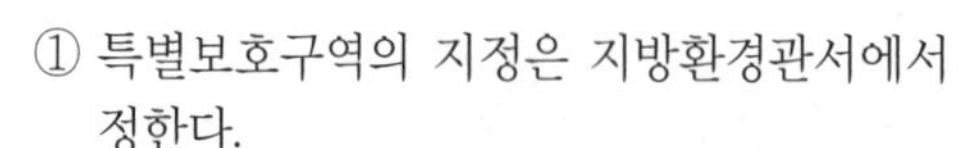

① 특별보호구역의 지정은 지방환경관서에서 정한다.
② 환경부장관이 토지소유자 등 이해관계인과 지방자치단체장의 의견을 듣고 관계 중앙행정기관의 장과 협의하여 지정할 수 있다.
③ 환경부장관은 군사 목적, 천재지변 또는 그 밖의 사유로 특별보호구역으로서의 가치를 상실할 경우 그 지정을 변경 및 해제할 수 있다.
④ 환경부장관은 특별보호구역의 지정·변경 또는 해제 시 보호구역의 위치, 면적, 지정일시 등 필요한 사항을 정하여 고시해야 한다.

14. 야생생물 보호 및 이용의 기본원칙으로 옳지 않은 내용은?
① 국가, 지방자치단체 및 국민이 야생생물을 이용할 때에는 지속가능한 이용이 되도록 노력해야 함.
② 현세대와 미래세대의 공동자산임을 인식하고 적극 보호하여야 함.
③ 야생생물과 그 서식지를 효과적으로 보호하여 멸종을 막음.
④ 모든 야생생물은 사람에게 유해하므로 퇴치해야 함.

15. 야생동물의 질병에 따른 역학조사를 의뢰할 수 있는 경우가 아닌 것은?
① 야생동물에 질병 예방 접종을 한 후 이상반응 사례가 발생한 경우
② 야생동물 질병이 발생한 경우
③ 야생동물 질병이 발생할 우려가 있다고 인정되는 경우
④ 애완동물의 상태가 의심이 되는 경우

16. 야생동물에게 금지되는 학대행위에 해당하지 않는 경우는?
① 포획·감금하여 고통을 주거나 상처를 입히는 행위
② 때리거나 산 채로 태우는 등 다른 사람에게 혐오감을 주는 방법으로 죽이는 행위
③ 목을 매달거나 독극물을 사용하는 등 잔인한 방법으로 죽이는 행위
④ 수렵 지정된 야생동물을 사냥하는 행위

17. 야생동물 피해 예방시설 설치지원 신청금액이 예산의 범위를 초과할 경우 우선순위 대상자에 해당하는 경우는?
① 매년 반복하여 피해가 발생하고 있는 지역
② 사람이 많이 거주하고 있는 아파트 지역
③ 농림축산식품부의 FTA 기금 등에 의해 지원을 받고 있는 지역
④ 환경부가 지정한 멸종위기종 서식 지역

18. 다음 중 야생생물 특별보호구역에서 제한되는 행위가 아닌 것은?
① 토석의 채취
② 군사 목적을 위한 토지의 형질 변경
③ 하천, 호소 등의 구조를 변경
④ 건축물 또는 그 밖의 공작물의 신축

19. 야생동물의 질병연구 및 구조·치료에 대한 설명으로 옳지 않은 것은?
① 지정된 야생동물 치료기관의 야생동물 질병연구 및 구조·치료 활동에 드는 비용은 전액 자체 부담하여야 한다.
② 환경부장관 및 시·도지사는 야생동물의 질병연구 및 구조·치료를 위하여 환경부령으로 정하는 바에 따라 관련기관 또는 단체를 치료기관으로 지정할 수 있다.
③ 야생동물 치료기관의 지정기준 및 지정서 발급은 환경부령으로 정한다.
④ 야생동물의 질병연구와 조난 및 부상당한 야생동물의 구조·치료는 대통령령으로 정하는 바에 따른다.

20. 설치비용 지원이 가능한 야생동물 피해 예방시설에 해당하는 것은?
① 기상청에서 개발된 기상예보시설
② 자치단체장이 허가하지 않은 시설
③ 농촌진흥청에서 개발된 시설이나 기술로

정답 14.④ 15.④ 16.④ 17.① 18.② 19.① 20.③

서 효과가 입증된 시설
④ 민간에서 독자적으로 개발하였으나 검증되지 않은 시설

21. 야생동물 피해 예방시설의 설치비용 산출에 대한 설명으로 옳지 않은 것은?
① 일위대가는 농림축산식품부 지침의 피해 예방시설 설치비 지원 기준단가를 참조한다.
② 시장·군수·구청장은 피해 예방시설의 설치비용을 임의로 산정할 수 있다.
③ 피해 예방시설 설치 및 구입에 소요되는 비용은 재료비와 인건비가 포함된 일위대가를 적용하여 산출한다.
④ 기준단가를 초과하거나 기준단가에 미달하는 경우, 근거서류를 제시하면 지원단가 조정이 가능하다.

22. 사육시설등록자가 사육동물의 관리를 위해 지켜야 할 사항은?
① 사육동물로 인한 피해를 막기 위해 감금 및 학대가 가능하다.
② 사육동물의 자율성을 보장하기 위해 그대로 방치한다.
③ 사육동물의 사육과정에서 탈출·폐사할 경우 시설을 폐쇄해야 한다.
④ 사육동물의 특성에 맞는 장치를 갖추고 동물들이 본연의 기능을 발휘할 수 있도록 유지·관리한다.

23. '야생생물보호원'에 대한 설명으로 가장 적합한 것은?
① 민간자연환경보전단체의 회원, 자연환경보전 활동을 성실하게 수행하고 있는 사람, 또는 협회에서 추천하는 사람으로 환경부장관 또는 지방자치단체가 위촉한 사람
② 멸종위기 야생생물, 생태계 교란 생물, 유해야생동물 등의 보호·관리 및 수렵에 관한 업무를 담당하는 공무원을 보조하는 사람
③ 생태·경관보전지역, 습지보호지역, 자연공원 등의 이용객을 대상으로 자연환경보전의 인식증진 등을 위한 해설·홍보·교육·생태탐방안내 등을 전문적으로 수행하는 사람
④ 국민이 산림문화·휴양에 관한 활동을 통하여 산림에 대한 지식을 습득하고 올바른 가치관을 가질 수 있도록 해설하거나 지도·교육하는 사람

24. 2년 이하의 징역 또는 2천만원 이하의 벌금에 해당하는 내용이 아닌 것은?
① 멸종위기 야생생물을 방사하거나 이식한자
② 학술연구 목적으로 환경부장관의 허가를 받아 멸종위기 야생생물을 채취한 자
③ 국제적 멸종위기종 및 그 가공품을 수입하거나 반입목적 외의 용도로 사용한 자
④ 야생생물을 포획 또는 채취하거나 고사시킨 자

25. 다음 중 수렵장설정자가 포획 수렵동물의 종류와 수량 및 엽구의 정함에 틀린 것은?
① 수렵장설정자는 수렵장 내에서 다양한 동물을 수렵하도록 지정할 수 있다.
② 고정수렵장 설정자는 인공사육 방사하는 수렵조수를 수렵동물로 지정할 수 있다.
③ 수렵이 개시된 후 포획수량이 급격히 증가하여 서식밀도에 큰 변화가 있는 때 수렵을 금지할 수 있다.
④ 포획수량이 적어 수렵이 시행돼도 생태계에 미치는 영향이 적을 것으로 판단될 경우 수렵장으로 지정할 수 있다.

26. 야생동물에 의한 피해보상이 적용되는 대상자가 아닌 경우는?
① 양식중인 수산양식물의 피해를 입은 어업인
② 직접 경작한 농작물의 피해를 입은 농업인
③ 산림작물의 재배 중 피해를 입은 임업인
④ 수렵 등 야생동물 포획허가를 받아 야생동물 포획활동 중 피해를 입은 경우

정답 21.② 22.④ 23.② 24.② 25.① 26.④

27. 멸종위기 야생생물의 지정기준에 해당하는 내용은?

① 생물의 지속적인 생존 또는 번식에 영향을 주는 자연적, 인위적 요인 등으로 인하여 가까운 장래에 멸종위기에 처할 우려가 있는 종(種)
② 개체 또는 개체군 수가 일정 상태를 유지하고 있는 종(種)
③ 분포지역이 다양하고 서식지 또는 생육지가 양호한 종(種)
④ 국민이 관심 있게 지켜보고 있는 종(種)

28. 다음 중 야생동물로 인한 피해를 예방하기 위한 시설이 아닌 것은?

① 야생동물의 침입을 방지하기 위한 시설로서 시장・군수・구청장이 인정한 시설
② 울타리, 침입 방조망
③ 경음기, 침입감지장치, 허수아비
④ 사다리, 밧줄, 비닐하우스

29. 다음 중 <야생생물법>에 의한 '야생동물 질병'의 정의로 가장 올바른 것은?

① 죽었거나 질병에 걸린 상태, 질병에 걸릴 우려가 있는 야생동물에 대하여 부검・임상검사・혈청검사 기타 실험 등을 통하여 질병 감염 여부를 확인하는 것을 말한다.
② 야생동물이 병원체에 감염, 그 밖의 원인으로 이상이 발생한 상태로써 환경부령이 정하는 질병을 말한다.
③ 사람의 생명이나 재산에 피해를 주는 야생동물로써 환경부령으로 정하는 종의 질병을 말한다.
④ 야생생물을 일정한 장소나 시설에서 사육・양식・증식하면서 발생된 질병을 말한다.

30. 다음 중 야생동물 치료기관의 지정취소 사유가 아닌 것은?

① 특별한 사유없이 조난・부상당한 야생동물의 구조・치료를 2회 이상 거부한 경우
② 거짓이나 그 밖의 부정한 방법으로 지정을 받은 경우
③ 야생동물을 학대한 경우
④ 야생동물을 불법으로 포획・수입 또는 반입한 경우

31. 야생동물 피해 예방시설 비용의 신청 방법으로 옳은 것은?

① 피해 예방시설 설치 업체에게 신청
② 야생동물 피해 예방시설 설치지원신청 관련 법정서류를 첨부하여 시장・군수・구청장에게 신청
③ 인터넷 홈페이지를 통해 신청
④ 야생동물 피해 예방시설 설치지원신청 관련 법정서류를 첨부하여 산림청장에게 신청

32. 생물자원 보전시설의 설치・운영 등록을 받을 수 없는 사람은?

① 환경부장관　② 광역시장
③ 관할 도지사　④ 관할 군수

33. 야생동물 피해 예방시설 비용의 지원 분담률로 옳지 않은 것은?

① 해당 농업인등 40%
② 국가 30%
③ 지방자치단체 30%
④ 민간투자자 10%

34. 생물자원에 관한 정보의 효율적인 관리 및 이용과 생물자원 보전시설 간의 협력을 도모하기 위하여 구축하는 정보교환체계의 기능으로서 옳지 않은 것은?

① 생물자원 보전시설의 과학적인 관리
② 보유하는 생물자원에 대한 정보 교환
③ 전산정보체계를 통한 정보 및 자료의 유통
④ 생물자원을 활용하는 민간기관과 정보교환체계 구축

35. 야생동물 피해 예방시설 비용 지원단가의 조정가능 범위는?

① 30% 이내　② 10% 이내

정답 27.① 28.④ 29.② 30.① 31.② 32.④ 33.④ 34.④ 35.①

③ 20% 이내 ④ 40% 이내

36. 야생동물 피해 예방시설 비용 지원에 대한 설명 중 옳지 않은 것은?

① 개인이 신청할 경우 직접 환경부장관에게 제출하여야 한다.
② 시장·군수·구청장은 피해 예방시설 비용 산출내역서를 해당지역의 관할 시·도지사에 11월말까지 제출하여야 한다.
③ 시·도지사는 해당년도 1월말까지 환경부장관에게 보조금 교부를 신청하여야 한다.
④ 지방자치단체장은 매년 야생동물 피해예방사업의 추진성과에 대하여 분석·평가하고 문제점을 개선하여야 한다.

37. 야생동물 피해예방 시설물의 사후관리 기간은?

① 5년 ② 2년 ③ 3년 ④ 4년

38. 야생동물 피해예방 시설물의 사후관리 내용으로 옳지 않은 것은?

① 시설물 설치 후 보조금은 개인의 목적을 위해 사용이 가능함.
② 농·림·어업 경영상 또는 기타 사유로 철거 또는 훼손이 불가피할 경우 시장·군수·구청장의 승인 후 시행함.
③ 농경지 매매, 임대차로 인한 설치시설물 관리주체 변경 시 시장·군수·구청장에게 신고함.
④ 자연재해 또는 야생동물에 의한 시설물 훼손정도가 심한 경우 시장·군수·구청장에 신고함.

39. 국가 및 지방자치단체에서 야생동물 피해 예방시설 비용으로 지원할 수 있는 최대 금액은?

① 3,000만원 ② 5,000만원
③ 1억 원 ④ 1,000만원

40. 야생동물에 의해 피해를 입은 농업인 등이 해당 농작물 등에 대해 피해보상을 청구할 수 없는 경우는?

① 시·도야생동·식물보호구역 및 야생동·식물 보호구역 내에서 피해를 입은 경우
② 멸종위기야생동물 또는 시·도보호야생동물에 의하여 피해를 입은 경우
③ 야생동·식물특별보호구역 내에서 피해를 입은 경우
④ 피해방지시설의 설치비용을 지원받은 경우

41. 다음 야생생물관리협회의 역할 중 옳지 않은 것은?

① 생태계교란 생물의 관리업무 지원
② 야생동물 멸종위기식물 밀렵·밀거래 단속 등 보호업무 지원
③ 야생동물의 질병진단
④ 수렵장 운영 지원 등 수렵 관리

42. 다음 중 유해야생동물의 설명이 옳은 것은?

① 자연적 또는 인위적 위협요인으로 개체수가 크게 줄어 현재의 위협요인이 제거되거나 완화되지 않을 경우 가까운 장래에 멸종위기에 처할 우려가 있는 야생생물종(種)을 말한다.
② 자연적 또는 인위적 위협요인으로 개체수가 크게 줄어 멸종위기에 처한 야생생물로서 대통령령으로 정하는 기준에 해당하는 종(種)을 말한다.
③ 사람의 생명이나 재산에 피해를 주는 야생동물로서 대통령령이 정하는 종(種)을 말한다.
④ 사람의 생명이나 재산에 피해를 주는 야생동물로서 환경부령이 정하는 종을 말한다.

43. 다음 중 야생동물의 학대행위가 아닌 것은?

① 질병에 걸릴 우려가 있는 야생동물을 부검·임상검사·혈청검사 그 밖의 실험 등을 하는 행위
② 때리거나 살아있는 채로 태우는 등 다른 사람에게 혐오감을 주는 방법으로 죽이는 행위
③ 포획하고 감금하여 고통을 주거나 야생생물의 몸에 상처를 입히는 행위
④ 목을 매달거나 독극물 등을 사용하여 잔인한 방법으로 등으로 죽이는 행위

정답 36.① 37.① 38.① 39.④ 40.④ 41.③ 42.④ 43.①

44. 다음 중 야생동물 등에 의한 피해보상금의 상한선은 얼마인가?

① 최대 1,000만원 ② 최대 100만원
③ 최대 300만원 ④ 최대 500만원

45. 다음 중 수렵장 종사자의 업무로 틀린 것은?

① 야생동물 보호 및 수렵 안내
② 야생동물 포획 및 임산물 채취 감시
③ 수렵장 내에서 수렵인의 준수사항 이행 확인
④ 덫 · 올무 · 창애 등 불법엽구의 수거

46. 야생동물 등에 의한 피해보상금은 산정된 피해액의 몇% 이내인가?

① 70% ② 60% ③ 50% ④ 80%

47. 야생생물 보호 기본계획에 포함된 사항이 아닌 것은?

① 국제적 멸종위기종의 보호 및 철새 보호 등 국제협력에 관한 사항
② 멸종위기 야생생물의 포획 방법
③ 야생동물의 질병연구 및 질병관리대책에 관한 사항
④ 야생생물의 현황 및 전망, 조사 · 연구에 관한 사항

48. 생물자원 보전시설의 등록에 대한 설명 중 옳지 않은 것은?

① 생물자원 보전시설을 등록한 자가 등록한 사항 중 환경부령으로 정하는 사항을 변경하려면 등록한 환경부장관 또는 관할 시 · 도지사에게 변경등록을 해야 한다.
② 거짓이나 그 밖의 부정한 방법으로 등록한 경우 등록이 취소된다.
③ 환경부령으로 정하는 시설과 요건을 갖추지 못한 경우 등록이 취소된다.
④ 관할 주민센터에서 생물자원 보전시설의 등록을 신청할 수 있다.

49. 야생동물 피해 예방시설 설치의 내용 중 옳지 않은 것은?

① 사업비 절감을 위해 설치계획서의 내용을 임의로 수정할 수 있다.
② 피해 예방시설 지원대상자로 선정된 주민은 시설물 설치계획서에 따라 자기부담금 전액을 투입하여 사업을 추진한다.
③ 시설설치를 완료한 후 시 · 군 · 구에 준공검사를 신청한다.
④ 사업비 절감 등을 위해 필요한 경우 시장 · 군수 · 구청장이 시설업체와의 일괄 계약방식으로 피해 예방시설 설치가 가능하다.

50. '멸종위기종 관리계약'에 대한 설명으로 가장 적합한 것은?

① 특별보호구역 및 인접지역에서 멸종위기 야생생물의 보호를 위해 토지의 소유자 · 점유자 등과 경작방식의 변경, 화학물질의 사용 저감 등 토지의 관리방법을 내용으로 체결하는 계약
② 생물다양성과 관련하여 법에 명시된 지역을 보전하기 위해 토지의 소유자 · 점유자 · 관리인과 경작방식의 변경, 화학물질의 사용 감소, 습지의 조성 등을 내용으로 체결하는 계약
③ 자연환경 또는 생태계에 미치는 영향이 현저하거나 생물다양성의 감소를 초래하는 사업을 하는 사업자에게 벌금을 부과 · 징수할 수 있는 계약
④ '환경정책기본법'에 의한 환경개선특별회계를 말한다.

51. 다음 중 야생생물보호와 이용의 기본원칙에 틀린 것은?

① 야생생물은 현재의 세대와 미래세대의 공동자산임을 인식하고 현재의 세대는 야생생물과 그 서식환경을 적극 보호하여 그 혜택이 미래세대에게 돌아갈 수 있도록 해야 한다.
② 야생생물 보호와 이용은 경제적 가치를 우선하여야 한다.
③ 야생생물과 그 서식지를 효과적으로 보호, 야생생물이 멸종에 이르지 않고 생태계의

정답 44.④ 45.② 46.④ 47.② 48.④ 49.① 50.① 51.②

균형이 유지되도록 해야 한다.
④ 국가와 지방자치단체, 국민은 야생생물을 이용 할 때 야생생물이 멸종되거나 생물다양성이 감소되지 않도록 하는 등 지속가능한 이용이 되도록 해야 한다.

52. 다음 중 수렵지정 조류로 묶이지 않은 것은?
① 쇠오리, 청둥오리, 어치
② 수꿩, 멧비둘기, 까마귀
③ 참새, 고방오리, 매
④ 떼까마귀, 홍머리오리, 까치

53. 다음 중 <야생생물법>이 정한 목적이 틀린 것은?
① 모든 국민은 야생생물을 보호하고 민족문화를 계승발전하여 활용할 수 있도록 해야 한다.
② 야생생물과 그 서식환경을 체계적으로 보호하고 관리함으로써 야생생물의 멸종을 예방한다.
③ 생물의 다양성을 증진시켜 생태계의 균형을 유지하여야 한다.
④ 사람과 야생생물이 공존하는 건전한 자연환경 확보

54. 다음 중 <야생생물법> 제57조의 각호에 해당하는 자를 환경행정관서 또는 수사기관에 발각되기 전에 해당기관에 신고 또는 고발하면 포상금을 받을 수 있다. 이때 신고 또는 고발 대상이 아닌 것은?
① 고속도로에서 자동차와 야생동물이 충돌하여 부상당한 야생동물을 신고한 자
② <야생생물법>을 위반하여 야생동물을 포획한 자
③ <야생생물법>을 위반하여 포획한 야생동물을 보관한 자
④ <야생생물법>을 위반하여 창애·올무 등을 제작한 자

55. 야생동물 피해 예방시설 설치비 지원 및 피해보상에 관한 사항을 심의하기 위한 심의위원회의 기능은?
① 시·군·구청장의 법률 자문
② 피해 예방시설 설치 시설계획안의 평가
③ 피해 예방시설 설치 의뢰인 조사
④ 피해 예방시설 수리 및 교체

56. 야생동물 피해예방사업 신청서의 구비서류로 옳지 않은 것은?
① 시설지원비 이의신청서
② 시설설치계획서
③ 설치비용 및 산출내역서
④ 시설비 신청사유서

57. 다음 중 환경부령이 정한 멸종위기 야생생물 I 급은?
① 멸종위기에 처한 종 중, 국제거래로 영향을 받거나 받을 수 있는 종(種)을 말한다.
② 자연적 또는 인위적 위협요인으로 개체수가 크게 줄어 멸종위기에 처한 야생생물로서 대통령령으로 정하는 기준에 해당하는 종(種)을 말한다.
③ 현재는 멸종위기에 처하지 않았으나 국제거래를 엄격하게 규제하지 않을 경우 멸종위기에 처할 수 있는 종과 멸종위기에 처한 종의 거래를 효과적으로 통제하기 위해 규제를 하여야 하는 그 밖의 종(種)
④ 자연적 또는 인위적 위협요인으로 개체수가 크게 줄어 현재의 위협요인이 제거되거나 완화되지 않을 경우 가까운 장래에 멸종위기에 처할 우려가 있는 야생생물 종(種)

58. 야생동물보호와 수렵 관련 용어의 정의로 볼 수 없는 것은?
① 고정수렵장이란, 존속기간 2년 이상 고정시설물을 설치하고 환경부장관이 지정·고시한 수렵동물을 인공사육 방사하여 수렵을 하는 수렵장을 말한다.
② 수렵장설정자는 환경부장관으로부터 수렵장 설정 승인을 받은 사람을 말한다.
③ 순환수렵장이란, 존속기간 1년 이하 고정

정답 52.③ 53.① 54.① 55.② 56.① 57.② 58.④

수렵장 이외의 지역에서 순환 운영되는 수렵장이다.

④ 일반수렵장이란, 존속기간 5년 이상 일반적으로 수렵을 할 수 있는 수렵장을 말한다.

59. 다음 중 '순환수렵장'의 수렵기간으로 올바른 것은?

① 10월 1일~2월 말일
② 2월 1일~3월 말일
③ 11월 20일~2월 말일
④ 10월 20일~3월 말일

60. 야생동물로 인한 피해보상금 청구를 위한 서류가 아닌 것은?

① 신청인 명의의 통장사본
② 신청인 소유의 재산세 납부내역
③ 야생동물로 인한 피해보상금 지급결정 통보서 사본
④ 주민등록증 사본

61. 다음 중 야생생물보호원 자격을 바르게 설명한 것은?

① 야생생물 실태조사와 관련 업무에 3년 이상 종사한 경력이 있는 사람
② 전문대학 이상 야생생물 관련 학과를 재학중인 사람
③ 야생생물 실태조사와 관련 업무에 1년 이상 종사한 경력이 있는 사람
④ 야생생물 실태조사와 관련 업무에 2년 이상 종사한 경력이 있는 사람

62. 다음 중 수렵장 운영실적 보고내용으로 올바른 것은?

① 수렵장 인근 지역의 숙박시설과 음식점 현황
② 설정된 수렵장의 이용자 및 야생동물 포획 현황
③ 수렵장 및 민가 주변 약도
④ 수렵장 이용 수입금의 사용계획서

63. 다음 중 <멸종위기종 국제거래협약> 부속서 Ⅱ에서 정한 종(種)은 무엇인가요?

① 현재 멸종위기에 처하여 있지는 않으나 국제거래를 엄격하게 규제하지 않을 경우 멸종위기에 처할 수 있는 종(種) 및 멸종위기에 처한 종(種)의 거래를 효과적으로 통제하기 위하여 규제해야 하는 그 밖의 종(種)
② 자연적 또는 인위적 위협요인으로 개체수가 크게 줄어들어 멸종위기에 처한 야생생물로서 대통령령으로 정하는 기준에 해당하는 종(種)을 말한다.
③ 멸종위기에 처한 종(種) 중, 국제거래로 영향을 받거나 받을 수 있는 종(種)을 말한다.
④ <멸종위기종국제거래협약> 당사국이 이용을 제한할 목적으로 자기나라 관할권에서 규제를 받아야 하는 것으로 국제거래 규제를 위하여 다른 당사국의 협력이 필요하다고 판단한 종(種)

64. 다음 중 수렵장 총기관리에 틀린 것은?

① 수렵장에서는 일몰 후 경찰관서에 총기를 보관하지 않는다.
② 수렵장에서의 총기는 07시부터 출고한다.
③ 수렵장에서의 총기는 19시까지 경찰관서(지구대, 파출소)에 입고해야 한다.
④ 수렵기간이 만료된 후의 총기는 반드시 주소지 관할 경찰서에 입고해야 한다.

65. 다음 중 <멸종위기종 국제거래협약> 부속서 Ⅲ에 정한 종(種)은 무엇인가요?

① 멸종위기에 처한 종 중 국제거래로 영향을 받거나 받을 수 있는 종(種)을 말한다.
② 현재 멸종위기에 처하여 있지는 않으나 국제거래를 엄격하게 규제하지 않을 경우 멸종위기에 처할 수 있는 종과 멸종위기에 처한 종의 거래를 효과적으로 통제하기 위하여 규제를 해야 하는 그 밖의 종(種)
③ 자연적 또는 인위적 위협요인으로 개체수가 크게 줄어 멸종위기에 처한 야생생물로서 대통령령으로 정하는 기준에 해당하는 종(種)
④ <멸종위기종 국제거래협약> 당사국이 이용을

정답 59.③ 60.② 61.① 62.② 63.① 64.① 65.④

제한할 목적으로 자기 나라의 관할권에 규제를 받아야 하는 것으로 국제거래 규제를 위하여 다른 당사국의 협력이 필요하다고 판단한 종(種)

66. 야생동물 피해 예방시설 설치비 지원 및 피해 보상 심의를 위한 심의위원회의 구성으로 옳지 않은 내용은?

① 위원장을 포함하여 7명 이내의 위원으로 구성한다.
② 공무원은 당연직 위원이 되며, 위촉위원의 임기는 3년으로 한다.
③ 시・군・구 담당 공무원으로 구성한다.
④ 해당 지역 야생동물에 대한 전문적인 식견을 가진 자로서 시장・군수・구청장이 위촉하는 자를 포함할 수 있다.

67. 다음 중 <야생생물법>에 따른 질병진단의 정의로 가장 적절한 것은?

① 죽거나 병에 걸렸거나 걸릴 우려가 있는 야생동물에 대하여 부검・임상검사・혈청검사・기타 실험 등을 통해 질병 감염 여부를 확인하는 것을 말한다.
② 야생동물이 병원균에 감염되거나 기타의 원인으로 이상이 발생한 상태로써 환경부령으로 정하는 질병을 말한다.
③ 사람의 생명이나 재산에 피해를 주는 야생조수로써 환경부령으로 정하는 종의 질병을 진단하는 것이다.
④ 야생생물을 일정한 장소나 시설에서 사육・양식・증식하면서 발생한 질병을 확인하는 것을 말한다.

68. 다음 중 수렵장 설정 제한지역으로 보기 어려운 것은?

① 국토의 계획 및 이용에 관한 법률에 따른 도시지역
② 자연공원법에 따른 자연공원
③ 군부태・능묘・사찰・교회의 경내
④ 하천의 갈대숲으로부터 600m 이내 지역

69. 다음 중 <야생생물법>에 따라 수렵장 설정권자가 될 수 없는 사람은?

① 시장・군수・구청장
② 산림청장・또는 경찰서장
③ 광역시장
④ 도지사

70. 다음 중 수렵장 시설 설치기준에 따라 수렵장 설정자가 갖추어야 할 시설 설비가 아닌 것은?

① 수렵장 관리사무소
② 수렵장 안내 및 휴게시설
③ 수렵포획물의 보관 및 처리시설
④ 주유소 등 편의점

71. 다음 중 야생생물에 대한 법률상의 책무로 잘못된 것은?

① 국민은 야생생물 보호를 위한 국가와 지방자치단체의 시책에 협조하여야 한다.
② 국민은 야생생물을 보호하는데 기금이나 후원금을 납부하여야 한다.
③ 국가는 야생생물 보호에 종합적인 정책을 수립・시행하여야 한다.
④ 지방자치단체는 관할구역의 야생생물 보호와 서식환경 보전을 위한 대책을 수립・시행하여야 한다.

72. 다음 중 <멸종위기종 국제거래협약> 부속서 Ⅰ에서 정한 종(種)은 무엇인가?

① 자연적 또는 인위적 위협요인으로 개체수가 크게 줄고 있어 현재 위협요인이 제거, 완화되지 않을 경우 가까운 장래에 멸종위기에 처할 우려가 있는 야생생물 종(種)
② 멸종위기에 처한 종 중, 국제거래로 인하여 영향을 받거나 받을 수 있는 종(種)
③ 멸종위기종국제거래협약 당사국이 이용을 제한할 목적으로 자기나라의 관할권에서 규제를 받아야 하는 것으로 국제거래 규제를 위하여 다른 당사국의 협력이 필요하다고 판단한 종(種)
④ 현재 멸종위기에 처해 있지는 않으나 국제

정답 66.② 67.① 68.④ 69.② 70.④ 71.② 72.②

거래를 엄격하게 규제하지 않을 때 멸종위기에 처할 수 있는 종(種)과 멸종위기에 처한 종(種)의 거래를 효과적으로 통제하기 위하여 규제해야하는 그 밖의 종(種)

73. 다음 중 명예 야생생물보호원의 자격에 맞지 않는 것은?

① 야생생물보호 관련 단체 회원
② 야생생물 관련 단체에서 추천한 사람
③ 야생생물보호의 경험이 많은 지역 주민
④ 야생생물보호 관련 활동 실적이 많은 사람

74. 다음 중 수렵장 설정 제한지역이 아닌 것은?

① 문화재보호법 제2조에 의한 문화재가 있는 장소
② 관광진흥법에 의해 지정된 관광지
③ 군부대·능묘·사찰·교회의 경내
④ 해발 300 미터의 산림지대

75. 유해야생동물 포획 허가 시 시장·군수·구청장의 고려 대상이 아닌 것은?

① 유해야생동물에 의한 농작물 등의 피해 상황
② 유해야생동물 종류와 서식 개체수
③ 지역주민이 포획을 희망하는 동물인가의 여부
④ 과도한 포획으로 생태계 교란 발생 유무

76. 다음 중 수렵장 설정 제한지역과 관계가 없는 것은?

① 야생생물 특별보호구역
② 습지보전법에 의해 지정된 습지보호구역
③ 수목원조성 및 진흥에 관한 법률에 따른 수목원
④ 산림보호를 위한 전체 산림지역

77. 다음 중 <야생생물법>에 따라 포상금을 받을 수 없는 사람은?

① 불법 포획한 야생동물이나 멸종위기 야생동물의 밀렵범죄자를 신고한 자
② 야생동물의 질병을 연구하거나 구조·치료한 사람
③ 불법 밀렵 도구를 수거한 자
④ 질병에 걸린 것으로 확인되거나 걸릴 우려가 있는 야생동물을 신고한 사람

78. 다음 중 국제적멸종위기종 설명이 아닌 것은?

① 가격이 국제적으로 매우 비싸게 거래되고 있는 종(種)
② 국제적으로 거래를 엄격히 규제하는 종(種)
③ 국제적으로 멸종위기에 처할 우려가 있는 종(種)
④ CITES협약에 의해 국제적으로 거래가 제한되는 종(種)

79. 다음 중 수렵장 관리 인력 확보 및 운영에 관한 설명으로 가장 올바른 것은?

① 안전사고 대비 상황실 등의 운영을 고려한다.
② 수렵장 사용승인 등 수렵동물 포획신고·수렵장 안내·안전사고 예방을 위한 자동화 시설 확보
③ 각 인력별 근무 장소와 임무·근무시간 등의 구체적인 운영계획은 필요치 않다.
④ 수렵장 관리 인력은 1명/km^2을 원칙으로 하되 수렵장의 지형지물과 주변여건을 감안 조정한다.

80. 다음 중 수출·수입·반출·반입 시 시장·군수·구청장의 허가를 받지 않는 야생동물은?

① 조류　　② 파충류
③ 갑각류　　④ 양서류

81. 다음 중 야생생물보호원의 결격사유가 아닌 것은?

① <야생생물법>을 위반하여 금고 이상의 실형을 선고받고 집행이 종료된 날로부터 3년이 된 자
② 파산선고를 받고 복권이 되지 않은 사람
③ 금치산자 및 한정치산자
④ <야생생물법>을 위반, 금고 이상의 형의 집행유예를 선고받고 그 유예기간 중에 있는 사람

정답 73.② 74.④ 75.③ 76.④ 77.② 78.① 79.① 80.③ 81.①

82. 다음 중 <국제적멸종위기종> 설명이 틀린 것은?

① 자연적 또는 인위적 위협요인으로 개체수가 크게 줄어 멸종위기에 처한 야생생물로서 대통령령이 정하는 기준에 해당하는 종(種)
② 멸종위기에 처한 종(種) 중 국제거래로 인하여 영향을 받거나 받을 수 있는 종(種)으로서 멸종위기종국제거래협약의 부속서 Ⅰ에서 정한 것
③ 현재 멸종위기에 처해 있지는 않으나 국제거래를 엄격하게 규제하지 않을 경우 멸종위기에 처할 수 있는 종(種), 멸종위기에 처한 종(種)의 거래를 효과적으로 통제하기 위하여 규제를 해야 하는 그 밖의 종으로써 멸종위기종국제거래협약의 부속서 Ⅱ에 정한 것
④ 멸종위기종국제거래협약 당사국이 이용을 제한할 목적으로 자기나라의 관할권에 규제를 받아야 하는 것으로 확인하고 국제거래 규제를 위하여 다른 당사국의 협력이 필요하다고 판단한 종(種)으로서 멸종위기종국제거래협약의 부속서 Ⅲ에서 정한 것

83. 다음 중 100만원 이하의 과태료에 해당하는 것은?

① 일출 전 또는 일몰 후 수렵하는 경우
② 수렵면허증을 휴대하지 않고 수렵을 하는 경우
③ 포획승인서를 받지 않고 수렵하는 경우
④ 밀렵도구를 제작 판매하는 경우

84. 다음 중 수렵조수의 종류와 포획제한수량 및 사용가능 엽구로 틀린 것은?

① 엽총・공기총・활・낚시・그물・다이너마이트・석궁・청산가리
② 수렵 가능 동물 : 멧돼지・고라니・청설모
③ 순환수렵장에서 수류의 포획제한 수량 : 엽기 내 1인 각 3마리
④ 고정수렵장에서 조류의 포획제한 수량 : 수렵장 설정자가 결정(무제한)

85. 다음 중 수렵장 설정 제한 장소가 아닌 것은?

① 야생생물보호구역
② 군사시설 보호구역
③ 국립공원 및 사찰 경내
④ 호수에서부터 300m 이내의 지역

86. 다음 중 수렵장설정 고시에 포함되지 않는 내용은?

① 수렵장 설정 기간
② 수렵장 명칭 및 구역
③ 수렵장 사용료
④ 수렵장에서 사용할 총기류와 실탄의 수량

87. 다음 중 야생생물보호원의 직무라고 볼 수 없는 것은?

① 생태계 교란 야생생물 관리
② 수렵관련 업무담당 공무원 보조
③ 야생동물 밀렵 및 불법거래 물품 몰수
④ 유해야생동물 관리

88. 다음 중 야생생물이 아닌 것은?

① 산과 들에서 서식하고 있는 야생조수류
② 들(야지)에서 서식하는 양서류
③ 사람이 사육하는 멧돼지
④ 강 주변에서 서식하는 파충류

89. 다음 중 수렵장 선정기준으로 올 바른 것은?

① 유해야생동물로 인한 피해가 많이 발생하는 지역을 우선적으로 설정한다.
② 야생동물의 서식밀도와 야생동물 보호의지 및 수렵관리 능력을 갖춘 시・군을 선정하되 가능한 인접한 4개 이상의 시・군을 권역화하여 우선 설정한다.
③ 특별한 기준은 없으나 수렵장설정자가 임의로 지정 고시할 수 있다.
④ 국유지를 기준으로 하며 주변에 도심이 없는 지역을 우선 선정한다.

90. 다음 중 시・군 수렵장의 사용료 징수권자는?

① 시장・군수・구청장
② 환경부장관
③ 지방 유역환경청장
④ 읍・면・동장

정답 82.① 83.② 84.① 85.④ 86.④ 87.③ 88.③ 89.① 90.①

91. 다음 중 헌터의 안전을 위한 조치가 아닌 것은?

① 수렵장에서 안전사고 예방을 위해 개인의 휴대전화를 압수한다.
② 엽사에게 지역 정보를 제공하여 안전사고를 예방한다.
③ 수렵금지구역 및 주요 관광지·등산로 등이 표시된 수렵안내지도·관리사무소 위치 등 수렵장 운영 관련 정보가 포함된 수렵안내서를 발간하여 헌터별로 배부한다.
④ 수렵장에서 안전사고 방지를 위해 식별이 용이한 주황색 조끼를 착용한다.

92. 다음 중 <야생생물법>에 정한 멸종위기 야생생물에 대한 광고와 관계가 깊은 것은?

① 다른 법률에서 인·허가를 받은 경우를 제외하고, 멸종위기 야생생물의 학대를 유발할 수 있는 광고는 금지된다.
② 누구든지 멸종위기 야생생물을 상업적으로 광고 할 수 없다.
③ 멸종위기 야생생물의 감소를 촉진하는 광고를 한 자는 1천만원 이하의 과태료에 처한다.
④ 멸종위기 야생생물 보호하는 내용의 광고는 제한된다.

93. 다음 중 유해야생동물이 아닌 것은?

① 야생동물에게 피해를 주는 들고양이
② 농작물에 피해를 주는 멧비둘기
③ 잣·호두 등에 피해를 주는 청설모
④ 국가 문화재로 지정된 건물에 부식 피해를 주는 집비둘기

94. 다음 중 환경부령이 정한 멸종위기 야생생물 Ⅱ급은?

① 자연적 또는 인위적 위협요인으로 개체수가 크게 줄어 멸종위기에 처한 야생생물로서 대통령령으로 정하는 기준에 해당하는 종(種)을 말한다.
② 멸종위기종국제거래협약 당사국이 이용을 제한할 목적으로 자기나라의 관할권에서 규제를 받아야 하는 것으로 국제거래 규제를 위하여 다른 당사국의 협력이 필요하다고 판단한 종(種)
③ 현재 멸종위기에 처하여 있지는 않으나 국제거래를 엄격하게 규제하지 않을 경우 멸종위기에 처할 수 있는 종과 멸종위기에 처한 종의 거래를 효과적으로 통제하기 위하여 규제를 해야 하는 그 밖의 종(種)
④ 자연적 또는 인위적 위협요인으로 개체수가 크게 줄어들고 있어 현재의 위협요인이 제거되거나 완화되지 않을 경우 가까운 장래에 멸종위기에 처할 우려가 있는 야생생물 종(種)

95. 다음 중 시·도 야생동물 피해방지시설 설치 및 관리계획안의 평가기준이 틀린 것은?

① 예방 시설물 설치 후 야생동물 피해를 100% 예방할 수 있는지?
② 지역 거주자 농업인의 신청을 바탕으로 작성되었는지?
③ 시설 설치하고자 하는 시설물에 대해 전문가의 확인을 받았는지?
④ 방지효과가 보장될 수 있는 시설물인지 확인을 거쳤는지?

96. 다음 중 수렵장 설정 시 운영계획서에 포함되어야 할 사항이 아닌 것은?

① 수렵장의 관리소 소재지
② 수렵기간 및 이용방법·사용료와 동물별 포획요금 고시
③ 수렵인의 인성 교육
④ 수렵방법과 수렵도구

97. 다음 중 멸종위기야생생물 1급에 대한 설명이 아닌 것은?

① 인위적 위협으로 개체수가 현저하게 감소한 야생생물
② 환경부장관이 천연기념물로 지정한 야생동물
③ 중앙행정기관의장과 협의하여 환경부장관이 지정하는 종(種)
④ 자연적 요인으로 개체수가 현저하게 감소한 야생생물

정답 91.① 92.① 93.① 94.④ 95.① 96.③ 97.②

98. 다음 중 유해야생동물이 아닌 것은?

① 농작물에 피해를 주는 염소와 사냥개
② 인명피해가 심히 우려되는 맹수류
③ 조상의 분묘에 피해를 주는 멧돼지
④ 과수원 등 전선에 피해를 주는 까치

99. 다음 중 <야생생물법>에 의한 포상금을 받을 수 없는 사람은?

① 질병에 걸릴 우려가 있는 야생동물을 부검·임상검사·혈청검사 그 밖의 실험 등을 하는 자를 신고하는 경우
② 불법 포획·수입 또는 반입한 야생동물을 사용하여 만든 음식물 또는 가공품을 취득·양도·양수·운반·보관하거나 그러한 행위를 알선한 자를 신고한 사람
③ 덫·창애·올무 그 밖에 야생동물을 포획할 수 있는 도구를 제작·판매·소지 또는 보관한자를 고발한 사람
④ 야생생물을 포획 채취하거나 고사시키기 위하여 폭발물·덫·창애·올무·함정·전류 또는 그물을 설치 사용하거나 유독물·농약 등 이와 유사한 물질을 살포·주입한 자를 현장에서 체포한 자

100. 다음 중 야생동물 피해방지시설 설치와 관리계획안의 평가기준표상 배점이 가장 높은 것은?

① 지역농업인의 신청을 기본 바탕으로 작성되었는지?
② 가해야생동물의 생존과 서식에 위험을 피하면서 농수산물의 피해를 예방할 수 있는지?
③ 방지시설 설치비용이 합리적으로 바르게 산정되었는지?
④ 설치하고자 하는 시설물에 전문가의 의견청취와 확인을 거쳤는지?

101. 다음 중 시장·군수·구청장이 수렵장설정 승인을 받을 경우 신청서류를 제출하는 기관은?

① 환경부장관 ② 행정자치부장관
③ 시·도지사 ④ 산림청장

102. 다음 중 야생동물 피해방지시설 지원절차로 올바른 것은?

① 사업의 공고 → 사업시행자 선정 → 대상자 선정 통지 → 사업신청서 제출 통지
② 사업신청서의 제출 → 사업의 공고 → 사업시행자 선정 → 대상자 선정·통지
③ 사업시행의 선정 → 사업신청서의 제출 → 사업자 공고 → 대상자 선정 통지
④ 사업시행의 선정 → 사업의 공고 → 사업신청서의 제출 → 대상자 선정 통보

103. 다음 중 야생생물보호원의 해임이나 해촉 사유가 아닌 것은?

① 해당 업무수행을 게을리 할 경우
② 해당 업무 수행능력이 부족할 경우
③ 업무상 명령을 위반하였을 경우
④ 소정 회비를 납부하지 않았을 경우

104. 다음 중 수렵 시 준수사항이 아닌 것은?

① 수렵면허와 총포소지허가증은 항상 휴대해야 한다.
② 포획 제한 규정을 엄격히 준수해야한다.
③ 청둥오리는 일출 전 사냥이 가능하다.
④ 포획승인증은 항상 휴대하여야 한다.

105. 다음 중 야생동물을 포획할 목적으로 총과 실탄을 휴대하고 돌아다니는 자의 처벌은?

① 1년 이하 징역 또는 1천만원 이하 벌금
② 2년 이하 징역 또는 2천만원 이하 벌.
③ 5년 이하 징역 또는 500만원 이하 벌금
④ 3년 이하 징역 또는 1천만원 이하 벌금

106. 다음 중 야생생물보호원의 직무와 관련이 없는 것은?

① 수렵총기 사고 원인 조사 및 처리
② 멸종위기 야생생물 보호 및 증식과 복원에 관한 주민 지도 계몽
③ 수렵인 지도 및 수렵장 관리 보조
④ 야생생물 서식실태 조사

정답 98.① 99.① 100.① 101.① 102.④ 103.④ 104.③ 105.① 106.①

107. <야생생물법>에 따라 유해야생동물로 볼 수 있는 것은?
① 국제적으로 공인되어진 유해야생동물
② 사람에게 혐오감을 주는 야생동물
③ 야생동물끼리 다투거나 먹이사슬에 의해 잡아먹는 야생동물
④ 사람의 생명 또는 재산에 피해를 주는 야생동물

108. 다음 중 수렵장 시설 설치기준에 해당하지 않는 것은?
① 수렵장 관리사무소
② 안내시설 및 휴게시설
③ 방문 엽사를 위한 주차장과 숙박시설
④ 수렵장 경계표지 시설

109. 다음 중 수렵장 관리사무소 설치 및 홍보에 대한 내용이 틀린 것은?
① 수렵인 중에서 자원봉사하여 관리사무소를 운영한다.
② 안전사고 예방 및 수렵장 안내 등을 위하여 시청·군청, 면사무소, 주유소 등의 장소에 수렵장 관리사무소를 10개소 이상 설치·운영한다.
③ 수렵장 안내판을 1km² 당 0.3개 이상 설치한다.
④ 안전사고 우려지역 등을 편리하게 인지할 수 있도록 표지판·플래카드·테이프 등을 설치한다.

110. 다음 중 환경부장관이 실시하여 해당 시·도지사에게 알리는 야생동물의 종류 및 서식밀도 조사의 주기는?
① 4년 ② 1년 ③ 2년 ④ 3년

111. 다음 중 국제적 멸종위기종 관련하여 환경부장관에게 신고사유가 아닌 것은?
① 국제적 멸종위기종이 죽었을 경우
② 국제적 멸종위기종이 병에 걸려 사육할 수 없게 되었을 경우
③ 국제적 멸종위기종의 관리비용이 많이 들 경우
④ 국제적 멸종위기종을 양도하려 할 경우

112. 다음 중 국제적 멸종위기종에 관한 설명이 잘못된 것은?
① 국제적 멸종위기종의 가공품은 허가를 받지 않고 수출입할 수 있다.
② 국제적 멸종위기종 거래는 환경부장관의 허가를 받아야 한다.
③ 수입 또는 반입 허가를 받은 종이라도 목적 외 사용할 수 없다.
④ 환경부장관의 승인을 받으면 용도변경이 가능하다.

113. 다음 중 수렵제한 고시 내용과 거리가 먼 것은?
① 수렵 도구
② 수렵인의 수
③ 야생동물의 서식밀도
④ 수렵의 방법

114. 다음 중 수렵장설정과 관계가 깊은 것은?
① 수렵장 관리규정 제정 또는 변경 - 시·도 의회 또는 시·군·구 의회
② 토지소유자 등 의견 청취 - 시·도지사 또는 시장·군수·구청장
③ 수렵장 설정·변경·해제 승인 - 환경부장관
④ 수렵장 관리규정 제정·변경 - 시·도지사 또는 시장·군수·구청장

115. 다음 중 수렵장 안전에 관한 주민홍보 내용이 틀린 것은?
① 다수의 수렵인 확보를 위하여 적극적인 홍보와 지역발전을 위한 이벤트를 실시한다.
② 총기사고와 수렵장 운영으로 인한 주민피해 방지를 위해 홍보계획을 수립 추진한다.
③ 지역신문이나 방송, 반상회, 마을내 방송 등을 통한 수렵안전을 홍보하여 주민의 불안을 해소한다.

정답 107.④ 108.③ 109.① 110.③ 111.③ 112.① 113.③ 114.① 115.①

④ 고속도로 및 주요 진입도로 주변과 관공서 주유소 관광지 등 다수의 사람들이 다니는 장소에 수렵장 운영에 관한 안내판 플래카드 등을 설치하여 주민과 외지인에게 홍보한다.

116. 다음 중 수렵동물의 확인표지, 포획제한수량에 대한 내용으로 볼 수 없는 것은?

① 포획승인증별 확인표지의 수량은 예상수량 범위 내에서 수렵장 설정권자가 결정한다.
② 수렵기간이 끝난 후 30일 이내 포획동물의 정보를 포획승인증에 기록, 남은 확인표지와 함께 신고해야 한다.
③ 수렵장설정자는 확인표지를 구매 제작하여 보급하거나 위탁자에게 확인표지를 구매 제작 또는 보급하도록 해야 한다.
④ 포획선호동물은 우선 확인표지를 부착하고 포획수량을 관리 점검한다.

117. 다음 중 야생동물 먹는 자 처벌에 관한 설명이 아닌 것은?

① 밀렵인 것을 알고 먹으면 처벌된다.
② 밀렵된 야생동물의 가공품을 먹어도 처벌된다.
③ 먹는 것이 금지된 야생동물은 환경부장관이 지정 고시한다.
④ <야생생물법>상 먹는 것이 금지된 야생동물은 28종이다.

118. 다음 중 수렵동물을 지정하고 고시하는 행정기관은?

① 산림청　② 광역시
③ 시·군·구청　④ 환경부

119. 다음 중 허가 없이 야생동물을 포획할 수 있는 경우가 아닌 것은?

① 수렵장설정자의 수렵승인을 받은 경우
② 시장·군수·구청장의 유해야생동물 포획허가를 받은 경우
③ 야생동물이 부상을 당하여 치료가 시급한 경우
④ 과수원 등 농작물에 피해가 많은 경우

120. 다음 문제 중 멸종위기 야생동물을 포획할 수 없는 것은?

① 인체에 급박하게 위해를 미칠 경우
② 농지나 민가에 빈번하게 출현하여 농작물에 피해를 가한 경우
③ 보전기관이 법령에 의하여 포획 허가를 받은 경우
④ 조난을 당하여 멸종위기 야생동물의 구조가 시급한 경우

121. 다음 중 야생동물 구조에 올바른 설명은?

① 수렵면허 소유자는 누구이든 야생동물을 구조할 수 있다.
② 시장·군수·구청장은 야생동물의 구조·치료시설을 설치하고 운영하여야 한다.
③ 환경부장관은 관련 기관이나 단체를 야생동물치료기관으로 지정할 수 있다.
④ 시·도지사는 야생생물 보호구역에서 야생동물의 구조·치료시설을 설치·운영하여야 한다.

122. 다음 중 멸종위기 야생생물 보호를 위해 토지이용 방법 등 권고 대상이 아닌 것은?

① 토지의 점유자　② 토지의 관리인
③ 토지의 통행인　④ 토지의 소유자

123. 다음 중 수렵면허 관련 연결이 아닌 것은?

① 수렵면허 갱신 - 5년
② 수렵면허증 - 신청자 주소지 관할 시·도지사
③ 제1종 수렵면허 - 총기를 사용하는 수렵
④ 제2종 수렵면허 - 총기외의 수렵도구 사용 수렵

124. 다음 중 '야생생물법'에 의한 수렵장 내에서 수렵금지 구역에 해당하는 곳이 아닌 것은?

① 국유림
② 야생생물의 보호지역
③ 공원지역
④ 문화재 보호지역

정답 116.② 117.④ 118.④ 119.④ 120.② 121.③ 122.③ 123.② 124.①

125. **다음 중 멸종위기종이 아닌 야생동물의 포획 허가를 받을 수 없는 경우란?**
   ① 학술연구용으로 사용하는 경우
   ② 야생동물을 보호·증식·복원 목적으로 사용하고자 하는 경우
   ③ 사람의 질병을 진단하거나 치료 또는 예방하기 위해 관계 중앙행정기관의 장이 시장·군수·구청장에게 요청하는 경우
   ④ 국가의 공익사업이 지체될 것이 예상되는 경우

126. **다음 중 야생동물의 학대로 보기 어려운 것은?**
   ① 올무·창애·독극물을 사용하여 야생동물을 죽이는 경우
   ② 혐오감을 주는 방법으로 야생동물을 죽이는 경우
   ③ 살아있는 야생동물의 쓸개나 생체 일부를 채취하는 경우
   ④ 조난당하거나 부상당한 야생동물을 동물병원으로 운반하는 경우

127. **다음 중 야생동물 포획도구와 관계가 없는 것은?**
   ① 올무·덫·창애 등을 이용하여 야생동물을 포획하는 도구는 허용된다.
   ② 학술연구용으로 허가를 받은 경우 덫·올무의 제작·보관은 허용된다.
   ③ 전시·관람용의 덫과 올무의 제작·보관은 허용된다.
   ④ 유해야생동물 포획용으로 허가받은 덫·올무의 제작·보관은 허용된다.

128. **다음 중 국제적 멸종위기종 및 그 가공품 설명이 잘못된 것은?**
   ① 인체에 급박하게 위해를 끼칠 우려가 있는 경우 포획 가능하다.
   ② 해외에서는 포획·채취·구입·시식이 가능하다.
   ③ 허가를 받지 않고 수입·반입할 수 없다.
   ④ 허가를 받지 않고 수입·반입된 국제적 멸종위기종을 양도하거나 양수할 수 없다.

129. **다음 중 <야생생물법>에 의해 지정·고시된 야생생물이 아닌 것은?**
   ① 멸종위기 야생생물 및 국제적 멸종위기 야생생물
   ② 외래생물과 생태계 교란야생생물
   ③ 유해야생동물
   ④ 포획 채취가 금지된 야생생물

130. **다음 중 유해야생동물 포획허가와 관계가 없는 것은?**
   ① 유해야생동물 포획은 수렵면허를 받고 수렵보험에 가입한 사람 외에 허가한다.
   ② 유해야생동물을 포획허가는 시장·군수·구청장이 한다.
   ③ 유해야생동물 포획허가를 한 경우, 산림청장 또는 관계 행정기관의 장에게 통보하여야 한다.
   ④ 유해야생동물을 포획한 자는 포획결과를 시장·군수·구청장에게 신고하여야 한다.

131. **다음 중 야생생물보호 및 서식환경보전을 위해 환경부장관이 지정하는 '야생생물보호 기본계획의 수립 주기는 몇 년인가?**
   ① 2년 마다 ② 10년 마다
   ③ 7년 마다 ④ 5년 마다

132. **다음 중 유해야생동물 포획허가가 취소된 자의 허가증 반납기간은?**
   ① 7일 ② 15일 ③ 2주 ④ 5일

133. **다음 중 수렵자의 준수사항이 아닌 것은?**
   ① 수렵면허증을 휴대하여야 한다.
   ② 일출 전에는 오리사냥이 가능하다.
   ③ 총포소지허가증·포획승인증을 휴대하여야 한다.
   ④ 포획 및 수렵제한 규정을 준수해야 한다.

134. **환경부장관은 몇 년을 주기로 <야생동물 질병관리 기본계획>을 수립 시행하여야 하나?**
   ① 20년 ② 5년 ③ 10년 ④ 15년

정답 125.④ 126.④ 127.① 128.② 129.② 130.① 131.④ 132.① 133.② 134.②

135. 다음 중 야생생물보호 이용의 기본원칙과 맞지 않는 것은?
① 국가와 지방자치단체의 이용에 우선해야 한다.
② 지속가능한 이용이 되도록 해야 한다.
③ 야생생물이 멸종되지 않도록 해야 한다.
④ 생물다양성이 감소되지 않도록 해야 한다.

136. 다음 문제 중 수렵제한 사항이 아닌 것은?
① 도로에서부터 1km 이내의 장소
② 도로법 제2조에 따른 도로로부터 100m 이내의 장소
③ 도로 쪽을 향하여 수렵을 하는 경우 도로로부터 600m 이내의 장소
④ 해진 후부터 해뜨기 전까지

137. 다음 중 환경부령이 정한 야생생물 등의 서식실태조사에 포함될 내용이 아닌 것은?
① 종(種)별 서식지 및 서식 현황
② 종(種)별 생태적 특성
③ 서식지 주변 지역의 주민 민원 상황
④ 보전이나 관리대책 수립을 위한 필요한 내용

138. 다음 중 <야생생물법>의 범위가 아닌 것은?
① 수렵의 관리
② 멸종위기 야생생물 보호
③ 자연경관 보전
④ 생물자원 보전

139. 다음 중 밀렵한 야생동물과 관계가 없는 것은?
① 밀렵한 야생동물은 환경부장관만이 압류 가능하다.
② 밀렵한 야생동물로 가공한 음식물을 먹지 못한다.
③ 환경부령이 정한 포획금지 야생동물로 만든 음식물・가공품은 먹지 못한다.
④ 밀렵한 야생동물은 거래가 금지된다.

140. 다음 중 야생생물 보호 및 이용의 기본원칙에 해당하지 않는 것은?
① 야생생물의 혜택을 미래세대와 공유한다.
② 수렵인의 권익보호 한다.
③ 생태계의 균형을 유지한다.
④ 야생생물이 멸종되지 않고 지속가능하게 이용할 수 있도록 한다.

141. 다음 중 유해야생동물 포획허가와 관계가 깊은 것은?
① 유해야생동물 포획허가는 수렵면허를 받고 수렵보험에 가입한 사람에게 허가한다.
② 유해야생동물을 포획한 자는 포획결과를 시장・군수・구청장에게 신고하지 않는다.
③ 유해야생동물은 과도하게 포획하여 농작물 등의 피해를 최소화하여야 한다.
④ 유해야생동물 포획허가는 환경부장관이 한다.

142. 다음 중 야생생물보호원의 설명이 아닌 것은?
① 야생생물보호원은 공무원의 보조원이다.
② 야생생물보호원은 멸종위기 야생생물 보호・관리 등 관련 업무에 종사한다.
③ 야생생물보호원은 환경부 또는 지방자치단체에 소속된다.
④ 야생생물보호원은 수렵면허 없이 야생동물을 포획할 수 있다.

143. 다음 중 야생동물 학대행위가 아닌 것은?
① 야생동물 사체를 유기하는 행위
② 야생동물을 잔인하거나 혐오감을 주는 방법으로 죽이는 행위
③ 야생동물을 포획・감금하여 고통을 주거나 상처를 입히는 행위
④ 살아있는 상태로 야생동물의 생체 일부를 채취하는 행위

144. 다음 중 유해야생동물 구제허가와 관련이 없는 것은?
① 유해야생동물 구제는 시장・군수・구청장의 허가를 받는다.
② 유해야생동물 포획은 환경부장관의 허가

정답 135.① 136.① 137.③ 138.③ 139.① 140.② 141.① 142.④ 143.① 144.②

를 받아야 한다.

③ 유해야생동물 구제는 생태계의 교란우려가 없는 한도 내에서 실시해야 한다.

④ 유해야생동물 대리포획은 수렵면허를 소지하고 수렵보험에 가입해야 한다.

145. 다음 중 유해야생동물 포획허가 취소에 해당하지 않는 것은?

① 거짓 그 밖의 부정한 방법으로 허가를 받은 경우

② 유해야생동물 포획허가를 받은 사람이 포획을 대행한 경우

③ 유해야생동물 포획결과를 시장·군수·구청장에게 미신고한 경우

④ 환경부령에서 정한 허가 기준 및 안전수칙 포획 방법 등을 위반한 경우

146. 다음 중 <야생생물법>에 따른 밀렵 신고자의 포상금 지급 기준은?

① 벌금과 밀렵으로 얻은 동물 등 처분가를 합한 금액의 20/100 이내

② 벌금과 밀렵으로 얻은 동물 등 처분가를 합한 금액의 50/100 이내

③ 당해 사건과 관련된 야생생물을 금전으로 환산한 가액을 고려, 환경부장관이 정한다.

④ 벌금과 밀렵으로 얻은 동물 등 처분가를 합한 금액의 100/100 이내

147. 다음 중 야생생물보호 이용의 기본원칙에 틀린 것은?

① 야생생물을 효과적으로 보호해야 한다.

② 야생생물의 서식지를 효과적으로 보호해야 한다.

③ 인류의 후생 복지를 우선으로 한다.

④ 생태계의 균형이 유지되도록 해야 한다.

148. 다음 중 야생생물 보호구역의 설명이 다른 것은?

① 환경부장관은 야생생물 보호구역을 지정 고시할 수 있다.

② 환경부장관은 야생생물의 특별보호구역을 지정할 수 있다.

③ 야생생물의 특별보호구역에 대해 일정기간 출입을 제한할 수 있다.

④ 시장·군수·구청장은 야생생물 보호구역의 출입 제한 등의 조치를 할 수 있다.

149. 다음 중 야생생물보호원에 관한 설명이 아닌 것은?

① 야생생물의 보호와 관리 등 수렵관련 담당 공무원을 보조한다.

② 야생생물 보호원의 자격·임명·직무범위는 대통령령으로 정한다.

③ 파산선고를 받은 사람으로서 복권되지 않은 사람은 자격이 없다.

④ 명예 야생생물보호원도 보호활동을 적극적으로 할 수 있다.

150. 다음 중 야생생물에 대한 국가의 책무가 아닌 것은?

① 국가는 야생생물 보호관리를 위해 필요한 경우 개인과 자발적 협약을 맺어야 한다.

② 국가는 야생생물의 서식실태 등을 파악한다.

③ 국가는 야생생물 보호에 관한 종합적인 시책을 수립·시행한다.

④ 국가는 야생생물 보호와 관련된 국제기구와 협력한다.

151. 다음 중 <야생생물법>에서 정한 벌칙이 아닌 것은?

① 허가를 받지 않고 멸종위기 야생생물 1급을 포획한 자는 5년 이하의 징역에 처한다.

② 허가를 받지 않고 멸종위기 야생생물 2급을 포획한 자는 3년 이하의 징역에 처한다.

③ 야생동물에게 학대행위를 한 사람은 1년 이하의 징역에 처한다.

④ 야생생물 관련 범법자는 해당 등급의 징역과 벌금을 반드시 병과한다.

정답 145.② 146.③ 147.③ 148.① 149.② 150.① 151.④

152. 다음 중 야생동물 밀렵자에 대한 처벌은?
① 3년 이하 징역 또는 3천만원 이하 벌금
② 2년 이하 징역 또는 1천만원 이하 벌금
③ 2년 이하 징역 또는 2천만원 이하 벌금
④ 5년 이하 징역 또는 5천만원 이하 벌금

153. 다음 중 <야생생물법>에서 정한 양벌규정의 적용을 받지 않는 사람은?
① 법인의 직원(종업원)
② 공범(교사범·방조범 포함)
③ 법인의 대표자
④ 법인의 대리인과 사용인

154. 다음 중 <야생생물법>의 목적이 아닌 것은?
① 생태계 균형 유지
② 사람과 야생생물과의 공존
③ 기후변화에 적절한 대응
④ 야생생물의 서식환경 보호 및 관리

155. 다음 중 "야생생물 보호 및 이용의 기본원칙"과 거리가 먼 것은?
① 야생생물이 멸종에 이르지 않도록 노력해야 한다.
② 생물다양성이 감소되지 않도록 노력해야 한다.
③ 야생생물의 서식지를 효과적으로 보호해야 한다.
④ 현세대의 수요를 최우선적으로 고려하여야 한다.

156. 다음 중 수렵장 설정 제한 지역이 아닌 것은?
① 생태경관의 보전지역
② 특별보호구역 또는 보호구역
③ 자연공원 또는 도시공원
④ 개발제한구역

157. 다음 중 수렵장 위탁관리 설명이 아닌 것은?
① 수렵장설정자는 생태 경관이 우수한 지역을 선정, 수렵장으로 관리·운영을 위탁할 수 있다.
② 수렵장설정자는 법적인 요건을 갖춘 자에게 수렵장 관리·운영을 위탁할 수 있다.
③ 수렵장 관리·운영을 위탁받은 사람은수렵장관리규정을 정하여 운영해야 한다.
④ 수렵장관리규정은 수렵장설정자의 승인을 받아야 된다.

158. <야생생물법>에 따라 포상금을 받을 수 없는 것은?
① 밀렵한 자로부터 포획한 야생동물을 압수하여 해당 기관으로 이송하는 때
② 밀렵자를 환경행정관서 또는 수사기관에 발각되기 전 당해 기관에 신고 또는 고발한 때
③ 밀렵자를 위반현장에서 직접 체포한 때
④ 밀렵한 야생동물 등을 신고한 때

159. 다음 중 <야생생물법>에 따른 수렵면허의 법적 성질은?
① 허가 ② 인가 ③ 신고 ④ 특허

160. 다음 중 <야생생물법>을 위반하여 금고 이상의 실형을 선고받은 사람은 몇 년까지 수렵면허를 받을 수 없는가?
① 5년 ② 1년 ③ 2년 ④ 3년

161. 다음 중 수렵장 고시에 포함되지 않는 것은?
① 수렵 가능한 동물의 종류와 수량
② 수렵장 소유자와 관리자 선정
③ 수렵의 기간
④ 수렵 방법 및 수렵 도구

162. 다음 중 시·도 보호야생생물을 잘못 설명한 것은?
① 지정 또는 고시 전, 환경부장관과 협의를 해야 한다.
② 멸종위기 야생생물에 준하여 보호관리가 필요한 야생생물을 대상으로 한다.
③ 시·도는 조례로 정하는 바에 의하여 시·도 보호야생생물을 지정·고시할 수 있다.

정답 152.③ 153.② 154.③ 155.④ 156.④ 157.① 158.① 159.① 160.③ 161.② 162.①

④ 시 · 도 보호야생생물은 포획 및 채취를 금지할 수 있다.

163. 다음 중 유해야생동물에 해당되지 않는 것은?
① 사람의 생명에 피해를 줘야 한다.
② 다른 야생동물을 잡아먹거나 피해를 줘야 한다.
③ 재산에 피해를 줘야 한다.
④ 환경부령이 정하는 종이어야 한다.

164. 허가를 받아 유해야생동물을 포획한 자가 포획물 신고를 하지 않았을 경우 처벌은?
① 200만원 이하의 과태료에 처한다.
② 2년 이하의 징역 또는 2000만원 이하의 벌금에 해당된다
③ 1년 이하의 징역 또는 1000만원 이하의 벌금에 해당된다.
④ 100만원 이하의 과태료에 처한다.

165. 다음 중 야생생물이 아닌 것은?
① 야생식물 ② 균류 · 지의류
③ 유전자원 ④ 야생동물

166. 다음 중 야생화된 동물의 관리 요건과 거리가 먼 것은?
① 환경부장관이 지정하고 고시한 동물만 야생화 된 동물로 분류한다.
② 탈출하여 달아난 가축은 야생화된 동물에 해당되지 않는다.
③ 야생화 된 동물로 생태계의 교란이 발생될 우려가 있어야 한다.
④ 지방자치단체장은 야생화 된 동물을 포획할 수 있다.

167. 다음 중 <야생생물법>의 청문과 거리가 먼 것은?
① <야생생물법>의 모든 청문은 시장 · 군수 · 구청장 소관이다.
② 청문은 행정처분을 내리기 전 실시한다.
③ 면허를 취소하고자 하는 경우 반드시 청문을 해야 한다.
④ 청문은 행정절차법이 적용된다.

168. 다음 중 <야생생물법>에 따른 용어의 정의가 아닌 것은?
① '야생생물'이란, 산 · 들 또는 강 등 자연상태에서 서식하거나 자생하는 동물, 식물, 균류 · 지의류 원생생물 및 원핵생물의 종(種)을 말한다.
② '생물자원'이란, 자연상태에서 존재하는 생물체나 유전자원으로서 사람에게 유익한 것인가를 분별하여 그 여부에 따라 결정한다.
③ '유해야생동물'이란, 사람의 생명이나 재산에 피해를 주는 야생동물로서 환경부령이 정하는 종(種)을 말한다.
④ '인공증식'이란 야생생물을 일정한 장소 또는 시설에서 사육 · 양식 또는 증식하는 것을 말한다.

169. <야생생물법>의 특징과 거리가 먼 것은?
① 환경법 일종이다.
② 행정법적 특징을 가지고 있다.
③ 민사법적인 요소를 지니고 있다.
④ 형사법적인 요소를 지니고 있다.

170. 다음 중 야생생물보호원의 자격이 있는 사람은?
① 금치산자
② 한정치산자
③ <야생생물법>을 위반하여 선고유예를 받은 사람
④ 파산선고를 받고 복권되지 아니한 사람

171. 다음 중 야생생물에 대한 법률상의 책무로 보기 어려운 것은?
① 지방자치단체는 국가의 야생생물 보호시책에 적극 협조해야 한다.
② 지방자치단체에서는 관할구역의 주민 혜택을 우선 고려해야 한다.
③ 지역 특성에 따라 관할구역의 야생생물 보

정답 163.② 164.① 165.③ 166.② 167.① 168.② 169.③ 170.③ 171.②

호대책을 수립하여야 한다.

④ 지역 특성에 따라 관할구역의 야생생물 서식환경 보전대책을 수립하여야 한다.

172. **다음 중 야생생물보호 및 이용의 기본원칙에 맞지 않는 것은?**

① 현세대가 충분히 이용하고 남은 것을 미래세대에 돌아가게 해야 한다.

② 야생생물은 현세대와 미래세대의 공동자산이다.

③ 현세대는 야생생물과 그 서식환경을 적극 보호해야 할 의무가 있다.

④ 현세대는 미래세대의 혜택도 충분히 고려하여야 한다.

173. **다음 중 <야생생물법>의 행정처분과 거리가 먼 것은?**

① 손해배상 ② 허가의 취소

③ 등록의 취소 ④ 면허의 취소

정답 172.① 173.①

제2절 수렵의 절차(과목2/영역2)

1. **다음 문제 중 수렵면허와 관련이 없는 것은?**
   ① 헌터가 되려는 사람은 시장·군수·구청장의 수렵면허를 받아야 한다.
   ② 수렵면허는 제1종 '총기', 제2종 '총기 외'로 구분된다.
   ③ 수렵면허를 받은 사람은 지역관계 없이 수렵이 가능하다.
   ④ 수렵면허는 5년마다 갱신하여야 한다.

2. **다음 중 수렵면허를 받기위한 절차는?**
   ① 시·도지사가 실시하는 수렵면허시험에 합격하여야 한다.
   ② 수렵면허시험에 합격하고 수렵강습을 이수한 후 시장·군수·구청장에게 면허를 신청한다.
   ③ 사격장 또는 수렵장에서 수렵면허를 신청한 후 시험을 보게 된다.
   ④ 총기 사용 허가를 받으면 수렵면허를 받을 수 있다.

3. **다음 중 수렵면허의 결격사유가 아닌 것은?**
   ① 미성년자
   ② 수렵면허가 취소된 날로부터 1년이 지나지 않은 사람
   ③ 운전면허를 소지하고 사용하지 않은 사람
   ④ 정신보건법에 따른 정신질환자

4. **다음 중 수렵강습 설명이 틀린 것은?**
   ① 수렵강습을 받은 후 강습이수증을 받아야 하며 교육비는 국비지원이 가능하다.
   ② 수렵면허시험에 합격한 후 "수렵의 역사·문화·수렵 시 안전수칙" 등의 강습을 받아야 한다.
   ③ 수렵면허를 갱신하려는 사람은 안전수칙과 수렵 법령, 수렵 절차 등의 강습을 받아야 한다.
   ④ 수렵강습기관 지정 등에 관한 사항은 환경부령으로 정한다.

5. **다음 중 수렵강습기관 지정취소 사유가 아닌 것은?**
   ① 수렵 강습비를 받고 강습이수증을 발급한 때
   ② 거짓, 그 밖의 부정한 방법으로 지정을 받은 때
   ③ 수렵 강습을 받지 않은 사람에게 강습이수증을 발급한 때
   ④ 환경부령에서 정한 지정기준 등의 요건을 갖추지 못한 때

6. **다음 중 수렵 면허증과 관계가 깊은 것은?**
   ① 수렵면허증을 발급 받고 수렵면허시험에 합격하여야 한다.
   ② 수렵면허증은 친족 등 대리인에게 대여할 수 있다.
   ③ 수렵면허증을 잃어버린 경우 재발급이 없고 다시 면허시험을 치러야 한다.
   ④ 수렵면허의 효력은 면허증을 본인에게 발급한 때부터 발생한다.

7. **다음 중 수렵면허의 취소·정지가 아닌 것은?**
   ① 수렵면허증을 분실하였거나 헐어서 못 쓰게 된 경우
   ② 거짓, 또는 부정한 방법으로 수렵면허를 받은 경우
   ③ 수렵 중 고의 또는 과실로 다른 사람의 생명과 신체 재산에 피해를 준 경우
   ④ 수렵 도구를 이용하여 범죄행위를 한 때

8. **다음 중 수렵면허의 취소·정지에 해당하는 것은?**
   ① 수렵강습을 이수하고 수렵면허증을 발급 받은 경우
   ② 멸종위기 야생동물을 포획한 때
   ③ 수렵면허가 취소되고 1년이 경과한 후 수렵면허시험에 합격한 경우
   ④ 수렵면허증을 분실하여 재발급을 받은 경우

9. **다음 중 수렵승인과 관련이 없는 것은?**
   ① 수렵면허 소유자는 거주지 주변의 야산에

정답 1.③ 2.① 3.③ 4.① 5.① 6.④ 7.① 8.② 9.①

서 수렵이 가능하다.
② 수렵장설정자에게 수렵장 사용료를 납부하고 수렵승인을 받는다.
③ 수렵한 동물은 수렵동물을 확인할 수 있는 표지 부착하여야 한다.
④ 수렵장설정자는 수렵장 운영실적을 환경부장관에 보고하여야 한다.

10. 다음 중 수렵장 위탁관리와 다른 것은?
① 수렵장 위탁 관리·운영자는 수렵장 운영실적을 환경부장관에게 보고하여야 한다.
② 대통령령으로 정하는 요건을 갖춘 자에게 수렵장의 관리·운영을 위탁할 수 있다.
③ 수렵장설정자가 수렵장 관리·운영을 위탁할 때 환경부장관에게 보고하여야 한다.
④ 수렵장 관리·운영을 위탁받은 자는 지역주민 등이 알 수 있도록 안내판설치 등의 조치를 해야 한다.

11. 다음 중 수렵관련 사항에 틀린 것은?
① 수렵면허를 대여 받은 사람은 환경부장관에게 신고하고 사용한다.
② 다른 사람의 생명·신체 재산에 피해를 준 경우 보상할 수 있도록 보험에 가입하여야 한다.
③ 수렵하는 사람은 수렵면허증을 휴대하여야 한다.
④ 수렵면허를 갱신하지 않은 사람은 수렵면허가 취소된다.

12. 다음 중 수렵 제한사항이 맞는 것은?
① 수렵승인을 받은 사람은 야간수렵이 허용된다.
② 시가지·인가 부근은 수렵면허소지자에 한해서 수렵이 가능하다.
③ 울타리가 쳐진 다른 사람의 토지에서 수렵은 점유자의 승인이 있어도 수렵할 수 없다.
④ 운행 중인 차량·선박·항공기에서는 수렵(총렵)이 제한된다.

13. 다음 중 수렵면허 신청 절차가 옳은 것은?
① 수렵면허시험에 합격하고 동시에 수렵면허증 발급받을 수 있다.
② 수렵면허는 거주시 시장·군수·구청장에게 신청하고 수렵 강습을 이수한 후 발급받는다.
③ 수렵면허는 환경부장관에게 신청한다.
④ 수렵면허시험에 합격하고 수렵 강습을 이수한 후 시장·군수·구청장에게 수렵면허를 신청한다.

14. 다음 중 수렵면허시험에 대한 설명이 틀린 것은?
① 1종 수렵면허시험은 실기시험을 포함한다.
② 수렵면허시험은 필기시험으로 한다.
③ 전 과목 평균 점수가 60점 이상이어야 한다.
④ 매 과목 점수가 40점 이상이어야 한다.

15. 다음 중 수렵강습이수증 유효기간은?
① 1년 ② 3년 ③ 5년 ④ 3개월

16. 다음 중 수렵면허 갱신 또는 재발급 수수료는?
① 1만원 ② 2만원 ③ 3천원 ④ 1만 5천원

17. 다음 중 수렵면허시험과 관련이 없는 것은?
① 수렵에 관한 법령 및 수렵의 절차
② 야생동물의 보호 관리에 관한 사항
③ 수렵도구의 제작 또는 사용 방법에 관한 사항
④ 안전사고의 예방 및 응급조치에 관한 사항

18. 다음 중 수렵면허시험에 관한 설명이 틀린 것은?
① 수렵면허시험은 매년 4회 이상 실시한다.
② 수렵면허시험은, 필기시험일 30일 전 공고한다.
③ 시·도·군·구 인터넷 홈페이지와 게시판·일간신문 또는 방송으로 공고한다.
④ 응시원서는 수렵면허시험 지원서식에 의한다.

19. 다음 중 수렵면허시험 응시원서 접수에 맞는 것은?
① 응시원서를 접수한 경우 접수대장에 기록

정답 10.① 11.① 12.④ 13.④ 14.① 15.① 16.① 17.③ 18.① 19.①

하고 응시표를 응시자에게 발급한다.
② 응시원서 접수 시 2만원의 수수료를 납부한다.
③ 응시원서 접수 시 수수료는 시험 날 지불한다.
④ 수수료는 정보통신망을 이용한 전자화폐 또는 전자결제 등의 방법으로 납부할 수 없다.

20. 다음 중 수렵면허시험 수수료 반납 규정이 아닌 것은?

① 수수료를 과납한 사람은 : 과납한 금액 전액을 환급한다.
② 시험관리 기관의 귀책사유로 시험에 응시하지 못한 사람은 : 100% 환급한다.
③ 시험일 10일 전까지 접수를 취소하는 사람은 : 50% 환급한다.
④ 시험 당일 접수를 취소하는 사람은 : 30% 환급한다.

21. 다음 중 수렵강습기관으로 지정받을 수 있는 내용이 아닌 것은?

① 사전에 환경부장관의 개별적 승인을 받아야 한다.
② 야생생물관리협회는 환경부장관의 설립허가를 받은 비영리법인이다.
③ 강습과목에 맞는 석사 이상의 학위를 소지한 사람을 2명 이상 갖추어야 한다.
④ 수렵강습 실무에 5년 이상 종사한 사람을 2명 이상 갖추어야 한다.

22. 다음 중 수렵강습기관 '지정 신청서'의 첨부서류로 틀린 것은?

① 기관 또는 단체 등록증
② 법인 운영실적과 차량 등록증
③ 수렵강습기관 시설 명세서
④ 전문인력 보유 명세서

23. 다음 중 수렵강습 내용과 맞지 않는 것은?

① 개인은 인터넷으로 강습을 받은 후 이수증을 제출한다.
② 수렵강습 수강신청서를 강습 시작일 전까지 강습기관에 제출한다.
③ 수렵강습기관에서 징수할 수 있는 수강료는 2만원으로 한다.
④ 실기를 병행하는 경우 추가비용을 징수할 수 있다.

24. 다음 중 수렵동물 포획승인서와 수렵동물 확인표지 설명이 틀린 것은?

① 수렵기간 종료 후 30일 이내 포획승인서와 미사용 확인표지를 수렵장 설정자에게 반납한다.
② 수렵동물 포획한 후 지체 없이 확인표지를 붙일 것
③ 포획기간 · 포획지역 · 포획동물 · 포획수량 등을 지킬 것
④ 포획승인서에 포획동물 · 포획수량 · 포획장소 등을 기록할 것

25. 다음 중 수렵제한지역 설명이 아닌 것은?

① 여러 사람이 모이거나 행사 · 집회의 장소 또는 광장
② 해안 쪽을 향해 수렵하는 경우 해안선으로부터 500미터 이내의 장소
③ 해안선으로부터 100미터 이내의 장소
④ 수렵장설정자가 필요하다고 인정하는 지역

26. 다음 중 수렵면허 발급 권한이 없는 사람은?

① 군수 ② 구청장
③ 지방(유역)환경청장 ④ 시장

27. 다음 중 수렴면허시험의 처리 절차 중 빈칸에 들어갈 내용은?

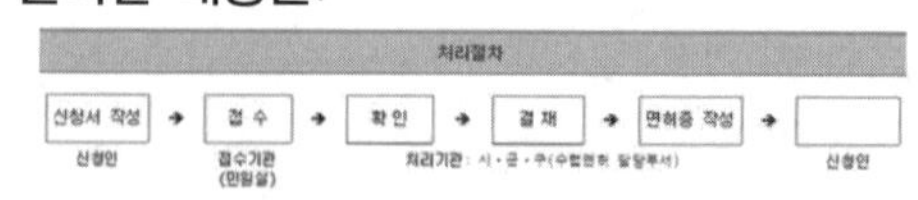

① 면허증 발급 ② 면허증 재신청
③ 면허증 취소 ④ 면허증 등록

28. 수렵한 동물에 확인표지를 부착하지 않은 경우의 처벌은?

① 300만원 이하의 과태료 납부
② 500만원 이하의 과태료 납부

정답 20.④ 21.① 22.② 23.① 24.① 25.② 26.③ 27.① 28.④

③ 2천만원 이하의 과태료 납부
④ 100만원 이하의 과태. 납부

29. 다음 중 수렵면허증을 휴대하지 않고 수렵한 경우의 처벌은?
① 1년 이하의 징역 1천만원 이하의 벌금
② 500만원 이하의 과태료 납부
③ 100만원 이하의 과태료 납부
④ 2년 이하의 징역 2천만원 이하의 벌금

30. 다음 중 수렵견의 사용과 거리가 먼 것은?
① 수렵견은 수렵의 보조수단으로 사용가능하다.
② 등록된 수렵견은 1인 3마리까지 사용 가능하다.
③ 수렵견의 목에 사용허가기관이 표기된 끈이나 링 등을 부착해야 한다.
④ 수렵견의 사용승인 대장을 기록하고 유지해야 한다.

31. 다음 중 수렵면허의 종류로 틀린 것은?
① 1종 면허 - 엽총을 사용하는 수렵
② 1종 면허 - 공기총을 사용하는 수렵
③ 특수면허 - 전문 촉탁 수렵인을 위한 면허
④ 2종 면허 - 엽구(활, 그물, 낚시)를 사용하는 수렵

32. 다음 중 수렵면허 발급과 관련이 없는 것은?
① 수렵면허시험 합격② 운전면허증 사본
③ 수렵강습 이수 ④ 신체검사

33. 다음 중 수렵면허시험의 실시방법 등을 설명한 것은?
① 국가시행령 ② 환경부령
③ 대통령령 ④ 헌법

34. 다음 중 금고 이상의 실형을 선고받고 그 집행이 면제된 날부터 몇 년이 지나야 결격사유에 해당되지 않는가?
① 3년 ② 4년 ③ 2년 ④ 5년

35. 다음 중 수렵강습기관 지정이 취소된 자는 몇 일 이내 지정서를 반납하는가?
① 7일 이내, 환경부장관
② 7일 이내, 관할 시・군・구청장
③ 14일 이내, 대통령
④ 10일 이내, 해당 경찰서

36. 다음 중 다른 사람의 재산에 손해를 입힌 경우 보상용으로 가입하는 보험액은?
① 3천만원 이상 ② 5천만원 이상
③ 2억원 이상 ④ 1억원 이상

37. 수렵장에서 포획기피동물로 분류되는 동물은?
① 청설모 ② 고라니 ③ 어치 ④ 까치

38. 다음 중 수렵동물을 지정하는 기관은?
① 시・군・구청 ② 산림청
③ 환경부 ④ 시・도

39. 다음 중 수렵장에서 멸종위기 야생동물을 포획한 경우의 행정처분은?
① 1년이하의 징역
② 면허 취소 또는 1년 이내의 면허정지
③ 2천만원 이하의 과태료
④ 5백만원 이하의 과태료

40. 다음 중 수렵면허와 관련이 없는 것은?
① 수렵면허를 발급받으면 취소는 불가능하다.
② 면허시험에 합격한 후 수렵강습을 받아야 면허증이 발급된다.
③ 수렵면허증은 수렵 시 휴대해야 한다.
④ 총기를 사용하는 수렵면허는 1종 면허다.

41. 다음 중 수렵관련 설명이 옳은 것은?
① 수렵장에서는 수렵면허가 필요 없다.
② 수렵장에서는 반드시 수렵면허를 소지해야 한다.
③ 수렵면허를 취득하면 어디서든 수렵이 가능하다.
④ 인적이 드문 해안가는 100미터 이내에서도 수렵이 가능하다.

정답 29.③ 30.② 31.③ 32.② 33.③ 34.③ 35.① 36.① 37.② 38.③ 39.② 40.① 41.②

42. **다음 중 수렵면허의 설명에 맞는 것은?**
① 수렵면허 취득한 후 매년 수렵강습을 받아야 한다.
② 수렵면허증을 잃어버렸다면 재발급 받아야 한다.
③ 수렵 시 신분증을 휴대했다면 수렵면허증은 소지하지 않아도 된다.
④ 수렵보험은 임의 가입사항으로 모든 수렵인이 가입하지는 않는다.

43. **다음 중 수렵강습 설명으로 틀린 것은?**
① 수렵면허시험에 합격한 사람은 수렵강습을 받아야 면허가 발급된다.
② 수렵강습은 "수렵 시 안전수칙 · 수렵에 관한 법령 · 수렵절차" 등을 배운다.
③ 수렵강습은 소정의 수강료를 납부하여야 한다.
④ 수렵면허시험과 관계없이 수렵강습을 받으면 면허를 취득할 수 있다.

44. **다음 중 수렵제한사항이 틀린 것은?**
① 일몰 후부터 일출 전까지 수렵할 수 없다.
② 운행 중인 자동차 · 항공기에서 수렵이 금지된다.
③ 오후 5시시부터 다음날 새벽 6시까지 수렵제한시간이다.
④ 문화재 보호구역으로부터 1km 밖에서 수렵이 가능하다.

45. **다음 중 수렵면허의 설명으로 보기 어려운 것은?**
① 수렵면허는 거주지 시 · 군 · 구청에서 발급받는다.
② 수렵면허는 3년마다 갱신해야 한다.
③ 수렵면허를 재발급 받을 경우 수수료는 1만원을 납부한다.
④ 수렵면허를 받기 전 수렵강습을 이수하여야 한다.

46. **다음 중 수렵면허의 자격이 없는 것은?**
① 심신쇠약자
② 마약 관련 법률에 따른 마약류 중독자
③ 1회 음주운전으로 운전면허가 취소 된 자
④ 수렵면허가 취소된 후 2년이 지난 사람

47. **다음 중 수렵보험 설명으로 볼 수 없는 것은?**
① 타인의 재산에 피해를 준 경우 보상한다.
② 타인의 생명을 앗아간 경우 보상하는 보험이다.
③ 멸종위기 야생생물을 포획한 경우 수렵보험으로 보상할 수 있다.
④ 수렵 전 수렵보험에 가입하여야 한다.

48. **다음 중 수렵면허시험 과목이 아닌 것은?**
① 야생동물의 보호 관리에 관한 사항
② 체력 및 시력검사
③ 수렵에 관한 법령 및 수렵의 절차
④ 안전사고 예방에 관한 사항

49. **다음 중 수렵면허를 받지 않고 수렵한 경우의 처벌은?**
① 3년 이하의 징역, 2천만원 이하의 벌금
② 2년 이하의 징역, 2천만원 이하의 벌금
③ 4년 이하의 징역, 3천만원 이하의 벌금
④ 5년 이하의 징역, 1억원 이하의 벌금

50. **다음 중 수렵강습을 받지 않은 사람에게 강습이수증을 발급한 경우의 조치는?**
① 1년 이하의 징역 또는 1천만원 이하의 벌금
② 수렵강습기관의 영업 정지
③ 수렵강습기관 폐쇄 조치
④ 1차 경고 2차 수렵강습기관 지정 취소

51. **다음 중 수렵면허의 취소 정지처분을 하는 기관은?**
① 수렵장설정 시 · 군 · 구청
② 환경부
③ 경찰청
④ 시 · 군 · 구청

52. **다음 중 수렵면허와 거리가 먼 것은?**
① 수렵면허시험에 합격 후 수렵강습 이수증

정답 42.② 43.④ 44.③ 45.② 46.② 47.③ 48.② 49.② 50.④ 51.④ 52.②

을 받아 수렵면허를 신청할 수 있다.
② 총기를 사용하는 수렵면허는 특수면허이다.
③ 수렵면허는 거주지 시·군·구청에서 받는다.
④ 수렵면허는 누구에게도 빌려줄 수 없다.

53. 다음 문제 중 수렵야생동물로 지정된 것은?
① 청설 ② 바다사자 ③ 사슴 ④ 물범

54. 다음 중 수렵동물이 아닌 것은?
① 청둥오리 ② 수꿩 ③ 멧돼지 ④ 바다표범

55. 다음 중 2종 수렵면허가 아닌 것은?
① 공기총 ② 그물 ③ 활 ④ 낚시

56. 다음 문제 중 수렵도구 설명이 틀린 것은?
① 개인이 제작한 수렵도구는 환경부장관의 허가를 받아 사용할 수 있다.
② 샷건과 공기총은 1종 수렵면허에 해당하는 수렵도구이다.
③ 석궁도 수렵도구에 해당한다.
④ 활·낚시·그물은 2종 수렵면허에 해당하는 수렵도구이다.

57. 다음 중 수렵면허의 취소·정지 설명이 틀린 것은?
① 수렵면허의 최대 정지 기간은 1년 이내이다.
② 수렵장에서 다른 사람의 신체에 피해를 준 경우 면허정지에 해당한다.
③ 수렵면허의 취소 및 정지는 수렵장 설정자가 결정한다.
④ 수렵면허가 취소되면 1년 후 다시 취득 가능하다.

58. 다음 중 수렵면허와 관계가 깊은 것은?
① 야생동물이 빈번하게 출몰하는 가까운 지역에서 사냥하기 위해서
② 승인받은 수렵장에서 수렵동물을 사냥하기 위해서
③ 수렵으로 포획한 동물을 판매하기 위해서
④ 드디어 개인소유가 된 총기를 마음껏 사용하기 위해서

59. 다음의 정당한 수렵면허와 맞는 것은?
① 가까운 집 뒤 야산에서 수렵을 목적으로 면허를 받았다.
② 수렵면허시험에 합격 후 3개월 뒤 수렵강습을 받고 수렵면허를 취득하였다.
③ 수렵면허시험에 합격한 후 수렵강습을 받지 않고 수렵면허를 취득하였다.
④ 수렵면허시험에 계속 불합격한 친구에게 100만원을 받고 수렵면허를 취득하게 했다.

60. 수렵장에서 다른 사람의 재산에 피해를 준 경우의 행정처분은?
① 수렵보험으로 처리하면 다른 조치를 받지 않는다.
② 과실에 의한 사고라면 특별한 조치를 당하지 않는다.
③ 수렵장의 사고는 수렵장설정자가 배상해야 한다.
④ 고의 또는 과실에 의한 사고로 수렵면허 정지처분을 받게 된다.

61. 다음 중 수렵면허시험과 관련이 없는 것은?
① 수렵면허시험에 합격한 후 집 근처 뒷산에서 참새를 잡았다.
② 수렵강습기관을 찾아 수렵강습을 신청하였다.
③ 수렵강습을 받고 강습이수증을 받았다.
④ 수렵면허증이 발급됐다는 소식을 듣고 어머니가 대신 수령하였다.

62. 수렵장을 방문한 헌터의 행동이 옳은 것은?
① 수렵면허증을 소지하지 않았기 때문에 집으로 돌아갈 수밖에 없었다.
② 주변 친구에게 약간의 사례를 하고 수렵면허를 대여 받아 사냥했다.
③ 분통이 터져 집 근처 야산에서 청설모를 사냥했다.
④ 수렵장 설정자에게 사정을 설명하고 수렵을 하고 돌아왔다.

정답 53.① 54.④ 55.① 56.① 57.③ 58.② 59.② 60.④ 61.① 62.①

63. **거짓 부정한 방법으로 수렵면허증 취득한 경우의 처벌은?**
   ① 거짓 부정한 방법으로 발급받은 수렵면허증은 취소된다.
   ② 수렵면허증은 가족에게만 대여된다.
   ③ 거짓으로 수렵면허증을 취득했으나 성인이 될 때까지 보관한다.
   ④ 수렵면허증은 비밀이 존재하는 한 다른 사람에게 대여 할 수 있다.

64. **다음 중 수렵인의 잘못된 행동은?**
   ① 수렵면허를 챙겨 수렵장을 방문하였다.
   ② 다양한 수렵동물을 포획하여 이웃과 나누었다.
   ③ 포획한 동물을 현지 농민에게 선물했다.
   ④ 2종 면허 소지자가 공기총을 사용해 보았다.

65. **다음 문제 중 100만 원 이하의 과태료에 해당하는 것은?**
   ① 수렵제한사항을 지키지 않고 정신없이 사냥했다.
   ② 수렵면허가 취소되었으나 면허증을 반납하지 않았다.
   ③ 거짓으로 수렵면허를 취득했다.
   ④ 수렵면허증이 없는 친구에게 면허증을 대여했다.

66. **다음 중 수렵면허의 설명이 틀린 것은?**
   ① 총기사용이 마음에 걸려 2종 수렵면허시험을 보았다.
   ② 6개월 전, 수렵면허가 취소되어 수렵면허를 재 신청하였다.
   ③ <야생생물법>을 위반, 금고 이상의 실형을 선고받고 그 집행이 끝난 2년 후 수렵면허시험을 다시 보려고 한다.
   ④ 수렵면허는 수렵면허시험에 합격하고 강습이수증을 받은 후 신청하여야 한다.

67. **다음 중 정당한 수렵인의 설명이 아닌 것은?**
   ① 수렵장으로 떠나긴 전 수렵면허증 소지 여부를 체크했다.
   ② 1마리의 수렵견을 대동하고 수렵장에 나섰다.
   ③ 해가 지기 전 수렵총기를 지구대에 보관하고 귀가했다.
   ④ 수렵장으로 이동 중 고라니를 발견하고 즉시 포획하였다.

68. **다음 중 수렵강습 기관과 맞지 않는 설명은?**
   ① 현재 수렵강습 전문인력 2명이 있으나 1명은 학사 학위 취득자이고, 1명은 수렵강습기관에서 강습 실무 3년인 자로 구성했다.
   ② 수렵강습기관 지정을 받기 위해 법적 절차를 거친다.
   ③ 강습 받은 사람에게 강습이수증을 발급한다.
   ④ 강습 수강료를 받고 실기교육 때는 실기비용을 추가해 받았다.

69. **다음 중 수렵면허 갱신 구비서류가 아닌 것은?**
   ① 신체검사서 ② 수렵면허증
   ③ 건강보험증 ④ 수렵면허 갱신 신청서

70. **2종 수렵면허자가 수렵장이 아닌 곳에서 그물을 이용 꿩을 포획하였다. 알맞은 처벌은?**
   ① 수렵장 외의 장소에서 수렵으로 2년 이하의 징역 또는 2천만원 이하의 벌금에 처해진다.
   ② 2종 수렵면허는 그물 사용이 가능하므로 특별한 죄가 안 된다.
   ③ 수렵장이 아닌 곳이라도 그물사용 수렵은 문제가 없다.
   ④ 그물로 포획한 꿩을 죽이지 않고 사육하면 죄가 안 된다.

71. **다음 중 수렵동물로 나열된 것은?**
   ① 참새, 까마귀, 삵, 흰뺨검둥오리
   ② 고라니, 멧돼지, 수꿩, 청둥오리
   ③ 표범, 반달곰, 호랑이, 멧돼지
   ④ 멧돼지, 고라니, 청설모, 멧토끼

72. **다음 중 수렵 절차로 올바른 설명은?**
   ① 수렵면허시험과 별개로 수렵장에서의 수렵은 가능하다.
   ② 관할 시·군·구청에 수렵면허를 신청하

정답 63.① 64.④ 65.② 66.② 67.④ 68.① 69.③ 70.① 71.② 72.④

면 수렵이 가능하다.
③ 수렵은 가능하되 포획한 동물의 종류・수량 및 포획장소 등을 신고해야 한다.
④ <야생생물법>에 따라 수렵면허를 취득, 수렵승인을 받고 수렵을 해야 한다.

73. 다음 중 수렵면허 관련 내용이 옳은 것은?
① 2종 수렵면허는 별도의 시험 없이 수렵 강습만 이수하면 수렵이 가능하다.
② 수렵 강습은 총 4과목, 각각 10시간씩 강습을 받는다.
③ 수렵 강습을 받으려는 사람은 수렵면허시험 합격증을 발급받은 날로부터 5년 이내 수강신청을 해야 한다.
④ 수렵면허시험에 합격, 수렵면허증을 취득하면 총포소지허가증은 자동적으로 나오게 된다.

74. 다음 중 제1종 수렵면허에 관한 내용으로 틀린 것은?
① 1종이나 2종이나 수렵면허시험을 본 뒤 수렵강습을 받고 합격증을 받아야 한다.
② 제1종 수렵면허는 총기 외의 수렵도구는 사용할 수 없다.
③ 제1종 수렵면허 갱신기간은 5년이다.
④ 공기총, 엽총, 총기를 사용하는 수렵면허이다.

75. 다음 문제 중 수렵승인을 받기위한 구비서류가 아닌 것은?
① 수렵면허증 사본
② 수렵보험 가입증명서
③ 주민등록등본
④ 수렵야생동물 포획승인 신청서

76. 다음 중 수렵동물의 종류・수량・수렵기간 등에 관한 고시사항으로 틀린 것은?
① 수량, 수렵도구, 수렵 방법 및 수렵인의 수 등은 각 지방자치단체별로 다르다.
② 수렵면허를 받더라도 수렵기간 제한 없이 수렵할 수 없다.
③ 수렵동물 외의 동물을 수렵하거나 수렵기간이 아닌 때에 수렵하면 2년 이하의 징역 또는 2천만원 이하의 벌금에 처해진다.
④ 수렵장에서 수렵을 제한하기 위해 고시한 사항을 준수하지 않으면 2년 이하의 징역 또는 2천만원 이하의 벌금에 처해진다.

77. 다음 중 수렵면허증을 신청하기 위하여 신청서에 첨부한 서류로 옳은 것은?
① 주민등록증 사본, 면허시험합격증, 총포소지허가증
② 총포소지허가증, 신체검사서, 면허갱신신청서
③ 주민등록증 사본, 면허시험합격증, 신체검사서
④ 면허시험합격증, 강습이수증, 신체검사서

78. 수렵면허시험에 합격, 수렵강습을 받고 수렵면허증을 발급받았다. 언제부터 수렵이 가능한가?
① 수렵면허증을 발급받고 1주일 후
② 수렵면허시험에 합격한 후 즉시
③ 수렵승인을 발급받은 즉시
④ 수렵강습을 받고 강습이수증을 발급받은 즉시

79. 다음 A와 B의 대화 중 틀린 것은?
① 인성 : 수렵면허가 취소되고 1년이 지나서 다시 수렵면허 시험에 합격했어!
② 동원 : 잘 됐네. 수렵 강습은 반드시 들어야 해.
③ 인성 : 안 그래도 바로 수강신청하고 내일 수강하려고 해.
④ 동원 : 그래도 수렵면허시험 합격했으면 오늘 바로 수렵해도 괜찮아.

80. 다음 중 수렵면허를 받을 수 있는 사람은?
① 정신보건법상 정신질환자에 해당하지만 평소 건강한 사람
② 수렵면허가 취소되고 6개월이 지난 사람
③ 고등학교에 진학하여 17살이 된 사람
④ 군대를 제대하고 수렵에 관심을 가진 대학생

81. 다음 중 올바른 행동을 한 사람은 누구인가?
① 수렵면허증을 두고 왔지만 수렵장 아저씨

정답 73.③ 74.① 75.③ 76.④ 77.④ 78.③ 79.④ 80.④ 81.④

에게 잘 말해서 수렵을 하였다.
② 해안선을 향해 500m 이내에서 수렵을 하였다.
③ 맷돼지를 수렵하여 즉시 바비큐파티를 벌였다.
④ 가윤이가 수렵면허증을 빌려달라고 했지만 거부하였다.

82. **다음 대화 중 수렵면허에 관련된 내용이 틀린 것은?**
① 수렵면허는 40세 이하 취득할 수 없어.
② 만20세 되었으면 면허시험의 자격이 있어.
③ 수렵면허증은 대여가 안 되니까 빌려주면 안 되는 거야.
④ 수렵면허시험에 합격한 후 수렵강습도 이수해야 해.

83. **다음 대화 중 수렵절차에 틀린 내용은?**
① 1종 면허를 받았으니까 공기총으로 수렵이 가능하다.
② 나는 오늘 4마리의 수렵견을 부려봐야지.
③ 수렵면허증은 소지하여야 해. 종전엔 안 가져와서 돌아갔었지.
④ 수렵승인을 받고 수렵장이 개설된 지역으로 달려가자.

84. **다음 문제 중 수렵면허의 결격사유에 해당하는 사람은?**
① 1종 면허를 준비 중이고 총포소지허가를 받았다.
② 수렵면허가 취소되고 1년 지나 다시 면허를 따려고 한다.
③ 금고 이상 형의 집행유예기간에 있는 사람이다.
④ 흡연과 음주를 즐겨하는 사람이다.

85. **다음 중 수렵과 가장 거리가 먼 물품 소지자는?**
① 엽총, 수렵면허증, 총포소지허가증, 수렵동물 포획 승인증
② 도시락, 텐트, 석궁, 안경
③ 그물, 수렵면허증, 수렵동물 포획승인증
④ 활, 수렵면허증, 수렵동물 포획승인증

86. **다음 중 수렵관련 규정에 맞지 않는 것은?**
① 수렵면허 갱신기간이 5개월 남아 미리 갱신 신청을 했다.
② 울타리가 설치된 토지에서 점유자의 승낙을 받아 수렵을 실시했다.
③ 운행 중인 차량에서 수렵을 하지 않았다.
④ 수렵면허가 취소되어 5일 이내 면허를 구청에 반납했다.

87. **다음 문제 중 수렵면허 설명이 틀린 것은?**
① 수렵면허증은 수렵할 때 항상 소지하여야 한다.
② 제2종 수렵면허는 수렵강습을 받지 않아도 된다.
③ 제2종 수렵면허는 총기를 사용할 수 없다.
④ 수렵면허와 수렵승인을 받으면 수렵장에서 수렵활동이 가능하다.

88. **한국에서 수렵을 허용하는 이유로 올바른 것은?**
① 자연생태계의 균형이 유지된다.
② 수렵을 통하여 스트레스 해소하고 사격실력이 향상된다.
③ 수렵을 통하여 수출이 증진되고 경제적 이익 창출된다.
④ 수렵용품 판매로 인하여 경제발전에 이바지 한다.

89. **다음 중 수렵동물 확인표지 부착에 옳은 것은?**
① 참새와 까치는 확인표지의 부착 대상이 아니다.
② 장끼는 목 또는 꼬리에 부착한다.
③ 참새 및 까치는 날개깃에 부착한다.
④ 멧돼지는 다리에 부착한다.

90. **다음 중 수렵방법이 잘못된 것은?**
① 엽총을 이용한 고라니 포획
② 활을 이용한 청둥오리 포획

정답 82.① 83.② 84.③ 85.② 86.① 87.② 88.① 89.④ 90.④

③ 그물을 이용한 참새 포획
④ 부비트랩을 이용한 멧돼지 포획

91. 다음 중 수렵장 설정 고시와 관련이 없는 것은?
① 수렵인의 수 ② 수렵의 기간
③ 수렵 도구 ④ 수렵 시 위반행위 등

92. 다음 중 수렵면허시험 과목에 맞는 것은?
① 신체검사
② 총기사용 방법 테스트
③ 야생동물 수렵 및 수출입에 관한 사항
④ 수렵에 관한 법령 및 수렵의 절차

93. 다음 중 수렵견과 관련된 내용이 잘못된 것은?
① 수렵견은 수렵의 보조수단으로 사용된다.
② 수렵견의 사용 승인 대장을 기록하고 유지해야 한다.
③ 기존에 등록된 수렵견은 몇 마리를 사용해도 괜찮다.
④ 수렵견에 허가기관이 표기된 끈이나 링 등을 부착해야 한다.

94. 다음 중 수렵장에서 포획을 선호하는 동물은?
① 까마귀 ② 멧비둘기 ③ 어치 ④ 까치

95. 다음 중 수렵장설정자가 갖추는 시설이 아닌 것은?
① 사격 연습 시설 ② 수렵장 숙소
③ 포획물 처리 시설 ④ 수렵장 관리사무소

96. 다음 중 야생동물 서식밀도를 조사하는 기관은?
① 시·군·구청 ② 시·도
③ 환경부 ④ 산림청

97. 다음 중 2종 수렵면허에 알맞은 것은?
① 엽총을 사용하는 수렵면허이다.
② 그물 또는 활을 사용하는 수렵면허이다.
③ 공기총을 사용하는 수렵면허이다.
④ 엽총, 공기총을 사용할 수 있는 수렵면허이다.

98. 다음 중 제1종 수렵면허 설명에 틀린 것은?
① 그물이나 활을 사용하여 수렵하는 면허이다.
② 공기총을 사용하여 수렵할 수 있는 면허이다.
③ 엽총을 사용하여 수렵할 수 면허이다.
④ 엽총이나 공기총을 사용하여 수렵할 수 면허이다.

99. 다음 중 수렵강습기관의 자격이 미달된 것은?
① 민법 제32조에 의하여 환경부장관의 설립허가를 받은 비영리법인
② 수렵면허시험과 관련하여 강의를 하는 교육기관
③ <야생생물법> 제58조의 2에 따라 설립된 협회
④ 수렵 강습실무에 5년 이상 종사한 전문인력 2인을 보유한 기관

100. 다음 중 수렵강습과 거리가 먼 것은?
① 수렵면허시험 합격증을 발급받은 날부터 5년 이내 수강신청 한다.
② 수렵강습 실시 예정일 일주일 전까지 수강신청을 해야 한다.
③ 수렵강습 신청서를 강습시작 전일까지 강습기관에 제출하여야 한다.
④ 수렵강습기관에 법정 수강료를 납부해야 한다.

101. 다음 중 수렵면허 신청 구비서류가 아닌 것은?
① 수렵강습이수증(최근 1년 이내에 수렵강습기관에서 이수한 것).
② 주민등록 등본 또는 운전면허증
③ 신체검사서(최근 1년 이내에 병원에서 발행한 것) 또는 총포소지허가증
④ 증명사진 1부

102. 다음 중 수렵면허 갱신 신청에 틀린 것은?
① 수렵면허의 유효기간 만료일 3개월 전부터 만료일까지 갱신신청서를 제출하여야 한다.
② 신체검사서 또는 총포소지허가증, 수렵면허증, 증명사진 1부, 수렵강습이수증을 제출한다.

정답 91.④ 92.④ 93.③ 94.② 95.② 96.③ 97.② 98.① 99.② 100.② 101.② 102.④

③ 구비서류와 함께 시장·군수·구청장에게 제출하여야 한다.
④ 구비서류를 갖추어 환경부장관에게 제출해야 한다.

103. 다음 중 수렵승인을 받기위한 제출 서류는?
① 건강진단서 ② 운전면허증
③ 주민등록증 사본 ④ 수렵면허증 사본

104. 다음 중 수렵면허를 발급하는 기관은?
① 경찰청장 ② 시·도지사
③ 시장·군수·구청장 ④ 환경부장관

105. 다음 중 제1종 수렵면허 신청 구비서류가 아닌 것은?
① 수렵강습이수증
② 총포소지허가증 사본
③ 주민등록증 사본
④ 수렵면허시험합격증

106. 다음 중 유해야생동물 포획허가자의 준수사항이 아닌 것은?
① 유해야생동물의 종류, 수량, 농작물 피해상황 등을 조사하여야 한다.
② 포획한 유해야생동물은 확인표지를 부착하여야 한다.
③ 포획도구를 이용하여 포획하되 생명의 존엄성을 해치지 아니할 것.
④ 사용하고 남은 유해야생동물 확인표지를 허가기간에 반납하여야 한다.

107. 다음 중 수렵면허의 갱신기간은?
① 3년 ② 5년 ③ 10년 ④ 1년

108. 다음 중 수렵면허 갱신신청 서류제출 기간은?
① 유효기간 만료일 2주일 전부터 유효기간 만료일까지
② 유효기간 만료일 2개월 전부터 유효기간 만료 전일까지
③ 유효기간 만료일 6개월 전부터 유효기간 만료일까지
④ 유효기간 만료일 3개월 전부터 유효기간 만료일까지

109. 다음 문제 중 수렵면허시험 과목이 아닌 것은?
① 수렵에 관한 법령 및 수렵의 절차
② 야생동물의 보호 관리에 관한 사항
③ 교통사고 및 음주단속에 관한 사항
④ 안전사고의 예방 및 응급조치에 관한 사항

110. 다음 중 수렵면허 취득의 결격사유가 아닌 것은?
① 미성년자
② 수렵면허가 취소된 날부터 1년이 지나지 않은 경우
③ 운전면허가 취소된 날로부터 1년이 지나지 않은 사람
④ 마약 또는 심신상실자

111. 다음 중 수렵강습기관을 지정하는 행정기관은?
① 시·군·구청 ② 환경부
③ 경찰청 ④ 시·도

112. 다음 중 수렵면허 취소·정지에 해당하지 않는 것은?
① 수렵도구를 이용하여 범죄행위를 한 사람
② 수렵중 다른 사람의 생명과 신체 또는 재산에 피해를 입힌 사람
③ 수렵장 설정자의 허가를 받지 않고 까치를 포획한 사람
④ 경범죄 처벌법을 위반하여 통고처분을 받은 사람

113. 다음 중 수렵면허 취소·정지의 행정처분을 할 수 있는 사람은?
① 경찰청장
② 시·도지사
③ 시장·군수·구청장
④ 환경부장관

정답 103.④ 104.③ 105.③ 106.① 107.② 108.④ 109.③ 110.③ 111.② 112.④ 113.③

114. 다음 중 수렵보험의 보상을 바르게 설명한 것은?

① 사람을 사망, 부상하게 한 경우 2억원 이상, 재산손해의 경우 5천만원 이상
② 사람을 사망, 부상하게 한 경우 2억원 이상, 재산손해의 경우 1천만원 이상
③ 사람을 사망, 부상하게 한 경우 1억원 이상, 재산 손해의 경우 3천만원 이상
④ 사람을 사망, 부상하게 한 경우 1억원 이상, 재산손해의 경우 2천만원 이상

115. 다음 중 수렵제한과 거리가 먼 것은?

① 운행 중인 차량과 선박 및 항공기 내에서의 수렵
② 시가지, 인가부근, 기타 여러 사람이 다니거나 모이는 장소 및 광장
③ 해진 후부터 해뜨기 전까지
④ 논밭 주변의 갈대밭이나 강에서 100m 이내 지역

116. 다음 중 포획동물 확인표지 설명으로 맞는 것은?

① 확인표지는 포획물을 최종 소유하는 사람까지 부착해야 한다.
② 조류 중 오리류는 확인표지 부착 대상이 아니다.
③ 포획 후 3개월까지 확인표지를 부착해야 한다.
④ 포획한 사람까지 확인표지를 부착한다.

117. 다음 중 수렵승인 절차를 잘못 설명한 것은?

① 수렵장설정자에게 수렵장사용료를 납부해야 한다.
② 수렵동물의 종류 및 포획수량 등 수렵승인 사항을 준수하여야 한다.
③ 수렵장설정자는 수렵장 운영실적을 환경부장관에게 보고해야 한다.
④ 수렵승인은 환경부장관이 한다.

118. 다음 중 수렵장 준수내용이 아닌 것은?

① 수렵면허증을 휴대해야 한다.
② 수렵승인을 받아야 한다.
③ 무전기와 휴대폰 사냥칼을 휴대하여야 한다.
④ 수렵보험에 가입해야 한다.

119. 다음 중 수렵동물 확인표지를 부착하는 기간은?

① 포획물 최종 소유자까지
② 공무원에게 신고 할 때까지
③ 포획 후 2주일까지
④ 포획한 날까지

120. 다음 문제 중 수렵면허 취소사유가 아닌 것은?

① 수렵 중 실수로 다른 사람을 다치게 한 경우
② 수렵도구를 이용하여 사람을 협박 공격한 경우
③ 수렵면허 갱신기간을 1년 이상 초과한 경우
④ 수렵강습을 매년 받지 않은 경우

121. 다음 중 수렵면허와 관련이 없는 내용은?

① 면허취소 처분을 받은 사람 스스로 면허증을 폐기해 버린다.
② 면허취소 처분을 받은 날로부터 7일 이내 시장・군수・구청장에게 면허증을 반납해야 한다.
③ 면허취소 처분에 대하여 행정심판을 제기할 수 있다.
④ 면허취소 처분에 대하여 행정소송을 제기할 수 있다.

122. 다음 중 수렵면허 시험 합격증을 교부하는 기관은?

① 시・군・구청 ② 야생생물관리협회
③ 시・도 ④ 환경부

123. 다음 중 거주지 경찰서에 보관된 총기를 인수하기 위한 서류는?

① 수렵동물 포획승인증
② 운전면허증
③ 수렵강습이수증

정답 114.③ 115.④ 116.① 117.④ 118.③ 119.① 120.④ 121.① 122.③ 123.①

④ 수렵보험 가입증명서

124. **다음 중 수렵장에서 휴대해야 할 증명서가 아닌 것은?**
① 수렵면허증 ② 수렵동물 포획승인서
③ 수렵강습이수증 ④ 총포소지허가증

125. **다음 중 장끼를 포획한 수렵인이 부착하는 표지물의 위치는?**
① 목 부분 ② 발목
③ 날개 아래 깃 ④ 부리(주둥이)

126. **다음 중 수렵면허 효력의 정지기간에 맞는 것은?**
① 최대 6개월 이내 ② 최대 10개월 이내
③ 최대 12개월 이내 ④ 최대 5개월 이내

127. **다음 중 수렵면허의 설명이 틀린 것은?**
① 엽총(샷건)은 제1종 수렵면허를 받아야 한다.
② 공기총은 제1종 수렵면허를 받아야 한다.
③ 그물은 제2종 수렵면허를 받아야 한다.
④ 활은 제1종 면허를 받아야 한다.

128. **다음 중 수렵장 사용료의 용도에 적절하지 않은 것은?**
① 수렵면허시험장 설치 운영비로 사용
② 수렵장 시설 설치 및 유지 관리비용으로 사용
③ 환경개선특별회계 세입 재원으로 사용
④ 임업진흥사업계정 세입 재원으로 사용

129. **다음 중 2개 이상의 시·군·구에 걸쳐 수렵장을 설정할 경우 설정권자는?**
① 해당 시장·군수·구청장이 공동으로 설정한다.
② 환경부장관이 설정한다.
③ 상호 합의에 의하여 설정한다.
④ 시·도지사가 설정한다.

130. **다음 중 수렵면허증 관련 설명이 잘못된 것은?**
① 수렵면허증은 다른 사람에게 대여할 수 없다.
② 수렵면허증은 본인에게만 교부 가능하다.
③ 수렵면허증은 발급 즉시 효력이 발생한다.
④ 수렵면허증이 헐어서 못 쓰게 된 경우 재발급 받아야 한다.

131. **다음 중 수렵면허 취득에 결격사유가 아닌 것은?**
① <야생생물법>을 위반하여 징역형을 선고받고 그 집행이 면제된 날부터 2년이 지나지 않은 자
② <야생생물법>을 위반하여 징역형의 집행유예를 선고받고 그 유예기간 중에 있는 자
③ <야생생물법>을 위반하여 금고형 또는 징역형의 선고를 유예 받은 자
④ <야생생물법>을 위반하여 징역형을 선고받고 그 집행이 종료된 날부터 2년이 지나지 않은 자

132. **다음 중 수렵면허증의 설명이 옳은 것은?**
① 수렵면허증은 직계존속에게만 대여할 수 있다.
② 수렵장에서는 수렵면허증을 휴대지 않는다.
③ 수렵면허증이 헐어서 못 쓰게 된 경우 재교부가 안 된다
④ 수렵면허증은 대여할 수 없다.

133. **다음 중 유해야생동물 포획 시 안전수칙이 아닌 것은?**
① 포획허가를 받은 사람은는 식별하기 쉬운 의복을 착용한다.
② 인가나 축사로부터 100미터 이내의 장소에서 총기사용을 금지한다.
③ 야간에 활동하는 유해야생동물은 총기사용 포획이 가능하다.
④ 포획허가 지역의 지형·지물, 산림과 도로·논·밭 등에 주민이 있는 지 확인한다.

134. **다음 중 수렵면허의 결격사유가 없는 사람은?**
① 심신상실자
② 수렵면허가 취소된 날부터 2년이 경과한 경우

정답 124.③ 125.② 126.③ 127.④ 128.① 129.④ 130.② 131.③ 132.④ 133.③ 134.②

③ 정신보건법에 따른 정신질환자
④ 마약류 관리에 관한 법률에 따른 마약류중독자

135. 다음 중 수렵강습 과목이 아닌 것은?
① 수렵방법 및 배경 ② 수렵의 문화
③ 안전수칙 ④ 수렵의 역사

136. 다음 중 수렵강습은 언제 받아야 하는가?
① 수렵면허시험을 보기 전에 받는다.
② 시장·군수·구청장의 통지서를 받은 때 받는다.
③ 수렵면허를 갱신할 때 받는다.
④ 수렵면허시험에 합격한 후에 받는다.

137. 다음 중 수렵면허 취소사유가 아닌 것은?
① 거짓, 그 밖의 부정한 방법으로 수렵면허를 받은 경우
② <야생생물법>을 위반하여 금고 이상의 실형을 선고 받고 집행이 끝나거나 면제된 날로부터 2년이 지나지 아니한 경우
③ 수렵동물을 포획한 후 5일 이내 포획신고를 하지 않은 경우
④ 미성년자 또는 심신상실자

138. 다음 중 수렵총기 반환신청 시 제출서류가 아닌 것은?
① 수렵면허증 사본
② 총포해제 신청서 및 총포보관 증명서·각서
③ 수렵동물 포획 승인서 사본
④ 주민등록등본

139. 다음 중 수렵동물 확인표지 부착에 알맞은 설명은?
① 포획한 수렵동물 표지는 박제품 또는 최종 수요자에게 인계될 때까지 유지해야 한다.
② 포획한 수렵동물 박제품은 확인표지 부착 의무가 없다.
③ 포획한 수렵동물은 확인표지를 부착할 필요가 없다.
④ 포획한 수렵동물을 친지에게 선물할 경우 확인표지 부착 의무가 없다.

140. 다음 중 수렵용 총기의 입·출고에 관한 설명이 틀린 것은?
① 오후 7시까지 해당 경찰관서(지구대)에 총기를 입고해야 한다.
② 입출고 사항을 기록하는 총포관리수첩은 경찰관의 확인을 받아야 한다.
③ 수렵장이 원거리일 경우 05:00부터 총기를 찾을 수 있다.
④ 수렵장의 총기는 오전 7시부터 찾을 수 있다.

141. 다음 중 수렵동물 확인표지를 부착하지 않은 경우의 처벌은?
① 1년 이하의 징역 또는 1,000만원 이하의 벌금형에 처한다.
② 500만원 이하의 과태료 처분을 받는다.
③ 100만원 이하의 과태료 처분을 받는다.
④ 2년 이하의 징역 또는 2,000만원 이하의 벌금형을 받는다.

142. 다음 중 수렵동물 확인표지 부착방법이 틀린 것은?
① 멧돼지는 다리 등에 부착해야 한다.
② 오리 등 조류는 발목에 부착해야 한다.
③ 참새는 목에 부착해야 한다.
④ 장끼(수꿩)는 발목에 부착해야 한다.

143. 다음 중 수렵면허의 취소 또는 효력정지 사유가 아닌 것은?
① 공기총을 이용하여 범죄행위를 했을 경우
② 거짓으로 수렵면허를 받은 사실이 드러날 경우
③ 수렵 중 다른 사람의 생명이나 재산에 피해를 발생하게 한 경우
④ 수렵이 끝난 후 귀가 도중 도로교통법을 위반했을 경우

144. 다음 중 수렵면허 신청의 구비서류가 아닌 것은?
① 수렵면허시험 합격증

정답 135.① 136.④ 137.③ 138.④ 139.① 140.③ 141.③ 142.③ 143.④ 144.③

② 신체검사서(최근 1년 이내 발급) 또는 총포 소지 허가증
③ 수수료(수입인지) 2만원
④ 수렵강습이수증

145. 다음 중 수렵강습에 관한 설명으로 올바른 것은?
① 매년 강습을 받아야 한다.
② 수렵면허 합격증을 발급받은 날로부터 5년 이내에 수렵강습신청을 하여야 한다.
③ 3년마다 강습을 받아야 한다.
④ 수렵면허를 갱신할 때마다 강습을 받지 않는다.

146. 다음 중 수렵절차 설명이 틀린 것은?
① 포획승인을 받지 않으면 경찰서에서 수렵총기를 찾을 수 없다.
② 제2종 수렵면허 소지자는 그물을 이용한 포획이 가능하다.
③ 과수원은 유해조수포획 허가가 없어도 야생동물 포획이 가능하다.
④ 수렵강습은 수렵면허시험에 합격한 후 받는다.

147. 다음 중 수렵면허가 취소된 경우 면허증을 반납하는 기간은?
① 취소 처분을 받은 날부터 10일 이내
② 취소 처분을 받은 날부터 7일 이내
③ 취소 처분을 받은 날부터 5일 이내
④ 취소 처분을 받은 날부터 2주 이내

148. 다음 중 수렵면허가 취소되었을 때 면허증을 반납하는 기관은?
① 시·군·구청
② 환경부장관
③ 수렵면허합격증을 교부 받은 시·도
④ 수렵강습을 받은 야생생물관리협회

149. 다음 중 수렵면허 갱신 기간에 맞는 것은?
① 유효기간 만료일까지 갱신신청
② 유효기간 만료 3개월 전까지 갱신신청
③ 유효기간 만료 3개월 후까지 갱신신청
④ 유효기간 만료 1년 이내 갱신신청

150. 다음 중 수렵면허의 결격사유가 없는 사람은?
① 심신상실자 ② 심신쇠약자
③ 정신질환자 ④ 미성년자

151. 수렵면허가 취소된 사람은 취소 후 몇 년이 지나야 수렵면허를 받을 수 있는가?
① 6개월 ② 1년 ③ 14개월 ④ 2년

152. 다음 중 수렵면허 취소·정지에 해당하지 않는 것은?
① 수렵 중 다른 사람의 생명·신체 또는 재산에 피해를 일으킨 경우
② 수렵동물을 포획하지 못한 경우
③ 수렵 도구를 이용하여 범죄행위를 저지른 경우
④ 거짓, 그 밖의 부정한 방법으로 수렵면허를 받은 경우

153. 다음 중 수확기 피해방지단원의 요건을 갖추지 못한 사람은?
① 수렵면허를 받은 명예 야생생물보호원
② 포획허가 신청일로부터 5년 이내에 수렵장에서 수렵한 실적이 있는 사람
③ 유해야생동물을 포획한 실적이 많이 있는 사람
④ 수렵면허 또는 총포소지허가를 취득 한지 5년 이상 경과한 사람

154. 다음 중 수렵면허 관련 내용이 틀린 것은?
① 수렵면허를 받기 위해 소정의 수수료를 납부하여야 한다.
② 수렵장을 관할하는 시·군·구청에서 수렵면허를 받으면 다른 절차 없이 수렵이 가능하다.
③ 제1종 수렵면허는 총기를 사용하는 수렵면허이다.
④ 제2종 수렵면허는 총기 외의 수렵도구를 사용하는 수렵면허이다.

정답 145.② 146.③ 147.② 148.① 149.① 150.② 151.② 152.② 153.① 154.②

155. 다음 중 수렵강습에 관한 내용이 아닌 것은?
① 수렵강습은 수렵의 역사・문화, 수렵장 안전수칙 등을 포함한다.
② 수렵강습기관은 강습을 마친 자에게 이수증을 발급해야 한다.
③ 수렵강습기관은 환경부령에 따라 수강료를 징수할 수 있다.
④ 수렵강습은 시장・군수・구청장이 지정하는 수렵강습기관에서 실시해야 한다.

156. 다음 중 수렵면허증 관련 내용이 아닌 것은?
① 환경부장관은 환경부령 따라 수렵면허증을 교부해야 한다.
② 수렵면허증을 교부받기 위하여 수렵강습을 이수하여야 한다.
③ 수렵면허의 효력은 면허증을 본인 또는 대리인에게 교부한 때부터 발생한다.
④ 교부받은 수렵면허증은 다른 사람에게 빌려주거나 대여하지 못한다.

157. 다음 중 수렵과 관련된 내용이 틀린 것은?
① 수렵장설정자는 수렵장사용료의 수입을 임의 지출할 수 없다.
② 수렵면허 소지자는 수렵장설정자로부터 수렵승인을 받지 않는다.
③ 수렵하고자 하는 사람은 수렵장사용료를 납부하여야 한다.
④ 수렵동물을 포획한 사람은 동물의 종류・수량 등을 수렵장설정자에게 신고해야 한다.

158. 다음 중 수렵인이 지켜야 한 사항이 아닌 것은?
① 수렵보험에 가입하여야 한다.
② 수렵면허증을 휴대하여야 한다.
③ 해진 후부터 해뜨기 전까지 수렵을 하지 않는다.
④ 수렵강습 이수증을 휴대하여야 한다.

159. 다음 중 수렵면허와 거리가 먼 것은?
① 수렵면허는 주소지를 관할 시・군・구청에서 받는다.
② 수렵면허시험은 환경부장관이 실시하도록 되어 있다.
③ 총기를 이용하는 수렵은 제1종 수렵면허를 받아야 한다.
④ 수렵면허는 5년마다 갱신하여야 한다.

160. 다음 중 수렵면허를 받을 수 없는 사람은?
① 장애인 ② 미성년자
③ 70세 이상 고령자④ 임산부

161. 다음 중 수렵면허 취소사유에 해당 하는 것은?
① 수렵포획물을 3일 이내 신고하지 않은 경우
② 거짓 또는 부정한 방법으로 수렵면허를 받은 경우
③ 멸종위기 야생동물 한 마리를 포획한 경우
④ 수렵면허를 갱신하지 않고 1년이 지나지 않은 경우

162. 다음 중 수렵면허의 정지사유에 해당하는 것은?
① 심신상실자 ② 정신질환자
③ 금지된 장소나 금지된 시간에 수렵을 한 경우
④ 미성년자

163. 다음 중 수렵을 하고자 하는 사람이 갖추어야 할 요건이 아닌 것은?
① 수렵승인을 받는다.
② 수렵보험에 가입한다.
③ 수렵면허증을 휴대한다.
④ 주의 의무를 지키지 않았다.

164. 다음 중 수렵보험을 올바르게 설명한 것은?
① 가입을 안 해도 되는 임의보험이다.
② 수렵 시 다른 사람에게 발생한 피해를 보상한다.
③ 야생동물 보호기금으로 사용되기도 한다.
④ 수렵인의 생명과 재산 보호를 목적으로 한다.

165. 다음 중 과태료 부과대상이 아닌 것은?
① 멸종위기 야생생물의 포획 허가증을 지니

정답 155.④ 156.① 157.② 158.④ 159.② 160.② 161.② 162.③ 163.④ 164.② 165.③

지 아니한 사람
② 수렵면허증을 휴대하지 않고 수렵을 한 사람
③ 허가없이 야생동물을 포획할 목적으로 총기와 실탄을 휴대하고 돌아다니는 자
④ 멸종위기 야생생물의 포획·채취 등의 결과를 신고하지 아니한 경우

166. 유해야생동물 포획신고를 하지 않았을 경우의 행정처분은?
① 수렵면허 취소
② 100만원 이하의 과태료 처분
③ 유해야생동물 포획허가 취소
④ 수렵면허 정지

167. 다음 중 1km 이내의 장소에서 수렵제한 사항에 맞는 것은?
① 민가 주변
② 도로 쪽을 향하여 수렵을 하는 때
③ 해안가에서
④ 문화재보호법에 의한 문화재가 있는 장소

168. 다음 중 수렵장 내에서 수렵이 가능한 지역은?
① 야생생물보호구역
② 문화재보호구역으로 지정된 장소
③ 도로법 제2조에서 규정한 도로에서 1km 떨어진 지역
④ 도시계획구역 및 관광지

169. 다음 중 수렵이 불가능한 장소는?
① 문화재보호구역으로부터 1Km 이내의 장소
② 해발 300m의 산림 지역
③ 강가의 갈대숲에서 600m 이내
④ 도로법 제2조에 따른 도로에서 700m 떨어진 지역

170. 다음 중 야생동물 피해 예방 및 보상이 되지 않는 보호구역은?
① 자연환경보전법에 따른 생태 경관보전지역
② 습지보전법에 의한 습지보호지역
③ 생물다양성법에 의한 유전자원보호구역
④ 자연공원법에 의한 국립·도립·군립공원

171. 다음 중 수렵금지 구역은?
① 문화재보호구역에서 1킬로미터 이상 떨어진 곳
② 도로에서 100미터 이내의 장소
③ 가축에 피해를 줄 우려가 없는 야산
④ 시가지가 아닌 외딴 민가 뒷산

정답 166.③ 167.④ 168.③ 169.① 170.③ 171.②

제3절 기타 (과목1/영역3)

1. **다음 중 원시사냥과 가장 거리가 먼 것은?**
   ① 인간은 대형초식동물이 번식했던 50만 년 전부터 빙하기가 끝날 무렵 대형초식동물이 멸종하기 전까지 사냥으로 삶을 이어왔다.
   ② 인류가 초기 발명한 수렵기구는 활과 화살이다.
   ③ 돌과 나무로 만든 무기로 무장한 본격적인 수렵집단은 기원전 10만 년 전부터 등장하였다.
   ④ 고대 수렵인들이 주로 의존하던 동물들은 오릭스・매머드・순록・야생마・털코뿔소・큰 뿔사슴 등 대형 및 중형 포유동물이었다.

2. **인류가 초기 순록 등을 사냥하기에 좋은 사냥도구는?**
   ① 창・투창 ② 총기 ③ 칼 ④ 활과 화살

3. **다음 중 고대 인류의 사냥도구였던 창과 투창을 적합하게 사용한 지역은?**
   ① 관목으로 덮인 툰드라 지역
   ② 넓은 초원
   ③ 물가
   ④ 빽빽한 정글

4. **고대 인류가 활과 화살로 수렵했던 대상이 아닌 것은?**
   ① 빽빽한 숲에 사는 몸집이 작은 짐승
   ② 숲에서 날아다니는 조류
   ③ 드넓은 초원을 이동하는 대형동물
   ④ 물가에 서식하는 조류

5. **다음 중 활과 화살이 인류의 사냥에 유리하게 사용된 이유가 아닌 것은?**
   ① 300m까지 사격할 수 있고 20~50m 까지는 상당한 정확도가 있었다.
   ② 나무 등 장애물이 많은 지역에서 작은 동물을 잡을 수 있다.
   ③ 물가에 앉은 조류 날아가는 새도 잡을 수 있다.
   ④ 가까운 거리에서 사냥하기 좋은 무기이다.

6. **다음 중 한국 최초의 수렵법령으로 볼 수 있는 것은?**
   ① 1967년 조수보호 및 수렵에 관한 법
   ② 1961년 수렵법
   ③ 2011년 야생생물 보호 및 관리에 관한 법률
   ④ 1911년 수렵규칙

7. **일제강점기 제정되었던 수렵규칙 설명이 적절하지 않은 것은?**
   ① 유해조수 구제용과 학술연구용의 제도가 있었다.
   ② 17세부터 허가를 받아 수렵할 수 있었다.
   ③ 총기를 소유한 사람이면 누구나 수렵이 가능했다.
   ④ 나름의 수렵조수를 지정하였다.

8. **한국의 수렵기간 변천 설명으로 틀린 것은?**
   ① 1965년 이전까지 매년 10월 15일부터 다음해 4월 15일까지 6개월간 운영하였다.
   ② 1966년부터 1971년까지 매년 11월 1일부터 다음해 3월 31일까지 운영하였다.
   ③ 2014년도 기후변화 등의 조치로 11월 20일부터 이듬해 2월 28일까지 운영하고 있다.
   ④ 1972년~1981년까지 매년 11월 1일부터 다음해 2월 28일까지 운영하였다.

9. **수렵제도를 엽구(獵區)제와 면허(免許)제로 나눌 수 있다. 면허제의 설명이 적절한 것은?**
   ① 국가로부터 수렵면허를 받은 사람이 수렵법이 허용하는 범위에서 수렵하는 제도이다.
   ② 자기 토지 내의 야생동물 책임과 권한이 토지소유주에게 있는 제도이다.
   ③ 국가의 야생동물보호와 관리, 피해보상 등을 위한 재정지출이 없는 제도이다.
   ④ 일정 규모 이상 토지를 소유한 자가 자신의 토지 내에서 수렵권 및 관리의무를 갖는 제도이다.

정답 1.② 2.① 3.② 4.③ 5.④ 6.④ 7.③ 8.④ 9.①

10. 다음 중 수렵제도와 엽구제도에 대한 설명이 적절한 것은?

① 수렵면허 발급이 간편하고 비용이 저렴한 제도이다.
② 국가로부터 수렵면허를 받은 자가 수렵법이 허용하는 한도에서 수렵하는 제도이다.
③ 야생동물의 모든 권한이 국가에 귀속되며 보호와 관리의무도 국가에 있는 제도이다.
④ 일정 규모 이상 토지를 소유한 자가 자신의 토지 내에서 수렵권과 관리의무를 갖는 제도이다.

11. 다음 중 면허제에서 야생동물의 소유권은 누구에게 있는가?

① 야생동물을 조사・연구・관리하는 기관에 소유권이 있다.
② 야생동물에 관한 소유권은 국가에 귀속된다.
③ 야생동물이 살고 있는 지역 주민에게 소유권이 있다.
④ 자가 토지 내 야생동물 소유권은 토지소유주에 있다.

12. 엽구제에서 야생동물 소유권은 누구에게 있다고 볼 수 있는가?

① 야생동물에 관한 소유권은 국가에 귀속된다.
② 자가 토지 내 야생동물 소유권은 토지소유주에 있다.
③ 야생동물이 살고 있는 지역 주민에게 소유권이 있다.
④ 야생동물을 조사・연구・관리하는 기관에 소유권이 있다.

13. 수렵제도는 엽구(獵區)제와 면허(免許)제로 나눌 수 있다. 면허제의 장점 아닌 것은?

① 수렵면허 발급이 간편하고 비용이 적게 든다.
② 모든 국민에게 공평한 수렵기회가 주어진다.
③ 엽구제에 비해 야생생물종 다양성을 유지하는데 유리하다.
④ 사적 소유 개념으로 토지소유주에게 경제적 동기를 부여한다.

14. 다음 중 엽구제의 장점이 아닌 것은?

① 국가의 야생동물 보호 관리비용, 피해보상 등을 위한 재정지출이 적다.
② 수렵면허 발급이 간편하고 비용이 적게 든다.
③ 매우 높은 관리적 효율성을 나타내며 밀렵 발생 여지가 적다.
④ 사적 소유 개념으로 토지 소유주에게 경제적 동기를 부여한다.

15. 다음 중 면허제의 장점으로 볼 수 있는 것은?

① 국가의 야생동물 보호 관리비용, 피해보상 등을 위한 재정지출이 적다.
② 사적 소유 개념으로 토지 소유주에게 경제적 동기를 부여한다.
③ 엽구제에 비해 야생생물종 다양성을 유지하는데 유리하다.
④ 매우 높은 관리적 효율성을 나타내며 밀렵 발생 여지가 적다.

16. 다음 중 엽구제의 장점으로 볼 수 있는 것은?

① 수렵면허 발급이 간편하고 비용이 적게 든다.
② 모든 국민에게 공평한 수렵기회가 된다.
③ 면허제에 비해 야생생물종 다양성을 유지하는데 유리하다.
④ 수렵동물 관리비가 수렵장 이용자의 지출비에 의존하여 비수렵인과의 형평성을 유지할 수 있다.

17. 다음 중 면허제의 단점으로 볼 수 있는 것은?

① 국가의 강력한 감시체계, 건전한 국민의식 수준이 형성되지 않으면 남획이 발생하고 밀렵 방지가 어렵다.
② 국민에게 공평한 수렵기회가 주어진다.
③ 특별한 선호종의 과다증식이 우려된다.
④ 엄격한 수렵시험 과정과 많은 입렵비용으로 수렵활동하기가 어렵다.

18. 다음 중 엽구제의 단점으로 볼 수 있는 것은?

① 높은 관리 효율성을 나타내며 밀렵발생 소지가 적다.

정답 10.④ 11.② 12.② 13.④ 14.② 15.③ 16.④ 17.① 18.④

② 사적 소유 개념으로 토지 소유주에게 경제적 동기를 부여한다.
③ 국가의 강력한 감시체계와 건전한 국민의식 수준이 형성되지 않으면 남획이 발생하고 밀렵 방지가 어렵다.
④ 수렵종 및 개체수와 토지소유자의 이익이 직결되어 특정 선호종의 과다증식이 우려된다.

19. 수렵제도는 엽구(獵區)제도와 면허(免許)제도로 나눌 수 있다. 면허제의 단점이 아닌 것은?
① 특정종의 과다증식으로 주변지역의 야생동물 피해가 증가할 수 있고, 생태계 균형유지에 부정적 영향을 끼칠 수 있다.
② 국가의 강력한 감시체계와 건전한 국민의식 수준이 형성되지 않으면 남획이 발생하고 밀렵 방지가 어렵다.
③ 야생동물의 보호 관리비용, 피해보상에 대한 비용이 정부예산에 의존하므로 재정지출이 많다.
④ 수렵면허 발급이 간편한 대신 헌터의 평균자질이 부족하고 생태계 조정자로서 역할이 미약하다.

20. 수렵제도는 엽구(獵區)제와 면허(免許)제로 나눌 수 있다. 엽구제의 단점으로 볼 수 없는 것은?
① 특정종의 과다증식으로 주변지역의 야생동물 피해가 증가할 수 있고, 생태계 균형유지에 부정적 영향을 끼칠 수 있다.
② 야생동물 보호와 관리 비용, 피해보상 비용이 정부예산에 의존하므로 재정지출이 많다.
③ 수렵종 및 개체수와 토지소유자의 이익이 직결되어 특정 선호종의 과다증식이 우려된다.
④ 엄격한 수렵시험 과정과 높은 수렵료로 수렵활동이 어렵다.

21. 다음 중 면허제의 수렵권에 대한 설명이 가장 적절한 것은?
① 국가가 수렵권을 독점적으로 소유하고 사유지에도 그 영향력을 가진다.
② 토지 소유주는 자신의 수렵구역 내에서 수렵권을 가진다.
③ 토지 소유주는 자신의 수렵구역 내에서 야생동물보호관리, 야생동물로 인한 피해보상 의무를 진다.
④ 수렵권은 토지소유와 긴밀하게 연관되나, 일정 규모 이상의 구역 내(수렵구)에서만 실행 가능하다.

22. 한국의 수렵장 개장 변천과정 설명으로 적절하지 않은 것은?
① 1982년부터 1991년까지 1개도씩 7년 주기의 도별 순환수렵장과 고정수렵장(제주 · 거제 · 춘천)이 운영되었다.
② 2002년부터 단일 시 · 군 단위의 순환수렵장으로 전환 운영하고 있으며 필요시 시 · 도지사가 둘이상의 시 · 군을 묶어 권역 수렵장을 설정할 수 있도록 하고 있다.
③ 1972년부터 1981년까지 2개도씩 4년 주기의 도별 순환수렵장과 고정수렵장(제주 · 거제도 · 춘천)이 운영되었다.
④ 1961년부터 1971년까지 경기도를 제외한 전국에 수렵장을 개설했다.

23. 다음 중 수렵제도의 필연성에 대한 설명이 적절한 것은?
① 고가의 호피나 웅담 등을 얻기 위해 수렵이 필요하다.
② 포식자가 도태되면 먹이동물로 제공되던 피식자가 급증하게 되어 이에 대한 적정한 개체수 유지를 위한 조절기능으로 수렵이 필요하다.
③ 야생의 세계는 강한 개체가 약한 개체를 잡아먹는 양육강식과 환경변화에 적응하는 개체만이 살아남을 수 있는 먹이사슬로 구성되어 있다.
④ 먹이사슬로 인해 열성인자가 중간에 도태됨으로써 우성인자의 후손이 이어지며 질병 없는 생태계를 구축하게 된다.

정답 19.① 20.② 21.① 22.③ 23.②

24. 다음 중 수렵인의 자세로서 적절하지 않은 것은?

① 도로시설물 등에 영점사격을 하거나 수렵장을 이탈하여 수렵한다.
② 암꿩 등을 보호하기 위하여 들고양이를 적극 관리한다.
③ 흥미와 보신주의보다 건전한 수렵문화가 창달되도록 노력한다.
④ 올무·덫·창애 등의 밀렵도구를 단속하거나 수거하는 것을 지원한다.

25. 다음 중 수렵인의 자세로서 가장 올바른 것은?

① 도로시설물 등에 영점사격을 하거나 수렵장을 이탈하여 수렵한다.
② 건전한 수렵문화를 발전시키며 건강한 생태계 유지를 위한 개체수 조절에 기여 한다.
③ "많이 잡는 것이 우수한 포수"라는 인식을 가지고 포획에만 주력한다.
④ 맹견이나 창을 이용하여 야생동물을 무차별 포획한다.

26. 다음 중 수렵의 건전한 기능에 관한 설명으로 적절한 것은?

① 고가의 호피나 웅담 등으로 경제적 이익을 얻도록 하는 기능
② 지속가능한 야생동물의 이용으로 잉여자원 활용과 건강한 생태계 보전을 위한 개체수 조절기능
③ 자연생태계에서 포식자를 도태시켜 피식자가 급증하도록 하는 기능
④ 야생동물의 열성인자를 중도에 도태시켜 우성인자가 후대에 이어지게 하는 기능

27. 다음 중 수렵인의 사회적 책무로 적절하지 않은 것은?

① 올무·창애·덫 등의 밀렵도구를 단속하거나 수거하는 데 앞장선다.
② 밀렵도구를 단속하고 추방할 수 있는 교육홍보에 참여한다.
③ "많이 잡는 사람이 우수한 포수"라는 인식을 가지고 경쟁적인 수렵문화를 조성한다.
④ 우리나라의 야생동물 보호·관리 주체라는 의식을 가지고 불법행위를 근절하며 밀렵과 밀거래를 추방한다.

28. 다음 중 '로드킬(Road Kill)'에 대한 설명이 적절한 것은?

① 도로에서 차량이 충돌하여 인간이 죽는 것을 말한다.
② 자전거와 차량이 도로에서 충돌하여 죽는 것을 말한다.
③ 사람이 도로를 횡단하다 죽는 경우를 말한다.
④ 야생동물이 먹이를 구하거나 이동을 위해 도로에 뛰어들어 교통사고로 죽는 것을 말한다.

29. 다음 중 도로에 설치된 '야생동물주의' 표지판 내용과 가장 밀접한 것은?

① 로드킬(Road Kill)' 예방을 위한 도로 표지판이다.
② 수렵금지구역을 나타내는 도로 표지판이다.
③ 환경부장관이 지정한 야생생물 특별보호구역에 발견되는 도로 표지판이다.
④ 시·도지사 또는 시장·군수·구청장이 지정한 야생동물 보호구역에 발견되는 도로 표지판이다.

30. 다음 중 '로드킬(Road Kill)' 원인이라 할 수 없는 것은?

① 도로 건설에 의한 서식지 파편화
② 무분별한 등산로 개방과 등산객의 밀집
③ 생태통로의 신설
④ 산림과 녹지의 훼손, 도토리 등 야생동물 먹이 채취

31. 다음 중 도로에서 운전자가 로드킬(Road Kill)을 예방하기 위한 방법으로 틀린 것은?

① 야생동물이 나타나는 경우 경적을 울리거나 전조등(야간)을 끈다.
② 동물은 주로 가장자리에 나타나기 때문에 중앙선 가까이에로 운전한다.

정답 24.① 25.② 26.② 27.③ 28.④ 29.① 30.③ 31.③

③ 야생동물을 피하기 위해 차량 속도를 높인다.
④ 야생동물주의 표지판이 보이면 서행한다.

32. 다음 중 천연기념물(동물)의 조난 시 구조를 위한 운반·약물투여·수술·사육 및 야생 적응훈련 등 은 어디에서 하는 것이 가장 적절한가?
① 동물병원
② 시·도지사가 지정하는 동물치료(보호)소
③ 야생동물 전문가로 구성된 동물보호단체
④ 축산전문가로 운영되는 지방자치단체 축산 관련 기관

33. 다음 중 천연기념물(동물)의 조난 시 긴급 보호가 필요할 경우 먼저 치료한 후 그 결과를 보고하게 할 수 있는 사람이 아닌 것은?
① 경찰청장 ② 시장·군수
③ 구청장 ④ 문화재청장

34. 다음 중 천연기념물(동물)의 치료를 위해 동물치료소를 지정할 수 있는 기관이 아닌 것은?
① 수의사법에 따른 수의사 면허소지자가 운영하는 기업 등 연구소
② 수의사법에 의해 수의사 면허소지자를 소속회원으로 두고 있는 관리단체 또는 동물보호단체
③ 수의사법에 의해 수의사 면허소지자가 개설한 동물병원
④ 수의사법에 의해 수의사 면허소지자를 직원으로 두고 있는 지방자치단체의 축산관련 기관

35. 다음 중 시·도지사가 천연기념물의 동물치료소를 지정 취소하는 경우 관련 보고서를 제출하여야 하는 기관은?
① 농림축산식품부 ② 문화재청
③ 환경부 ④ 경찰청

36. 다음 중 천연기념물을 해외로 반출 또는 수출할 수 있는 경우가 아닌 것은?
① 반출한 날부터 2년 이내 다시 반입할 것을 조건으로 문화재청의 허가를 받아 박제 제작한 경우
② 특정 시설에서 연구의 목적으로 증식되어 해외 연구기관이 요청하는 경우
③ 문화재청장의 허가를 받고 특정한 시설에서 관람목적으로 증식된 천연기념물의 경우
④ 반출한 날부터 2년 이내 다시 반입할 것을 조건으로 문화재청의 허가를 받아 표본 제작한 경우

37. 다음 중 동식물 종(種)이 천연기념물로 지정되는 때와 그 지정일 이전에 표본·박제를 소유하고 있는 경우, 요구되는 법정 행위는?
① 문화재청에 신고하여야 한다.
② 산림청에 신고하여야 한다.
③ 환경부에 신고하여야 한다.
④ 해양수산부에게 신고하여야 한다.

38. 다음 중 '문화재법'에 의한 문화재 중에서 기념물에 해당하지 않는 것은?
① 경치가 좋은 곳으로써 예술적 가치가 크고 경관이 뛰어난 것
② 연극·음악·무용·놀이·의식·공예기술 등 무형의 문화적 소산으로 역사적·예술적·학술적 가치가 큰 것
③ 동물·식물·지형·지질·광물·동굴·생물학적 생성물이나 특별한 자연현상으로 역사적·경관적·학술적 가치가 큰 것
④ 절터, 옛무덤, 조개무덤, 성터, 궁터, 가마터, 유물포함층 등의 사적지와 특별히 기념될 만한 시설물로서 역사적·학술적 가치가 큰 것

39. 다음 중 「자연환경보전법」에 사용하는 '자연환경'의 정의에 가장 적절한 것은?
① 기존 자연환경과 유사한 기능을 수행하거나 보완적 기능을 수행하도록 하기 위해 환경을 조성하는 것을 말한다.
② 지하·지표(해양 제외) 및 지상의 모든 생

정답 32.② 33.① 34.① 35.② 36.② 37.① 38.② 39.②

물과 이들을 둘러싸고 있는 비생물적인 것을 포함한 자연의 상태(생태계와 자연경관 포함)를 말한다.
③ 식물・동물 및 미생물 군집(群集)들과 무생물 환경이 기능적인 단위로 상호 작용하는 역동적인 복합체를 말한다.
④ 자연환경적 측면에서 시각적・심미적인 가치를 가지는 지역・지형 및 이에 부속된 자연요소나 사물이 복합적으로 어우러진 자연적 경치를 말한다.

40. 다음 중 「자연환경보전법」에서 사용하는 '자연환경보전'의 정의에 적절한 것은?
① 기존의 자연환경과 유사한 기능을 수행하거나 보완적 기능을 수행하도록 하기 위하여 환경을 조성하는 것을 말한다.
② 자연환경을 체계적으로 보존・보호 또는 복원하고 생물다양성을 높이기 위하여 자연을 조성하고 관리하는 것을 말한다.
③ 현세대와 다음 세대가 동등한 기회를 가지고 자연환경을 이용하거나 혜택을 누릴 수 있도록 하는 것을 말한다.
④ 지하・지표(해양 제외) 및 지상의 모든 생물과 이들을 둘러싸고 있는 비생물적인 것을 포함한 자연 상태(생태계와 자연경관 포함)를 말한다.

41. 다음 중 「자연환경보전법」에 '자연환경의 지속가능한 이용'의 정의에 가장 적절한 것은?
① 식물・동물 및 미생물 군집(群集)과 무생물 환경이 기능적인 단위로 상호작용하는 역동적 복합체를 말한다.
② 자연환경을 체계적으로 보존・보호나 복원하고 생물다양성을 높이기 위해 자연을 조성하고 관리하는 것을 말한다.
③ 기존의 자연환경과 유사한 기능을 수행하거나 보완적 기능을 수행하도록 하기 위해 환경을 조성하는 것을 말한다.
④ 현세대와 장래 세대가 동등한 기회를 가지고 자연환경을 이용하거나 혜택을 누릴 있도록 하는 것을 말한다.

42. 다음 중 「자연환경보전법」에서 사용하는 '자연생태'의 정의에 적절한 것은?
① 자연 상태에서 이루어진 지리적 또는 지질적 환경과 그 조건 아래 생물이 생활하고 있는 일체 현상을 말한다.
② 생물다양성을 증진시키고 생태계 기능의 연속성을 높이기 위해 생태적으로 중요한 지역을 연결하는 생태적 서식공간을 말한다.
③ 자연환경을 체계적으로 보존・보호 또는 복원하고 생물다양성을 높이기 위하여 자연을 조성하고 관리하는 것을 말한다.
④ 식물・동물 및 미생물 군집(群集)과 무생물 환경이 기능적인 단위로 상호작용하는 역동적 복합체를 말한다.

43. 다음 중 「자연환경보전법」에서 사용하는 '생태계' 정의에 가장 적절한 것은?
① 자연의 상태에서 이루어진 지리적 또는 지질적 환경과 그 조건 아래 생물이 생활하고 있는 일체의 현상을 말한다.
② 생물다양성을 높이고 생태계 연속성을 높이거나 특정한 생물종의 서식조건을 개선하기 위해 조성하는 생물서식공간을 말한다.
③ 식물・동물 및 미생물 군집(群集)과 무생물 환경이 기능적인 단위로 상호 작용하는 역동적 복합체를 말한다.
④ 야생동・식물의 서식지가 단절되거나 훼손・파괴되는 것을 방지하고 생태계의 연속성을 위하여 설치하는 인공구조물・식생 등의 생태적 공간을 말한다.

44. 다음 중 「자연환경보전법」에서 사용하는 '소(小)생태계'의 정의에 적절한 것은?
① 생물다양성을 증진시키고 생태계 기능 연속성을 높이기 위하여 생태적으로 중요한 지역을 연결하는 생태적 서식공간을 말한다.
② 생물다양성을 높이고 생태계 연속성을 높이거나 특정한 생물종의 서식조건을 개선하기 위해 조성하는 생물서식공간을 말한다.
③ 현세대와 장래 세대가 동등한 기회를 가지

정답 40.② 41.④ 42.① 43.③ 44.②

고 자연환경을 이용하거나 혜택을 누릴 수 있도록 하는 것을 말한다.
④ 식물·동물 및 미생물 군집(群集)과 무생물 환경이 기능적인 단위로 상호작용하는 역동적 복합체를 말한다.

45. 다음 중 「자연환경보전법」에서 사용하는 '생물다양성' 정의에 적절한 것은?
① 육상생태계 및 수생생태계(해양생태계 제외)와 이들의 복합생태계를 포함하는 모든 원천에서 발생한 생물체 다양성을 말하며, 종내(種內)·종간(種間) 및 생태계의 다양성을 포함한다.
② 식물·동물 및 미생물 군집(群集)과 무생물 환경이 기능적인 단위로 상호작용하는 역동적 복합체를 말한다.
③ 생물다양성을 증진시키고 생태계 기능 연속성을 위하여 생태적으로 중요한 지역을 연결하는 생태적 서식공간을 말한다.
④ 자연환경을 체계적으로 보존·보호하거나 복원하고 생물다양성을 높이기 위해 자연을 조성하고 관리하는 것을 말한다.

46. 다음 중 「자연환경보전법」에서 사용하는 '생태축' 정의에 가장 적절한 것은?
① 식물·동물 및 미생물 군집(群集)과 무생물 환경이 기능적인 단위로 상호작용하는 역동적 복합체를 말한다.
② 생물다양성을 증진시키고 생태계 기능 연속성을 위하여 생태적으로 중요한 지역이나 생태적 기능의 유지가 필요한 지역을 연결하는 생태적 서식공간을 말한다.
③ 생물다양성을 높이고 생태계 연속성을 높이거나 특정한 생물종의 서식조건을 개선하기 위해 조성하는 생물서식공간을 말한다.
④ 야생동·식물 서식지가 단절되거나 훼손·파괴되는 것을 방지하고 생태계의 연속성 유지를 위하여 설치하는 생태적 공간을 말한다.

47. 다음 중 「자연환경보전법」에서 사용하는 '생태통로' 정의에 가장 적절한 것은?
① 식물·동물 및 미생물 군집(群集)과 무생물 환경이 기능적인 단위로 상호작용하는 역동적 복합체를 말한다.
② 야생동·식물 서식지가 단절되거나 훼손·파괴되는 것을 방지하고 야생동·식물의 이동 등 생태계의 연속성 유지를 위해 설치하는 생태적 공간을 말한다.
③ 생물다양성을 높이고 생태계 연속성을 높이거나 특정한 생물종 서식조건을 개선하기 위해 조성하는 생물서식공간을 말한다.
④ 생물다양성을 증진시키고 생태계 기능 연속성을 위하여 생태적으로 중요한 지역을 연결하는 생태적서 식공간을 말한다.

48. 다음 중 「자연환경보전법」에서 사용하는 '자연경관' 정의에 가장 적절한 것은?
① 지하·지표(해양 제외) 및 지상의 모든 생물과 이를 둘러싸고 있는 비생물적인 것울 포함한 자연의 상태(생태계와 자연경관 포함)를 말한다.
② 자연환경을 체계적으로 보존·보호 또는 복원하고 생물다양성을 높이기 위해 자연을 조성하고 관리하는 것을 말한다.
③ 자연 상태에서 이루어진 지리적 또는 지질적 환경과 그 조건 아래에서 생물이 생활하고 있는 일체 현상을 말한다.
④ 자연환경적 측면에서 시각·심미적인 가치를 가지는 지역·지형 및 이에 부속된 자연요소나 사물이 복합적으로 어우러진 자연 경치를 말한다.

49. 다음 중 「자연환경보전법」에서 사용하는 '대체자연' 정의에 가장 적절한 것은?
① 기존의 자연환경과 유사한 기능을 수행하거나 보완적 기능을 수행하도록 하기 위해 환경을 조성하는 것을 말한다.
② 생물다양성을 증진시키고 생태계 기능 연속성을 위하여 생태적으로 중요한 지역 또는 생태적 기능 유지가 필요한 지역을 연결하는 생태적 서식공간을 말한다.

정답 45.① 46.② 47.② 48.④ 49.①

③ 생물다양성을 높이고 생태계 연속성을 높이거나 특정한 생물종의 서식조건을 개선하기 위해 조성하는 생물서식공간을 말한다.
④ 야생동·식물 서식지가 단절되거나 훼손, 파괴되는 것을 방지하고 생태계 연속성 유지를 위하여 설치하는 생태적 공간을 말한다.

50. 다음 중 「자연환경보전법」에서 사용하는 '생태·경관보전지역' 정의에 적절한 것은?
① 생물다양성이 풍부하고 생태적으로 중요하거나 자연경관이 수려하여 특별히 보전 가치가 큰 지역으로서 법에 명시된 규정에 의해 환경부 장관이 지정·고시하는 지역을 말한다.
② 야생동·식물 서식지가 단절되거나 훼손, 파괴되는 것을 방지하고 생태계 연속성 유지를 위해 설치하는 생태적 공간을 말한다.
③ 생물다양성을 높이고 생태계 연속성을 높이거나 특정한 생물종의 서식조건을 개선하기 위해 조성하는 생물서식공간을 말한다.
④ 생물다양성을 증진시키고 생태계 기능 연속성을 위하여 생태적으로 중요한 지역을 연결하는 생태적 서식공간을 말한다.

51. 다음 중 「자연환경보전법」에서 사용하는 '자연유보지역' 정의에 가장 적절한 것은?
① 생물다양성을 높이고 생태계 연속성을 높이거나 특정한 생물종의 서식조건을 개선하기 위해 조성하는 생물서식공간을 말한다.
② 생물다양성을 증진시키고 생태계 기능 연속성을 위해 생태적으로 중요한 지역을 연결하는 생태적서식공간을 말한다.
③ 사람의 접근이 사실상 불가능하여 생태계 훼손이 방지되고 있는 지역 중 군사목적 외의 특별한 용도로 사용되지 아니하는 무인도서로서 대통령이 정하는 지역과, 관할권이 대한민국으로 속하는 날부터 2년간의 비무장지대를 말한다.
④ 생물다양성이 풍부하고 생태적으로 중요하거나 자연경관이 수려하여 특별히 보전할 가치가 큰 지역으로 지정·고시하는 지역을 말한다.

52. 다음 중 「자연환경보전법」에서 사용하는 '생태·자연도' 정의에 가장 적절한 것은?
① 기존의 자연환경과 유사한 기능을 수행하기 위해 조성하는 환경을 말한다.
② 지하·지표(해양 제외) 및 지상의 모든 생물과 이를 둘러싸고 있는 비생물적인 것을 포함한 자연 상태(생태계와 자연경관 포함)를 말한다.
③ 생물다양성을 높이고 생태계 연속성을 높이거나 특정한 생물종의 서식조건을 개선하기 위해 조성하는 생물서식공간을 말한다.
④ 산·하천·내륙습지·호소·농지·도시 등에 대하여 자연환경을 생태적 가치, 자연성, 경관적 가치 등에 따라 등급화하여 작성된 지도를 말한다.

53. 다음 중 자연환경보전법」에서 사용하는 '자연자산' 정의에 적절한 것은?
① 인간의 생활이나 경제활동에 이용될 수 있는 유형·무형의 가치를 가진 자연상태 생물과 비생물적인 것 총체를 말한다.
② 생물다양성이 풍부하고 생태적으로 중요하거나 자연경관이 수려하여 특별히 보전할 가치가 큰 지역으로 지정·고시하는 지역을 말한다.
③ 자연환경적 측면에서 시각·심미적인 가치를 가지는 지역·지형 및 이에 부속된 자연요소 또는 사물이 복합적으로 어우러진 자연 경치를 말한다.
④ 지하·지표(해양 제외) 및 지상의 모든 생물과 이를 둘러싸고 있는 비생물적인 것을 포함한 자연의 상태(생태계와 자연경관 포함)를 말한다.

54. 다음 중 자연환경보전법」에서 사용하는 '생물자원' 정의에 가장 적절한 것은?
① 사람을 위해 가치가 있거나 실제적 또는 잠재적 용도가 있는 유전자원, 생물체, 생물체 부분, 개체군 또는 생물의 구성요소를 말한다.
② 자연환경적 측면에서 시각·심미적인 가치를 가지는 지역·지형 및 이에 부속된 자연요소 또는 사물이 복합적으로 어우러진 자연 경치를 말한다.

정답 50.① 51.③ 52.④ 53.① 54.①

③ 생물다양성이 풍부하고 생태적으로 중요하거나 자연경관이 수려하여 특별히 보전 할 가치가 큰 지역으로 지정·고시하는 지역을 말한다.
④ 인간의 생활이나 경제활동에 이용될 수 있는 유형·무형의 가치를 가진 자연상태 생물과 비생물적인 것 총체를 말한다.

55. 다음 중 「자연환경보전법」에서 사용하는 '생태마을' 정의에 가장 적절한 것은?
① 사람을 위하여 가치가 있거나 실제적 또는 잠재적 용도가 있는 유전자원, 생물체, 생물체 부분, 개체군 또는 생물의 구성요소를 말한다.
② 생태적 기능과 수려한 자연경관을 보유하고 이를 지속가능하게 보전·이용할 수 있는 역량을 가진 마을로서 환경부장관 또는 지방자치단체장이 관련법에 따라 지정한 마을을 말한다.
③ 생물다양성이 풍부하고 생태적으로 중요하거나 자연경관이 수려하여 특별히 보전할 가치가 큰 지역으로 지정·고시하는 지역을 말한다.
④ 인간의 생활이나 경제활동에 이용될 수 있는 유형·무형의 가치를 가진 자연상태 생물과 비생물적인 것 총체를 말한다.

56. 다음 중 「자연환경보전법」에서 사용하는 '생태관광' 정의에 적절한 것은?
① 인간의 생활이나 경제활동에 이용될 수 있는 유형·무형의 가치를 가진 자연상태 생물과 비생물적인 것 총체를 말한다.
② 생물다양성이 풍부하고 생태적으로 중요하거나 자연경관이 수려하여 특별히 보전 할 가치가 큰 지역으로 지정·고시하는 지역을 말한다.
③ 자연환경적 측면에서 시각·심미적인 가치를 가지는 지역·지형 및 이에 부속된 자연요소 또는 사물이 복합적으로 어우러진 자연 경치를 말한다.
④ 생태계가 특히 우수하거나 자연경관이 수려한 지역에서 자연자산 보전 및 현명한 이용을 통하여 환경의 중요성을 체험할 수 있는 자연친화적 관광을 말한다.

57. 다음 중 <야생생물법>에서 사용하는 '유전자원'이란 용어의 정의에 적절한 것은?
① 유전(遺傳)의 기능적 단위를 포함하는 식물·동물·미생물 그밖에 유전적 기원이 되는 유전물질 중 실질적 잠재적 가치를 지닌 물질을 말한다.
② 사람을 위해 가치가 있거나 실제적 또는 잠재적 용도가 있는 생물체, 생물체의 부분, 개체군 또는 생물 구성요소를 말한다.
③ 자연환경적 측면에서 시각·심미적인 가치를 가지는 지역·지형 및 이에 부속된 자연요소 또는 사물이 복합적으로 어우러진 자연경치를 말한다.
④ 인간의 생활이나 경제활동에 이용될 수 있는 유형·무형의 가치를 가진 자연상태 생물과 비생물적인 것의 총체를 말한다.

58. 「생물다양성 보전 및 이용에 관한 법률」에서 '전통지식'이란 용어의 정의에 적절한 것은?
① 인간의 생활이나 경제활동에 이용될 수 있는 유형·무형의 가치를 가진 자연 상태 생물과 비생물적인 것 총체를 말한다.
② 생물다양성 보전과 생물자원의 지속가능한 이용에 적합한 전통적 생활양식을 유지하여 온 개인 또는 지역사회의 지식, 기술 및 관행 등을 말한다.
③ 사람을 위하여 가치가 있거나 실제적 잠재적 용도가 있는 유전자원, 생물체, 생물체 부분, 개체군 또는 생물의 구성요소를 말한다.
④ 유전(遺傳)의 기능적 단위를 포함하는 식물·동물·미생물 그밖에 유전적 기원이 되는 유전물질 중 실질적 또는 잠재적 가치를 지닌 물질을 말한다.

59. 「생물다양성 보전 및 이용에 관한 법률」에서 '외래생물'이란 용어의 정의에 적절한 것은?
① 인간의 생활이나 경제활동에 이용될 수 있는 유형·무형의 가치를 가진 자연 상태 생물과 비생물적인 것 총체를 말한다.
② 사람을 위해 가치가 있거나 실제적 잠재적 용

정답 55.② 56.④ 57.① 58.② 59.③

도가 있는 유전자원, 생물체, 생물체 부분, 개체군 또는 생물의 구성요소를 말한다.

③ 외국으로부터 인위적 또는 자연적으로 유입되어 그 본래 원산지 또는 서식지를 벗어나 존재하게 된 생물을 말한다.

④ 유전의 기능적 단위를 포함하는 식물·동물·미생물 그밖에 유전적 기원이 되는 유전물질 중 실질적 또는 잠재적 가치를 지닌 물질을 말한다.

60. 「생물다양성 보전 및 이용에 관한 법률」에서 '생태계 교란 생물'에 해당되지 않는 것은?

① 유전자 변형을 통하여 생산된 유전자변형생물체 중 생태계 균형을 교란하거 교란할 우려가 있는 생물

② 외국으로부터 인위적 또는 자연적으로 유입되어 그 본래 원산지 또는 서식지를 벗어나 존재하게 된 생물

③ 외래생물 중 생태계 균형을 교란하거나 교란할 우려가 있는 생물

④ 외래생물에 해당하지 않는 생물 중 특정지역에서 생태계 균형을 교란하거나 교란할 우려가 있는 생물

61. 다음 중 「자연환경보전법」에 의한 '생태·경관보전지역'으로 지정할 수 있는 지역이 아닌 것은?

① 절터·옛무덤·조개무덤·성터·궁터·가마터·유물포함층 등의 사적지역

② 지형·지질이 특이하여 학술적 연구 또는 자연경관 유지를 위하여 보전이 필요한 지역

③ 다양한 생태계를 대표할 수 있는 지역 또는 생태계 표본지역

④ 자연상태가 원시성을 유지하고 있거나 생물다양성이 풍부해 보전 및 학술적 연구가치가 큰 지역

62. 다음 중 「생물다양성 보전 및 이용에 관한 법률」에 의해 '위해우려종'이란 용어의 정의에 가장 적절한 것은?

① 유전자 변형을 통하여 생산된 유전자변형생물체 중 생태계 균형을 교란하거나 교란할 우려가 있는 생물종

② 외국으로부터 인위적·자연적으로 유입되어 그 본래 원산지 또는 서식지를 벗어나 존재하게 된 생물종

③ 외래생물 중 생태계 균형을 교란하거나 교란할 우려가 있는 생물종

④ 국내 유입될 경우 생태계 등에 위해(危害)를 미칠 우려가 있어 환경부장관이 지정·고시하는 생물종

63. 다음 중 「생물다양성 보전 및 이용에 관한 법률」에 의해 '외래생물 등의 생태계위해성 평가' 정의에 가장 적절한 것은?

① 위해 우려종이 국내 유입되는 경우 국내 생태계 등에 미치는 영향과 관리방안 등 체계적으로 검토하여 심사하는 것을 말한다.

② 입지의 타당성과 환경에 미치는 영향을 미리 조사·평가하는 것이다.

③ 외래생물종의 생물특성과 분포 및 확산, 생태계에 미치는 영향 등을 체계적으로 검토하여 평가하고 위해성 등급을 결정하는 것이다.

④ 해당 사업이 환경에 미치는 영향을 미리 조사·예측·평가하여 해로운 환경영향을 피하거나 제거·감소시킬 수 있는 방안을 마련하는 것

64. 다음 중 「생물다양성 보전 및 이용에 관한 법률」에 의한 '위해우려종의 생태계위해성 심사' 정의에 적절한 것은?

① 입지의 타당성과 환경에 미치는 영향을 미리 조사·평가하는 것이다.

② 위해 우려종이 국내 유입되는 경우 심사기준에 따라 국내 생태계 등에 미치는 영향과 관리방안 등을 체계적으로 검토하여 심사하는 것이다.

③ 해당 사업이 환경에 미치는 영향을 미리 조사·예측·평가하는 것이다.

④ 외래생물종의 생물특성과 분포 및 확산, 생태계에 미치는 영향 등을 체계적으로 점검하여 평가하고, 위해성 등급을 결정하는 것이다.

정답 60.② 61.① 62.④ 63.③ 64.②

65. 다음 중 「생물다양성 보전 및 이용에 관한 법률」에 의한 '위해성 등급 1급' 기준에 적절한 것은?

① 생태계의 위해성이 매우 높고 향후 생태계 위해성이 매우 높아질 가능성이 우려되어 관리대책을 수립, 퇴치 등의 관리가 필요한 종이다.
② 생태계 위해성은 보통이나 향후 생태계 위해성이 높아질 가능성이 있어 확산정도와 생태계 등에 미치는 영향을 지속적으로 관찰할 필요가 있는 종이다.
③ 생태계 위해성이 낮아 별도의 관리가 요구되지 않는 종으로서 향후 생태계 위해성이 문제가 되지 않을 것으로 판단되는 종이다.
④ 국내에 유입될 경우 생태계 등에 위해(危害)를 미칠 우려가 있는 종이다.

66. 다음 중 「생물다양성 보전 및 이용에 관한 법률」에 의한 '위해성 등급 2급' 기준에 가장 적절한 것은?

① 생태계 위해성은 보통이나 향후 생태계 위해성이 높아질 가능성이 있어 확산정도와 생태계 등에 미치는 영향을 지속적으로 관찰할 필요가 있는 종이다.
② 생태계 위해성이 낮아 별도 관리가 요구되지 않는 종으로서 향후 생태계 위해성이 문제되지 않을 것으로 판단되는 종이다.
③ 국내 유입될 경우 생태계 등에 위해(危害)를 미칠 우려가 있는 종이다.
④ 생태계위해성이 매우 높고 향후 생태계 위해성이 매우 높아질 가능성이 우려되어 관리대책을 수립, 퇴치 등의 관리가 필요한 종이다.

67. 「생물다양성 보전 및 이용에 관한 법률」에 의한 '위해성 등급 3급' 기준에 적절한 것은?

① 생태계 위해성이 매우 높고 관리대책을 수립하여 관리가 필요한 종이다.
② 생태계 위해성은 보통이나 향후 생태계 위해성이 높아질 가능성이 있어 확산정도와 생태계 등에 미치는 영향을 지속적으로 관찰할 필요가 있는 종이다.
③ 생태계 위해성이 낮아 별도 관리가 요구되지 않는 종으로서 향후 생태계 위해성이 문제되지 않을 것으로 판단되는 종이다.
④ 국내 유입될 경우 생태계 등에 위해(危害)를 미칠 우려가 있는 종이다.

68. 다음 중 생물다양성 관리계약의 설명으로 적절한 것은?

① 지하·지표 또는 지상의 모든 생물과 이들을 둘러싸고 있는 비생물적인 것을 포함한 자연 상태를 관리하는 계약이다.
② 생물다양성과 관련하여 법에 명시된 지역을 보전하기 위해 토지 소유자·점유자·관리인과 경작방식 변경, 화학물질 사용감소, 습지 조성 등을 내용으로 체결하는 계약을 말한다.
③ 생물다양성이 풍부하고 생태적으로 중요하거나 자연경관이 수려하여 특별히 보전할 가치가 큰 지역을 관리하는 계약이다.
④ 특별보호구역이나 인접지역에서 멸종위기 야생생물 보호를 위해 토지 소유자·점유자 등과 경작방식 변경, 화학물질 사용 저감 등 토지 관리방법을 내용으로 체결하는 계약이다.

69. 다음 중 생물다양성 관리계약을 체결할 수 있는 지역이 아닌 것은?

① 자연경관이 수려하여 특별히 보전할 가치가 큰 지역
② 생물다양성 증진이 필요한 지역
③ 생물다양성이 독특하거나 우수한 지역
④ 멸종위기 야생생물 보호를 위해 필요한 지역

70. 다음 중 정부가 몇 년 주기로 국가 생물다양성 보전과 그 구성요소의 지속가능한 이용을 위한 전략을 수립하여야 하는가?

① 10년 ② 5년 ③ 7년 ④ 2년

71. 다음 중 환경부장관은 전국의 자연환경보전을 위한 기본계획을 몇 년 마다 수립하여야 하는가?

① 15년 ② 2년 ③ 5년 ④ 10년

정답 65.① 66.① 67.③ 68.② 69.① 70.② 71.④

72. **다음 중 자연환경보전 기본원칙이 아닌 것은?**
① 자연환경보전은 국토 이용과 조화 · 균형을 이루어야 한다.
② 자연상태와 경관은 인간활동과 자연의 기능 및 생태적 순환이 촉진되도록 보전 · 관리되어야 한다.
③ 자연상태와 경관은 인간의 이익을 극대화하기 위한 수단으로 활용되어야 한다.
④ 자연환경은 모든 국민의 자산으로 공익에 적합하게 보전되고 현재와 장래 세대를 위하여 지속가능하게 이용되어야 한다.

73. **다음 중 자연환경보전 기본원칙으로 볼 수 없는 것은?**
① 모든 국민이 자연환경보전에 참여하고 자연환경을 건전하게 이용하는 기회가 증진되어야 한다.
② 자연환경을 이용하거나 개발하는 때에는 생태적 균형이 파괴되거나 그 가치가 저하되지 않도록 해야 한다.
③ 자연환경에 따른 부담은 공평하게 분담되어야 하며, 자연환경으로부터 얻어지는 혜택은 지역주민과 이해관계인이 우선 누릴 수 있도록 해야 한다.
④ 자연상태와 자연환경은 현재 그대로 보전하여야 한다.

74. **다음 중 자연환경보전 기본원칙이 아닌 것은?**
① 개인이 소유한 자연상태와 자연경관이라 하더라도 공공의 이용을 우선시하여 사용되어야 한다.
② 자연생태와 자연경관이 파괴 · 훼손되거나 침해되는 때에는 최대한 복원 · 복구되도록 노력해야 한다.
③ 자연환경은 모든 국민의 자산으로서 공익에 적합하게 보전되고 현재와 장래의 세대를 위해 지속가능하게 이용되어야 한다.
④ 자연환경보전과 자연환경의 지속가능한 이용을 위한 국제협력이 증진되어야 한다.

75. **다음 중 「자연환경보전법」에 의한 '생태 · 경관핵심보전구역'으로 적합한 것은?**
① 생태계 구조와 기능의 훼손방지를 위해 특별한 보호가 필요하거나 자연경관이 수려하여 특별히 보호하고자 하는 지역
② 핵심구역의 연접지역으로써 핵심구역의 보호를 위해 필요한 지역
③ 핵심구역 또는 완충구역에 둘러싸인 취락지역으로서 지속가능한 보전과 이용을 위해 필요한 지역
④ 사람의 접근이 불가능하여 생태계 훼손이 방지되고 있는 지역 중 군사목적으로 이용되는 외에는 특별한 용도로 사용되지 않는 무인도서로서 대통령이 정하는 지역

76. **다음 중 「자연환경보전법」에 의한 '생태 · 경관완충보전구역'으로 적절한 것은?**
① 사람의 접근이 사실상 불가능해 생태계 훼손이 방지되고 있는 지역 중 군사목적으로 이용되는 외에 특별한 용도로 사용되지 않는 무인도서로서 대통령이 정하는 지역
② 생태계의 구조와 기능의 훼손방지를 위해 특별한 보호가 필요하거나 자연경관이 수려하여 특별히 보호하고자 하는 지역
③ 핵심구역의 연접지역으로서 핵심구역 보호를 위하여 필요한 지역
④ 핵심구역 또는 완충구역에 둘러싸인 취락지역으로서 지속가능한 보전 이용을 위해 필요한 지역

77. **다음 중 「자연환경보전법」에 의한 생태 · 경관보전구역으로 가장 적절한 것은?**
① 생태계 구조와 기능의 훼손방지를 위해 특별한 보호가 필요하거나 자연경관이 수려하여 특별히 보호하고자 하는 지역
② 핵심구역의 연접지역으로서 핵심구역의 보호를 위해 필요한 지역
③ 핵심구역 또는 완충구역에 둘러싸인 취락지역으로서 지속가능한 보전과 이용을 위해 필요한 지역

정답 72.③ 73.④ 74.① 75.① 76.③ 77.③

④ 사람의 접근이 불가능하여 생태계 훼손이 방지되고 있는 지역 중 군사목적으로 이용되는 외에는 특별한 용도로 사용되지 않는 무인도서로서 대통령이 정하는 지역

78. 다음 중 '생태 · 경관보전지역'에서 제한행위에 해당되지 않는 것은?

① 생태 · 경관보전지역 내 거주하는 주민 생활양식의 유지 또는 생활향상을 위해 필요하거나 생태 · 경관보전지역 지정 당시 실시하던 영농행위를 지속하기 위해 필요한 행위
② 하천 · 호소 등의 구조를 변경하거나 수위 또는 수량의 증감을 가져오는 행위
③ 토석채취
④ 핵심구역 안에서 야생동 · 식물을 포획 · 채취 · 이식 · 훼손하거나 고사시키는 행위 또는 포획하거나 고사시키기 위해 화약류 · 덫 · 올무 · 그물 · 함정 등을 설치하거나 유독물 · 농약 등을 살포 · 주입하는 행위

79. 다음 중 '생태 · 경관보전지역'에서 제한행위에 가장 적절한 것은?

① 생태 · 경관보전지역 내 거주하는 주민생활양식의 유지 또는 생활향상을 위해 필요하거나 생태 · 경관보전지역 지정 당시 실시하던 영농행위를 지속하기 위해 필요한 행위
② 건축물 그 밖의 공작물 신축 · 증축(생태 · 경관보전지역 지정 당시 건축면적의 2배 이상 증축하는 경우) 및 토지 형질변경
③ 천재 · 지변 또는 이에 준하는 대통령령이 정하는 재해가 발생하여 긴급조치가 필요한 경우
④ 군사목적을 위해 필요한 경우

80. 다음 중 '생태 · 경관보전지역'의 '완충지역'에서 할 수 있는 행위가 아닌 것은?

① '산림자원의 조성 및 관리에 관한 법률'에 따른 산림경영계획과 산림보호 및 '산림보호법'에 따른 산림유전자원보호구역 등 보전 · 관리를 위해 시행하는 산림사업
② 하천유량 및 지하수 관측시설, 배수로 설치 또는 이와 유사한 농 · 임 · 수산업에 부수되는 건축물 등설치
③ 하천 · 호소 등의 구조를 변경하거나 수위 또는 수량에 증감을 가져오는 행위
④ 생태탐방 · 생태학습 등을 위하여 대통령령이 정하는 시설 설치

81. 다음 중 '생태 · 경관보전구역'의 '전이구역'에서 할 수 있는 행위가 아닌 것은?

① 생태 · 경관보전지역을 방문하는 사람을 위한 대통령령이 정하는 음식 · 숙박 · 판매시설의 설치
② 야생동 · 식물 포획 · 채취 · 이식 · 훼손 · 고사시키는 행위 또는 포획하거나 고사시키기 위해 화약류 · 덫 · 올무 · 그물 · 함정 등을 설치하거나 유독물 · 농약 등을 살포 · 주입하는 행위
③ 전이구역 안에 거주하는 주민생활양식의 유지 또는 생활향상 등을 위한 대통령령이 정하는 건축물 등 설치
④ 하천유량 및 지하수 관측시설, 배수로 설치 또는 이와 유사한 농 · 임 · 수산업에 부수되는 건축물 등 설치

82. 다음 중 '생태 · 경관보전지역'의 금지행위에 해당되지 않는 것은?

① 생태 · 경관보전지역 내 거주하는 주민생활양식의 유지 또는 생활향상을 위해 필요하거나 생태 · 경관보전지역 지정 당시 실시하던 영농행위를 지속하기 위해 필요한 행위
② 환경부령이 정하는 인화물질을 소지하거나 환경부장관이 지정하는 장소 외에서 취사 · 야영행위를 하는 행위(핵심구역 및 완충구역에 한한다)
③ 자연환경보전에 관한 안내판 기타 표지물을 오손 또는 훼손하거나 이전하는 행위
④ '수질 및 수생태계 보전에 관한 법률' 에 의한 특정수질유해물질을 버리는 행위

정답 78.① 79.② 80.③ 81.② 82.①

83. '생태 · 경관보전지역'의 출입을 일정기간 제한 혹은 금지할 수 있는 경우가 아닌 것 은?

① 자연적 또는 인위적인 요인으로 훼손된 자연환경의 회복을 위한 경우
② 해당 지역주민이일상적 농림수산업의 영위 등 생활영위를 위하여 출입하는 경우
③ 생태 · 경관보전지역을 출입하는 자의 안전을 위한 경우
④ 자연생태계와 자연경관 등 생태 · 경관보전지역의 보호를 위하여 특별히 필요하다고 인정되는 경우

84. 다음 중 '생태 · 경관보전지역'의 일정기간 출입 제한(금지)에 해당하는 사람은?

① 군사상의 목적으로 출입하는 사람
② 야생동물을 포획하기 위해 출입하는 사람
③ 일상적 농림수산업 영위 등 기존의 생활을 위해 출입하는 해당 지역주민
④ 생태 · 경관보전지역을 보전하기 위한 사업을 하기 위해 출입하는 사람

85. 다음의 포유류 중 '생태계교란 생물'로 지정 · 고시된 동물은?

① 황소개구리(Rana catesbeiana) · 붉은귀거북속 전종(Trachemys spp)
② 파랑볼우럭(블루길 Lepomis macrochirus)
③ 꽃매미(Lycorma delicatula)
④ 뉴트리아(Myocastor coypus)

86. 다음의 양서류 · 파충류 중 '생태계교란 생물'로 지정 · 고시된 것은?

① 황소개구리(Rana catesbeiana), 붉은귀거북속 전종(Trachemys spp)
② 파랑볼우럭(블루길, Lepomis macrochirus)
③ 꽃매미(Lycorma delicatula)
④ 뉴트리아(Myocastor coypus)

87. 다음의 어류 중 '생태계교란 생물'로 지정 · 고시된 생물은?

① 황소개구리(Rana catesbeiana), 붉은귀거북속 전종(Trachemys spp)
② 파랑볼우럭(블루길, Lepomis macrochirus)
③ 쏘가리, 쉬리
④ 뉴트리아(Myocastor coypus)

88. 다음의 곤충류 중 '생태계교란 생물'로 지정 · 고시된 생물은?

① 배추흰나비, 호랑나비
② 황소개구리(Rana catesbeiana), 붉은귀거북속 전종(Trachemys spp)
③ 꽃매미(Lycorma delicatula)
④ 파랑볼우럭(블루길, Lepomis macrochirus)

89. 다음 중 '생태계교란 생물'로 지정 · 고시된 식물이 아닌 것은?

① 돼지풀(Ambrosia artemisiaefolia var. elatior)
② 왜솜다리(Leontopodium japonicum Miq.)
③ 단풍잎돼지풀(Ambrosia trifida)
④ 털물참새피(Paspalum distichum var.indutum)

90. 다음 중 '생태계교란 생물'로 지정 · 고시된 식물이 아닌 것은?

① 벌개미취(Aster koraiensis Nakai)
② 도깨비가지(Solanum carolinense)
③ 애기수영(Rumex acetosella)
④ 가시박(Sicyos angulatus)

91. 다음 중 '생태계교란 생물'로 지정 · 고시된 식물이 아닌 것은?

① 서양금혼초(Hypochoeris radicate)
② 미국쑥부쟁이(Aster pilosus)
③ 양미역취(Solidago altissima)
④ 물옥잠(Monochoria korsakowii Regel & Maack)

92. 다음 중 '생태계교란 생물'로 지정 · 고시된 식물은?

① 왜솜다리(Leontopodium japonicum Miq.)
② 벌개미취(Aster koraiensis Nakai)
③ 가시상추(Lactuca scariolia)
④ 물옥잠(Monochoria korsakowii Regel & Maack)

정답 83.② 84.② 85.④ 86.① 87.② 88.③ 89.② 90.① 91.④ 92.③

93. 다음 중 '생태계교란 생물'의 공통 적용기준으로 적절하지 않은 것은?

① 식물은 표본을 포함
② 포유류, 양서류·파충류, 어류, 곤충류는 박제를 포함
③ 포유류, 양서류·파충류, 어류, 곤충류는 살아 있는 생물체와 그 알을 포함
④ 식물은 살아 있는 생물체와 그 부속체(종자, 구근, 인경, 주아, 덩이줄기, 뿌리)를 포함

94. 다음 중 '위해우려종'의 공통 적용기준으로 적절하지 않은 것은?

① 포유류, 조류, 어류, 연체동물, 절지동물, 양서·파충류, 곤충류는 박제를 포함
② 식물은 살아 있는 생물체와 그 부속체(종자, 구근, 인경, 주아, 덩이줄기, 뿌리)를 포함
③ 포유류, 조류, 어류, 연체동물, 절지동물, 양서류, 파충류, 곤충류는 살아 있는 생물체와 그 알을 포함
④ 식물은 표본을 포함

95. 다음 중 '위해우려종'의 평가기준으로 적절하지 않은 것은?

① 평가대상 생물종 특성
② 평가대상 생물종 분포 및 확산 양상
③ 평가대상 생물종이 생태계 미치는 영향
④ 평가대상 생물종 원산지

96. 다음 중 '위해우려종'의 평가대상으로 적절하지 않은 것은?

① 국립생태원의 정밀조사를 실시한 외래생물
② 위해우려종을 수입하거나 반입하려는 자가 생태계 위해성 심사를 요청한 것
③ 국내 외래동식물 목록에 기재된 종
④ 국내 환경에 정착이 확인된 외래생물

97. 다음 중 '위해우려종'의 심사대상으로 올바른 것은?

① 국내 외래동식물 목록에 기재된 종
② 위해우려종을 수입하거나 반입하려는 자가 생태계 위해성 심사를 요청한 것
③ 국내 환경에 정착이 확인된 외래생물
④ 국립생태원의 정밀조사를 실시한 외래생물

98. 다음 중 '위해우려종'의 심사기준으로 적당하지 않은 것은?

① 해당 생물의 경제적 가치
② 해당 생물이 생태계에 미치는 국제적 지위와 분포
③ 해당 생물의 환경방출 및 개체군 증가 등 확산 가능성
④ 해당 생물의 자연 확산 가능성

99. 다음 중 '위해우려종'의 평가 및 심사 수행 주체는?

① 환경부장관이 구성한 위원회
② 산림청장이 구성한 위원회
③ 국립생물자원관장이 구성한 위원회
④ 국립생태원장이 구성한 위원회

100. 다음 중 생물다양성 보전 및 이용에 관한 기본원칙이 적당하지 않은 것은?

① 국토 개발과 이용은 생물다양성 보전 및 생물자원의 지속가능한 이용과 조화를 이루어야 한다.
② 생물자원은 인간의 이익을 극대화하기 위한 수단으로 활용되어야 한다.
③ 생물다양성은 모든 국민의 자산으로서 현세대와 미래 세대를 위해 보전되어야 한다.
④ 생물자원은 지속가능한 이용을 위해 체계적으로 보호·관리되어야 한다.

101. 다음 중 '반출승인 대상 생물자원'에 관한 설명이 적당한 것은?

① 유전의 기능적 단위를 포함하는 식물·동물·미생물 또는 기타 유전적 기원이 되는 유전물질 중 실질적 또는 잠재적 가치를 지닌 물질이다.
② 생물다양성보전을 위해 보호할 가치가 높은 생물자원으로서 대통령령으로 정하는

정답 93.② 94.① 95.④ 96.② 97.② 98.① 99.④ 100.② 101.②

기준에 따라 환경부장관이 지정·고시한 생물자원이다.
③ 사람을 위하여 가치가 있거나 실제적 또는 잠재적 용도가 있는 유전자원, 생물체, 생물체 부분, 개체군 또는 생물의 구성요소이다.
④ 인간의 생활이나 경제활동에 이용될 수 있는 유형·무형의 가치를 가진 자연상태 생물과 비생물적인 것의 총체이다.

102. 다음 중 생물다양성 보전 및 이용과 관련하여 전통지식 보전 이용을 촉진하기 위한 시책이 아닌 것은?
① 한약재로 사용되는 식물 채집 판매
② 개인과 지역사회의 전통지식 발굴·연구 보호
③ 전통지식 정보수집과 관리시스템 구축
④ 전통지식 활용을 위한 기반 구축

103. 다음 중 생물다양성 보전 및 생물자원의 지속가능한 이용을 위해 추진할 수 있는 연구가 아닌 것은?
① 생물다양성과 생태계의 가치에 대한 연구 평가
② 생물다양성 및 생태계 관련 수익 다각화 방안 연구
③ 생물다양성 보전을 위한 전략 및 기술의 연구 평가
④ 생물다양성에 영향을 미치는 요인 연구

104. 다음 중 생물다양성 보전 및 생물자원의 지속가능한 이용을 촉진하기 위하여 수립·추진할 시책이 아닌 것은?
① 생물다양성 및 생물자원 관련 연구 또는 조사를 수행하는 기관 단체 등의 육성 지원
② 학계·연구기관과의 공동연구 또는 관련 학술활동 지원
③ 생물자원을 이용한 산업체 육성계획
④ 외국 및 국제기구와의 기술협력, 정보교환, 공동연구, 공동조사 등 추진 및 지원

105. 다음 중 생물다양성 보전 및 생물자원의 지속가능한 이용을 위해 추진할 수 있는 기술개발이 아닌 것은?
① 멸종위기종 증식·복원 기술 등 생물다양성 보전을 위한 기술 증진
② 생물자원의 지속가능한 이용에 관한 연구 조사
③ 훼손된 생태계 및 서식지 복원 연구 기술
④ 사업화가 가능한 유망한 생물자원 기술의 활용

106. 국가나 지방자치단체가 생물다양성 보전 및 생물자원의 지속가능한 이용을 위해 추진 가능한 연구에 맞는 것은?
① 생물다양성 및 생태계 가치에 대한 평가
② 사업화 가능한 유망한 생물자원 활용 및 기술 개발
③ 생물다양성 및 생태계 관련 사업화 방안 연구
④ 생물자원을 이용, 산업체의 경영활동 연구

107. 다음 중 생물다양성 보전 및 생물자원의 지속가능한 이용을 촉진하기 위해 수립·추진 가능한 시책은?
① 생물다양성과 생물자원 관련된 연구 조사를 수행하는 기관 단체 등의 육성·지원
② 생물자원을 이용하여 산업체 경영지원 계획
③ 해외 우수 생물산업체의 조사 분석
④ 생물다양성과 생태계 관련 사업화 계획

108. 생물다양성 보전 및 생물자원의 지속가능한 이용을 위해 추진 가능한 기술개발은?
① 사업화 가능한 유망 생물자원 활용 기술
② 농업 생산 증대를 위한 유전자 변형 기술
③ 야생식물 병충해 방지를 위한 농약 기술
④ 생태계교란 생물 제거 및 방제 기술

109. 다음 중 '자연환경보전 명예지도원'의 설명이 맞는 것은?
① 자연환경보전을 위한 지도·계몽 등을 위해

정답 102.① 103.② 104.③ 105.④ 106.① 107.① 108.④ 109.①

민간자연환경 보전단체 회원, 자연환경을 위한 활동을 성실하게 수행하고 있는 사람 또는 협회에서 추천하는 사람으로 환경부장관이나 지방자치단체가 위촉한 사람

② 생태·경관보전지역, 습지보호지역, 자연공원 등을 이용하는 사람에게 자연환경보전 인식증진 등을 위해 자연환경해설·홍보·교육·생태탐방 안내 등을 전문적으로 수행하는 사람

③ 멸종위기 야생생물, 생태계 교란생물, 유해야생동물 등의 보호·관리 및 수렵에 관한 업무를 담당하는 공무원을 보조하는 자

④ 산림문화와 휴양 활동을 통해 국민이 산림에 대한 지식을 습득하고 올바른 가치관을 가질 수 있도록 해설하거나 지도·교육하는 사람

110. 다음 중 '자연환경 해설사'의 설명이 맞는 것은?

① 자연환경보전을 위한 지도·계몽 등을 위하여 민간자연환경보전단체의 회원, 자연 환경을 위한 활동을 성실하게 수행하고 있는 사람 또는 협회에서 추천하는 사람으로 환경부장관 또는 지방자치단체가 위촉한 사람

② 생태·경관보전 지역, 습지보호 지역, 자연공원 등을 이용하는 사람에게 자연환경보전의 인식증진 등을 위해 자연환경해설·홍보·교육·생태탐방 안내 등을 전문적으로 수행하는 사람

③ 멸종위기 야생생물,생태계교란 생물, 유해야생동물 등의 보호·관리 및 수렵에 관한 업무를 담당하는 공무원을 보조하는 자

④ 국민이 산림문화·휴양에 관한 활동을 통하여 산림에 대한 지식을 습득하고 올바른 가치관을 가질 수 있도록 해설하거나 지도·교육하는 사람

111. 다음 중 '생물다양성협약(Convention on Biological Diversity, CBD)' 설명이 맞는 것은?

① 물새 서식지로서 특히 국제적으로 중요한 습지에 관한 협약이다.

② 국가 간의 경계를 주기적으로 이동하는 이동성동물자원의 멸종을 막고 보호·관리가 필요하여 1979년 독일 본(Bonn)에서 채택한 국제협약이다.

③ 1992년 리우에서 개최된 유엔환경개발정상회의에서 생물종 감소의 가속화로 종 다양성에 대한 국제적 공감대가 형성되어 채택된 국제협약이다.

④ 생물다양성과 관련 토지소유자·점유자·관리인과 경작방식의 변경, 화학물질 사용 감소, 습지 조성 등을 내용으로 하는 계약이다.

112. 다음 중 '나고야의정서(Nagoya Protocol)'의 설명이 맞는 것은?

① 물새 서식지로서 특히 국제적으로 중요한 습지에 관한 협약이다.

② 국가 간의 경계를 주기적으로 이동하는 이동성동물자원의 멸종을 막고 보호·관리가 필요하여 1979년 독일 본(Bonn)에서 채택한 국제협약이다.

③ 1992년 리우에서 개최된 유엔환경개발 정상회의에서 생물종 감소의 가속화로 종 다양성에 관한 국제적 공감대가 형성되어 채택된 국제협약이다.

④ 유전자원 이용으로부터 발생되는 이익의 공평한 공유를 위해 국제규범의 필요성이 제기됨에 따라 2010년 채택된 협약이다.

113. 다음 중 '람사르협약(Ramsar Convention on Wetland)'의 설명이 맞는 것은?

① 물새 서식지로서 특히 국제적으로 중요한 습지에 관한 협약이다.

② 국가 간의 경계를 주기적으로 이동하는 이동성동물자원의 멸종을 막고 보호·관리를 강화하기 위해 1979년 독일 본(Bonn)에서 채택한 국세협약이다.

③ 1992년 리우 유엔환경개발 정상회의에서 급격히 취약해지고 있는 생물종 다양성에 관한 국제적 공감대를 바탕으로 채택된 국제협약이다.

정답 110.② 111.③ 112.④ 113.①

④ 유전자원의 이용으로부터 발생되는 이익의 공평한 공유를 위해 국제규범의 필요성이 제기됨에 따라 2010년 채택된 협약이다.

114. 다음 중 '이동성 야생동물종 보전에 관한 협약(Convention on the Conservation of Migratory Species of Wild Animals)'의 설명이 맞는 것은?

① 물새 서식지로서 특히 국제적으로 중요한 습지에 관한 협약이다.

② 국가 간의 경계를 주기적으로 이동하는 이동성동물 자원의 멸종을 막고 보호·관리를 강화하기 위해 1979년 독일 본(Bonn)에서 채택한 국제협약이다.

③ 1992년 리우에서 개최된 유엔환경개발 정상회의에서 생물종 감소의 가속화로 종 다양성에 대한 국제적 공감대가 형성되어 채택된 국제협약이다.

④ 생물다양성과 관련 토지소유자·점유자·관리인과 경작방식 변경, 화학물질 사용감소, 습지조성 등을 내용으로 하는 계약이다.

115. '멸종위기에 처한 야생동식물의 국제거래에 관한 협약(Convention on International Trade in Endangered Species of Wild Flora and Fauna, CITES)'의 설명이 맞는 것은?

① 물새 서식지로서 특히 국제적으로 중요한 습지에 관한 협약이다.

② 국가 간의 경계를 주기적으로 이동하는 이동성 동물자원의 멸종을 막고 보호·관리를 강화하기 위해 1979년 독일 본(Bonn)에서 채택한 국제협약이다.

③ 야생동식물종의 국제적인 거래가 동식물의 생존을 위협하지 않도록 하고 다양한 보호단계를 적용하여 협약 대상 생물종의 보호를 보장하는 것을 목적으로 하는 국제협약이다.

④ 유전자원의 이용으로부터 발생되는 이익의 공평한 공유를 위해 국제규범의 필요성이 제기됨에 따라 2010년 채택된 협약이다.

116. 다음 중 환경부장관은 몇 년 주기로 외래생물관리를 위한 기본계획을 수립해야 하는가?

① 70년 ② 10년 ③ 20년 ④ 5년

117. 1992년 리우에서 채택된 '생물다양성협약(Convention on Biological Diversity, CBD)'의 3대 목적과 다른 것은?

① 야생동식물의 국제적 거래가 동식물의 생존을 위협하지 않게끔 해야 한다.

② 생물다양성 구성요소를 지속가능하게 이용한다.

③ 생물유전자원 관련 이익을 공평하게 공유한다.

④ 생물다양성을 보전한다.

118. 다음 중 '나고야의정서' 주요 내용이 아닌 것은?

① 당사국들은 사전승인 대상 생물유전자원, 승인기관, 승인절차 등 사전통보승인에 관한 국내제도를 정비해야 한다.

② 국제교역을 통한 지나친 이용으로부터 특정 야생동식물 종을 보호해야 한다.

③ 토착지역공동체(Indigenous and Local Communities)가 사전통보승인 권한을 가진 경우, 이를 국내법에 명확히 규정해야 한다.

④ 생물유전자원에 접근하고자 하는 경우, 해당 생물유전자원 제공국이 정한 절차에 따라 사전승인(Prior Informed Consent)을 받아야 한다.

119. '토착지역공동체(Indigenous and Local Communities)'의 설명이 옳은 것은?

① 생물다양성을 증진시키고 생태계 기능의 연속성을 위해 생태적으로 중요한 지역을 연결하는 생태적서식 공간을 말한다.

② 생태계의 구조와 기능의 훼손방지를 위해 특별한 보호가 필요하거나 자연경관이 수려하여 특별히 보호하고자 하는 지역을 말한다.

③ 전통적으로 생물자원에 의존하고 그 보전과 지속가능한 이용을 통해 삶을 영위하는

정답 114.② 115.③ 116.④ 117.① 118.② 119.③

지역 공동체이다.

④ 식물·동물 및 미생물 군집과 무생물 환경이 기능적인 단위로 상호작용하는 역동적 복합체이다.

120. 다음 중 우리나라의 생물 관련 연구기관과 위치가 맞지 않게 연결된 것은?

① 국립생물자원관 – 인천광역시
② 국립생태원 - 전북 군산시
③ 국립낙동강생물자원관 - 경상북도 상주시
④ 국립호남권생물자원관 - 전라남도 목포시

121. 다음 중 국립호남권 생물자원관 설립지역은?

① 전남 목포시 ② 경북 상주시
③ 인천광역시 ④ 광주광역시

122. 다음 중 '국립생물자원관' 기능이 맞는 것은?

① 도서 연안지역 생물자원 발굴·연구, 호남권역 생물자원 관련 산업 지원
② 국가 생물자원 조사·연구 총괄, 국가 생물자원 정책지원, 국제 협력
③ DMZ의 생물자원 조사·연구, 강원권역 생물자원 관련 산업 지원
④ 담수 생물자원 조사·연구, 울릉도·독도, 동해권의 생물자원 조사·연구

123. 다음 중 '국립낙동강생물자원관' 기능에 맞는 것은?

① 도서 연안지역 생물자원 발굴·연구, 호남권역 생물자원 산업 지원
② 국가 생물자원 조사·연구 총괄, 국가 생물자원 정책지원, 국제 협력
③ 담수 생물자원 조사·연구, 울릉도·독도 생물자원의 조사·연구
④ DMZ의 생물자원 조사·연구, 강원권역 생물자원 관련 산업 지원

124. 다음 중 '국립호남권 생물자원관'의 기능으로 맞는 것은?

① DMZ의 생물자원 조사·연구, 강원권역 생물자원 관련 산업 지원
② 국가 생물자원 조사·연구 총괄, 국가 생물자원 정책지원, 국제 협력
③ 담수 생물자원 조사·연구, 울릉도·독도, 동해권의 생물자원 조사·연구
④ 도서 연안지역 생물자원 발굴·연구, 호남권역 생물자원 관련 산업 지원

125. 다음 중 '국립강원권 생물자원관'의 기능으로 적합한 것은?

① 백두대간 및 DMZ의 생물자원 조사·연구
② 국가 생물자원 조사·연구 총괄, 국가 생물자원 정책 지원, 국제 협력
③ 담수 생물자원 조사·연구, 울릉도·독도 생물자원 조사·연구
④ 도서 연안지역의 생물자원 발굴·연구

126. 다음 중 '국립생태원'의 소재지는?

① 인천광역시 ② 충남 서천군
③ 경북 영양군 ④ 광주광역시

127. 다음 중 '국립멸종위기종 복원센터'의 건립지역은?

① 인천광역시 ② 충남 서천군
③ 경북 영양군 ④ 광주광역시

128. 다음 중 '국립야생동물 보건연구원'의 건립지역은?

① 경북 영양군 ② 광주광역시
③ 인천광역시 ④ 충남 서천군

129. 다음 중 '국립철새 연구센터'의 건립지역은?

① 인천광역시 ② 충남 서천군
③ 경북 영양군 ④ 광주광역시

130. 다음 중 한반도의 '3대 생태축'으로 보기 어려운 것은?

① 비무장 지대 생태축 ② 4대강 생태축
③ 도서 연안 생태축 ④ 백두대간 생태축

정답 120.② 121.① 122.② 123.③ 124.④ 125.① 126.② 127.③ 128.② 129.① 130.③

131. **다음 중 '생물다양성 보전 및 이용에 관한 법률'에 따라 지정 · 고시된 생물은?**
① 멸종위기 야생생물, 국제적 멸종위기 야생생물
② 포획 · 채취 금지 야생생물
③ 외래생물 및 생태계 교란생물
④ 유해야생동물

132. **다음 중 한국 야생생물의 특징으로 볼 수 없는 것은?**
① 급격한 경제성장과 국토개발로 인하여 서식지가 감소하고 단절 파편화됨에 따라 생물다양성 보전여건이 악화되었다.
② 현재 한반도에서 밝혀진 종(種) 수는 우리나라와 비슷한 생물 및 지리학적 조건을 가진 영국, 일본 등과 비교하여 적지 않은 상황이다.
③ 한국의 야생생물은 다양한 지형적 요소와 기후 조건으로 동일 면적의 다른 국가와 비교하여 종(種) 다양성이 풍부하고 고유성이 높다.
④ 과거 일제 강점기와 한국전쟁을 겪으면서 한반도 전역의 생물 다양성이 크게 훼손되었다.

133. **다음 중 '국립생물 자원관과 권역별 생물자원관' 기능과 역할이 적합한 것은?**
① 국가생물자원의 확보 · 소장 · 관리를 통한 생물주권의 확립, 생물자원의 조사 · 연구, 생물산업 소재기반 구축 및 지원, 국가생물자원 정보시스템 구축 등
② 생태계를 연구하는 종합연구기관, 생태교육 및 전시장 운영, 생태자원을 활용한 지역발전
③ 국가차원의 철새도래 및 서식현황, 이동경로 등을 연구하고 그 외 국가철새 정보 체계 구축, 국제협력 등 다양한 역할 수행
④ 야생동물에서 전이되는 인수공통전염병으로부터 가축과 인간의 피해를 예방하고 야생동물 보건관리를 통해 생물다양성 보전과 생물자원을 보호한다.

134. **다음 중 '국립생태원'의 기능과 역할로 적합한 것은?**
① 국가생물자원 확보 · 소장 · 관리를 통한 생물주권 확립, 생물자원 조사 · 연구, 생물산업 소재기반 구축 및 지원, 국가생물자원 정보시스템 구축 등
② 생태계 연구를 위한 종합연구기관으로 생태교육 및 전시장 운영, 생태자원을 활용한 지역발전 등을 지원한다.
③ 국가차원의 철새도래 및 서식현황, 이동경로 등을 연구하며 그밖에 국가철새정보 체계 구축, 국제협력 등 다양한 역할을 수행한다.
④ 야생동물에서 전이되는 인수공통전염병으로부터 가축과 인간의 피해를 예방하고 야생동물 보건관리를 통하여 생물다양성 보전과 생물자원을 보호한다.

135. **다음 중 '국립철새 연구센터' 기능과 역할이 적합한 것은?**
① 멸종위기종 증식 · 복원 기술개발, 원종 확보, 증식 · 복원, 자연적응훈련, 방사 및 사후 관리, 성과 평가 등 멸종위기종 증식 · 복원 및 연구관리 총괄 기능
② 생태계를 연구하는 종합연구기관, 생태교육 및 전시장 운영, 생태자원을 활용한 지역발전
③ 국내 철새도래 및 서식현황, 이동경로 등을 연구하며 그밖에 국가철새정보체계 구축, 국제협력 등 다양한 역할을 수행한다.
④ 야생동물에서 전이되는 인수공통전염병으로부터 가축과 인간의 피해를 예방하고 야생동물 보건관리를 통하여 생물다양성 보전과 생물자원을 보호한다.

136. **다음 중 '국립야생동물 보건연구원' 기능과 역할이 적합한 것은?**
① 국내 철새도래 및 서식현황, 이동경로 등을 연구하며 그밖에 국가철새정보체계 구축, 국제협력 등 다양한 역할을 수행한다.
② 야생동물에서 전이되는 인수공통전염병으

정답 131.③ 132.② 133.① 134.② 135.③ 136.②

로부터 가축과 인간의 피해를 예방하고 야생동물 보건관리를 통해 생물다양성을 보전하고 생물자원을 보호한다.

③ 멸종위기종 증식·복원 기술개발, 원종 확보, 증식·복원, 자연적응훈련, 방사 및 사후 관리, 성과 평가 등 멸종위기종 증식·복원 및 연구관리 총괄기능

④ 국립공원에서의 멸종위기종 도입 방사, 조사 연구 및 모니터링, 피해방지 및 보상, 지역사회 협력, 등산객 탐방 홍보 등

137. 다음 중 '국립멸종위기종복원센터' 기능과 역할이 적합한 내용은?

① 멸종위기종 증식·복원 기술개발, 원종 확보, 증식·복원, 자연적응훈련, 방사 및 사후 관리, 성과 평가 등 멸종위기종 증식·복원 및 연구관리 총괄 기능

② 국립공원에서의 멸종위기종 도입 및 방사, 조사 연구 모니터링, 피해방지 및 보상, 지역사회 협력, 등산객 탐방 홍보 등

③ 철새도래 및 서식현황, 이동경로 등을 연구하며 그밖에 국가철새정보체계 구축, 국제협력 등 다양한 역할을 수행한다.

④ 야생동물에서 전이되는 인수공통전염병으로부터 가축과 인간의 피해를 예방하고 야생동물 보건관리를 통하여 생물다양성 보전과 생물자원을 보호한다.

138. 다음 중 '국립공원관리공단 종복원기술원'의 기능과 역할이 적합한 것은?

① 멸종위기종 증식·복원 기술개발, 원종 확보, 증식·복원, 자연적응훈련, 방사 및 사후 관리, 성과 평가 등 멸종위기종 증식·복원 및 연구관리 총괄 기능

② 국립공원에서의 멸종위기종 도입 방사, 조사 연구 모니터링, 피해방지 및 보상, 지역사회 협력, 등산객 탐방 홍보 등

③ 국내 철새도래 및 서식현황, 이동경로 등을 연구하며 그밖에 국가철새정보체계 구축, 국제협력 등 다양한 역할을 수행한다.

④ 야생동물에서 전이되는 인수공통전염병으로부터 가축과 인간의 피해를 예방하고 야생동물 보건관리를 통하여 생물다양성 보전과 생물자원을 보호한다.

139. 다음 중 환경부장관은 몇 년마다 전국 자연환경을 조사하여야 하는가?

① 32년 ② 10년 ③ 5년 ④ 2년

140. 다음 중 환경부장관은 생태·자연도에서 1등급 권역으로 분류된 지역과 자연상태의 변화를 특별히 파악할 필요가 있다고 인정되는 지역을 몇 년마다 자연환경을 조사할 수 있는가?

① 7년 ② 2년 ③ 5년 ④ 3년

141. 다음 중 환경부장관이 전국자연환경 조사에 의하여 '1등급 권역'으로 지정할 수 있는 지역이 아닌 것은?

① 역사적·문화적·경관적 가치가 있는 지역이거나 도시의 녹지보전 등을 위해 관리되고 있는 지역

② 생물의 지리적 분포한계에 위치하는 생태계 지역, 또는 주요 식생의 유형을 대표 하는 지역

③ 생태계가 특별히 우수하거나 경관이 특히 수려한 지역

④ 멸종위기 야생동물의 주된 서식지·도래지와 주요 생태축 또는 생태통로가 되는 지역

142. 환경부장관이 전국의 자연환경 조사에 의거 '1등급 권역'으로 지정할 수 있는 지역은?

① 생물의 지리적 분포한계에 위치하는 생태 지역 또는 주요 식생의 유형을 대표하는 지역

② 멸종위기 야생동물의 주된 서식지·도래지, 주요 생태축 또는 생태통로가 되는 지역의 외부지역

③ 역사적·문화적·경관적 가치가 있는 지역이거나, 도시의 녹지보전 등을 위해 관리 되고 있는 지역

④ 개발 또는 이용 대상이 되는 지역

정답 137.① 138.② 139.③ 140.② 141.① 142.①

143. **환경부장관이 전국 자연환경 조사에 의거, '2등급 권역'으로 지정할 수 있는 지역은?**
① 1등급 권역에 준하는 지역으로 장차 보전 가치가 있는 지역 또는 1등급 권역의 외부지역으로 1등급 권역의 보호를 위해 필요한 지역
② 멸종위기 야생동물의 주된 서식지·도래지, 주요 생태축 또는 생태통로가 되는 지역
③ 역사적·문화적·경관적 가치가 있는 지역이거나 도시의 녹지보전 등을 위해 관리되는 지역
④ 1등급 권역과 별도관리지역으로 분류된 지역외의 지역으로 개발 또는 이용의 대상이 되는 지역

144. **환경부장관이 전국의 자연환경 조사에 의거, '3등급 권역'으로 지정할 수 있는 지역은?**
① 역사석·문화적·경관적 가치가 있는 지역이거나, 도시의 녹지보전 등을 위해 관리 되는 지역
② 멸종위기 야생동물의 주된 서식지·도래지, 주요 생태축 또는 생태통로가 되는 지역
③ 1등급 권역의 외부지역으로 1등급 권역의 보호를 위해 필요한 지역
④ 1등급 권역, 2등급 권역, 별도관리지역으로 분류된 지역외의 지역으로서 개발 이용의 대상이 되는 지역

145. **환경부장관이 전국의 자연환경 조사에 의거, '별도관리지역'으로 지정할 수 있는 곳은?**
① 역사적·문화적·경관적 가치가 있는 지역이거나 도시의 녹지보전 등을 위해 관리 되고 있는 지역으로써 대통령령이 정하는 지역
② 생물의 지리적 분포한계에 위치하는 생태계 지역 또는 주요 식생의 유형을 대표 하는 지역
③ 1등급 권역, 2등급 권역 및 별도관리지역으로 분류된 지역 외의 지역으로 개발 이용의 대상이 되는 지역
④ 멸종위기 야생동물의 주된 서식지·도래지, 주요 생태축 또는 생태통로가 되는 지역의 외부지역

146. **다음 중 환경부장관이 지정할 수 있는 '생태관광지역' 설명이 올바른 것은?**
① 생태관광을 육성하기 위해 문화체육관광부장관과 협의하여 환경적으로 보전가치가 있고 생태계 보호의 중요성을 체험·교육할 수 있는 지역
② 생물다양성이 풍부하고 생태적으로 중요하거나 자연경관이 수려하여 특별히 보전할 가치가 큰 지역으로 지정·고시하는 곳
③ 멸종위기 야생동물의 주된 서식지·도래지 및 주요 생태축 및 생태통로가 되는 지역
④ 역사적·문화적·경관적 가치가 있는 지역이거나 도시의 녹지보전 등을 위해 관리 되는 지역

147. **환경부장관 또는 지방자치단체장이 '생태마을'로 지정할 수 있는 설명으로 적합한 것은?**
① 역사·문화·경관적 가치가 있는 지역이거나 도시의 녹지보전 등을 위해 관리 되는 지역의 마을
② 멸종위기 야생동물의 주된 서식지·도래지, 주요 생태축 또는 생태통로가 되는 지역의 마을
③ 생태·경관보전지역 내의 마을 또는 생태적 기능과 수려한 자연경관을 보유한 마을
④ 산림기본법에 의해 지정된 산촌진흥지역 마을

148. **국가 또는 지방자치단체가 개발사업 등을 시행하거나 인·허가 등을 함에 있어 야생생물의 이동 또는 생태적 연속성이 단절되지 않도록 생태통로를 설치하는 경우 생태통로를 설치하려는 자가 조사해야 할 사항이 아닌 것은?**
① 야생생물 서식 종(種)의 현황
② 개발사업 등의 시행으로 서식지가 단절될 우려가 있는 야생생물 종 현황 파악
③ 차량사고 등 사고발생 우려가 높은 야생생물 종의 현황 파악
④ 전국 생태통로 현황

149. **다음 중 환경부장관이 생태계 보호·복원대책을 마련하여 추진할 수 있는 경우가 아닌**

정답 143.① 144.④ 145.① 146.① 147.③ 148.④ 149.①

것은?

① 역사적·문화적·경관적 가치가 있거나 도시의 녹지보전 등을 위해 관리되고 있는 지역으로 훼손되어 있는 경우
② 자연성이 특히 높거나 취약한 생태계로 그 일부가 파괴·훼손되거나 교란된 경우
③ 생물다양성이 특히 높거나 특이한 자연환경이나 훼손되어 있는 경우
④ 멸종위기 야생생물의 주된 서식지, 도래지로 파괴·훼손 또는 단절 등으로 인해 종(種)의 존속이 위협을 받고 있는 경우

150. 다음 중 '생태계보전협력금'에 대한 설명이 올바른 것은?

① 특별보호구역 및 인접지역에서 멸종위기 야생생물에 의해 피해를 입은 자에게 보상하는 금액
② 자연환경 또는 생태계에 미치는 영향이 현저하거나 생물다양성 감소를 초래하는 사업을 하는 자에게 부과·징수하는 금액을 말한다.
③ 생물다양성관리계약에 의해 지역주민의 생태계 보전 활동을 위해 지원하는 금액
④ '환경정책기본법'에 따른 환경개선특별회계를 말한다.

151. '한국자연환경보전협회'가 수행하는 자연환경보전사업으로 적합하지 않은 것은?

① 자연환경 실태 및 보전방안에 관한 조사·연구
② 훼손된 생태계나 종(種) 복원, 소생태계 조성 등 생물다양성 보전
③ 자연환경보전에 관한 영상물 제작 및 출판 등 자연교육 홍보
④ 생물자원을 활용한 기술개발과 사업화 추진

152. 다음 중 생태관광협회가 수행할 수 있는 사업으로 적절하지 않은 것은?

① 훼손된 생태계나 종(種) 복원, 소생태계 조성 등 생물다양성 보전
② 생태관광 관련 국제협력 업무
③ 생태관광 육성을 위해 필요한 사업
④ 생태관광에 적합한 지역 및 탐방프로그램 조사·연구

153. 생물다양성 보전을 위해 보호할 가치가 높은 생물자원으로 국외반출 시 승인 받는 생물자원을 정하는 기준과 거리가 먼 것은?

① 최근 국내에 분포하는 것으로 밝혀진 것
② 산업용이나 연구용으로 이용되는 등 생물자원으로서 경제적 사회·문화적 가치가 클 것
③ 희소하거나 감소될 가능성이 큰 것
④ 서식 환경이 독특할 것

154. 다음 중 '구제역(foot and mouth disease)'에 관한 설명이 맞는 것은?

① 거의 모든 조류에서 발병하며 무증상부터 높은 폐사율까지 다양하게 초래하고 소화기·호흡기 및 신경계에 걸쳐 증상이 나타나는 급성 전염병이다.
② 광견병 바이러스가 매개하는 감염병이다.
③ 소·돼지·양·염소·사슴 등 우제류(偶蹄類)에서 발병하며, 심각한 체온상승과 입·혀·유두 및 지간부와 제간부 수포형성이 특징으로 식욕이 저하되고 심하게 앓거나 폐사하는 급성 바이러스 전염병이다.
④ 돼지에 감염되는 바이러스성 전염병이며 일반적으로 고열·피부발적·식용 결핍·변비·설사·백혈구 감소·후구마비·유사산 등 번식장애 등을 수반하며 치사율이 매우 높다.

155. 다음 중 '돼지열병(classical swine fever)' 설명이 맞는 것은?

① 소·돼지·양·염소·사슴 등 우제류(偶蹄類)에서 발병하며 급격한 체온상승과 입·혀·유두 및 지간부와 제간부 수포형성이 특징으로 식욕이 저하되고 심하게 앓거나 폐사되는 급성 바이러스 전염병이다.
② 돼지에 감염되는 바이러스성 전염병이다. 일반적으로 고열·피부 발적·식용결핍·변비·설사·백혈구 감소·후구마비·유

정답 150.② 151.④ 152.① 153.① 154.③ 155.②

사산 및 번식장애 등을 수반하며 치사율이 매우 높다.

③ 거의 모든 조류에서 발병하며 무증상부터 높은 폐사율까지 다양하게 초래하고 소화기・호흡기 및 신경계에 걸쳐 증상이 나타나는 급성 전염병이다.

④ 광견병 바이러스가 매개하는 감염병이다.

156. **다음 중 '조류인플루엔자**(avian influenza)' **설명이 맞는 것은?**

① 거의 모든 조류에서 발병하며 무증상부터 높은 폐사율까지 다양하게 초래하고 소화기・호흡기 및 신경계에 걸쳐 증상이 나타나는 급성 전염병이다.

② 광견병 바이러스가 매개하는 감염병이다.

③ 소・돼지・양・염소・사슴 등 우제류(偶蹄類)에서 발병하며 급격한 체온상승과 입・혀・유두 및 지간부와 제간부 수포형성이 특징으로 식욕이 저하되고 심하게 앓거나 폐사되는 급성 바이러스 전염병이다.

④ 돼지에 감염되는 바이러스성 전염병으로 일반적으로 고열・피부발적・식용결핍・변비・설사・백혈구 감소・후구마비・유사산 및 번식장애 등을 수반하며 치사율이 매우 높다.

정답 156.①

2장 야생동물의 보호 관리에 관한 사항

제1절 야생동물과 수렵동물의 특성 (과목2/영역1)

1. 다음 중 겨울철새에 관한 설명으로 옳은 것은?
① 4-5월부터 우리나라에 서식한다.
② 번식을 위해 우리나라에 서식하는 조류이다.
③ 9-10월에 북상한다.
④ 월동을 위해 우리나라에 서식하는 조류이다.

2. 도로 증가에 따른 서식환경의 변화가 야생동물에 미치는 영향으로 보기 힘든 것은?
① 생물다양성 감소 및 유전형질의 단순화
② 통행하는 차량에 의한 소음, 진동, 빛 등의 자극에 의한 번식률 증가
③ 차량 충돌에 의한 폐사율이 증가
④ 서식지 단절에 따른 개체군 고립화의 가속

3. 다음 중 여름철새가 아닌 것은?
① 뜸부기　② 파랑새
③ 멧비둘기　④ 꾀꼬리

4. 우리나라의 조류에 관한 설명 중 틀린 것은?
① 한국에서 번식하는 조류는 텃새와 여름철새로 구분된다.
② 텃새는 연중 한국에서 볼 수 있다.
③ 철새는 여름철새, 겨울철새 두 가지로 구분된다.
④ 겨울철새는 한국에서 월동하기 위해 가을철에 북쪽에서 날아온다.

5. 다음 중 나그네새에 관한 설명으로 옳은 것은?
① 봄과 가을에 한국을 통과하며 번식지와 월동지는 한국보다 북쪽 또는 남쪽에 있다.
② 보통 선박을 이용하여 먼 바다를 이동해 온다.
③ 태풍 등으로 인하여 우리나라로 피신하는 경우가 많다.
④ 봄부터 가을까지 우리나라에 서식하는 조류이다.

6. 다음 중 우리나라에서 겨울철새로 보기 힘든 조류는?
① 흰뺨검둥오리　② 파랑새
③ 참새　④ 청둥오리

7. 우리나라에 서식하는 오리류에 대한 설명으로 틀린 것은?
① 농작물에 피해를 주는 것은 주로 수면성 오리이다.
② 우리나라 오리류는 모두 겨울철새이다.
③ 먹이를 먹는 행동에 따라 잠수성오리와 수면성오리로 구분된다.
④ 수렵조류로 지정된 것은 모두 수면성오리이다.

8. 다음 중 야생동물의 서식지 요소가 아닌 것은?
① 천적　② 물　③ 공간　④ 먹이

9. 다음 중 겨울철새가 아닌 것은?
① 떼까마귀　② 큰부리까마귀
③ 고방오리　④ 쇠오리

10. 서식지 구성요소에 대한 설명으로 틀린 것은?
① 서식환경 내 날씨(악천후 등)나 포식자 등의 위협요인으로부터 지켜주는 환경을 은신처라고 한다.
② 온도와 습도는 생물의 분포를 제한하지 않는다.
③ 물은 체내 수분을 보충하기 위해 반드시 필요하므로 야생동물에 직접적인 영향을

정답 1.④ 2.② 3.③ 4.③ 5.① 6.② 7.② 8.① 9.② 10.②

미치기도 한다.
④ 공간의 크기는 개체군을 이루는 종의 크기, 먹이의 종류, 번식력, 서식지의 다양성 등에 의해 좌우된다.

11. 우리나라에서 텃새가 아닌 까마귀류는?
① 붉은부리까마귀 ② 까마귀
③ 큰부리까마귀 ④ 잣까마귀

12. 다음 중 서식지 관리기법이 아닌 것은?
① 종과 군집의 조정
② 대체서식지의 조성
③ 자연사박물관 조성
④ 자연 원형 보존

13. 다음 중 야생동물의 밀도조사법이 아닌 것은?
① 포획법 ② 횡단조사법
③ 흔적조사법 ④ 전수조사법

14. 다음 중 탁란(알을 다른 새의 둥지에 위탁)을 하는 조류는?
① 직박구리 ② 뻐꾸기
③ 쏙독새 ④ 솔부엉이

15. 다음 중 은신처에 대한 설명이 아닌 것은?
① 피식자와 같은 위협요인으로부터 지켜 준다.
② 바람과 비를 막아 추위로 인한 열손실을 감소시켜 준다.
③ 야생동물의 서식밀도를 좌우하는 데 매우 중요한 요소이다.
④ 직사광선으로부터 그늘을 만들어 준다.

16. 잠수성 오리에 대한 설명으로 틀린 것은?
① 겨울철새이다.
② 주로 영양가 높은 물고기를 잡아먹는다.
③ 수렵조수가 아니다.
④ 농작물에 큰 피해를 준다.

17. 다음 중 야생동물의 가치가 아닌 것은?
① 경제적 가치 ②생산적 가치
③ 교육·과학적 가치
④생태적 가치

18. 포식종과 피식종에 관한 설명 중 틀린 것은?
① 피식종이 포식종 보다 클 경우 대개 새끼를 포식한다.
② 포식종은 다양한 종을 포식한다.
③ 포식종의 밀도는 피식종의 밀도보다 낮다.
④ 포식종의 증식률은 피식종의 증식률 보다 높다.

19. 다음 중 우리나라 철새에 관한 설명으로 옳은 것은?
① '길 잃은 새'는 철에 따라 이동하는 새를 말한다.
② 철새에는 이동 유형에 따라 겨울새, 여름새, 나그네새가 있다.
③ 텃새는 철에 따라 이동하는 새를 말한다.
④ 철새는 연중 동일지역에서 서식하는 새를 말한다.

20. 다음 중 포식동물과 피식동물에 대한 설명으로 틀린 것은?
① 포식종은 다양한 종을 포식하는 것보다는 특정 먹이를 선호한다.
② 포식종의 증식률은 피식종보다 낮다.
③ 포식동물의 밀도는 피식동물의 밀도보다 낮다.
④ 일반적으로 포식종은 피식종보다 크기가 크다.

21. 다음 중 여름철새에 관한 설명으로 옳은 것은?
① 번식을 위해 우리나라에 서식하는 조류이다.
② 9-10월부터 우리나라에 서식한다.
③ 휴식을 위해 우리나라에 서식하는 조류이다.
④ 3-4월에 북상한다.

22. 다음 중 겨울철새가 아닌 것은?
① 두루미 ② 큰부리까마귀
③ 고니 ④ 청둥오리

정답 11.① 12.③ 13.① 14.② 15.① 16.④ 17.② 18.④ 19.② 20.① 21.① 22.②

23. 다음 중 철새에 해당하는 것은?

① 물까치 ② 꾀꼬리
③ 참새 ④ 들꿩

24. 서식지의 기본적인 구성요소 중 토양요인이 아닌 것은?

① 토양 수분 ② 토양의 화학적 특성
③ 기온 ④ 토양의 깊이

25. 우리나라에 서식하는 조류 중 '길 잃은 새'에 관한 설명으로 옳은 것은?

① 번식을 위하여 우리나라에 오는 새
② 월동을 위하여 우리나라에 오는 새
③ 우리나라를 통과하는 새
④ 태풍 등으로 인하여 우리나라에 오는 새

26. 다음 중 텃새가 아닌 것은?

① 참새 ② 멧비둘기
③ 꿩 ④ 붉은어깨도요

27. 야생동물의 서식요소로 은신처에 대한 설명이 틀린 것은?

① 야생동물의 서식밀도에 영향을 줄 수 있다.
② 조류에게 있어 둥지와 휴식장소는 생존에 필수적이다.
③ 은신처는 날씨 또는 포식자와 같은 위협 요인으로부터 야생동물을 지켜준다.
④ 은신처는 반드시 먹이와 물을 쉽게 얻을 수 있는 환경이어야 한다.

28. 야생동물의 새끼들을 발견했을 때 가장 적절한 초기 대처법은?

① 포획하여 개체수를 조절한다.
② 근처에 어미가 있을 확률이 높으므로 멀리서 어미가 오는지 지켜본다.
③ 모두 데려와 야생동물구조센터에 맡긴다.
④ 집으로 데려와 키운 후 야생으로 돌려보낸다.

29. 다음 중 서식지의 기본적 구성요소에 해당하지 않는 것은?

① 물 ② 먹이 ③ 기후 ④ 은신처

30. 다음 중 자연보존구역 설계에서 멸종위기를 최소화하거나 평형종수를 극대화 할 수 있는 원리가 아닌 것은?

① 여러 자연공원이 직선배치보다는 같은 거리에 모여 있으면 종의 재정착이 쉬어진다.
② 면적이 작은 것이 넓은 것보다 종 보존에 효과적이다.
③ 큰 자연공원하나가 작은 자연공원 여러 개 보다 종 보존 효율이 높다.
④ 인접한 자연공원이 서로 가까울수록 이주속도가 빨라 멸종위기를 모면할 수 있다.

31. 야생동물의 보호를 위한 행동으로 보기 힘든 것은?

① 불법 포획한 야생동물을 거래하지 않는다.
② 야생조류의 알을 가져와 부화시킨 후 놓아준다.
③ 야생동물의 먹이가 되는 도토리 등 종자를 채집하지 않는다.
④ 야생조류의 번식을 위해 인공새집을 설치한다.

32. 다음 중 야생동물의 보호 국제협력 기구가 아닌 것은?

① 세계야생생물기금 ② 국제조류보호회의
③ CITES ④ 국제자연보호연맹

33. 다음 중 멸종위기 종으로만 짝지어진 것은?

① 감돌고기-금개구리
② 쇠재두루미-늑대
③ 바다사자-바다비오리
④ 넓적부리도요-회색기러기

34. 다음 중 철새에 해당하지 않는 새는?

① 갈까마귀 ② 어치
③ 홍머리오리 ④ 고방오리

제 2 장

정답 23.② 24.③ 25.④ 26.④ 27.④ 28.② 29.③ 30.② 31.② 32.③ 33.① 34.②

35. 다음 중 설명이 잘못 짝지어진 것을 고르시오

① 여름철새: 봄에 와서 번식을 한 후에 가을에 몽골로 돌아가는 종류
② 나그네새: 봄, 가을에 우리나라를 통과하는 종류
③ 겨울철새: 가을에 왔다가 겨울을 나고 봄에 번식지로 되돌아가는 종류
④ 텃새: 연중 우리나라에 서식 및 번식하는 종류

36. 다음 중 홍채(눈동자)의 색으로 연령을 짐작할 수 있는 종은 무엇인가?

① 고라니 ② 멧돼지
③ 말똥가리 ④ 흰뺨검둥오리

37. 야생동물을 보호하기 위한 일과 거리가 먼 것을 고르시오

① 인공새집을 설치한다.
② 댐을 설치한다.
③ 도토리의 채집을 하지 않는다.
④ 밀렵행위를 신고한다.

38. 다음 중 겨울철새에 속하지 않는 새는?

① 홍머리오리 ② 올빼미
③ 가창오리 ④ 쇠오리

39. 다음 중 여름철새에 속하지 않는 새는?

① 쏙독새 ② 뻐꾸기
③ 직박구리 ④ 꾀꼬리

40. 우리나라를 방문하는 겨울철새는 대개 어느 지역에서 오는가?

① 시베리아, 몽골 등 한반도 북쪽
② 멕시코, 아르헨티나 등의 중남미
③ 호주, 뉴질랜드 등 남반구
④ 태국, 필리핀 등 동남아시아

41. 봄, 가을에 우리나라를 통과하는 조류의 종류를 무엇이라 하는가?

① 겨울철새 ② 텃새
③ 나그네새 ④ 여름철새

42. 다음 중 멸종위기 야생생물이 아닌 것은?

① 쇠기러기 ② 흑기러기
③ 개리 ④ 큰기러기

43. 다음 중 겨울철새에 속하는 새는?

① 두루미 ② 검은댕기해오라기
③ 올빼미 ④ 해오라기

44. 다음 중 여름철새가 아닌 새는?

① 황조롱이 ② 제비
③ 호랑지빠귀 ④ 솔부엉이

45. 다음 중 야생동물의 보호를 위한 행동이 아닌 것은?

① 밀렵행위는 발견 즉시 해당기관에 신고한다.
② 야생조류의 번식 및 은신처가 되는 인공새집을 설치해 준다.
③ 야생조류의 둥지에서 알을 발견하면 꺼내어 인공 부화시켜 준다.
④ 야생동물의 먹이가 되는 도토리, 산딸기 등의 종자를 채집하지 않는다.

46. 다음 중 겨울철새에 속하는 새는?

① 황조롱이 ② 멧비둘기
③ 큰고니 ④ 새호리기

47. 야생동물 서식지의 기본적인 구성요소가 아닌 것은?

① 은신처 ② 물 ③ 습도 ④ 먹이

48. 다음 중 여름철새에 속하는 새는?

① 참새 ② 파랑새
③ 청둥오리 ④ 박새

49. 다음 중 천연기념물이 아닌 것은?

① 원앙 ② 어름치 ③ 홍비둘기 ④ 산양

정답 35.① 36.③ 37.② 38.② 39.③ 40.① 41.③ 42.① 43.① 44.① 45.③ 46.③ 47.③ 48.② 49.③

50. 다음 중 겨울철새에 속하지 않는 새는?

① 두루미 ② 말똥가리
③ 독수리 ④ 새호리기

51. 야생동물을 보호해야 하는 이유와 가장 거리가 먼 것을 고르시오.

① 균형이 잘 잡힌 생태계는 사람에게 이롭다.
② 다양한 동물들은 인류의 자산이다.
③ 천적에 의해서 해충을 구제할 수 있다.
④ 종의 단순화를 통해 생태계 평형을 유지한다.

52. 비둘기 중 매우 희귀한 텃새로 남해 도서지방, 구례 화엄사 등에서 서식하기도 하는 종은?

① 멧비둘기
② 염주비둘기
③ 양비둘기(낭비둘기)
④ 집비둘기

53. 다음 중 산불재해가 야생동물에게 미치는 영향이 아닌 것은?

① 화재발생 2년 후에는 대지가 피복되므로 생태계가 회복된다.
② 갑작스런 환경변화로 인한 적응률 감소로 사망률이 증가할 수 있다.
③ 이동성이 느린 동물들은 대피하기 전에 질식 사망한다.
④ 대기온도가 63℃ 이상일 경우 사망한다.

54. 다음 중 멸종위기 야생생물 Ⅱ급에 속하지 않는 동물은?

① 무산쇠족제비 ② 노루
③ 하늘다람쥐 ④ 삵

55. 오리류에 관한 설명으로 옳은 것은?

① 우리나라에서 연중 서식하는 오리로 고방오리, 청머리오리, 알락오리 등이 있다.
② 행동하는 유형에 따라 수면성 오리와 잠수성 오리로 나누기도 한다.
③ 잠수성 오리에는 청둥오리, 고방오리, 쇠오리 등이 있다.
④ 수면성 오리에는 흰줄박이오리, 검둥오리, 바다쇠오리 등이 있다.

56. 다음 중 피식종과 포식종의 설명으로 바르지 않은 것은?

① 피식종의 증식률보다 포식종의 증식률이 높다.
② 포식종은 일반적으로 다양한 종을 포식한다.
③ 피식종이란 다른 동물에게 잡아먹히는 동물이다.
④ 포식종의 밀도는 피식종의 밀도보다 낮다.

57. 봄철 우리나라로 날아와 번식을 마치고 가을에 남쪽으로 이동하는 조류의 종류를 무엇인가?

① 텃새 ② 여름철새
③ 겨울철새 ④ 미조

58. 죽거나 병든 야생동물 발견시 적절하지 않은 방법은?

① 일단 야생동물을 직접 만져보고 확인해야 한다.
② 최초 발견지점에서 육안으로 확인 가능한 범위 안의 죽거나 병에 걸린 야생동물에 대하여 모두 신고해야 한다.
③ 발견장소, 야생동물의 종류와 마리 수, 의심되는 질병명, 질병의 원인을 추측할 수 있는 주변 정황 등 파악 가능한 사항들을 최대한 알려주어야 한다.
④ 발견한 지역을 관할하는 유역환경청이나 지방환경청, 또는 관할 시·군·구 환경부서 에 유선, 서면 또는 전자문서로 신고한다.

59. 다음 중 멸종위기 야생생물 Ⅱ급에 속하지 않는 동물은?

① 개구리매 ② 솔개
③ 크낙새 ④ 검은머리갈매기

60. 다음 중 인수공통감염병과 매개동물이 적절하게 연결된 것은?

정답 50.④ 51.④ 52.③ 53.① 54.② 55.② 56.① 57.② 58.① 59.③ 60.④

① 파상풍-양, 돼지
② 살모넬라증-소, 돼지
③ 디프테리아-토끼, 쥐
④ 쯔쯔가무시-들쥐

61. 야생동물을 잡기 위해 볍씨 등에 농약을 뿌려 살포한 경우 생길 수 있는 문제점으로 가장 올바른 것은?
① 농약을 먹고 폐사한 야생동물을 잡아먹은 야생동물도 이차적으로 중독될 수 있다.
② 농약을 먹은 야생동물은 5분 이내에 고통 없이 일순간에 폐사한다.
③ 농약을 뿌린 볍씨는 일차적으로 참매나 말똥가리 등의 맹금류가 섭취한다.
④ 농약을 먹은 야생동물은 눈, 코, 입 등에 피를 흘리며 폐사하게 된다.

62. 도로 증가로 인한 야생동물의 고립으로 생길 수 있는 일이 아닌 것은?
① 야생동물의 통행을 방해하여 서식지 단절, 개체군 고립화를 발생시킨다.
② 개체군 고립화는 유전적으로 건강한 새끼를 만들어내게 된다.
③ 차량 통행의 소음과 인기척으로 인해 야생동물이 스트레스를 받게 된다.
④ 차에 치여 폐사하는 야생동물이 많아진다(로드킬).

63. 다음 중 여름철새에 속하는 새는?
① 흰뺨검둥오리 ② 청둥오리
③ 팔색조 ④ 꿩

64. 가을철에 우리나라로 날아와 월동을 마치고 봄철 북쪽 번식지로 날아가는 조류 종류는 무엇이라 하는가?
① 겨울철새 ② 길잃은새
③ 텃새 ④ 여름철새

65. 다음 중 멸종위기 야생생물 Ⅱ급에 속하는 동물은?
① 청둥오리 ② 홍머리오리
③ 고니 ④ 너구리

66. 우리나라에 서식중이거나 서식하였던 동물이 아닌 것을 고르시오.
① 호랑이 ② 코요테 ③ 늑대 ④ 표범

67. 다음 중 멸종위기 야생생물 Ⅰ급으로 지정된 종은?
① 수리부엉이 ② 하늘다람쥐
③ 매 ④ 삵

68. 다음 중 겨울철새에 속하는 새는?
① 소쩍새 ② 수리부엉이
③ 말똥가리 ④ 황조롱이

69. 다음 중 멸종위기 야생생물 Ⅰ급으로만 구성된 것은?
① 저어새-팔색조-구렁이
② 검독수리-흰수마자-금개구리
③ 노랑부리백로-붉은박쥐-미호종개
④ 반달가슴곰-남생이-흰꼬리수리

70. 야생동물로부터 병을 옮지 않기 위한 행동으로 잘못된 것은?
① 등산이나 산책을 할 때에는 정해진 길 밖으로 다닌다.
② 풀밭에나 숲에 피부가 직접 닿지 않도록 주의한다. 풀밭 위에 직접 옷을 벗고 눕거나 잠자거나 용변을 볼 때 곤충에 의해 병이 옮을 수 있기 때문이다.
③ 야외활동 후에는 손 씻기 등 개인위생을 철저히 하고, 식품은 충분히 가열해서 먹는다.
④ 야외활동 시 가급적 야생동물과의 접촉을 피하는 것이 좋다.

71. 다음 중 멸종위기 야생생물 Ⅱ급 조류가 아닌 것은?
① 개리 ② 뜸부기 ③ 고니 ④ 멧비둘기

정답 61.① 62.② 63.③ 64.① 65.③ 66.② 67.③ 68.③ 69.③ 70.① 71.④

72. 다음 중 수렵가능한 야생동물이 아닌 것은?
① 고라니 ② 멧토끼 ③ 청설모 ④ 멧돼지

73. 다음 중 멸종위기 야생생물 I급으로 지정된 종은?
① 긴점박이올빼미 ② 두루미
③ 수리부엉이 ④ 개구리매

74. 다음 중 멸종위기 야생생물 I급으로 지정된 종은?
① 흰죽지수리 ② 참수리
③ 흰이마기러기 ④ 팔색조

75. 노루와 고라니에 대한 설명으로 옳은 것은?
① 노루와 고라니 모두 암컷은 뿔이 없다.
② 고라니는 주로 산악의 산림지대에 서식한다.
③ 털이 부드러운 것은 고라니이다.
④ 고라니는 제주도를 포함한 우리나라 전역에 서식한다.

76. 다음 중 천연기념물이 아닌 것은?
① 크낙새 ② 알락해오라기
③ 황새 ④ 큰고니

77. 다음 중 멸종위기 야생생물 I급이 아닌 동물은?
① 산양 ② 사향노루 ③ 담비 ④ 수달

78. 멸종위기 야생생물 I급 조류가 아닌 것은?
① 검독수리 ② 참수리
③ 말똥가리 ④ 매

79. 다음 중 멸종위기 야생생물 I급이 아닌 동물은?
① 솔개 ② 노랑부리백로
③ 매 ④ 검독수리

80. 다음 중 멸종위기 야생생물 II급에 속하는 동물은?
① 박새 ② 수리부엉이
③ 황조롱이 ④ 중백로

81. 다음 중 '보라매'가 뜻하는 것은?
① 1년이 안 된 매를 일컫는 말
② 매의 2년생 아성조
③ 보라색을 띄는 매를 총칭하는 단어
④ 털발말똥가리의 성조

82. 다음 중 벼룩이 매개하는 감염병은?
① 참호열 ② 재귀열 ③ 발진열 ④ 콜레라

83. 다음 중 큰소쩍새와 소쩍새를 구분할 수 있는 기준이 아닌 것은?
① 발가락 털의 유무
② 귀깃(우각)의 유무
③ 몸집의 크기
④ 홍채(눈동자)의 색

84. 다음 수렵 조수 중 우리나라 텃새에 속하는 종류는?
① 쇠오리 ② 멧비둘기
③ 홍머리오리 ④ 고방오리

85. 다음 중 멸종위기 야생생물 II급에 속하는 동물은?
① 고라니 ② 올빼미
③ 꿩 ④ 흰뺨검둥오리

86. 다음 중 멸종위기 야생생물 I급 포유류가 아닌 것은?
① 청설모 ② 늑대
③ 반달가슴곰 ④ 사향노루

87. 다음 중 수렵하면 안 되는 포유류는?
① 청설모 ② 멧돼지 ③ 고라니 ④ 너구리

88. 다음 중 멸종위기 야생생물 I급에 해당하는 종은?
① 수원청개구리 ② 남생이
③ 맹꽁이 ④ 구렁이

제2장

정답 72.② 73.② 74.② 75.① 76.② 77.③ 78.③ 79.① 80.② 81.① 82.③ 83.② 84.② 85.② 86.① 87.④ 88.①

89. 쯔쯔가무시병(양충병)의 매개체는?

① 큰진드기류　② 좀진드기류
③ 빈대　④ 벼룩

90. 멸종위기 야생생물 I급에 해당하는 동물이 아닌 것을 고르시오

① 호랑이　② 물범　③ 수달　④ 붉은박쥐

91. 황조롱이에 대한 설명으로 적절하지 않는 것은?

① 적응력이 약하고 먹이가 없어 도시지역에서는 번식하지 못한다.
② 수렵 조수에 해당하지 않는다.
③ 천연기념물에 해당한다.
④ 다 자란 수컷의 머리는 청회색을 띄어 암컷과 구별된다.

92. 다음 중 멸종위기 야생생물 I급 포유류는?

① 멧토끼　② 고라니　③ 노루　④ 산양

93. 밀렵의 발생 요인으로 보기 어려운 것은?

① 수요에 따른 공급
② 야생동물 효과에 대한 맹신
③ 밀렵에 대한 적발 및 처벌 미비
④ 야생동물보호에 대한 시민의식의 결여

94. 다음 중 원앙의 설명으로 틀린 것은?

① 멸종위기종으로 지정되어 수렵이 금지된 종이다.
② 나무구멍에 둥지를 튼다.
③ 번식기에는 산간 계류에서 생활하고, 겨울철에는 강, 바닷가, 저수지로 모여든다.
④ 우리나라에서 번식하고, 겨울철에 더 많은 개체가 관찰된다.

95. 다음 중 쇠오리와 유사하며, 겨울철에 거대 무리를 짓는 종은?

① 홍머리오리　② 가창오리
③ 알락오리　④ 발구지

96. 파리에 의해 전파되지 않는 것은?

① 파상풍
② 장티푸스
③ 살모넬라균에 의한 식중독
④ 파라티푸스

97. 질병 전파 매개 곤충과 질병명과의 열결이 잘못된 것은?

① 진드기-발진티푸
② 토고숲모기-사상충증
③ 중국얼룩날개모기 - 말라리아
④ 벼룩-페스트

98. 수렵용 총탄에 사용되는 중금속으로서 이를 먹었을 경우 꿩이나 오리류, 맹금류 등의 야생동물에게 2차적인 위해를 끼치는 대표적인 중금속은 다음 중 무엇인가?

① 니켈　② 수은　③ 납　④ 금

99. 야생동물이 걸리는 병 중 사람이 걸릴 수 있는 병도 있다. 다음 중 이 병은?

① 유행병
②인수(人獸)공통감염병
③ 풍토병
④감염병

100. 다음 중 멸종위기 야생생물 I급 조류는?

① 말똥가리　② 청둥오리
③ 흰꼬리수리　④ 고방오리

101. 다음 중 수렵동물로만 구성된 것은?

① 청설모-꼬까참새　② 고라니-홍머리오리
③ 멧토끼-떼까마귀　④ 멧돼지-암꿩

102. 노루에 대한 설명으로 잘못된 것은?

① 수렵대상동물이 아니다.
② 털은 부드럽고, 엉덩이에 백색의 큰 반점이 있다.
③ 새끼를 낳을 때는 심산으로 이동한다.
④ 한 번에 2~4마리의 새끼를 낳는다.

정답 89.② 90.② 91.① 92.④ 93.① 94.① 95.② 96.① 97.① 98.③ 99.② 100.③ 101.② 102.④

103. **다음 중 멸종위기 야생생물 II급 조류는?**
① 황조롱이 ② 참새
③ 물수리 ④ 청둥오리

104. **다음 중 멸종위기 야생생물 II급 포유류가 아닌 것은?**
① 삵 ② 사향노루
③ 담비 ④ 하늘다람쥐

105. **모기가 전파시키는 전염병으로 연결된 것은?**

가. 발진티푸스	나. 사상충증
다. 재귀열	라. 뎅기열

① 가, 나 ② 나, 다 ③ 가, 라 ④ 나, 라

106. **발진티푸스가 가장 많이 발생하는 계절은?**
① 여름 ② 가을 ③ 겨울 ④ 봄

107. **인수공통감염병인 산토끼병의 감염경로인 것은?**
① 감염병에 걸린 산토끼의 고기나 모피에 의한 호흡기 감염
② 감염병에 걸린 산토끼의 고기나 모피에 의한 경피감염
③ 감염병에 걸린 산토끼의 고기나 모피에 의한 경피감염, 호흡기 감염
④ 감염병에 걸린 산토끼의 고기나 모피에 의한 경구감염, 흡수감염

108. **다음 중 모기가 전파하는 전염병의 연결이 틀린 것은?**
① 일본얼룩날개모기 - 뎅기열
② 중국얼룩날개모기 - 말라리아
③ 열대숲모기 - 황열
④ 작은 빨간집모기 - 일본뇌염

109. **밀렵의 발생 요인이라 할 수 없는 것은?**
① 잘못된 보신주의로 인한 야생동물 효과 맹신
② 과잉 번식한 야생동물개체 수의 조절 필요성
③ 밀렵에 대한 적발 및 처벌 미비
④ 야생동물에 대한 주인의식의 결여

110. **동물과 사람에 공통으로 질병을 일으키는 것을 무엇이라고 하나?**
① 가축전염병 ② 인수공통감염병
③ 수인성질병 ④ 법정전염병

111. **다음 중 인수공통감염병이 아닌 것은?**
① 야토병, 리스테리아병
② 결핵, Q열
③ 일본뇌염, 구제역
④ 돈단독증, 렙토스피라병

112. **들쥐에 의해 전파되는 감염병은?**
① 발진열, 쯔쯔가무시병
② 페스트, 파라티푸스
③ 쯔쯔가무시병, 성홍열
④ 리케차성 두창, 천열(이즈미열)

113. **들쥐의 배설물에 접촉하여 감염되는 인수공통감염병은?**
① 샤기스 ② 유행성출혈열
③ 오자디사상충병 ④ 회선사상충병

114. **쥐가 옮기는 살모넬라증의 병원체가 있는 것은?**
① 쥐 이 ② 쥐진드기
③ 쥐의 분뇨 ④ 쥐벼룩

115. **다음 중 매개체와 질병이 잘못 연결된 것은?**
① 벼룩-콜레라
② 모기-뎅기열
③ 파리-장티푸스
④ 진드기-유행성 출혈열

116. **인수공통감염병과 그 감염경로와의 연결이 잘못된 것은?**
① 탄저병-가축을 사육하는 농부에 감염
② 야토병-산토끼의 혈액에 의한 경피 감염
③ Q열-사람에게서 사람에게로 감염
④ 돈단독증-돼지에 의한 피부감염

제 2 장

정답 103.③ 104.② 105.④ 106.③ 107.② 108.① 109.② 110.② 111.③ 112.① 113.② 114.③ 115.① 116.③

117. **다음 중 바르게 연결된 것은?**

질병 - 병원체 - 매개체 - 감염원

① 발진티푸스 - 리케치아 - 이 - 사람
② 말라리아 - 원충 - 파리 - 사람
③ 황열 - 세균 - 모기 - 사람
④ 쯔쯔가무시병 - 세균 - 털진드기 - 설치동물

118. **수렵으로 잡은 멧비둘기의 눈과 부리, 발가락 주변에 여러 개의 사마귀 모양 병변이 형성된 것 을 발견하였다. 가장 의심할 수 있는 질병은?**

① 선충류 감염 ② 폭스 바이러스병
③ 조류 인플루엔자 ④ 세균성 장염

119. **다음 중 이가 전파시키는 전염병은 ?**

가. 발진티푸스	나. 재귀열
다. 참호열	라. 페스트

① 가, 나, 다 ② 가, 다
③ 나, 라 ④ 라

120. **흰뺨검둥오리에 관한 설명 중 가장 옳은 것은 무엇인가?**

① 연중 서식하는 개체군만 있다.
② 나무 위의 둥지에서 번식을 한다.
③ 4~7월에 한번에 10~12개의 알을 낳고, 포란기는 21~23일이다.
④ 오리류 중 대표적인 겨울철새이다.

121. **진드기가 전파시킬 수 있는 질병은 ?**

가. 쯔쯔가무시병	나. 록키산홍반열
다. 유행성출혈열	라. 재귀열

① 가, 나, 다 ② 가, 다
③ 나, 라 ④ 가, 나, 다, 라

122. **쥐와 전혀 관계가 없는 감염병은?**

① 유행성출혈열 ② 콜레라
③ 서교증 ④ 살모넬라증

123. **수렵 불가능한 조류는 무엇인가?**

① 멧비둘기 ② 검둥오리
③ 큰기러기 ④ 어치

124. **다음 수렵 가능한 오리 중에서 크기가 가장 작은 것은?**

① 쇠오리 ② 고방오리
③ 홍머리오리 ④ 흰뺨검둥오리

125. **꿩에 대한 설명으로 틀린 것은?**

① 꿩은 일처다부제이다.
② 꿩은 수컷만 수렵 가능하다.
③ 꿩은 외형적으로 암수가 쉽게 구분된다.
④ 꿩은 바닥에 둥지를 만든다.

126. **모기가 매개하는 질병이 아닌 것은?**

① 사상충증 ② 황열
③ 발진열 ④ 말라리아

127. **설치류 동물 사이에 유행하는 전염병으로 오한, 전율, 발열과 균이 침입한 피부에 농포가 생기는 인수공통감염병은?**

① 산토끼병 ② 돼지단독증
③ Q열 ④ 렙토스피라증

128. **다음 중 수렵동물을 식별하는 방법으로 옳지 않은 것은?**

① 외형 ② 먹이
③ 발자국 ④ 울음소리

129. **다음 중 수렵이 가능한 종은?**

① 다람쥐 ② 하늘다람쥐
③ 청설모 ④ 날다람쥐

130. **수렵동물로 구성된 것은 무엇인가?**

① 청설모 - 꼬까참새
② 멧돼지 - 까마귀
③ 멧토끼 - 떼까마귀
④ 멧돼지 - 암꿩

정답 117.① 118.② 119.① 120.③ 121.④ 122.② 123.③ 124.① 125.① 126.③ 127.① 128.② 129.③ 130.②

131. 노루와 고라니의 형태 설명 중 옳은 것은?
① 노루의 털은 거칠고 고라니의 털은 부드럽다.
② 노루의 수컷은 뿔이 있으나 고라니의 수컷은 뿔이 없으며 견치(송곳니)가 있다.
③ 노루는 엉덩이에 흰색 반점이 없으며 고라니는 흰색 반점이 있다.
④ 노루가 고라니에 비해 대개 몸이 작다.

132. 다음 중 수렵동물로 지정되어 있는 종은?
① 하늘다람쥐 ② 청설모
③ 슈가글라이더 ④ 다람쥐

133. 다음 중 수렵 가능한 종에 대한 설명으로 옳은 것은?
① 꿩은 수컷만 잡을 수 있다.
② 암수가 구분되는 종은 수컷만 잡을 수 있다.
③ 고라니는 수컷만 잡을 수 있다.
④ 청둥오리는 수컷만 잡을 수 있다.

134. 다음 중 수렵동물의 특징이 아닌 것은?
① 맹금류와 유사한 수렵조류는 없다.
② 수렵이 가능한 조류 중에서 참새가 가장 작다.
③ 흰색을 띤 수렵동물은 없다.
④ 쇠기러기가 가장 큰 수렵동물이다.

135. 다음 중 노루의 특징인 것을 고르시오.
① 엉덩이에 흰색 반점이 있다.
② 수컷에서 견치(송곳니)가 특징적이다.
③ 한국과 중국 동중부 등 일부 지역에만 분포한다.
④ 암수 모두 뿔을 가지고 있지 않다.

136. 다음 중 크기가 가장 큰 편에 속하는 까마귀는?
① 갈까마귀 ② 큰부리까마귀
③ 까마귀 ④ 떼까마귀

137. 멧돼지에 대한 설명 중 틀린 것은 무엇인가?
① 수컷 한 마리가 여러 마리 암컷과 교미하며, 양육에 관여한다.
② 은폐된 관목림에 나뭇가지 등으로 보금자리를 만들어 새끼를 낳는다.
③ 새끼는 황갈색 바탕에 흰색 줄무늬가 있으며, 성장하며 점차 사라진다.
④ 야행성 동물로 날카로운 견치(송곳니)를 가지고 있다.

138. 다음 중 참새목 까마귀과에 속하는 새가 아닌 것은?
① 갈까마귀 ② 어치 ③ 때까치 ④ 까치

139. 다음의 조류중에서 수렵종이 아닌 것을 고르시오.
① 황오리 ② 고방오리
④ 청둥오리 ③ 흰뺨검둥오리

140. 우리나라에서 번식하는 오리는 무엇인가?
① 흰뺨오리 ② 흰뺨검둥오리
③ 홍머리오리 ④ 고방오리

141. 멧비둘기에 대한 설명이다.틀린 것은 무엇인가?
① 겨울철에는 작은 떼를 지어 생활한다.
② 회색바탕에 갈색을 띠고 가슴과 배는 흰색이다.
③ 농경지의 소나무에서 주로 번식한다.
④ 산란기는 4~6월 사이나, 때로는 7~10월 사이에 산란하기도 한다.

142. 수렵대상 동물종에 대한 내용이 맞는 것을 고르시오.
① 15종(포유류 3, 조류 12)
② 15종(포유류 2, 조류 13)
③ 16종(포유류 3, 조류 13)
④ 16종(포유류 2, 조류 14)

143. 참새에 대한 설명 중 틀린 것은 무엇인가?
① 우리나라의 텃새로 참새와 섬참새 2종이 서식하고 있다.

정답 131.② 132.② 133.① 134.④ 135.① 136.② 137.① 138.③ 139.① 140.② 141.② 142.③ 143.③

② 참새는 수렵 대상 조수이다.
③ 식물성 종자만 먹는다.
④ 얼굴은 희고 귀깃과 턱은 흰색으로 암수 같은 빛깔이다.

144. 참새에 대한 설명 중 틀린 것은 무엇인가?
① 식성은 주로 식물성이지만, 여름철에는 곤충류인 딱정벌레, 나비목 등을 많이 먹는다.
② 참새는 일 년에 7~10번의 번식이 가능하다.
③ 우리나라 텃새로 수렵동물 중에서 가장 작다.
④ 참새는 계절에 따라 해충을 잡아먹는다.

145. 다음 중 수면성 오리가 아닌 것은 무엇인가?
① 청둥오리　② 비오리
③ 흰뺨검둥오리　④ 고방오리

146. 다음 중 수렵동물로 지정할 수 없는 동물은?
① 고방오리　② 독수리
③ 수꿩　④ 멧비둘기

147. 다음 중 바닥에 둥지를 트는 야생 조류는 무엇인가?
① 꿩　② 왜가리　③ 참수리　④ 멧비둘기

148. 다음 중 수렵동물로 지정되어 있지 않은 동물은?
① 청머리오리　② 홍머리오리
③ 고방오리　④ 쇠오리

149. 꿩에 대한 설명 중 틀린 것은 무엇인가?
① 수컷-장끼, 암컷-까투리라 부르기도 한다.
② 수컷 : 머리에 붉은 색의 벼슬이 있다.
③ 수컷은 높은 소리를 내며, 암컷은 낮은 소리를 낸다.
④ 꿩은 수컷만 수렵 가능하다.

150. 다음 중 수렵동물로 지정되어 있지 않은 동물은?
① 까마귀　② 큰부리까마귀
③ 갈까마귀　④ 떼까마귀

151. 꿩에 대한 설명 중 틀린 것은 무엇인가?
① 꿩은 일부일처제이다.
② 대표적인 텃새이다.
③ 수컷과 암컷은 몸 빛깔이 아주 달라서 쉽게 구분된다.
④ 꿩은 수컷만 수렵 가능하다.

152. 떼까마귀에 대한 설명으로 틀린 것은 무엇인가?
① 군집성이 강하고 교목 위에서 집단으로 번식하기도 한다.
② 식성은 초식성이다.
③ 암수 구분이 어렵다.
④ 겨울철새로 매우 큰 무리를 지어 농경지에 서식하는 까마귀류이다.

153. 우리나라 텃새에 속하는 것은 무엇인가?
① 넓적부리오리　② 쇠오리
③ 검둥오리　④ 멧비둘기

154. 고라니에 대한 설명으로 틀린 것은 무엇인가?
① 몸길이 50~200cm, 몸무게 5~30kg 이다.
② 갈대밭, 관목이 우거진 곳에서 서식한다.
③ 견치(송곳니)는 암수 모두에게 있다.
④ 암컷의 견치(송곳니)는 수컷보다 좀 더 작다.

155. 멧돼지에 대한 설명이 틀린 것은 무엇인가?
① 임신기간은 50~150일 정도이다.
② 주둥이는 현저하게 길며 원통형이다.
③ 암컷 한 마리가 수컷 여러 마리를 거느리고 있다.
④ 4~6월에 5~8마리의 새끼를 낳는다.

156. 까마귀 중 수렵동물로 지정되어 있지 않은 종은 무엇인가?
① 까마귀　② 떼까마귀
③ 큰부리까마귀　④ 갈까마귀

157. 잠수성 오리의 특징 중 틀린 것은 무엇인가?
① 물속에 깊이 들어가 물고기를 먹기 때문

정답 144.② 145.② 146.② 147.① 148.① 149.② 150.② 151.① 152.② 153.④ 154.① 155.① 156.③ 157.②

에 농작물에 피해를 덜 준다.
② 청둥오리는 대표적인 잠수성 오리이다.
③ 수렵조수에 해당하지 않는다.
④ 물고기 이외에 곡식 낟알들도 먹는다.

158. 청설모에 관한 설명 중 옳은 것은?
① 임목의 종자와 열매를 주로 먹으며 나무 구멍이나 나무 아래에 까치집 모양의 둥지를 지어 새끼를 낳는다.
② 몸은 회색을 띤 갈색, 네 다리와 귀의 긴 털, 꼬리는 검은색이다.
③ 몸의 크기는 다람쥐보다 훨씬 작다.
④ 분만횟수는 1년에 1회이다.

159. 오리류에 대한 설명 중 틀린 것은 무엇인가?
① 수렵조류로 지정된 것은 모두 수면성 오리이다.
② 잠수성 오리와 수면성 오리로 구분한다.
③ 우리나라 오리류는 모두 텃새(겨울 철새)이다.
④ 청둥오리는 겨울 철새에 해당한다.

160. 멧돼지에 대한 설명 중 틀린 것은 무엇인가?
① 털은 회백색이나 갈색, 검은색이다.
② 어린 개체는 담황색의 세로무늬가 있다.
③ 멧돼지는 초식성이다.
④ 견치(송곳니)가 날카로워 싸움할 때는 큰 무기가 된다.

161. 고방오리에 대한 설명 중 틀린 것은 무엇인가?
① 꼬리와 목이 긴 것이 특징이다.
② 옆구리는 회색 바탕에 가로줄이 있고, 꼬리가 길고 뾰족하다.
③ 옆 목에 검정색의 선이 있고 앞 목은 흰색이다.
④ 수컷의 머리는 갈색이다.

162. 청설모에 대한 설명으로 틀린 것은 무엇인가?
① 털의 색은 회색을 띤 갈색이며, 배는 흰색이다.
② 먹이는 나무 열매만 먹는다.
③ 견과류를 주먹이로 하기 때문에 농가의 피해가 크다.
④ 번식기 2월 상순, 임신기간 약 35일, 연 2회 한 배에서 약 5마리 새끼를 낳는다.

163. 고라니에 대한 설명 중 틀린 것은 무엇인가?
① 털이 거칠다.
② 엉덩이에 흰색 반점이 없다.
③ 수컷은 뿔이 있다.
④ 암수 모두 견치(송곳니)가 있다.

164. 멧비둘기의 특성 중 틀린 것은 무엇인가?
① 일 년에 단 한번 번식한다.
② 번식이 끝나면 작은 무리를 지어 생활한다.
③ 몸은 잿빛 도는 보라색이 바탕에 목 양쪽에 파란색의 굵은 세로무늬가 있다.
④ 둥지는 나무 위에 접시모양으로 만들고 2개의 알을 낳는다.

165. 노루에 대한 설명으로 틀린 것은 무엇인가?
① 몸집이 고라니에 비해 대개 작다.
② 한 번에 1~3마리의 새끼를 낳는다.
③ 엉덩이에 백색의 큰 반점이 있다.
④ 새끼를 낳을 때는 심산으로 이동한다.

166. 까치에 대한 설명 중 틀린 것은?
① 한국의 전역에서 번식하는 흔한 텃새이다.
② 번식 후에는 무리를 지어 서식한다.
③ 고산의 오지에서 둥지를 짓는다.
④ 주로 평지 촌락 주변, 시가지 공원, 주택가에서 서식한다.

167. 쇠오리에 대한 설명 중 틀린 것은 무엇인가?
① 10월부터 이듬해 3월 사이에 우리나라에 오는 겨울철새이다.
② 밤에는 호수·바다·간척지·강변 등 안전한 곳에서 무리를 지어 쉰다.
③ 밤이 되면 논밭이나 습지·갈대밭·냇가 등지에서 먹이를 찾는다.
④ 외견상 암수의 차이가 뚜렷하다.

정답 158.② 159.③ 160.③ 161.③ 162.② 163.③ 164.① 165.① 166.③ 167.②

168. 참새에 대한 설명이 틀린 것은?
① 참새는 계절에 따라 해충을 잡아먹는다.
② 참새는 농작물에 큰 해를 끼치는 유해조수일 뿐이다.
③ 우리나라 텃새로 수렵동물 중에서 가장 작다.
④ 참새는 1년에 2~3회 번식이 가능하다.

169. 떼까마귀에 대한 특성으로 틀린 것은?
① 수컷의 겨울깃은 자색광택이 강한 검은색이다.
② 텃새이다.
③ 암컷은 수컷과 비슷하나 조금 작다.
④ 잡식성이다.

170. 고라니와 노루에 대한 설명 중 틀린 것은 무엇인가?
① 고라니의 털은 등쪽은 노란빛을 띤 갈색, 배쪽은 연한 노란색이다.
② 고라니는 주로 야산이나 구릉지에서 산다.
③ 고라니의 암수 모두 작은 뿔이 있다.
④ 고라니는 견치(송곳니)가 있고 노루 수컷은 뿔이 있다.

171. 까마귀류에 대한 설명 중 틀린 것은 무엇인가?
① 붉은부리까마귀는 우리나라의 텃새가 아니다.
② 큰부리까마귀는 수렵할 수 있다.
③ 떼까마귀는 암수 구분이 어렵다.
④ 수렵할 수 있는 까마귀는 3종이다.

172. 꿩에 대한 설명 중 틀린 것은 무엇인가?
① 수컷과 암컷을 구별하기 힘들다.
② 수컷만이 수렵이 가능하다.
③ 우리나라 전역에 분포한다.
④ 꿩의 새끼는 꺼병이라고도 한다.

173. 떼까마귀에 대한 특성으로 잘못 설명한 것은?
① 떼까마귀는 봄과 가을에 통과하는 나그네새이다.
② 성조의 겨울깃은 자색광택이 강한 검은색이다.
③ 식성은 주로 잡식성이다.
④ 암수 구분이 어렵다.

174. 암꿩을 수렵조수에서 제외한 이유로 가장 합당한 것은?
① 개체수 증가에 직접적인 영향을 미치기 때문이다.
② 암컷보다 수컷이 훨씬 많기 때문이다.
③ 암컷은 화려하지 않아 발견이 어렵기 때문이다.
④ 수렵대상종이 아닌 들꿩과 혼돈되기 때문이다.

175. 다음 중 수렵이 가능한 조류가 아닌 것은?
① 꿩 ② 때까치 ③ 청둥오리 ④ 까마귀

176. 멧비둘기에 대한 설명으로 틀린 것은?
① 암수가 같은 색이다.
② 회색바탕에 갈색을 띠고 가슴과 배는 엷은 갈색을 띤 잿빛이다.
③ 산림, 주택가, 도시공원 등 도처에서 볼 수 있다.
④ 둥지는 나무 구멍 속에 만든다.

177. 일반적인 수렵동물의 특징으로 틀린 것은?
① 수렵동물에는 일반적으로 몸 전체가 흰색을 띤 종도 있다.
② 참새보다 작은 조류가 없다.
③ 맹금류, 갈매기와 유사한 조류가 없다.
④ 큰기러기보다 큰 조류가 없다.

178. 어치에 대한 설명으로 잘못된 것은?
① 때까치와 같은 과에 속한다.
② 머리는 적갈색이다.
③ 날개덮깃에 검은 줄무늬가 있는 청색무늬가 뚜렷하다.
④ 비상시 허리의 흰색 무늬가 뚜렷하다.

정답 168.② 169.② 170.③ 171.② 172.① 173.① 174.① 175.② 176.④ 177.① 178.①

179. 다음 중 수면성 오리가 아닌 것은?
① 흰뺨검둥오리 ② 비오리
③ 청둥오리 ④ 홍머리오리

180. 흰뺨검둥오리에 대한 설명으로 틀린 것은?
① 겨울철에 개체수가 증가하는 것은 번식 후 개체수 증가가 유일한 원인이다.
② 호소, 못, 논, 하천, 들판 등에서 생활한다.
③ 먹이는 풀씨, 나무열매, 곤충류 등이다.
④ 산란기는 4~7월이며, 알은 10~12개를 낳는다.

181. 고라니에 대한 설명 중 틀린 것은 무엇인가?
① 관목이 우거진 야산이나 구릉지대에 산다.
② 몸길이는 150~200cm, 몸무게는 17~30kg이다.
③ 암수 모두 견치(송곳니)가 있다.
④ 털이 거칠고 초식성이다.

182. 까마귀 종류 중 우리나라에 겨울철새로 찾아오는 까마귀는?
① 잣까마귀 ② 큰부리까마귀
③ 떼까마귀 ④ 까마귀

183. 멧돼지의 주요 서식지는 어디인가?
① 활엽수가 우거진 곳
② 바위가 많은 산악지역
③ 물이 많은 습지
④ 소나무가 우거진 곳

184. 고방오리에 대한 설명이 잘못된 것은?
① 월동지에서는 주로 하천과 호소 등에서 생활한다.
② 수컷의 머리는 청색이며, 옆 목에 흰색의 선이 있다.
③ 늦가을에 우리나라에 도래하는 겨울철새이다.
④ 암컷의 머리는 적갈색에 흑색의 반점이 있다.

185. 고라니와 노루에 대한 설명 중 틀린 것은?
① 고라니는 견치(송곳니)가 있다.
② 노루는 엉덩이에 흰색 반점이 있다.
③ 노루는 주로 야산 및 구릉지에 서식한다.
④ 노루 수컷에는 뿔이 있다.

186. 까마귀 중 몸집이 가장 작은 것은 무엇인가?
① 까마귀 ② 떼까마귀
③ 갈까마귀 ④ 큰부리까마귀

187. 다음 중 한 둥지에 알의 수가 가장 적은 조류는?
① 멧비둘기 ② 흰뺨검둥오리
③ 참새 ④ 꿩

188. 멧돼지에 대한 설명이 틀린 것은?
① 교미시기는 12~1월인 겨울철이다.
② 성숙한 수컷은 여러 마리의 암컷과 함께 무리를 지어 살아간다.
③ 4~6월에 5~8마리의 새끼를 낳는다.
④ 임신기간은 115~120일이다.

189. 다음 중 수렵 동물로 지정되어 있지 않은 동물은?
① 고라니 ② 청설모 ③ 다람쥐 ④ 멧돼지

190. 다음 중 고라니가 새끼를 낳는 시기는?
① 3월~4월 ② 5월~7월
③ 9월~12월 ④ 1월~2월

191. 다음 중 본래 제주도에 서식하지 않았으나 행사의 일환으로 방생된 후 급속히 번식하여 생태계를 교란하게 된 종은?
① 말똥가리 ② 까치 ③ 노루 ④ 아비

192. 수렵 동물 등 수렵에 대한 설명으로 맞는 것은?
① 수렵 동물은 총 17종이다.
② 포유류는 멧돼지, 고라니, 청설모, 멧토끼로 총 4종이다.
③ 허가받은 사람 이외에는 수렵을 해서는 안 된다.
④ 조류는 수꿩, 큰부리까마귀 등 13종이다.

정답 179.② 180.① 181.② 182.③ 183.① 184.② 185.③ 186.③ 187.① 188.② 189.③ 190.② 191.② 192.③

193. **수렵가능한 동물의 번식에 대한 설명 중 틀린 것은?**
① 일반적인 고라니의 교미시기는 11~1월이다.
② 일반적으로 흰뺨검둥오리는 3~4월에 번식하고 포란기간은 25일 미만이다.
③ 일반적으로 꿩은 5~6월에 번식하고 6~10개의 알을 낳는다.
④ 일반적인 멧돼지 교미시기는 12~1월이다.

194. **쇠오리에 대한 설명 중 틀린 것은?**
① 겨울철새이다.
② 수렵 가능한 오리 중에서 가장 작다.
③ 수면성 오리류이다.
④ 암수의 형태가 비슷하다.

195. **멧돼지에 대한 설명이 잘못된 것은?**
① 수컷은 겨울에 1~3마리의 암컷과 교미하며, 교미 후에도 함께 생활한다.
② 은폐된 관목림에 나뭇가지 등으로 보금자리를 만들어 새끼를 낳는다.
③ 새끼는 황갈색 바탕에 흰색 줄무늬가 있으며, 성장하면서 점차 사라진다.
④ 야행성 동물로 어두운 계곡부에서 휴식을 취하다 해가 지는 시각에 활동한다.

196. **고라니에 대한 설명이 아닌 것은?**
① 암수 모두 뿔이 없다.
② 제주도와 울릉도를 포함한 전국의 산림지대에 산다.
③ 엉덩이에 흰색반점이 없다.
④ 털이 거칠다.

197. **다음 중 암컷과 수컷을 쉽게 구별할 수 없는 것은?**
① 흰뺨검둥오리 ② 고방오리
③ 홍머리오리 ④ 청둥오리

198. **수렵이 가능한 오리류에 대한 설명이 잘못된 것은?**
① 하천, 호수, 해안 등에서 무리를 지어 서식한다.
② 외형적으로 암컷과 수컷이 구분된다.
③ 꼬리가 가장 긴 오리는 고방오리이다.
④ 가장 작은 오리는 쇠오리이다.

199. **다음 중 까마귀과에 관한 설명으로 옳은 것은?**
① 우리나라에 서식하는 까마귀과의 조류는 모두 겨울철새이다.
② 까마귀과에 속하는 조류는 큰부리까마귀, 잣까마귀, 어치, 까치 등이 있다.
③ 우리나라에 서식하는 까마귀과의 조류는 깃털색이 모두 검다.
④ 우리나라에 서식하는 까마귀과의 조류는 모두 육식성이다.

200. **다음 중 수렵할 수 없는 조류는?**
① 청둥오리 ② 갈까마귀
③ 홍머리오리 ④ 큰부리까마귀

201. **다음 중 청설모에 관한 설명으로 옳은 것은?**
① 색깔은 주로 진한 갈색이며 배면은 연한 갈색이다.
② 주로 활엽수림의 땅 위에서 생활하며 곤충을 주식으로 한다.
③ 나무의 씨앗이나 열매를 주로 먹으며 나무구멍이나 나무 위에 까치집 모양의 둥지를 지어 새끼를 낳는다.
④ 행동습성이 다람쥐와 비슷하지만 다람쥐보다 작다.

202. **꿩에 대한 설명으로 옳은 것은?**
① 수컷은 장끼, 암컷은 까투리라 부르기도 한다.
② 암컷은 눈 주위에 붉은 색의 피부가 노출되어 있다.
③ 암컷은 부화 후에도 둥지에서 한 달간 새끼를 기른다.
④ 수컷은 뒷머리에 뿔과 같은 것이 있다.

203. **멧비둘기에 대한 설명으로 잘못된 것은?**
① 번식이 끝나면 작은 무리를 지어 생활한다.
② 농경지 주변을 좋아한다.

정답 193.② 194.④ 195.① 196.② 197.① 198.② 199.② 200.④ 201.③ 202.① 203.③

③ 일년에 단 한번 번식한다.
④ 둥지는 나무 위에 접시모양으로 만들고 2개의 알을 낳는다.

204. 다음 중 우리나라에서 번식하지 않는 종은?
① 떼까마귀 ② 까치 ③ 어치 ④ 까마귀

205. 까치에 대한 설명 중 틀린 것은 무엇인가?
① 고산 오지에는 드물다.
② 지 촌락 주변, 주택가 등에서 서식한다.
③ 주로 산지에서 생활한다.
④ 식성은 잡식성이다.

206. 청설모에 대한 설명으로 옳지 않는 것은?
① 몸크기는 다람쥐보다 크다.
② 털의 색은 짙은 회색이며, 특히 배가 검다.
③ 겨울철에 이용하기 위해 밤, 잣 등의 열매를 저장하는 습성이 있다.
④ 견과류를 주 먹이로 하기 때문에 농가의 피해가 크다.

207. 흰뺨검둥오리의 형태를 올바르게 설명한 것은?
① 눈 가장자리에서 목까지 어두운 녹색의 선이 있으며 머리, 뺨 및 목은 밤색이다.
② 머리는 갈색이고 옆 목에 흰색선이 있으며 앞 목은 흰색이다.
③ 암·수가 같은 색으로 머리 위는 암갈색이고 눈 위에는 폭이 넓은 흰색의 눈썹선이 있으며 부리 끝부분에는 노란색 반점이 있다.
④ 수컷의 머리는 녹색이고 목에는 흰색의 띠가 있다. 가슴은 밤색, 등은 담흑색, 꼬리 윗깃은 흑색으로 위로 꼬부라져 있다.

208. 다음 중 꿩에 관한 설명으로 옳은 것은?
① 꿩은 일부다처제를 유지하는 조류이다.
② 꿩은 일부일처제를 유지하는 조류이다.
③ 꿩은 알을 2개만 산란한다.
④ 꿩은 육식성 조류이다.

209. 겨울철새로 매우 큰 무리를 지어 농경지에 서식하는 까마귀류는?
① 까마귀 ② 떼까마귀
③ 큰까마귀 ④ 큰부리까마귀

210. 다음 중 수면성 오리에 속하지 않는 오리는?
① 가창오리 ② 흰뺨오리
③ 원앙 ④ 쇠오리

211. 고라니에 대한 설명으로 틀린 것은?
① 일반적인 몸길이는 80~100cm, 몸무게는 9~18kg이다.
② 암수 모두 뿔이 없다.
③ 견치(송곳니)는 수컷에게만 있다.
④ 엉덩이에 흰색 반점이 없다.

212. 수렵동물의 특징과 거리가 먼 것은?
① 흰색의 종류가 없다.
② 기러기류보다 큰 새는 없다.
③ 맹금류와 유사한 종류가 없다.
④ 화려하고 아름다운 색깔의 새가 없다.

213. 다음 중 멧비둘기에 관한 설명으로 옳은 것은?
① 암수가 다른 색으로 수컷은 몸 전체가 회색바탕에 갈색을 띠고 가슴과 배는 엷은 갈색을 띤 잿빛이며, 암컷은 몸 전체가 흑색이다.
② 둥지는 땅위에 풀을 엮어 두 개 이상의 알을 낳고 포란기간은 21-23일이다.
③ 둥지는 교목의 2-7m 높이의 가지 위에 가늘고 마른 가지를 쌓아 접시모양으로 만들고 2개의 알을 낳으며 포란기간은 15-16일이다.
④ 멧비둘기는 4-6월에 우리나라를 찾아오는 여름새이다.

214. 다음 중 흰뺨검둥오리에 관한 설명으로 틀린 것은?
① 우리나라에서 번식하기도 한다.
② 외견상 암수의 구분이 명확하다.
③ 분류 상 기러기목 오리과에 속한다.
④ 크기 58~63cm, 체중 750~1,500g의 중형 오리이다.

제 2 장

정답 204.① 205.③ 206.② 207.③ 208.① 209.② 210.② 211.③ 212.④ 213.③ 214.②

215. 다음 중 고라니에 대한 설명으로 잘못된 것은?
① 노루와 달리 머리에 뿔이 없으며, 엉덩이에 흰색 반점도 없다.
② 1~2월에 3~5마리의 새끼를 낳는다.
③ 암컷에게도 견치(송곳니)가 있다.
④ 노루보다 몸집이 작다.

216. 다음 중 멧돼지에 대한 설명으로 틀린 것은?
① 은폐된 관목림에 나뭇가지를 쌓아 만든 보금자리에 새끼를 낳는다.
② 일부일처의 동물로 암수가 짝을 지어 행동한다.
③ 교미는 보통 12월~다음해 2월에 이루어진다.
④ 4~6월에 5~8마리의 새끼를 낳는다.

217. 수렵 동물의 특징이 아닌 것은?
① 참새보다 작은 조류는 없다.
② 기러기보다 큰 조류는 없다.
③ 조류는 대부분 흰색을 띄고 있다.
④ 맹금류, 딱따구리, 두루미, 갈매기와 유사한 조류는 없다.

218. 인수공통감염병이 아닌 것은?
① 탄저병 ② 결핵
③ 소아마비 ④ 렙토스피라증

219. 꿩의 습성 및 생김새에 대한 설명 중 틀린 것은?
① 알에서 부화한 새끼는 곧 걸어다니며 천적을 피한다.
② 수꿩과 암꿩은 일부일처제의 생활 습관을 가진다.
③ 수꿩과 암꿩은 생김새로 쉽게 구분할 수 있다.
④ 암꿩은 5~6월에 6~10개의 알을 낳고 새끼를 기른다.

220. 군집성이 매우 강해 많은 수의 무리를 지어 이동하는 까마귀는?
① 갈까마귀 ② 큰부리까마귀
③ 떼까마귀 ④ 까마귀

221. 다음 중 고라니에 관한 설명으로 바른 것은?
① 암컷은 유두를 2개 갖고 있다.
② 분류 상 우제목 소과에 속한다.
③ 수컷은 견치(송곳니)가 발달하여 채식, 싸움 등에 사용한다.
④ 암컷은 견치(송곳니)를 가지고 있지 않다.

222. 다음 중 참새에 관한 설명 중 바르지 않은 것은?
① 해충이나 잡초종자는 먹지 않아 농가에 피해를 많이 끼친다.
② 참새는 수렵조수에 속한다.
③ 농가와 인가 주변에서 먹이활동을 한다.
④ 곤충과 식물성 종자 등을 먹는 잡식성이다.

223. 다음 중 태어나자마자 눈을 뜨고 어미를 따라다니며 천적을 피하는 조류는?
① 참새 ② 청둥오리
③ 어치 ④ 박새

224. 다음 중 고라니에 관한 설명 중 가장 잘못된 것은?
① 간혹 농작물에 피해를 주기도 한다.
② 해발고도가 높은 심산에 주로 서식한다.
③ 교미시기는 11월~1월이다.
④ 한 번에 1~3마리의 새끼를 출산한다.

225. 흰뺨검둥오리에 관한 설명으로 옳은 것은?
① 연중 서식하는 개체군과 9-10월부터 도래하여 3-4월에 북상하는 월동개체군이 있다.
② 오리류 중 유일하게 나무 위의 둥지에서 번식을 한다.
③ 알은 2개만 낳고 포란기는 28일이다.
④ 오리류 중 대표적인 여름철새이다.

226. 다음 수렵에 대한 설명 중 옳은 것은?
① 까치・청설모는 제한 없이 수렵 가능하다.
② 꿩은 암수 모두 수렵이 가능하다.
③ 생태계교란동물은 모두 수렵이 가능하다.
④ 유해야생동물은 모두 수렵이 가능하다.

정답 215.② 216.② 217.③ 218.③ 219.② 220.③ 221.③ 222.① 223.② 224.② 225.① 226.①

227. 고방오리에 관한 설명으로 옳은 것은?
① 수컷의 머리는 갈색이며 옆 목에 흰색의 선이 있고 앞 목은 흰색이다. 또한 옆구리는 회색 바탕에 가로줄이 있고 꼬리가 길고 뾰족하다.
② 수컷의 이마와 머리 위가 크림색이고 그 외는 밤색이다.
③ 수컷의 꼬리는 흑색으로 끝이 위로 꼬부라져 있다.
④ 수컷은 몸 전체가 황갈색으로 흑갈색 반점이 있으며 눈썹은 흑색이다.

228. 다음 중 멧돼지에 관한 설명으로 가장 거리가 먼 것은?
① 강설이 심할 때에는 야산이나 동네까지 내려오기도 한다.
② 견치(송곳니)의 발달이 미약하여 바깥에서 관찰되지 않는다.
③ 대체로 잡식성의 식성을 갖고 있다.
④ 깊은 산, 특히 활엽수가 우거진 곳에서 서식한다.

229. 산토끼병의 설명으로 틀린 것은?
① 산토끼를 취급하는 포수, 농부, 수육 취급자, 조리사에게 많이 발생
② 감염경로 : 감염병에 걸린 산토끼의 고기나 모피에 의한 경피감염으로만 감염됨.
③ 증상 : 오한, 전율, 발열, 균이 침입한 피부에 농포, 악성결막염
④ 설치류 동물 사이에 유행하는 전염병

230. 동물 병원소와 전염병의 연결이 틀린 것은?
① 돼지 - 일본뇌염, 살모넬라
② 소 - 살모넬라, 결핵, 탄저
③ 조류 – 서교열
④ 개 – 공수병

231. 다음 중 사람과 동물 사이에서 감염될 수 없는 질병은?
① 공수병 ② 일본뇌염
③ 소아마비 ④ 페스트

232. 다음 중 멧비둘기에 관한 설명으로 바르지 않은 것은?
① 침엽, 활엽수림이나 아고산지대의 혼합림에 많이 산다.
② 집비둘기와 생김새가 매우 비슷하여 식별하기가 힘들다.
③ 머리 위와 뺨은 회색이고, 뒷머리에서 윗등까지는 포도 빛 회갈색이다
④ 성체의 경우 목의 양쪽에는 청회색과 검은색의 가로무늬가 특징인 깃이 있다.

233. 다음 중 꿩에 대한 설명으로 바르지 않은 것은?
① 육식성으로 주로 들쥐나 작은 새를 사냥해서 포식한다.
② 수컷이 암컷에 비해 화려한 생김새이다.
③ 수컷의 목에는 흰색의 목띠가 있다.
④ 공원, 구릉, 산간 초지 등에 서식한다.

234. 다음 중 집오리의 조상으로 간혹 색이 비슷한 집오리와 구분하기 힘들기도 한 오리는?
① 홍머리오리 ② 흰뺨검둥오리
③ 청둥오리 ④ 쇠오리

235. 다음 중 청둥오리에 대한 설명으로 맞지 않는 것은?
① 일부 개체는 국내에서 번식을 하기도 한다.
② 농경지, 습지 등에서 곡식 낱알이나 식물 줄기 등을 먹는다.
③ 번식기에 외형으로 암수를 구분하기가 힘들다.
④ 대부분 겨울 철새로 우리나라에 찾아온다.

236. 다음 수렵 동물의 설명 중 가장 틀린 것을 고르시오.
① 멧비둘기 : 암수 동일한 회색 바탕에 갈색, 배는 엷은 갈색 잿빛
② 청둥오리 : 암수 동일한 색채, 녹색 머리
③ 고라니 : 뿔이 없고 수컷은 위 견치(송곳니), 털이 거칠고 굵다.
④ 꿩 : 암수의 색체가 다르고, 수컷은 금속광택의 암녹색 몸통, 붉은 벼슬을 가지고 있다.

정답 227.① 228.② 229.② 230.③ 231.③ 232.② 233.① 234.③ 235.③ 236.②

237. 다음 중 우리나라에서 번식하는 오리는?
① 흰뺨검둥오리 ② 홍머리오리
③ 고방오리 ④ 흰뺨오리

238. 다음 중 유해야생동물에 해당하지 않는 것은?
① 국부적으로 서식밀도가 과밀하여 농·림·수산업에 피해를 주는 원앙
② 전주에 둥지를 튼 까치
③ 건물 부식 등 재산 및 생활에 피해를 주는 집비둘기
④ 장기간 무리를 지어 농작물 또는 과수에 피해를 주는 참새와 까치

239. 까치에 대한 설명으로 틀린 것은?
① 제주도와 울릉도를 포함한 먼 도서지역에도 흔히 번식하는 텃새이다.
② 번식 후에는 무리를 지어 서식한다.
③ 최근 과수에 피해를 주고 있어 유해조수로 여겨진다.
④ 농촌 부락 또는 시가의 교목 위에 둥지를 짓는다.

240. 수렵 동물에 대한 특징과 거리가 먼 설명을 고르시오.
① 비둘기보다 작은 조류가 없다.
② 흰색의 동물이 없다.
③ 기러기보다 큰 조류가 없다.
④ 맹금류나 갈매기와 유사한 조류는 없다.

241. 다음 중 쇠오리에 대한 설명으로 맞지 않는 것은?
① 우리나라에서 흔히 볼 수 있는 텃새이다.
② 하천, 호수, 못, 하구, 바다 등지에서 서식한다.
③ 논, 밭, 초습지에서 먹이를 찾는다.
④ 외견상 암수의 차이가 뚜렷하다.

242. 가을철 풍토병으로 일컬어지며, 들쥐 등의 소변으로 균이 배출되어 피부 상처를 통해 감염되는 전염병은?
① 유행성출혈열 ② 렙토스피라증
③ 탄저병 ④ 쯔쯔가무시병

243. 렙토스피라증의 설명으로 틀린 것은?
① 예방법 : 쥐의 구제, 손발 세척, 사균백신 이용
② 잠복기 : 1~2일
③ 증상 : 고열, 오한, 식욕감퇴, 순환계 및 신장계 장애
④ 감염경로 : 쥐의 오줌에 오염된 물과 식품을 통한 경구감염

244. 연중 우리나라에서 서식하며 수확 전부터 농경지에 침입 농작물에 피해를 주는 야생동물은?
① 홍머리오리 ② 흰뺨검둥오리
③ 쇠오리 ④ 고방오리

245. 다음 중 흰뺨검둥오리에 관한 설명으로 바르지 않은 것은?
① 식물성 먹이를 섭취하며 곤충이나 무척추동물은 전혀 잡아먹지 않는다.
② 한 번에 8~12개의 알을 낳는다.
③ 우리나라에서는 겨울철새로 오기도 하고 텃새로 번식하기도 한다.
④ 호수, 못, 논, 하천, 들판 등에서 생활한다.

246. 산토끼병의 설명으로 틀린 것은?
① 예방 : 병든 산토끼의 식육으로 이용 금지. 소각, 손에 상처가 있을 때 토끼의 직접 조리 금지
② 잠복기 : 10~15일
③ 증상 : 오한, 전율, 발열, 균이 침입한 피부에 농포, 악성결막염
④ 산토끼를 취급하는 포수, 농부, 수육 취급자, 조리사에게 많이 발생

247. 유해야생동물의 포획을 허가할 수 있는 기관의 장이 아닌 것을 고르시오.
① 시장 ② 군수 ③ 구청장 ④ 도지사

248. 다음 중 인수공통감염병으로 조합된 것은?

가. 살모넬라	나. 세균성 이질
다. 탄저	라. 폴리오

정답 237.① 238.① 239.① 240.① 241.① 242.② 243.② 244.② 245.① 246.② 247.④ 248.②

① 나, 다　② 가, 다　③ 나, 라　④ 라

249. 다음 중 병원체와 질병의 연결이 옳은 것은?
① 바이러스 - 발진열, 쯔쯔가무시병
② 기생충 - 사상충, 이질아메바
③ 세균 - 소아마비, 홍역
④ 리케치아 - 공수병, 유행성이하선염

250. 일본뇌염모기가 서식하는 곳은 어디인가?
① 나무그루　② 논, 저수지
③ 하수구　④ 바위틈

251. 다음 중 쥐가 직간접으로 옮기는 질병이 아닌 것은?
① B형 간염　② 렙토스피라증
③ 흑사병　④ 발진열

252. 유해 야생동물과 거리가 먼 것을 고르시오.
① 직박구리　② 까마귀
③ 황오리　④ 까치

253. 유해야생동물로 지정될 수 있는 종이 아닌 것은?
① 축사에 침입해 피해를 주는 수리부엉이
② 전주 등 전력시설에 피해를 주는 까치
③ 분묘를 훼손하는 멧돼지
④ 농작물 또는 과수에 피해를 주는 직박구리

254. 유해야생동물로 지정할 수 없는 오리류는?
① 청둥오리　② 원앙
③ 홍머리오리　④ 흰뺨검둥오리

255. 다음 중 외국에서 유입되어 생태계를 교란하는 종이 아닌 것은?
① 후투티　② 뉴트리아
③ 블루길　④ 황소개구리

256. 다음 중 쥐가 매개하는 질병이 아닌 것은?
① 쯔쯔가무시병　② 유행성출혈열
③ 페스트　④ 유행성 간염

257. 다음 중 유해야생동물이 아닌 것은?
① 국부적으로 서식밀도가 과밀하여 농·림·수산업에 피해를 주는 꿩, 멧비둘기, 고라니, 멧돼지 등
② 인가 주변에 출현하여 인명·가축에 위해발생의 우려가 있는 멸종위기야생동물
③ 비행장 주변에 출현하여 항공기 또는 특수건조물에 피해를 주는 조수류
④ 장기간에 걸쳐 무리를 지어 농작물에 피해를 주는 참새, 까치 등

258. 인수공통감염병으로 사람에게는 열병, 동물에게는 유산을 일으키는 질환은 무엇인가?
① Q열　② 브루셀라병
③ 돼지단독증　④ 탄저병

259. 다음 중 인수공통감염병으로 묶인 것은 무엇인가?

가. 돼지단독증	나. 야토병
다. 살모넬라	라. 브루셀라

① 가, 나　② 가, 나, 다
③ 가, 나, 다, 라　④ 가

260. 인수공통감염병의 전파 동물과 질병명이 적절하게 연결된 것은?
① 돼지 : 결핵
② 개 : 탄저병, 파상열
③ 개 : 광견병, 톡소플라스마증
④ 돼지 : 브루셀라증

261. Q열의 설명으로 틀린 것은?
① 예방 : 진드기 등 흡혈곤충의 박멸, 우유의 살균, 감염동물의 조기발견과 조치
② 증상 : 고열, 오한, 식욕감퇴, 순환계 및 신장계 장애
③ 소, 염소, 양 등의 급성전염병, 세계 여러 나라에 분포
④ 감염경로 : 병원체가 함유된 동물의 생육에 의한 경구감염, 병에 걸린 동물의 조직이나 배설물에 의한 경피감염

정답 249.② 250.② 251.① 252.③ 253.① 254.② 255.① 256.① 257.② 258.② 259.③ 260.③ 261.②

262. **Q열의 설명으로 틀린 것은?**
① 감염경로 : 병원체가 함유된 동물의 생유에 의한 경구감염, 병에 걸린 동물의 조직이나 배설물에 의한 경피감염
② 예방 : 손발 세척, 사균백신 이용
③ 잠복기 : 2~4주
④ 소, 염소, 양 등의 급성전염병, 세계 여러 나라에 분포

263. **돼지단독증의 증상으로 틀린 것은?**
① 근접임파선과 관절부에 종창, 동통
② 중증인 경우에는 유행성출혈열로 사망
③ 발열 피부발적
④ 자홍색의 홍반(유단독)

264. **돼지단독증의 설명이 아닌 것은?**
① 예방 : 감염된 동물의 조기 발견, 격리, 치료, 소독, 돼지에게 예방접종
② 잠복기 : 5~7일 정도
③ 주로 돼지에게 발생하는 질환, 세계 각지에 널리 분포, 보통 여름에 많이 발생
④ 감염경로 : 주로 피부상처를 통한 경피감염, 일부 경구감염

265. **다음 중 인수공통감염병이 아닌 것은**
① 브루셀라증 ② 탄저병
③ 백일해 ④ 결핵

266. **다음 중 우리나라 고유종을 고르시오.**
① 뉴트리아 ② 황소개구리
③ 고라니 ④ 붉은귀거북

267. **다음 중 위생해충과 매개하는 질병의 연결이 틀린 것은?**
① 빈대 - 참호열, 뎅기열
② 진드기 - 유행성출혈열, 옴
③ 이 - 발진티푸스, 재귀열
④ 벼룩 - 페스트,발진열

268. **다음 중 발진열의 매개 벼룩이 아닌 것은?**
① 개벼룩 ② 고양이벼룩
③ 쥐벼룩 ④ 사람벼룩

269. **탄저병의 설명으로 틀린 것은?**
① 사람의 감염 : 주로 피부의 상처를 통한 경피감염으로만 감염됨
② 예방 : 가축에 약독생균 백신에 의한 예방접종 실시, 병에 걸린 동물의 조기 발견, 격리치료 또는 도살처분 후 소각이나 고압 증기멸균
③ 소, 말, 염소, 양 등 초식동물 사이에 유행하는 급성열성질병으로 세계적으로 분포
④ 동물사이의 감염 : 오염된 목초나 사료에 의한 경구감염

270. **브루셀라증의 설명으로 틀린 것은?**
① 병든 동물과 접촉할 기회가 많은 직업을 가진 사람의 일종의 직업병
② 조류에게 전염성 유산을 일으키는 균
③ 주로 병에 걸린 동물의 제품이나 고기를 거쳐 경구감염
④ 고기, 소변 등에 의한 경피감염

정답 262.② 263.② 264.② 265.③ 266.③ 267.① 268.④ 269.① 270.②

제2절 야생동물과 수렵동물의 식별 (과목1/영역1)

1. 다음 중 수렵 불가능한 야생동물은 무엇인가?
   ① 고방오리(수컷) ② 꿩(수컷)
   ③ 떼까마귀 ④ 넓적부리도요

2. 다음 중 2000년에 수렵야생동물로 지정된 포유류는 무엇인가?
   ① 하늘다람쥐 ② 오소리
   ③ 사향노루 ④ 청설모

3. 다음 중 멸종위기 야생생물 I급으로 지정된 조류가 아닌 것은 무엇인가?
   ① 매 ② 저어새(겨울)
   ③ 꿩(암컷) ④ 두루미

4. 다음 중 멸종위기 야생생물 I급으로 지정된 조류가 아닌 것은 무엇인가?
   ① 참수리 ② 떼까마귀 ③ 매 ④ 저어새

5. 다음 중 수렵가능한 포유류는 무엇인가?
   ① 노랑부리백로(겨울)
   ② 매
   ③ 멧돼지
   ④ 붉은박쥐

6. 다음 중 수렵 가능한 야생동물은 무엇인가?
   ① 크낙새(수컷) ② 청둥오리(암컷)
   ③ 혹고니 ④ 황새

7. 다음 중 우리나라 텃새에 속하는 종류는?
   ① 고방오리(암컷) ② 멧비둘기
   ③ 홍머리오리(수컷) ④ 쇠오리(암컷)

8. 다음 중 수렵 가능한 야생동물은 무엇인가?
   ① 혹고니 ②황새
   ③ 청둥오리(수컷) ④흰꼬리수리

9. 다음 중 수렵 불가능한 야생동물은 무엇인가?
   ① 멧돼지 ② 청설모 ③ 반달가슴 ④ 고라니

10. 다음 중 수렵 불가능한 야생동물은 무엇인가?
   ① 까치
   ② 쇠오리(암컷)
   ③ 큰덤불해오라기(암컷)
   ④ 멧비둘기

11. 다음 중 수렵 가능한 야생동물은 무엇인가?
   ① 검은머리물떼새
   ② 고방오리(암컷)
   ③ 검은머리갈매기
   ④ 검은머리촉새(암컷)

12. 다음 중 멸종위기 야생생물 I급으로 지정된 것이 아닌 것은 무엇인가?
   ① 참수리
   ② 청둥오리(수컷)
   ③ 흰꼬리수리
   ④ 매

13. 다음 중 멸종위기 야생생물 I급으로 지정된 조류가 아닌 것은 무엇인가?
   ① 검독수리 ② 넓적부리도요
   ③ 멧비둘기 ④ 노랑부리백로(여름)

14. 다음 중 수렵 가능한 야생동물은 무엇인가?
   ① 저어새(겨울) ② 어치
   ③ 황새 ④ 혹고니

15. 다음 중 멸종위기 야생생물 II급으로 지정된 조류가 아닌 것은 무엇인가?
   ① 독수리 ② 홍머리오리(암컷)
   ③ 따오기(수컷) ④ 뜸부기(암컷)

16. 다음 중 환경부장관이 고시한 멸종위기에 처한 야생동물이 아닌 것은 무엇인가?
   ① 청설모 ② 새호리기
   ③ 반달가슴곰 ④ 따오기(수컷)

정답 1.④ 2.④ 3.③ 4.② 5.③ 6.② 7.② 8.③ 9.③ 10.③ 11.② 12.② 13.③ 14.② 15.② 16.①

17. 다음 중 수렵 가능한 야생동물은 무엇인가?
① 검은목두루미
② 고니
③ 고대갈매기
④ 흰빰검둥오리

18. 다음 중 수렵 가능한 야생동물은 무엇인가?
① 홍머리오리(수컷)
② 따오기(수컷)
③ 알락개구리매(암컷)
④ 알락꼬리마도요

19. 다음 중 멸종위기 야생생물 II급으로지정된 조류가 아닌 것은 무엇인가?
① 알락꼬리마도요 ② 노랑부리백로(여름)
③ 올빼미 ④ 재두루미

20. 다음 중 수렵 가능한 야생동물은 무엇인가?
① 검은목두루미 ② 꿩(수컷)
③ 긴점박이올빼미 ④ 고대갈매기

21. 다음 중 수렵 가능한 야생동물은 무엇인가?
① 흰목물떼새 ② 크낙새(암컷)
③ 참새 ④ 넓적부리도요

22. 다음 중 수렵 가능한 야생동물은 무엇인가?
① 고방오리(수컷)
② 검은머리촉새(수컷)
③ 검은머리촉새(암컷)
④ 검은머리갈매기

23. 다음 중 겨울철새로 오기도 하고 텃새로 번식하기도 하며 기러기목 오리과에 속하는 오리는?
① 개리
② 꿩(암컷)
③ 청다리도요사촌(겨울)
④ 흰빰검둥오리

24. 다음 중 멸종위기 야생생물 II급으로 지정된 조류가 아닌 것은 무엇인가?
① 긴꼬리딱새
② 노랑부리저어새(겨울)
③ 청둥오리(암컷)
④ 느시

25. 다음 중 수렵 불가능한 야생동물은 무엇인가?
① 갈까마귀(암컷) ② 쇠오리(암컷)
③ 멧비둘기 ④ 검은머리촉새

26. 다음 중 환경부장관이 고시한 멸종위기에 처한 야생동물은 무엇인가?
① 까치 ② 참새
③ 개리 ④ 고방오리(암컷)

27. 다음 중 수렵 가능한 야생동물은 무엇인가?
① 검은머리물떼새 ② 홍머리오리(암컷)
③ 개리 ④ 검은머리갈매기

28. 다음 중 멸종위기 야생생물 I급으로 지정된 조류가 아닌 것은 무엇인가?
① 노랑부리백로(여름)
② 두루미
③ 검독수리
④ 참새

29. 다음 중 멸종위기 야생생물 II급으로 지정된 조류가 아닌 것은 무엇인가?
① 까막딱따구리(암컷)
② 쇠오리(암컷)
③ 고대갈매기
④ 긴점박이올빼미

30. 다음 중 멸종위기 야생생물 I급으로 지정된 조류가 아닌 것은 무엇인가?
① 크낙새(수컷) ② 검독수리
③ 청둥오리(수컷) ④ 넓적부리도요

31. 다음 중 멸종위기 야생생물 I급으로 지정된 것이 아닌 것은 무엇인가?
① 스라소니 ② 여우 ③ 붉은박쥐 ④ 어치

정답 17.④ 18.① 19.② 20.② 21.③ 22.① 23.④ 24.③ 25.④ 26.③ 27.② 28.④ 29.② 30.③ 31.④

32. 다음 중 멸종위기 야생생물 I급으로 지정된 포유류가 아닌 것은 무엇인가?
① 반달가슴곰 ② 오소리
③ 늑대 ④ 대륙사슴(수컷)

33. 다음 중 멸종위기 야생생물 I급으로 지정된 것이 아닌 것은 무엇인가?
① 노랑부리백로(겨울)
② 두루미
③ 고라니
④ 황새

34. 다음 중 수렵 가능한 야생동물은 무엇인가?
① 홍머리오리(수컷) ② 개리
③ 검은머리갈매기 ④ 검은머리촉새(암컷)

35. 다음 중 멸종위기 야생생물 I급으로 지정된 것이 아닌 것은 무엇인가?
① 사향노루 ② 산양
③ 멧돼지 ④ 대륙사슴(수컷)

36. 다음 중 2000년에 수렵야생동물로 지정된 동물은 무엇인가?
① 검독수리 ② 부엉이 ③ 어치 ④ 참매

37. 다음 중 멸종위기 야생생물 I급으로 지정된 것이 아닌 것은 무엇인가?
① 표범 ② 호랑이 ③ 스라소니 ④ 청설모

38. 다음 중 멸종위기 야생생물 II급으로 지정된 조류가 아닌 것은 무엇인가?
① 검은머리촉새(암컷)
② 까마귀
③ 검은목두루미
④ 고니

39. 다음 중 멸종위기 야생생물 I급으로 지정된 것이 아닌 것은 무엇인가?
① 여우 ② 반달가슴곰
③ 꿩(수컷) ④ 검독수리

40. 다음 중 수렵가능한 포유류는 무엇인가?
① 스라소니 ② 여우 ③ 고라니 ④ 늑대

41. 다음 중 수렵 불가능한 야생동물은 무엇인가?
① 멧비둘기 ② 까마귀 ③ 꿩(암컷) ④ 꿩(수컷)

42. 다음 중 멸종위기 야생생물 I급으로 지정된 것은 무엇인가?
① 멧돼지 ② 고방오리(암컷)
③ 붉은박쥐 ④ 멧비둘기

43. 다음 중 수렵 가능한 야생동물은 무엇인가?
① 고대갈매기
② 어치
③ 까막딱따구리(암컷)
④ 느시

44. 다음 중 멸종위기 야생생물 I급으로 지정된 것은 무엇인가?
① 청설모 ② 호랑이
③ 멧비둘기 ④ 고방오리(암컷)

45. 다음 중 멸종위기 야생생물 II급으로 지정된 조류가 아닌 것은 무엇인가?
① 개리 ② 검은머리갈매기
③ 꿩(암컷) ④ 검은머리물떼새

46. 다음 중 멸종위기 야생생물 II급으로 지정된 조류가 아닌 것은 무엇인가?
① 고방오리(수컷) ② 먹황새
③ 무당새 ④ 물수리

47. 다음 중 멸종위기 야생생물 I급으로 지정된 것은 무엇인가?
① 흰뺨검둥오리 ② 흰꼬리수리
③ 까마귀 ④ 쇠오리(수컷)

48. 다음 중 환경부장관이 고시한 멸종위기에 처한 야생동물이 아닌 것은 무엇인가?
① 떼까마귀 ② 호사비오리(수컷)

정답 32.② 33.③ 34.① 35.③ 36.③ 37.④ 38.② 39.③ 40.③ 41.③ 42.③ 43.② 44.② 45.③ 46.① 47.② 48.①

제2장

③ 흰죽지수리 ④ 항라머리검독수

49. 다음 중 수렵가능한 조류는 무엇인가?

① 청다리도요사촌(여름)
② 넓적부리도요
③ 까치
④ 꿩(암컷)

50. 다음 중 수렵 불가능한 야생동물은 무엇인가?

① 멧비둘기 ② 떼까마귀
③ 흰이마기러기 ④ 쇠오리(암컷)

51. 다음 중 수렵 가능한 야생동물은 무엇인가?

① 까막딱따구리(암컷)
② 느시
③ 참새
④ 따오기(암컷)

52. 다음 중 멸종위기 야생생물 I급으로 지정된 것은 무엇인가?

① 까마귀 ② 참수리
③ 청설모 ④ 쇠오리(수컷)

53. 다음 중 멸종위기 야생생물 II급으로 지정된 포유류가 아닌 것은 무엇인가?

① 작은관코박쥐 ② 고라니
③ 삵 ④ 물범

54. 다음 중 멸종위기 야생생물 I급으로 지정된 것은 무엇인가?

① 청설모 ② 까마귀
③ 고방오리(암컷) ④ 혹고니

55. 다음 중 멸종위기 야생생물 I급으로 지정된 조류가 아닌 것은 무엇인가?

① 크낙새(수컷)
② 참수리
③ 쇠오리(암컷)
④ 청다리도요사촌(여름)

56. 다음 중 멸종위기종 야생생물 I급으로 지정된 동물은 무엇인가?

① 까치 ② 꿩(수컷) ③ 혹고니 ④ 꿩(암컷)

57. 다음 중 수렵 가능한 야생동물은 무엇인가?

① 물개 ② 물범 ③ 참새 ④ 무산쇠족제비

58. 다음 중 수렵 가능한 야생동물은 무엇인가?

① 검은머리갈매기(암컷) ②검은머리촉새(암컷)
③ 흰빰검둥오리(암컷) ④검은머리물떼새

59. 다음 중 환경부장관이 고시한 멸종위기에 처한 야생동물은 무엇인가?

① 멧비둘기 ② 참수리
③ 까마귀 ④ 쇠오리(암컷)

60. 다음 중 멸종위기 야생생물 I급으로 지정된 것은 무엇인가?

① 꿩(수컷) ② 멧비둘기 ③ 매 ④ 멧돼지

61. 다음 중 멸종위기 야생생물 II급으로 지정된 포유류가 아닌 것은 무엇인가?

① 청설모 ② 하늘다람쥐
③ 토끼박쥐 ④ 큰바다사자

62. 다음 중 멸종위기 야생생물 II급으로 지정된 조류가 아닌 것은 무엇인가?

① 새호뢰기 ② 섬개개비
③ 솔개 ④ 꿩(수컷)

63. 다음 중 수컷의 겨울깃은 이마와 머리꼭대기가 붉게 녹슨 색을 띤 크림색이며, 그 이외의 머리 부분은 붉은 밤색이고, 초습지의 숲 속에서 번식하는 겨울철새는 무엇인가?

① 멧비둘기 ② 홍머리오리(수컷)
③ 까마귀 ④ 참새

64. 다음 중 멸종위기 야생생물 II급으로 지정된 조류가 아닌 것은 무엇인가?

① 검독수리

정답 49.③ 50.③ 51.③ 52.② 53.② 54.④ 55.③ 56.③ 57.③ 58.③ 59.② 60.③ 61.① 62.④ 63.② 64.①

② 알락개구리매(암컷)
③ 쇠검은머리쑥새(수컷)
④ 수리부엉이

65. **다음 중 수렵 가능한 야생동물은 무엇인가?**
① 검독수리 ② 꿩(수컷)
③ 넓적부리도요 ④ 노랑부리백로(여름)

66. **다음 중 멸종위기 야생생물 I급으로 지정된 동물은 무엇인가?**
① 너구리 ② 호랑이 ③ 고라니 ④ 까마귀

67. **다음 중 멸종위기 야생생물 II급으로 지정된 포유류가 아닌 것은 무엇인가?**
① 담비 ② 멧돼지
③ 무산쇠족제비 ④ 물개

68. **다음 중 멸종위기 야생생물 I급으로 지정된 동물은 무엇인가?**
① 대륙사슴(암컷) ② 고방오리(암컷)
③ 떼까마귀 ④ 멧토끼

69. **다음 중 멸종위기 야생생물 I급으로지정된 동물은 무엇인가?**
① 두루미 ② 쇠오리(암컷)
③ 어치 ④ 청둥오리(수컷)

70. **다음 중 멸종위기 야생생물 II급으로지정된 조류가 아닌 것은 무엇인가?**
① 흑두루미 ② 흰꼬리수리
③ 흑기러기 ④ 항라머리검독수리

71. **다음 중 수렵 불가능한 야생동물은 무엇인가?**
① 홍머리오리(암컷)
② 팔색조
③ 멧비둘기
④ 어치

72. **다음 중 수렵 가능한 야생동물은 무엇인가?**
① 까치 ② 고니
③ 고대갈매기 ④ 까막딱따구리(암컷)

73. **다음 중 멸종위기 야생생물 I급으로 지정된 동물은 무엇인가?**
① 청설모 ② 여우
③ 오소리 ④ 멧돼지

74. **다음 중 2000년에 수렵야생동물로 지정된 동물은 무엇인가?**
① 까치 ② 삵
③ 산양 ④ 반달가슴곰

75. **다음 중 멸종위기 야생생물 I급으로 지정된 동물은 무엇인가?**
① 노루(수컷) ② 멧토끼
③ 수달 ④ 너구리

76. **다음 중 환경부장관이 고시한 멸종위기에 처한 야생동물이 아닌 것은 무엇인가?**
① 긴점박이올빼미 ② 올빼미
③ 고방오리(암컷) ④ 솔개

77. **다음 중 수렵 가능한 야생동물은 무엇인가?**
① 노랑부리백로(여름)
② 넓적부리도요
③ 멧비둘기
④ 두루미

78. **다음 중 수렵 불가능한 야생동물은 무엇인가?**
① 청설모 ② 멧돼지 ③ 스라소니 ④ 고라니

79. **다음 중 멸종위기 야생생물 I급으로 지정된 동물은 무엇인가?**
① 까치 ② 반달가슴곰 ③ 고라니 ④ 오소리

80. **다음 중 멸종위기 야생생물 I급으로 지정된 조류가 아닌 것은 무엇인가?**
① 황새 ② 청둥오리(수컷)
③ 혹고니 ④ 흰꼬리수리

정답 65.② 66.② 67.② 68.① 69.① 70.② 71.② 72.① 73.② 74.① 75.③ 76.③ 77.③ 78.③ 79.② 80.②

81. 다음 중 멸종위기 야생생물로 지정된 동물이 아닌 것은 무엇인가?
① 참수리
② 넓적부리도요
③ 고방오리(수컷)
④ 청다리도요사촌(겨울)

82. 다음 중 멸종위기 야생생물로 지정된 동물이 아닌 것은 무엇인가?
① 청둥오리(수컷) ② 크낙새(수컷)
③ 혹고니 ④ 검은머리갈매기

83. 다음 중 멸종위기 야생생물 II급으로 지정된 조류가 아닌 것은 무엇인가?
① 벌매(수컷) ② 붉은배새매
③ 까치 ④ 붉은해오라기

84. 다음 중 수렵 가능한 야생동물은 무엇인가?
① 두루미 ② 까마귀
③ 매 ④ 노랑부리백로(여름)

85. 다음 중 2000년에 수렵야생동물로 지정된 동물은 무엇인가?
① 물개 ② 삵 ③ 까치 ④ 하늘다람쥐

86. 다음 중 멸종위기 야생생물 II급으로 지정된 조류가 아닌 것은 무엇인가?
① 뿔쇠오리(겨울) ② 어치
③ 뿔종다리 ④ 새매

87. 다음 중 멸종위기 야생생물로 지정된 동물이 아닌 것은 무엇인가?
① 검은머리촉새(수컷)
② 고방오리(암컷)
③ 고대갈매기
④ 긴점박이올빼미

88. 다음 중 멸종위기 야생생물 I급으로 지정된 조류가 아닌 것은 무엇인가?
① 검독수리 ② 참새
③ 저어새(여름) ④ 노랑부리백로(여름)

89. 다음 중 수렵 가능한 야생동물은 무엇인가?
① 떼까마귀 ② 검은머리갈매기
③ 담비 ④ 검은머리촉새(수컷)

90. 다음 중 수렵이 금지된 포유류는 무엇인가?
① 멧돼지 ② 족제비 ③ 고라니 ④ 청설모

91. 다음 중 수렵이 가능한 포유류는 무엇인가?
① 오소리 ② 너구리 ③ 멧토끼 ④ 청설모

92. 다음 중 멸종위기 야생생물 I급으로 지정된 포유류가 아닌 것은 무엇인가?
① 사향노루 ② 붉은박쥐 ③ 산양 ④ 멧토끼

93. 다음 중 멸종위기 야생생물 I급으로 지정된 동물은 무엇인가?
① 족제비 ② 참새 ③ 꿩(암컷) ④ 표범

94. 다음 중 환경부장관이 고시한 멸종위기에 처한 야생동물은 무엇인가?
① 멧돼지 ② 고라니
③ 큰바다사자 ④ 청설모

95. 다음 중 수렵 가능한 야생동물은 무엇인가?
① 매 ② 저어새(겨울)
③ 갈까마귀(암컷) ④ 두루미

96. 다음 중 멸종위기 야생생물 I급으로 지정된 포유류가 아닌 것은 무엇인가?
① 족제비 ② 여우 ③ 수달 ④ 스라소니

97. 다음 중 멸종위기 야생생물로 지정된 동물이 아닌 것은 무엇인가?
① 떼까마귀 ② 검은목두루미
③ 고니 ④ 긴꼬리딱새

98. 다음 중 멸종위기 야생생물 I급으로 지정된 포유류가 아닌 것은 무엇인가?

정답 81.③ 82.① 83.③ 84.② 85.③ 86.② 87.② 88.② 89.① 90.② 91.④ 92.④ 93.④ 94.③ 95.③ 96.① 97.① 98.④

① 호랑이 ② 스라소니 ③ 표범 ④ 너구리

99. 다음 중 멸종위기종 야생생물 I급으로 지정된 동물은 무엇인가?
① 청설모 ② 고라니 ③ 멧돼지 ④ 늑대

100. 다음 중 멸종위기 야생생물로 지정된 동물이 아닌 것은 무엇인가?
① 뜸부기(암컷) ② 까마귀
③ 느시 ④ 따오기(암컷)

101. 다음 중 멸종위기종 야생생물 I급으로 지정된 동물은 무엇인가?
① 청둥오리(수컷) ② 갈까마귀(수컷)
③ 청둥오리(암컷) ④ 참수리

102. 다음 중 멸종위기 야생생물 I급으로지정된 동물은 무엇인가?
① 고라니 ② 흰뺨검둥오리
③ 사향노루(암컷) ④ 청설모

103. 다음 중 멸종위기 야생생물로 지정된 동물이 아닌 것은 무엇인가?
① 붉은박쥐 ② 청설모
③ 늑대 ④ 대륙사슴(수컷)

104. 다음 중 멸종위기 야생생물로 지정된 동물이 아닌 것은 무엇인가?
① 큰고니
② 큰덤불해오라기(암컷)
③ 잿빛개구리매(암컷)
④ 멧비둘기

105. 다음 중 멸종위기종 야생생물 I급으로 지정된 동물은 무엇인가?
① 스라소니 ② 고방오리(수컷)
③ 꿩(수컷) ④ 쇠오리(암컷)

106. 다음 중 멸종위기 야생생물로 지정된 동물이 아닌 것은 무엇인가?
① 흰이마기러기 ② 흰죽지수리
③ 쇠오리(암컷) ④ 흰목물떼새

107. 다음 중 2000년에 수렵야생동물로 지정된 동물이 아닌 것은 무엇인가?
① 까치 ② 어치 ③ 청설모 ④ 독수리

108. 개체수의 급감 또는 절멸로 복원을 시도 중인 종은 무엇인가?
① 청설모 ② 고라니 ③ 반달가슴곰 ④ 멧돼지

109. 다음 중 분묘를 훼손하는 유해야생동물로 지정된 동물은 무엇인가?
① 너구리 ② 멧토끼 ③ 오소리 ④ 멧돼지

110. 다음 중 수렵 가능한 야생동물은 무엇인가?
① 저어새(여름)
② 갈까마귀(수컷)
③ 참수리
④ 청다리도요사촌(겨울)

111. 개체수의 급감 또는 절멸로 복원을 시도 중인 종은 무엇인가?
① 무당새 ② 멧비둘기
③ 따오기(암컷) ④ 까마귀

112. 다음 중 멸종위기 야생생물로 지정된 동물이 아닌 것은 무엇인가?
① 산양 ② 수달 ③ 멧돼지 ④ 스라소니

113. 다음 중 천연기념물이 아닌 동물은 무엇인가?
① 멧돼지 ② 반달가슴곰
③ 하늘다람쥐 ④ 사향노루

114. 다음 중 철새에 해당하지 않는 새는 무엇인가?
① 어치 ② 고방오리(수컷)
③ 홍머리오리(수컷) ④ 노랑부리백로(여름)

115. 다음 중 우리나라에서 번식하는 오리는 무엇인가?

제 2 장

정답 99.④ 100.② 101.④ 102.③ 103.② 104.④ 105.① 106.③ 107.④ 108.③ 109.④ 110.② 111.③ 112.③ 113.① 114.① 115.②

① 청둥오리(수컷) ② 흰뺨검둥오리
③ 넓적부리도요 ④ 고방오리(암컷)

116. 다음 중 멸종위기 야생생물로 지정된 동물이 아닌 것은 무엇인가?
① 노랑부리백로(여름)
② 저어새(겨울)
③ 검독수리
④ 흰뺨검둥오리

117. 다음 중 멸종위기 야생생물로 지정된 동물이 아닌 것은 무엇인가?
① 꿩(암컷)
② 수리부엉이
③ 알락개구리매(수컷)
④ 올빼미

118. 다음 중 멸종위기 야생생물 I급으로 지정된 동물은 무엇인가?
① 멧비둘기 ② 떼까마귀
③ 고라니 ④ 대륙사슴(암컷)

119. 다음 중 야생 생물 보호 및 관리에 관한 법률 제9조 제1항에 따라 먹는 것이 금지된 야생동물 조류(9종)에 속한 것이 아닌 것은 무엇인가?
① 쇠오리(암컷) ② 까치
③ 흑기러기 ④ 큰기러기

120. 다음 중 수렵 가능한 야생동물은 무엇인가?
① 청다리도요사촌(여름)
② 참수리
③ 청다리도요사촌(겨울)
④ 떼까마귀

121. 다음 중 멸종위기 야생생물 I급으로 지정된 동물은 무엇인가?
① 꿩(수컷) ② 멧비둘기 ③ 여우 ④ 고라니

122. 다음 중 환경부장관이 고시한 멸종위기에 처한 야생동물이 아닌 것은 무엇인가?
① 고라니 ② 늑대 ③ 표범 ④ 호랑이

123. 다음 중 멸종위기 야생생물 I급으로 지정된 동물은 무엇인가?
① 까치 ② 넓적부리도요
③ 고라니 ④ 갈까마귀(수컷)

124. 다음 중 수렵 가능한 야생동물은 무엇인가?
① 크낙새(암컷) ② 크낙새(수컷)
③ 쇠오리(암컷) ④청다리도요사촌(여름)

125. 개체수의 급감 또는 절멸로 복원을 시도 중인 종은 무엇인가?
① 황새 ② 멧비둘기
③ 쇠오리(암컷) ④ 매

126. 다음 중 천연기념물인 조류는 무엇인가?
① 쇠오리(암컷) ② 노랑부리백로(겨울)
③ 쇠오리(수컷) ④ 청둥오리(암컷)

127. 다음 중 천연기념물이 아닌 동물은 무엇인가?
① 붉은박쥐 ② 산양
③ 고라니 ④ 수달

128. 다음 중 문화재보호법 시행규칙에 의거하여 진귀하고 보존이 필요하거나 학술적으로 중요한 동물로 지정된 동물이 아닌 것은 무엇인가?
① 수리부엉이 ② 고대갈매기
③ 뜸부기(암컷) ④ 팔색조

129. 다음 중 환경부장관이 고시한 멸종위기에 처한 야생동물이 아닌 것은 무엇인가?
① 크낙새(수컷) ② 멧돼지
③ 담비 ④ 청다리도요사촌

130. 다음 중 멸종위기종 야생생물 I급으로 지정된 동물은 무엇인가?
① 쇠오리(암컷) ② 어치

정답 116.④ 117.① 118.④ 119.② 120.④ 121.③ 122.① 123.② 124.③ 125.① 126.② 127.③ 128.② 129.② 130.③

③ 두루미 ④ 떼까마귀

131. 다음 중 멸종위기 야생생물로 지정된 동물이 아닌 것은 무엇인가?
① 갈까마귀(암컷) ② 호사비오리(암컷)
③ 큰말똥가리 ④ 팔색조

132. 다음 중 야생생물 보호 및 관리에 관한 법률 제9조 제1항에 따라 먹는 것이 금지된 야생동물(포유류 13종 및 조류 9종)에 속한 것이 아닌 것은 무엇인가?
① 고방오리(수컷) ② 담비
③ 흰뺨검둥오리 ④ 어치

133. 다음 중 암컷과 수컷을 쉽게 구별할 수 없는 것은 무엇인가?
① 고방오리 ② 갈까마귀
③ 꿩 ④ 흰꼬리수리

134. 다음 중 멸종위기 야생생물로 지정된 동물이 아닌 것은 무엇인가?
① 표범 ② 물개
③ 고방오리(암컷) ④ 여우

135. 다음 중 철새에 해당하는 새는 무엇인가?
① 멧비둘기
② 꿩(암컷)
③ 청다리도요사촌(겨울)
④ 어치

136. 다음중 수렵 가능한 야생동물은 무엇인가?
① 쇠오리(수컷) ② 크낙새(암컷)
③ 크낙새(수컷) ④ 혹고니

137. 다음 중 암수 모두 뿔이 없고, 교미시기가 11월~1월이며, 한 번에 1~3마리의 새끼를 출산하는 야생동물은 무엇인가?
① 고라니 ② 대륙사슴(암컷)
③ 사향노루 ④ 산양

138. 다음 중 천연기념물인 조류는 무엇인가?
① 갈까마귀(암컷) ② 호사비오리(암컷)
③ 멧비둘기 ④ 까마귀

139. 다음 중 멸종위기종 야생생물 I급으로 지정된 동물은 무엇인가?
① 참새 ② 청설모
③ 호랑이 ④ 갈까마귀(암컷)

140. 다음 중 멸종위기 야생생물로 지정된 동물이 아닌 것은 무엇인가?
① 참새 ② 삵
③ 큰바다사자 ④ 하늘다람쥐

141. 다음 중 암컷과 수컷을 쉽게 구별할 수 없는 것은 무엇인가?
① 쇠검은머리쑥새 ② 수리부엉이
③ 벌매 ④ 뜸부기

142. 다음 중 문화재보호법 시행규칙에 의거하여 진귀하고 보존이 필요하거나 학술적으로 중요한 동물로 지정된 동물은 무엇인가?
① 여우 ② 수달 ③ 표범 ④ 노루

143. 다음 중 잡식성의 식성을 갖고 있고, 활엽수가 우거진 곳에 서식하며, 강설이 심할 때에는 야산이나 동네까지 내려오기도 하는 유해야생동물은 무엇인가?
① 멧돼지 ② 반달가슴곰
③ 스라소니 ④ 여우

144. 다음 중 태어나자마자 눈을 뜨고 어미를 따라다니며 천적을 피하는 조류는 무엇인가?
① 청둥오리(암컷) ② 참새
③ 어치 ④ 넓적부리도요

145. 다음 중 천연기념물인 조류는 무엇인가?
① 흰꼬리수리 ② 흰뺨검둥오리
③ 홍머리오리(암컷) ④ 고방오리(암컷)

제2장

정답 131.① 132.④ 133.④ 134.③ 135.③ 136.① 137.① 138.② 139.③ 140.① 141.② 142.② 143.① 144.① 145.①

146. 다음 중 집오리의 조상으로, 색이 비슷한 집오리와 구분하기 힘든 오리는 무엇인가?
① 쇠오리(암컷) ② 청둥오리(수컷)
③ 고방오리(암컷) ④ 고방오리(수컷)

147. 다음 중 천연기념물인 조류는 무엇인가?
① 멧비둘기
② 청둥오리(수컷)
③ 알락개구리매(암컷)
④ 꿩(암컷)

148. 다음 중 한 번에 낳는 알의 수가 가장 적은 조류는 무엇인가?
① 꿩 ② 참새
③ 멧비둘기 ④ 흰뺨검둥오리

149. 다음 중 야생생물 보호 및 관리에 관한 법률 제9조 제1항에 따라 먹는 것이 금지된 야생동물 포유류(13종)에 속한 것이 아닌 것은 무엇인가?
① 청설모 ② 삵 ③ 오소리 ④ 멧돼지

150. 다음 중 본래 제주도에 서식하지 않았으나 행사의 일환으로 방생된 후 급속히 번식하여 생태계를 교란하게 된 종은 무엇인가?
① 흑비둘기
② 까치
③ 잿빛개구리매(암컷)
④ 검은머리촉새(수컷)

151. 다음 중 야생생물 보호 및 관리에 관한 법률 제9조 제1항에 따라 먹는 것이 금지된 야생동물 포유류(13종)에 속한 것이 아닌 것은 무엇인가?
① 하늘다람쥐 ② 너구리
③ 수달 ④ 사향노루

152. 다음 까마귀 종류 중 우리나라에 겨울철새로 찾아오는 까마귀는 무엇인가?
① 까마귀 ② 갈까마귀
③ 떼까마귀 ④ 갈까마귀(수컷)

153. 다음 중 1971년 음성군에서 밀렵에 의해 수컷이 희생되고, 남은 암컷이 대공원에서 폐사한 것을 마지막으로 텃새로서는 우리나라에서 절멸하여 복원을 시도 중인 종류는 무엇인가?
① 노랑부리백로(여름)
② 황새
③ 두루미
④ 저어새(여름)

154. 다음 중 멸종위기 야생생물 I급으로 지정된 동물은 무엇인가?
① 청설모 ② 고방오리(암컷)
③ 참수리 ④ 홍머리오리(암컷)

155. 다음 중 산림, 주택가, 도시공원 등 도처에서 볼 수 있고, 암수가 같은 색이며, 회색바탕에 갈색을 띠고 가슴과 배는 엷은 갈색을 띤 잿빛인 조류는 무엇인가?
① 어치 ② 멧비둘기
③ 참새 ④ 갈까마귀(암컷)

156. 다음 중 머리 위와 뺨은 회색이고, 뒷머리에서 윗등까지는 포도빛 회갈색을 띠며, 침엽·활엽 수림이나 아고산지대의 혼합림에 많이 서식하는 조류는 무엇인가?
① 홍머리오리(수컷) ② 흰뺨검둥오리
③ 고방오리(암컷) ④ 멧비둘기

157. 다음 중 야생생물 보호 및 관리에 관한 법률 제9조 제1항에 따라 먹는 것이 금지된 야생동물 조류(9종)에 속한 것이 아닌 것은 무엇인가?
① 흰뺨검둥오리 ② 고방오리(암컷)
③ 갈까마귀(암컷) ④ 쇠오리(수컷)

158. 다음 중 철새에 속하지 않는 새는 무엇인가?
① 큰덤불해오라기(암컷)

정답 146.② 147.③ 148.③ 149.① 150.② 151.① 152.③ 153.② 154.③ 155.② 156.④ 157.③ 158.②

② 검독수리
③ 고니
④ 독수리

159. 다음 중 수컷의 머리는 갈색이며 옆 목에 흰색의 선이 있고 앞 목은 흰색이다. 또한, 옆구리는 회색 바탕에 가로줄이 있고, 꼬리가 길고 뾰족한 조류는 무엇인가?
① 고방오리
② 까치
③ 참매
④ 잿빛개구리매

160. 다음 중 야생생물 보호 및 관리에 관한 법률 제9조 제1항에 따라 먹는 것이 금지된 야생동물 포유류(13종)에 속한 것이 아닌 것은 무엇인가?
① 반달가슴곰 ② 고라니
③ 노루 ④ 무산쇠족제비

161. 다음 중 야생생물 보호 및 관리에 관한 법률 제9조 제1항에 따라 먹는 것이 금지된 야생동물(포유류 13종 및 조류 9종)에 속한 것은 무엇인가?
① 사향노루 ② 참새
④ 어치 ③ 까치

162. 다음 중 전주 등 전력시설에 피해를 주는 유해야생동물로 지정된 동물은 무엇인가?
① 어치 ② 멧비둘기
③ 까치 ④ 참새

163. 다음 중 연중 우리나라에 서식하며 수확 전부터 농경지에 침입하여 농작물에 피해를 주는 야생동물은 무엇인가?
① 까치 ② 흰빰검둥오리
③ 고방오리(암컷) ④ 청둥오리(암컷)

164. 다음 중 야생생물 보호 및 관리에 관한 법률 제9조 제1항에 따라 먹는 것이 금지된 야생동물(포유류 13종 및 조류 9종)에 속한 것이 아닌 것은 무엇인가?
① 물개 ② 참새
③ 산양 ④ 청둥오리(수컷)

165. 다음 중 까마귀과에 속하지 않는 조류는 무엇인가?
① 까치 ② 검은머리촉새
③ 까마귀 ④ 어치

166. 다음 중 수컷은 장끼, 암컷은 까투리라 불리며, 수컷만 수렵이 가능한 조류는?
① 고방오리(수컷) ② 흰빰검둥오리
③ 꿩(수컷) ④ 청둥오리(수컷)

167. 다음 중 암컷과 수컷을 쉽게 구별할 수 없는 것은 무엇인가?
① 쇠오리 ② 흰빰검둥오리
③ 고방오리 ④ 홍머리오리

168. 다음 중 문화재보호법 시행규칙에 의거하여 진귀하고 보존이 필요하거나 학술적으로 중요한 동물로 지정된 동물은 무엇인가?
① 대륙사슴(수컷) ② 스라소니
③ 사향노루 ④ 늑대

169. 다음 중 철새에 해당하는 새는 무엇인가?
① 까치 ② 참새
③ 저어새(겨울) ④ 꿩(수컷)

170. 다음 중 다람쥐보다 크고, 겨울철에 이용하기 위해 밤·잣등의 열매를 저장하는 습성이 있는 야생동물은 무엇인가?
① 청설모 ② 담비
③ 무산쇠족제비 ④ 하늘다람쥐

171. 다음 중 장기간에 걸쳐 무리를 지어 농작물 또는 과수에 피해를 주는 야생동물이 아닌 것은 무엇인가?
① 청둥오리(수컷) ② 까마귀

정답 159.① 160.④ 161.① 162.③ 163.② 164.② 165.② 166.③ 167.② 168.③ 169.③ 170.① 171.①

③ 떼까마귀 ④ 갈까마귀(암컷)

172. 다음 중 수컷이 암컷에 비해 화려하고, 수컷의 목에는 흰색의 띠가 있는 조류는 무엇인가?

① 꿩 ② 검독수리 ③ 매 ④ 흰꼬리수리

173. 다음 중 야생생물 보호 및 관리에 관한 법률 제9조 제1항에따라 먹는 것이 금지된 야생동물 조류(9종)에 속한 것은 무엇인가?

① 고방오리(수컷) ② 참새
③ 어치 ④ 멧비둘기

174. 다음 중 야생생물 보호 및 관리에 관한 법률 제9조 제1항에따라 먹는 것이 금지된 야생동물(포유류 13종 및 조류 9종)에 속한 것은 무엇인가?

① 반달가슴곰 ② 흰목물떼새
③ 멧비둘기 ④ 갈까마귀(수컷)

175. 다음 중 일부 지역에 서식밀도가 너무 높아 농·림·수산업에 피해를 주는 야생동물이 아닌 것은 무엇인가?

① 청설모 ② 스라소니
③ 멧비둘기 ④ 멧돼지

176. 다음 중 봄, 가을에 우리나라를 통과하는 종류의 새가 아닌 것은 무엇인가?

① 알락개구리매(암컷)
② 알락꼬리마도요
③ 떼까마귀
④ 큰기러기

177. 다음 중 유해야생동물로 지정되어 있으며, 농촌 부락 또는 시가의 교목위에 둥지를 짓고, 번식 후에는 무리를 지어 서식하는 조류는 무엇인가?

① 흰꼬리수리 ② 검은머리촉새(수컷)
③ 혹고니 ④ 까치

178. 다음 중 우리나라에서 절멸된 것으로 판단되어 복원을 시도 중인 포유류는 무엇인가?

① 삵 ② 너구리 ③ 여우 ④ 호랑이

179. 다음 중 암컷의 머리가 적갈색에 흑색의 반점이 있고, 월동지에서 주로 하천과 호소 등에서 생활하는 겨울철새는 무엇인가?

① 뿔종다리 ② 새매
③ 고방오리(암컷) ④ 새호리기

180. 다음 중 여름철새에 속하는 새는 무엇인가?

① 까치
② 큰덤불해오라기(수컷)
③ 크낙새(수컷)
④ 까마귀

181. 다음 중 수렵이 불가능한 야생동물은?

① 홍머리오리(수컷)
② 청둥오리(암컷)
③ 개리
④ 쇠오리(암컷)

182. 다음 중 농경지 주변을 좋아하고, 둥지는 접시모양으로 만들어 2개의알을 낳으며, 번식이 끝나면 작은 무리를 지어 생활하는 조류는 무엇인가?

① 홍머리오리(수컷)
② 고방오리(수컷)
③ 까마귀
④ 멧비둘기

183. 다음 중 여름철새에 속하는 새는 무엇인가?

① 팔색조 ② 꿩(암컷)
③ 흰뺨검둥오리 ④ 청둥오리(수컷)

184. 다음 중 암·수가 같은 색으로 머리 위는 암갈색이고 눈 위에는 폭이 넓은 흰색의 눈썹 있으며 부리 끝부분에는 노란색 반점이 있는 조류는 무엇인가?

① 흰뺨검둥오리 ② 꿩(암컷)
③ 떼까마귀 ④ 멧비둘기

정답 172.① 173.① 174.① 175.② 176.④ 177.④ 178.③ 179.③ 180.② 181.③ 182.④ 183.① 184.①

185. 다음 중 겨울철새로 오기도 하고 텃새로 번식하기도 하며, 기러기목 오리과에 속하는 중형 오리는 무엇인가?
① 흰뺨검둥오리 ② 개리
③ 꿩(암컷) ④ 청다리도요사촌(겨울)

186. 다음 중 겨울철새에 속하는 새는 무엇인가?
① 올빼미 ② 독수리 ③ 까치 ④ 참새

187. 다음 중 암수 모두 뿔이 없고, 털이 거칠며, 엉덩이에 흰색 반점이 없는 야생동물은 무엇인가?
① 고라니 ② 여우
③ 청설모 ④ 대륙사슴(암컷)

188. 다음 중 야생생물 보호 및 관리에 관한 법률 제43조 제1항에 따라 환경부장관이 지정·고시한 동물이 아닌 것은 무엇인가?
① 청설모 ② 고라니
③ 멧돼지 ④ 반달가슴곰

189. 다음 중 야생생물 보호 및 관리에 관한 법률 제43조 제1항에 따라 환경부장관이 지정·고시한 동물이 아닌 것은 무엇인가?
① 꿩(수컷) ② 대륙사슴(수컷)
③ 어치 ④ 청둥오리(수컷)

190. 다음 중 수렵이 가능한 오리 중 가장 작고, 수면성 오리류이며, 겨울철새는 무엇인가?
① 청둥오리(수컷) ② 쇠오리(암컷)
③ 까치 ④ 참새

191. 다음 중 암컷과 수컷을 쉽게 구별할 수 있는 것은 무엇인가?
① 토끼박쥐 ② 담비
③ 물범 ④ 호사비오리(암컷)

192. 다음 중 멸종위기 야생생물 II급으로 지정된 조류가 아닌 것은 무엇인가?
① 저어새(겨울) ② 쟷빛개구리매(수컷)
③ 참매 ④ 조롱이

193. 다음 중 우리나라 텃새로 수렵동물 중에서 가장 작고, 일년에 2~3번의 번식이 가능하며, 계절에 따라 해충을 잡아먹는 조류는 무엇인가?
① 꿩(암컷)
② 긴점박이올빼미
③ 까막딱따구리(암컷)
④ 참새

194. 다음 중 겨울철새에 속하는 새는 무엇인가?
① 올빼미 ② 홍머리오리(수컷)
③ 새호리기 ④ 멧비둘기

195. 다음 중 야생생물 보호 및 관리에 관한 법률 제9조 제1항에따라 먹는 것이 금지된 야생동물 포유류(13종)에 속한 것이 아닌 것은 무엇인가?
① 물범 ② 사향노루 ③ 고라니 ④ 수달

196. 다음 중 텃새에 속하는 새는 무엇인가?
① 흰목물떼새 ② 알락꼬리마도요
③ 독수리 ④ 올빼미

197. 다음 중 텃새에 속하는 새는 무엇인가?
① 알락개구리매(암컷)
② 두루미
③ 흰꼬리수리
④ 떼까마귀

198. 다음 중 봄철에 우리나라로 날아와 번식을 마치고 가을에 남쪽으로 이동하는 야생동물은 무엇인가?
① 수리부엉이 ② 크낙새(암컷)
③ 뜸부기(수컷) ④ 멧비둘기

199. 다음 중 철새에 속하지 않는 새는 무엇인가?
① 새호리기 ② 팔색조
③ 참수리 ④ 홍머리오리(암컷)

정답 185.① 186.② 187.① 188.④ 189.② 190.② 191.④ 192.① 193.④ 194.② 195.① 196.④ 197.③ 198.③ 199.①

제2장

200. 다음 중 야생생물 보호 및 관리에 관한 법률 제9조 제1항에따라 먹는 것이 금지된 야생동물 포유류(13종)에 속한 것이 아닌 것은 무엇인가?
① 삵 ② 큰바다사자 ③ 멧돼지 ④ 담비

201. 다음 중 털은 부드럽고, 엉덩이에 백색의 큰 반점이 있으며, 새끼를 낳을 때 심산으로 이동하여 서식하는 야생동물은?
① 고라니 ② 노루
③ 대륙사슴(수컷) ④ 늑대

202. 다음 중 야생생물 보호 및 관리에 관한 법률 제43조 제1항에 따라 환경부장관이 지정 · 고시한 동물이 아닌 것은 무엇인가?
① 오소리 ② 꿩(수컷)
③ 멧비둘기 ④ 멧돼지

203. 다음 중 일부지역에 서식밀도가 너무 높아 농 · 림 · 수산업에 피해를 주는 야생동물은 무엇인가?
① 호랑이 ② 멧비둘기 ③ 담비 ④ 삵

204. 다음 중 야생생물 보호 및 관리에 관한 법률 제43조 제1항에 따라 환경부장관이 지정 · 고시한 동물이 아닌 것은 무엇인가?
① 쇠오리(수컷) ② 멧토끼
③ 홍머리오리(암컷) ④ 청설모

205. 다음 중 여름철새에 속하는 새는 무엇인가?
① 새호리기 ② 까마귀
③ 노랑부리백로 ④ 참새

206. 다음 중 멸종위기 야생생물 Ⅱ급으로지정된 조류가 아닌 것은 무엇인가?
① 호사비오리(암컷) ② 크낙새(수컷)
③ 큰말똥가리 ④ 팔색조

207. 다음 중 겨울철새에 속하는 새는 무엇인가?
① 올빼미 ② 쇠오리(수컷)
③ 크낙새(수컷) ④ 어치

208. 다음 중 야생생물 보호 및 관리에 관한 법률 제9조 제1항에따라 먹는 것이 금지된 야생동물 포유류(13종)에 속한 것이 아닌 것은?
① 물개 ② 여우 ③ 오소리 ④ 너구리

209. 야생생물 보호 및 관리에 관한 법률 제9조 제1항에따라 먹는 것이 금지된 야생동물 조류(9종)에 속한 것이 아닌 것은?
① 흑기러기 ② 큰기러기
③ 청둥오리(암컷) ④ 꿩(수컷)

210. 다음 중 교미시기는 12~1월인 겨울철이며, 임신기간은 115~120일이고, 4~6월에 5~8마리 의 새끼를 낳는 포유류는 무엇인가?
① 멧돼지 ② 반달가슴곰
③ 여우 ④ 담비

211. 다음 중 철새에 속하지 않는 새는 무엇인가?
① 알락꼬리마도요 ② 재두루미
③ 두루미 ④ 쇠오리(수컷)

212. 다음 중 야생생물 보호 및 관리에 관한 법률 제43조 제1항에 따라 환경부장관이 지정 · 고시한 동물은 무엇인가?
① 뿔쇠오리(겨울)
② 뿔쇠오리(여름)
③ 쇠검은머리쑥새(암컷)
④ 어치

213. 다음 중 새끼는 황갈색 바탕에 흰색 줄무늬가 있으며 성장하면서 점차 사라지고, 어두운 계곡에서 휴식을 취하다 해가 지는 시각에 활동하는 야행성 동물은 무엇인가?
① 멧돼지 ② 청설모 ③ 늑대 ④ 너구리

214 다음 중 텃새에 속하는 새는 무엇인가?
① 홍머리오리(암컷) ② 흰뺨검둥오리
③ 청둥오리(암컷) ④ 고방오리(수컷)

200.② 201.② 202.① 203.② 204.② 205.③ 206.② 207.② 208.② 209.④ 210.① 211.① 212.④ 213.① 214.②

215. 다음 중 봄철에 우리나라로 날아와 번식을 마치고 가을에 남쪽으로 이동하는 종류의 야생동물은 무엇인가?
① 홍모리오리(수컷)
② 혹고니
③ 어치
④ 큰덤불해오라기(수컷)

216. 다음 중 텃새에 속하지 않는 새는 무엇인가?
① 고방오리(암컷) ② 흑비둘기
③ 수리부엉이 ④ 크낙새(암컷)

217. 다음 중 텃새에 속하는 새는 무엇인가?
① 알락개구리매(수컷)
② 새호리기
③ 수리부엉이
④ 흰목물떼새

218. 다음 중 야생생물 보호 및 관리에 관한 법률 제43조 제1항에 따라 환경부장관이 지정·고시한 동물은 무엇인가?
① 꿩(암컷) ② 꿩(수컷)
③ 무당새 ④ 뿔종다리

219. 다음 중 텃새에 속하지 않는 새는 무엇인가?
① 흰꼬리수리 ② 흰목물떼새
③ 어치 ④ 까마귀

220. 다음 중 야생생물 보호 및 관리에 관한 법률 제43조 제1항에 따라 환경부장관이 지정·고시한 동물이 아닌 것은 무엇인가?
① 크낙새(암컷) ② 멧돼지
③ 멧비둘기 ④ 떼까마귀

221. 다음 중 가을철에 우리나라로 날아와 월동을 마치고 봄철에 북쪽의 번식지로 날아가는 종류의 야생동물은 무엇인가?
① 까마귀
② 재두루미
③ 노랑부리백로(겨울)
④ 알락꼬리마도요

222. 다음 중 가을철에 우리나라로 날아와 월동을 마치고 봄철에 북쪽의 번식지로 날아가는 종류의 야생동물은 무엇인가?
① 까치 ② 뜸부기(수컷)
③ 흑두루미 ④ 떼까마귀

223. 다음 중 야생생물 보호 및 관리에 관한 법률 제43조 제1항에 따라 환경부장관이 지정·고시한 동물이 아닌 것은 무엇인가?
① 느시 ② 청설모 ③ 참새 ④ 까치

224. 다음 중 텃새에 속하지 않는 새는 무엇인가?
① 어치 ② 멧비둘기 ③ 큰기러기 ④ 올빼미

225. 다음 중 멸종위기 야생생물 II급으로 지정된 조류가 아닌 것은 무엇인가?
① 넓적부리도요 ② 흰목물떼새
③ 흰이마기러기 ④ 흰죽지수리

226. 수컷의 경우 송곳니가 발달하여 채식 싸움 등에 사용하고 뿔이 없고 털이 거칠고 굵으며 수렵이 가능한 동물은 무엇인가?
① 대륙사슴 ② 고라니
③ 사향노루 ④ 산양

227. 다음 중 멸종위기 야생생물 II급으로 지정된 조류가 아닌 것은 무엇인가?
① 큰덤불해오라기(암컷)
② 청다리도요사촌(겨울)
③ 큰덤불해오라기(암컷)
④ 큰고니

228. 다음 중 야생생물 보호 및 관리에 관한 법률 제9조 제1항에 따라 먹는 것이 금지된 야생동물 조류(9종)에 속한 것이 아닌 것은 무엇인가?
① 참새 ② 뜸부기(수컷)
③ 청둥오리(수컷) ④ 뜸부기(암컷)

정답 215.④ 216.① 217.③ 218.② 219.② 220.① 221.② 222.③ 223.① 224.③ 225.① 226.② 227.② 228.①

229. **다음 중 텃새에 속하지 않는 새는 무엇인가?**
① 멧비둘기 ② 홍머리오리(암컷)
③ 꿩(암컷) ④ 크낙새(암컷)

230. **다음 중 철새에 속하지 않는 새는 무엇인가?**
① 고방오리(암컷)
② 알락개구리매(수컷)
③ 큰덤불해오라기(수컷)
④ 황새

231. **다음 중 야생생물 보호 및 관리에 관한 법률 제43조 제1항에 따라 환경부장관이 지정·고시한 동물은 무엇인가?**
① 여우 ② 표범 ③ 고라니 ④ 산양

232. **다음 중 봄철에 우리나라로 날아와 번식을 마치고 가을에 남쪽으로 이동하는 종류의 야생동물은 무엇인가?**
① 노랑부리백로(겨울)
② 흰빰검둥오리
③ 참새
④ 독수리

정답 229.② 230.② 231.③ 232.①

3장 수렵도구(제1종)의 사용법

제1절 수렵용 총기에 대한 기본 (과목 3/영역 1)

1. 엽총이 수렵용으로 해제된 A와 개인보관 중인 공기총을 소지한 B는 수렵장으로 이동했다. 두 사람이 해제엽장에 도착하기 전 A는 고라니 1마리를, B는 멧비둘기 2마리를 포획한 후 수렵장에 도착하였다. 여기에 추가해 B는 A의 엽총을 빌려 멧돼지 1마리까지 포획하였다. B엽사의 행위에 처벌조항에 해당되지 않는 것은?

① 엽장지 이탈 수렵 행위로 처분 받는다.
② 불법무기소지죄로 처벌 받는다.
③ 양도・양수 위반 행위로 처분 받는다.
④ 밀렵행위로 형사처분 받는다.

2. 다음의 수렵장 총포관리 안전수칙 중 틀린 것은?

① 수렵을 종료하면 총기부터 보관하고 다른 일을 봐야 한다.
② 총기는 실탄과 함께 잠금장치가 있는 격납고에 보관해야 한다.
③ 자동차에 총기를 놓아두거나 방치하지 말아야 한다.
④ 총포를 운반하기 전 주소지 경찰서에 신고해야 한다.

3. 다음 중 총포소지허가를 받을 수 있는 사람은?

① 수렵면허시험 접수자
② 대한사격연맹회장이 추천한 사격선수
③ 제1종 수렵면허시험 합격증 소지자
④ 제2종 수렵면허증 소지자

4. 다음 중 총포소지허가자가 아님에도 위법행위가 아닌 것은?

① 총포소지허가 없는 사람이 사설 수렵장에서 수렵한 경우
② 개인이 보관하는 공기총으로 수렵을 한 경우
③ 상대방이 총포소지허가 이전에 총기를 양도한 경우
④ 총포소지허가를 받기 전 총기를 양수한 경우

5. 다음 중 수렵도구로 우리나라에서 적합한 것은?

① 공기총과 타정총 ② 공기소총과 가스총
③ 엽총과 석궁 ④ 엽총과 구명총

6. 다음 중 총기의 안전장치에 대한 적절한 성명은?

① 총기를 안전하게 발사할 수 있도록 제작된 장치다.
② 실탄이 정확하게 목표물을 향하도록 제작된 장치다.
③ 타인이 임의로 사용할 수 없도록 제작된 장치다.
④ 우발적 오발사고를 막기 위해 제작된 장치다.

7. 다음 중 수렵용 총포소지허가를 받을 수 없는 사람은?

① 도로교통법을 한 번 위반하여 벌금 100만원을 선고받은 사람
② 세금을 탈세하여 벌금 1억원을 선고받고 항소 중인 사람
③ 20세 미만의 사람
④ 엽총 또는 공기총 1정을 소지하고 있는 사람

8. 다음 중 수렵관련 설명이 틀린 것은?

① 수렵은 자신의 실력을 자랑하는 기회이다.
② 심신의 수련을 통해 삶의 지혜를 터득한다.
③ 임신한 동물과 어린 새끼는 포획하지 않는다.
④ 꾸준한 노력으로 실력을 향상시킨다.

정답 1.① 2.② 3.③ 4.① 5.③ 6.④ 7.③ 8.①

9. 다음 중 총기의 종류에 해당되지 않은 엽총은?

① 쌍대(쌍열)식 ② 단발식
③ 연발식 ④ 펌프(훌치기)식

10. 다음 중 불법행위에 해당되지 않는 경우는?

① 한낮임에도 수렵장에 눈이 내려 주변이 어두워지고 있음에도 수렵한 경우
② 고라니를 사냥 중 일몰이 된 것을 인식하지 못하고 수렵한 경우
③ 사격장에서 꿩이 출현하여 사격하여 포획한 경우
④ 수렵 장에서 총기가 고장이 나서 동료 총기를 빌려 수렵한 경우

11. 다음중 멧돼지 사냥을 위해 받아할 수렵면허는?

① 2종 수렵면허
② 총포소지허가 효력정지 처분중인 사람
③ 지방자치단체장으로부터 올무 설치허가를 받은 사람
④ 1종 수렵면허

12. 다음 중 총포소지자의 주소지를 변경신고에 맞는 것은?

① 특별한 사유가 없는 한 30일 이내 주소지 경찰서에 신고한다.
② 주민자치센터에서 주소 변경과 함께 2주일 이내 신청한다.
③ 수렵기간 끝난 후 10일 이내 신고하여야 한다.
④ 특별한 사유가 없는 한 15일 이내 수렵장 관할 경찰서장에게 신청한다.

13. 다음 중 1종 수렵면허의 종류에 포함되지 않은 수렵도구는?

① 석궁
② 5.5㎜ 공기총
③ 상하쌍대 엽총(샷건)
④ 6.4㎜ 공기총

14. 다음 중 엽도정신에 맞지 않는 것은?

① 허가된 수렵동물 외에는 절대 사냥하지 않는다.
② 새끼를 데리고 다니는 동물은 어미만 잡는다.
③ 나르는 조류는 2발 이상 사격하지 않는 것이 도리다.
④ 치명상을 입고 달아난 동물은 추적하여 잡는다.

15. 다음 중 1종 수렵면허에 해당되지 않은 것은?

① 공기총
② 수평쌍대 엽총(샷건)
③ 상하쌍대 엽총(샷건)
④ 석궁

16. 엽총이 해제된 A와 개인보관 중인 공기총을 소지한 B는 수렵장으로 이동 중, A는 고라니 1마리를 B는 멧비둘기 2마리를 포획한 후 수렵장에 도착하였다. 여기에 추가하여 B는 A의 엽총을 빌려 멧돼지 1마리를 포획하였다. A헌터의 행위에 해당되는 처벌은?

① 불법무기소지
② 지자체장의 명령 위반
③ 유해조수구제허가 위반 행위
④ 양도·양수 위반 행위

17. 다음 중 공기총 형식 설명이 잘못된 것은?

① 가스식은 기동력이 빠르며 카트리치에 압축공기를 저장하여 발사하는 방식도 있다.
② 레버식은 저장된 압축공기를 뿜어내도록 레버를 젖혔다가 원위치하여 사격하는 방식이다.
③ 스프링식은 내부기관이 단순하나 정교함은 떨어진다.
④ 펌프식은 펌프질을 많이 할수록 탄속이 빨라지는 장점이 있다.

18. 다음 중 1종 수렵도구의 소지 허가권자는?

① 주소지를 관할하는 경찰서장
② 주소지를 관할하는 지구대장
③ 거주지를 관할하는 경찰서장
④ 주소지를 관할하는 시장·군구·구청장

19. 엽총이 해제된 A와 개인보관 중인 공기총을 소지한 B는 수렵장으로 이동 중 A는 고라니 1

정답 9.③ 10.① 11.④ 12.① 13.① 14.② 15.④ 16.④ 17.② 18.① 19.②

마리를 B는 멧비둘기 2마리를 포획한 후 수렵장에 도착하여 B는 A의 엽총을 빌려 멧돼지 1마리를 포획하였다. B헌터의 행위에 해당되는 위반 행위는?

① 엽장이탈 수렵
② 밀렵
③ 목적 외 총기 사용
④ 야생동물포획승인 위반

20. 격침으로 뇌관을 때리면 그 폭발로 화약에 점화되어 발사되는 총기는?

① 충격식총 ② 공기총
③ 타정총 ④ 가스총

21. 다음 중 수렵장에서 엽사가 지켜야할 행위가 아닌 것은?

① 활과 석궁을 이용한 헌터는 수렵도구를 개인이 안전하게 보관하여야 한다.
② 수렵 중에 수렵도구를 휴대하고 수렵장을 이탈하여서는 안 된다.
③ 수렵 중 고장난 총기는 경찰서장의 허가를 받아 수리를 의뢰 할 수 있다.
④ 수렵총기를 보관할 때 기관부 등 주요부품은 개인이 보관할 수 없다.

22. 다음 중 1종 수렵면허자가 사용할 수 있는 수렵도구는?

① 외대 엽총 ② 그물
③ 소총 ④ 가스발사총

23. 다음의 총기취급에 관한 설명이 틀린 것은?

① 사격실력향상을 위해 사격장에서 연습한다.
② 사냥이 끝나면 총기를 청소하고 총구는 하늘로 향한다.
③ 부상동물 추격 중이라도 일몰이 다가오면 추격을 중지하어야 한다.
④ 총기와 실탄은 분리하여 캐비닛에 개인 보관한다.

24. 6.4㎜ 산탄공기총을 구입하여 사냥하고 싶은 사람은 어떤 수렵면허를 따야 하는가?

① 2종 수렵면허 ② 3종 수렵면허
③ 특1종 수렵면허 ④ 1종 수렵면허

25. 다음 중 1종 수렵면허의 결격사유가 아닌 것은?

① 오른쪽 손가락 3개가 절단된 장애인
② 공공의 안전을 해칠 염려가 있다고 인정되는 사람
③ 분사기를 불법사용하여 벌금형을 선고받고 3년이 지난 자
④ 정신과 의사가 확인한 50대의 치매환자

26. 다음 중 공기총 구조에 대한 설명이 틀린 것은?

① 엽총(샷건)에 비해 발사에너지를 보관하고 전달하는 구조가 간단하다.
② 총열은 실탄의 방향과 유효거리 명중률을 좌우한다.
③ 기관부는 노리쇠 장치 등을 내장하고 격발 및 실탄장전기능을 수행한다.
④ 총열, 기관부, 개머리로 구성되어 있다.

27. 다음 중 수렵이 종료된 후 수렵도구 손질방법이 틀린 것은?

① 기관부와 총신 등 주요부품의 먼지나 습기 등을 우선 제거한다.
② 노리쇠를 후퇴(쌍대의 경우 중절)시킨 후 실탄장전여부를 확인하고 약실을 닦는다.
③ 총기를 손질할 때는 금주 금연해야 한다.
④ 총구의 부식과 막힘 방지를 위해 가장 먼저 총구를 깨끗이 닦는다.

28. 다음 중 1종 수렵도구의 소지허가를 받을 수 없는 자는?

① 수렵을 목적으로 총기를 소지하고 입국한 외국인
② 대학교에 3학년에 재학 중인 국가대표 사격선수
③ 5년 이내 음주운전을 하여 2회 이상 벌금형을 선고받고 3년을 경과한 자
④ 경찰관서의 명령을 위반하여 총포소지허가 취소 처분을 받고 1년이 경과한 자

정답 20.① 21.① 22.① 23.④ 24.④ 25.① 26.① 27.④ 28.③

제 3 장

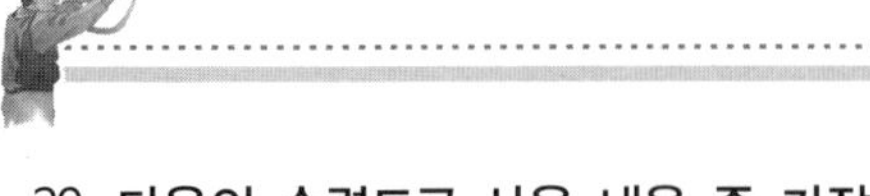

29. 다음의 수렵도구 사용 내용 중 가장 올바른 것은?

① 수렵도구의 특성 · 구조 · 사용방법을 익혀 총기 사용을 편리하게 한다.
② 수렵도구의 특성 · 구조 · 사용방법을 숙지하여 사람의 생명 · 재산을 보호한다.
③ 수렵도구의 특성 · 구조 · 사용방법을 익혀 다수의 동물을 사냥하고자 한다.
④ 좁은 수렵장에서 헌터간의 원활한 소통과 포획을 돕고자 한다.

30. 다음 중 이동할 때 실탄을 분리해야 하는 이유를 잘못 설명한 것은?

① 충격에 의한 발사를 예방하기 위해
② 넘어지거나 예상치 않은 발사를 예방하기 위해
③ 무의식중 격발하는 실수를 예방하기 위해
④ 실탄 분실 방지하기 위해

31. 다음 중 수렵인의 잘못된 의견은?

① 임신한 동물은 포획하지 않아야 한다.
② 고라니를 발견하고 두 번 사격을 했지만 명중되지 않아 사격을 멈췄다.
③ 총상에 의해 살아나기 힘든 동물은 가능한 추적하여 포획한다.
④ 자고로 멧돼지견이 많을수록 멧돼지 사냥에 유리한 법이다.

32. 다음은 총기 안전관리 방법이다. 올바른 것은?

① 총기는 어떤 경우에도 타인에게 빌려 주어서는 안 된다.
② 경찰서 총포담당 경찰관에게는 잠시 대여할 수 있다.
③ 친구한테 양수 받은 공기총을 잠금장치가 있는 캐비닛에 안전하게 보관하였다.
④ 수렵허가를 받은 가족끼리는 총기를 교환하여 사용할 수 있다.

33. 다음 중 15세기경 이탈리아의 다빈치가 화승총의 단점을 보완하여 발명한 총기는?

① 탄피 뒤에 뇌관을 붙여 공이치기로 격발하여 발사되는 총기
② 총구에 화약과 탄두를 쑤셔넣고 심지에 점화하는 방식의 총기
③ 라이터 점화원리와 동일한 장치로 불을 붙여 발사하는 총기
④ 약실에 탄약과 탄두를 넣고 심지에 점화하는 방식의 총기

34. 다음 중 샷건을 구입하여 멧돼지를 사냥하고 싶은 사람은 어떤 수렵면허를 따야 하는가?

① 2종 수렵면허 ② 3종 수렵면허
③ 특종 수렵면허 ④ 1종 수렵면허

35. 다음 중 수렵도구의 사용방법 숙지 목적과 다른 것은?

① 총포 안전사고의 예방
② 생명 및 재산 보호
③ 수렵도구의 구조와 특성별 이해
④ 엽사의 인격 도야

36. 다음의 총기사용수칙 설명에 틀린 것은?

① 수렵을 마치면 엽장을 벗어나기 전, 실탄을 추출하고 안전장치를 해야 한다.
② 평소엔 방아쇠에 손을 대지 않아야 한다.
③ 실탄이 장전되지 않은 빈총은 방아쇠를 당기면서 연습해야 한다.
④ 총기에 충격을 주거나 의탁도구로 사용하지 않는다.

37. 다음 중 수렵용 엽총(샷건)을 바르게 설명하지 않은 것은?

① 리브와 초크는 샷건의 사격에 많은 영향을 준다.
② 짧은 총열에 비해 총열이 긴 엽총이 다루기가 어렵다.
③ 상하쌍대 엽총(샷건)에 방아쇠를 2개 채용하고 있는 것도 있다.
④ 샷건은 일반적으로 가늠쇠만 부착되어 있다.

정답 29.② 30.④ 31.④ 32.① 33.③ 34.④ 35.④ 36.③ 37.③

38. 다음 중 수렵총기의 조준장치 설명이 잘못된 것은?

① 조준장치는 오픈 사이트 형 총신으로 되어 있어 조준이 편리하다.
② 공기총은 가늠자와 가늠쇠로 구성되었고 샷건은 가늠쇠만 있는 것이 일반적이다.
③ 조준경은 공기총에 부착이 가능하나 샷건(shotgun)엔 부착할 수 없다.
④ 잘 보여 신속하게 발사할 수 있도록 설계 제작되었다.

39. 다음 중 수렵면허를 취득한 사람이 사용할 수 없는 수렵도구는?

① 덫 또는 포획틀 ② 그물
③ 공기총 ④ 활

40. 다음 중 총기 용어를 틀리게 설명한 것은?

① 엽총에서 발사된 산탄알을 캡(cap)이라 한다.
② 워드(Wad)란 탄피 공간에 산탄알을 저장하는 컵이다.
③ 손으로 개머리를 잡는 부분이 그립(grip)이다.
④ 산탄의 패턴을 효율적으로 조정하는 것이 초크(choke)이다.

41. 다음 중 이동하는 물체에 올바른 사격방법은?

① 군대식 소총처럼 조준선을 정열한 후 발사한다.
② 고정된 물체처럼 정조준하여 발사한다.
③ 물체의 앞쪽을 향해 리드(lead)사격한다.
④ 조준선 정열을 마친 후 발사한다.

42. 다음 중 공기총의 보조 장치가 아닌 것은?

① 조준을 돕는 조준장치가 있다.
② 방아쇠를 통제하는 안전장치가 있다.
③ 명중률을 높여주는 조준경이 있다.
④ 탄막을 형성하는 보조장치가 있다.

43. 다음 중 격침을 장전해 주고 발사 시 가스가 밖으로 분출되지 않도록 하는 부품은?

① 총열 및 초크 ② 걸쇠와 자물쇠
③ 약실 ④ 노리쇠

44. 다음 중 총포소지허가의 갱신 날짜에 맞는 것은?

① 갱신기간 만료일 5일 전까지
② 갱신기간 만료일 1달 전까지
③ 갱신기간 만료일까지
④ 갱신기간 만료일 15일 전까지

45. 청둥오리를 사냥하기 위한 수렵총기로 적당한 것은?

① 샷건(산탄 엽총) ② 라이플 공기총
③ 라이플 엽총 ④ 산탄 공기총

46. 다음 중 총기취급의 올바른 설명으로 보기 어려운 것은?

① 총기의 안전장치는 항상 신뢰해야 한다.
② 총기는 항상 실탄이 장전된 것처럼 다뤄야 한다.
③ 비록 빈총이라 할지라도 총구는 사람의 방향으로 두어서는 안 된다.
④ 성능을 높이기 위해 총기를 개조해서는 안 된다.

47. 15세기경 유럽에서 만든 총기로 총구에 화약과 탄을 밀어 넣어 심지에 점화시켜 발사하는 방식의 총기는?

① 차륜식 ② 수석총
③ 충격식총 ④ 화승총

48. 다음의 수렵도구 사용 내용 중 가장 중요한 것은?

① 수렵도구의 수리 능력 향상
② 안전사고의 예방
③ 수렵능력의 향상 발전
④ 엽사의 인품

49. 수렵 중 습득한 총기의 올바른 조치가 아닌 것은?

① 고장여부를 확인하는 등 손으로 만지면 안 된다.
② 고장이 나서 사용할 수 없는 총기라도 폐기하면 안 된다.

제 3 장

정답 38.① 39.① 40.① 41.③ 42.④ 43.④ 44.③ 45.① 46.① 47.④ 48.② 49.③

③ 범죄에 사용될 우려가 있으므로 즉시 경찰서에 가지고 가서 신고한다.
④ 24시간 이내 가까운 경찰관서에 신고한다.

50. 다음 중 총기관리에 관한 설명이 아닌 것은?
① 사용한 총기는 총열을 닦고 기관부 등을 깨끗이 수입해야 한다.
② 직계존속이나 직계비속 간에도 총기는 빌려줄 수 없다.
③ 성능을 변경한 총기나 실탄은 사람의 생명과 재산에 피해를 줄 수 있다.
④ 불발탄과 탄피는 수거하여 경찰관서에 반납해야 한다.

51. 다음 중 총포소지 목적에 해당되지 않는 총포는?
① 산기슭의 농작물에 피해를 주는 고라니를 퇴치하기 위한 야생동물퇴치용
② 과수원을 경영하는 사람이 까치의 피해를 예방하기 위한 유해조수구제용
③ 전국소년체육대회에 참가하기 위해 사격선수 등록을 마치고 허가받은 사격경기용
④ 전국 순환 수렵장에서 수렵동물을 포획하기 위한 수렵용

52. 다음 중 수렵총기 사용 관리에 적절한 설명은?
① 9인승 이상 차량을 이용하여 단체 이동 시에는 안전관리책임자를 지정하여야 한다.
② 허가 받은 총기는 3정까지 수렵용 총기로 해제 받아 그 중 2정까지 사용할 수 있다.
③ 수렵장 도착 시까지 방아쇠 잠금장치를 하며 수렵장에서는 잠금장치를 하지 않는다.
④ 해제 받은 수렵총기는 포획승인을 받은 수렵장 어디서든 자유롭게 사용할 수 있다.

53. 총기소지허가가 취소 된지 6개월이 지났다. 다음 중 허가를 받을 수 있는 것은?
① 허가를 받을 수 없다.
② 엽총(샷건)
③ 공기총(에어건)
④ 가스발사총(분사총)

54. A는 멧돼지 사냥을 하고자 동료엽사 3명과 함께 수렵장에 도착하여 대책을 논의하였다. 논의 사항 중 잘못된 것은?
① 멧돼지 몰이꾼의 배치장소
② 수렵 동물의 분포도 및 서식지
③ 수렵 동물의 종류
④ 수렵장내 지형지물

55. 다음 중 수렵총기의 안전장치권자는?
① 해제지 경찰서장 ② 입회인
③ 수렵장 설정지 지자체장
④ 허가신청인

56. 다음 중 수렵도구의 사용방법을 잘못 설명한 것은?
① 숲 속에서 바스락 소리가 날 경우 물체가 보일 때까지 기다려야 한다.
② 시야가 넓게 확보되는 지역에서도 전후방을 살펴야 한다.
③ 수렵 총기는 상대방의 안전을 생각해서 항상 수평으로 휴대해야 한다.
④ 2인1조 차량탑승 이동 중 총기는 사용하지 않는다.

57. 다음 중 총기를 경찰관서에 보관하는 목적에 맞는 것은?
① 사람의 생명과 재산보호 등 공공의 안전을 유지하기 위함이다.
② 멧돼지 등의 동물을 보호하고 수렵장 활성화를 위함이다.
③ 멸종위기종 야생동물 등을 보호하기 위함이다.
④ 불법무기 사용금지와 밀렵자 등을 근절시키기 위함이다.

58. 다음 중 총기 관리수칙에 관한 설명이 틀린 것은?
① 약실 또는 총열에 낀 화약찌꺼기는 깨끗이

정답 50.④ 51.① 52.③ 53.① 54.① 55.① 56.③ 57.① 58.③

닦아야 한다.
② 총기와 실탄은 항상 분리해 보관해야 한다.
③ 총열 안에 있는 이물질은 실탄을 발사하면 자동 청소된다.
④ 총기에서 실탄을 축출할 때 실탄이 바닥에 떨어지는 충격을 주어서는 아니 된다.

59. **다음 중 수렵도구의 사용방법이 옳은 것은?**
① 멧돼지를 몰래잡기 위해 빈통에 먹이를 넣고 기다린다.
② 숲속에서 멧토끼가 달아나는 것을 보는 즉시 사격한다.
③ 호수에 수많은 고방오리가 있어도 수평사격은 절대 금한다.
④ 전신주에 앉은 멧비둘기를 발견한 즉시 사격한다.

60. **수렵총기의 보관해제 신청서류 중 경찰서장에게 제출하지 않아도 되는 서류는?**
① 포획승인서 ② 보험가입증명서
③ 수렵면허증 ④ 총포소지허가증

61. **다음 중 세계적으로 최초에 발명된 총기설명이 맞는 것은?**
① 라이터 원리와 같은 장치로 점화하여 발사하는 총기
② 약실에 화약과 탄두를 집어넣고 심지에 점화하는 방식으로 발사되는 총기
③ 탄피 뒤에 뇌관을 삽입하고 공이치기를 때려 발사하는 격침식 총기
④ 총구로 화약과 탄두를 쑤셔넣고 심지에 점화시키는 방법으로 발사되는 화승총

62. **다음 중 총포소지자의 준수사항이 아닌 것은?**
① 수렵장에서 총기의 성능을 검사하기 위한 사격연습을 할 수 없다.
② 유효사거리를 벗어난 게임에 대해서는 사격을 중지하여야 한다.
③ 수렵용 총기를 유해조수구제용으로 사용해도 안 된다.
④ 수렵인은 관할 지방자치단체장의 지시를 따라야 한다.

63. **다음 중 경찰서에서 총포소지허가 시 기록되는 용도 명칭은?**
① 유해수류구제용 ② 유해조수구제용
③ 유해생물구제용 ④ 유해동물구제용

64. **다음 중 올바른 엽도정신이라고 할 수 없는 것은?**
① 포획물에 연연하지 않고 사냥터 주민과 친밀하게 지낸다.
② 용의주도하게 수렵장을 분석하고 포획물 수확에 최선을 다한다.
③ 자연자원을 보호하고 야생동물에 연구심을 갖는다.
④ 안전규정을 준수하고 수렵도구의 사용법을 익힌다.

65. **다음 중 사람의 안전을 위한 수렵인의 판단이 옳은 것은?**
① 시야가 확보된 개활지여서 고라니가 언뜻 보였지만 발사했다.
② 날아가는 조류에 대한 사격은 안전하다.
③ 오리류는 물 위에 앉을 때까지 기다린 후 사격해야 한다.
④ 갈대나 수풀의 흔들림을 보았지만 사격을 하지 않았다.

66. **다음은 총포소지자가 지켜야 할 사항이다. 틀린 것은?**
① 가족이나 친지 등 누구에게도 총기를 빌려주어서는 안 된다.
② 오리류를 포획 중이라도 갈대숲 등에서 은폐가 잘 되는 수렵복장을 착용하면 안 된다.
③ 수렵장에서 수렵장으로 이동할 경우에도 안전사고 예방을 최우선해야 한다.
④ 수렵장에서의 총구는 항상 전방을 향해야 한다.

제3장

정답 59.③ 60.① 61.④ 62.④ 63.② 64.② 65.④ 66.④

67. 다음 중 수렵총기의 분류가 잘못된 것은?

① 화약을 사용하는 총기와 화약을 사용하지 않은 총기로 분류한다.
② 일반적으로 작은 수류(獸類)는 산탄총을, 작은 조류(鳥類)는 공기총을 사용한다.
③ 샷건(산탄총)의 번경은 라이플 구경에 비해 훨씬 넓은 것이 특징이다.
④ 사용 용도에 따라 군사용, 수렵용, 사격경기용, 유해조수구제용으로 분류한다.

68. 다음 중 공공의 안전유지를 위해 총기소지자에게 발하는 명령이 아닌 것은?

① 수렵총기의 입·출고 시간을 지키지 않은 헌터의 총기를 회수 보관했다.
② VIP 경호 목적상 수렵이 해제된 지역의 총기를 일시 사용할 수 없도록 조치하였다.
③ 수렵장에서 고장 난 총기를 수리하도록 허가했다.
④ 총기운반 시 허가받은 사용목적지 외 타지역 방문을 금지시켰다.

69. 다음 중 수렵 및 사격경기용으로 소지허가를 받을 수 있는 총기는?

① 외대 엽총　② 수평쌍대 엽총
③ 상하쌍대 엽총　④ 홀치기식 엽총

70. 다음 중 총포소지자가 알아두어야 할 사항이 아닌 것은?

① 수렵장이 아니라도 총구는 하늘을 향하는 습관이 필요하다.
② 숲속 등 시야가 확보되지 않는 지역에서는 수렵을 중지한다.
③ 입산금지 구역 내의 수렵은 엽사 밖에 출입자가 없어 대체적으로 안전하다.
④ 이동 중의 총기는 총집에 넣고 실탄을 분리휴대하는 등 안전조치를 해야 한다.

71. 다음중 공공의 안전유지를 위해 총기 소지자에게 발하는 명령이나 조치가 아닌 것은?

① 외국의 VIP가 수렵장내 생태공원 방문 예정이 있어 수렵총기를 경찰관서에 보관 명령했다.
② 멸종위기 야생동물을 포획한 사람을 형사입건하였다.
③ 과수원 주인에게 까치 등 유해조수구제를 위해 허가한 총기를 일시 사용 중지시켰다.
④ 수렵 금지된 야생동물을 포획한 사람에게 총포소지허가를 취소했다.

72. 다음 중 총기를 지팡이로 사용하지 말아야 하는 이유로 틀린 것은?

① 오발될 경우 본인에게 치명상이 될 수 있다.
② 충격으로 발사될 가능성이 높다.
③ 개머리판이 부러져 사고가 날 수 있다.
④ 총구에 이물질이 들어갈 수 있다.

73. 다음 중 수렵총기 안전관리 요령이 아닌 것은?

① 사냥개와 함께 휴식할 때는 총기의 안전장치를 잠근 후, 나무 등지에 총기를 기대놓고 안전관리에 최우선 하여야 한다.
② 나무가 우거진 곳이나 갈대숲 등을 통과할 땐 방아쇠울을 손으로 감싼다.
③ 숲속 또는 덩굴이 산재한 지역을 통과할 땐 실탄을 제거한다.
④ 확인이 되지 않는 야생동물에게 발사해서는 안 된다.

74. 안전사고 예방을 위해 헌터가 갖추어야 자세로 볼 수 없는 것은?

① 엽장정보를 세심하게 파악하고 숙식계획을 철저하게 수립해야 한다.
② 총기의 구조와 실탄의 성능을 깊이 이해한다.
③ 실탄의 사용방법을 정확히 이해한다.
④ 안전사고 예방에 각별히 대비해야 한다.

75. 다음 중 엽구별 사용설명이 틀린 것은?

① 2종 수렵면허 소지자는 활과 그물을 사용할 수 있다.
② 올무와 창애는 18세 이상이면 누구나 사용 가능하다.

정답 67.④ 68.③ 69.③ 70.③ 71.② 72.③ 73.① 74.① 75.②

③ 수렵면허에 해당하는 엽구만 사용해야 한다.
④ 1종 수렵면허 소지자는 공기총과 샷건(엽총)을 사용할 수 있다.

76. 다음 중 경찰관서에 보관하는 총기가 아닌 것은?
① 사격경기용 소총(사격용 라이플)
② 가스발사총(가스분사기)
③ 엽총(샷건)
④ 공기총(에어건)

77. 다음 중 수렵장에 도착하여 숙지하여야 할 사항이 아닌 것은?
① 금렵구역 확인 ② 특정 보호동물
③ 숙소위치 ④ 해제지역 현황파악

78. 다음 중 수렵도구의 안전관리 방법이 아닌 것은?
① 수렵도구의 구조와 특성·사용법·성능 등을 충분히 이해하여야 한다.
② 먼지 등 오물을 닦고 사냥 전에는 총구에 기름칠을 해 놓는다.
③ 수렵도구는 용변 또는 식사 중에도 휴대관리하도록 한다.
④ 언론에 보도된 총기사고 원인 등을 깊이 분석해보고 안전관리에 유념한다.

79. 다음 중 총기사고에 관한 설명이 틀린 것은?
① 사격장을 수시로 이용하는 숙련된 헌터는 사고를 일으키지 않는다.
② 실탄 장전여부를 확인하지 않아 발생하는 사고가 많다.
③ 사람의 생명과 재산에 피해를 주는 치명적 사고가 발생한다.
④ 자신과 상대방 모두의 피해가 된다.

80. 다음 중 총포소지자의 준수사항이 아닌 것은?
① 수렵총기 소지자는 경찰서장의 일시보관 명령 등에 따라야 한다.
② 일출 전, 일몰 후에는 수렵동물이 가까이 있어도 포획하지 않는다.
③ 수렵총기는 발사 전까지 안전장치를 유지해야 한다.
④ 동료 헌터의 안전을 위해 시야 확보가 어려운 지역에서는 각자 수렵한다.

81. A는 수렵장에서 휴식하고 동행한 친구 B에게 총기를 빌려 주었다. B는 A의 총기를 이용하여 멧비둘기 3마리를 포획하였다. 이에 대한 처벌은?
① A·B 모두 양도·양수 제한 위반으로 형사처분 대상이다.
② A는 총포소지허가가 있는 자로서 처벌이 안된다.
③ B 역시 총포소지허가가 있으므로 처벌 대상이 아니다.
④ A는 처벌과 무관하게 수렵이 끝날 때까지 수렵을 할 수 있다.

82. 다음 중 총포의 정당한 수리에 해당하는 것은?
① 조준선에 야광장치를 부착하고 총열을 짧게 자르는 행위
② 격발 불량을 수리하는 행위
③ 공기총의 스프링을 교환하여 성능을 높이는 행위
④ 총열에 소음기를 부착하는 행위

83. 다음 중 수렵도구의 안전관리 방법이 아닌 것은?
① 샷건과 에어건(공기총)은 안전사고방지가 우선이므로 동일하게 다루어야 한다.
② 공기총은 금고 등 안전한 장소에 보관해야 한다.
③ 해가 진 후 사유불문 수렵 도구를 사용할 수 없다.
④ 수렵이 끝난 총기는 허가관청이 지정하는 장소에 보관해야 한다.

84. 총포소지자의 수렵장 안전수칙이 옳은 것은?
① 치명상을 입은 게임을 추격하기 위해 민가

정답 76.② 77.③ 78.② 79.① 80.④ 81.① 82.② 83.② 84.①

지역을 통과 할 때는 실탄을 제거한다.
② 치명상이 아닌 동물은 고통감소를 위해 사살해야 하며, 추격 시 허가지역의 일시 이탈은 가능하다.
③ 야생동물의 새끼를 무단 포식하는 들고양이는 야생동물보호 차원에서 사살해야 한다.
④ 가급적 그물은 야생동물보호 차원에서 철거한다.

85. 다음 중 1종 수렵도구를 불법 사용한 자의 처벌과 거리가 먼 것은?
① 해제 받은 수렵장을 벗어나 인접한 수렵장에서 사냥한 경우 조수보호법 위반이다.
② 수렵이 끝난 후 지정된 시간을 초과하여 보관하는 경우 행정처분 대상이다.
③ 유해조수구제용으로 해제된 총기를 수렵용으로 이용한 경우, 용도외 사용으로 처벌한다.
④ 수렵승인을 받은 총기로 인근의 다른 지역에서 수렵한 경우 형사처벌 대상이다.

86. 다음 중 총포안전관리에 올바른 행위가 아닌 것은?
① 실탄별 성능을 확실하게 이해한다.
② 총기의 구조를 이해하고 사격술을 연마한다.
③ 총기와 실탄을 한 자리에 보관한다.
④ 총기를 수입하고 작동여부를 검사한다.

87. A 헌터는 수렵장에 도착하여 다음과 같은 행동을 하였다. 다음 중 잘못된 것은?
① 총기 사용 전 작동여부 점검했다.
② 수렵장 내의 금렵구역을 확인했다.
③ 논두렁에서 사격연습을 충분히 했다.
④ 수렵장내의 위해요소 등을 점검하고 숙지했다.

정답 85.① 86.③ 87.③

제2절 수렵용 총기(엽총 공기총)의 특성 (과목 3(1종)/영역 2)

1. **다음 중 작은 조류사냥에 용이하게 사용할 수 있는 총기는?**
① 5.5㎜와 6.4㎜ 산탄 공기총
② 5.0㎜와 6.4㎜ 공기총
③ 5.0㎜와 6.4㎜ 공기총
④ 5.0㎜와 5.5㎜ 단탄 공기총

2. **다음 중 엽총에 대한 설명이 아닌 것은?**
① 이동하는 물체에 대한 사격이 용이하다.
② 상하쌍대 엽총은 경기용으로 사용하기도 한다.
③ 12게이지 반자동식 엽총은 수렵용으로 볼 수 없다.
④ 산탄용 화약총(샷건)이다.

3. **다음 중 엽총(샷건)에 관한 설명이 틀린 것은?**
① 초크는 목표물 포착을 편하게 할 뿐만 아니라 적중률이 높다.
② 조준을 돕는 리브는 총열마다 부착되어 있는 것은 아니다.
③ 리브가 장착되지 않은 총열도 있다.
④ 이동하는 물체는 공기총보다 효과적으로 적중할 수 있다.

4. **다음은 엽총에 대한 설명이다. 틀린 것은?**
① 고정표적은 목표물을 확인할 수 있어 안전하다.
② 외대는 약실 개방상태로 확인이 곤란하다.
③ 두알 이상의 산란을 장전 발사 할 수 있다.
④ 쌍대는 실탄 장전여부를 쉽게 확인할 수 있고 외대보다 안전하다.

5. **다음 중 조준을 돕는 역할을 하지만 총열을 부식시킬 수 있는 장치(부품)는?**
① 리브 ② 초크 ③ 격침 ④ 볼트

6. **다음 중 밀집하여 앉아있는 참새사냥에 포획률이 가장 높은 총기는?**
① 6.4㎜ 산탄공기총 ② 4.5㎜ 공기총
③ 5.0㎜ 공기총 ④ 5.5㎜ 단탄 공기총

7. **다음 중 수렵용 총기에 대한 설명이다. 틀린 것은?**
① 강선이 있는 수렵용 총기(공기총)와 강선이 없는 수렵용 총기(샷건)가 있다.
② 엽총(샷건)은 사격경기용과 수렵용으로 분류한다.
③ 12㎜ 공기총은 멧비둘기 등의 전용 수렵용이다.
④ 수평쌍대는 상하쌍대 엽총(샷건)과 달리 사격경기용으로 사용할 수 없다.

8. **다음 중 한국에서의 엽총(샷건) 사용 특성이 올바른 것은?**
① 휼치기식은 상하쌍대 샷건으로 조준하기 편해서 경기용으로 사용한다.
② 외대총열은 1발 이상의 실탄장전이 가능하여 단탄용으로 사용한다.
③ 경기용은 4조 우선 총열로 상하쌍대만 사용 가능하다.
④ 두 발 이상 산탄만 사용하도록 규정되어 있고 단탄 사용은 불법이다.

9. **다음 중 수렵용 총기 특징이 아닌 것은?**
① 연지탄은 꿩 사냥용으로도 사용한다.
② 산탄은 고라니 사냥용으로도 사용한다.
③ 단탄은 멧돼지 사냥용으로도 사용한다.
④ 산탄은 참새 사냥용으로도 사용한다.

10. **다음 중 공기총 구조 설명이 틀린 것은?**
① 구조가 간단하여 잔고장이 없다.
② 총열, 기관부, 개머리로 구성되어 있다.
③ 개머리판은 사격자세에 영향을 준다.
④ 단탄 공기총에는 소음기를 부착할 수 없다.

11. **다음 중 엽총(샷건) 설명이 틀린 것은?**
① 반자동식은 방아쇠를 당길 때마다 1발씩 장전 발사된다.
② 쌍대와 외대로 나뉜다.
③ 기관부는 엽총(샷건)의 생명과 같다.

정답 1.① 2.③ 3.① 4.① 5.① 6.① 7.③ 8.④ 9.③ 10.① 11.④

제3장

④ 모든 샷건에 엽탄 저장 탱크가 있다.

12. **다음 중 엽총(샷건)의 특성에 맞는 설명은?**
① 사격경기용 엽총(샷건)은 조준이 쉽고 격발이 잘되는 수평쌍대를 사용한다.
② 고정표적 사격은 반자동으로, 무리를 이루고 있는 물체는 자동사격 한다.
③ 맹수 사냥 시에는 라이플 총열이 부착된 라이플엽총을 사용한다.
④ 이동표적엔 리드사격, 고정표적엔 리드사격을 할 수 없다.

13. **다음의 수평쌍대 엽총(샷건) 특징이 맞는 것은?**
① 실탄이 자동 장전되고 연속사격이 가능하여 꿩 사냥에 유리하다.
② 훌치기(펌프)식으로 움직이는 물체에 대한 사격이 편리하다.
③ 상하쌍대 보다 무거우나 경기용으로 사용할 수 있는 장점이 있다.
④ 상하쌍대에 비해 반동이 크나 가볍고 휴대가 편리하다.

14. **라이플총으로 경기용으로는 사용할 수 없고 수렵용으로만 사용 가능한 총기는?**
① 외대 엽총 ② 5.5㎜ 공기총
③ 6.4㎜ 공기총 ④ 쌍대 엽총

15. **다음 중 총기에 대하여 바르게 설명한 것은?**
① 공기총은 멧토끼 꿩 등을 사냥하는 데 사용한다.
② 상하쌍대 엽총(샷건)은 사격경기용과 수렵용으로 분류한다.
③ 강선이 없는 총기는 경기용으로만 사용 가능하다.
④ 엽총(샷건)은 수렵용과 유해조수구제용으로만 사용할 수 있다.

16. **다음 중 5.5㎜ 라이플형 공기총 형식이 아닌 것은?**
① 강선이 있다. ② 라이플형이 있다.
③ 레버식이 있다. ④ 복합식이다.

17. **다음 중 수렵용 총기의 특징과 다른 것은?**
① 수렵용 엽총(샷건)은 자동과 반자동으로 분류한다.
② 엽총(샷건)은 공기총에 비해 휴대가 간편하고 조준이 쉽다.
③ 우리나라의 공기총은 단탄 또는 산탄용이 있다.
④ 공기총에는 초크장치가 없다.

18. **다음의 공기총 설명 중 틀린 것은?**
① 압축공기 또는 가스로 발사한다.
② 엽총(샷건)에 비해 구조가 매우 복잡하다.
③ 구경표시를 밀리미터(mm)로 한다.
④ 발사할 때 총기의 반동이 심하다.

19. **다음 중 엽총(샷건)에 대한 올바른 설명은?**
① 수동과 반자동식이 있다.
② 총강에 강선이 있다.
③ 단탄용 가스총이다.
④ 라이플식 사격총이다.

20. **다음 중 수렵용 엽총(샷건)의 특징으로 볼 수 없는 것은?**
① 사다리형 가늠자가 있어 신속한 조준 사격이 가능하다.
② 개머리판은 반동을 완화시켜 주고 조준을 돕는다.
③ 적절하게 둥근 패턴은 포획률을 높여 준다.
④ 산탄이 넓은 탄막을 이루며 날아가도록 제작되어 있다.

21. **다음 중 엽총(샷건)에 대한 설명이다. 틀린 것은?**
① 리브는 총열 부식에 영향을 많이 준다.
② 과도한 사격은 장전, 격발 불능 등 기능장애를 일으킬 수 있다.
③ 총열에 기름칠을 한 후 발사하는 것은 산탄을 활성화시켜 총기수명을 연장시킨다.
④ 긴 총열은 수풀 등의 나뭇가지에 걸려 사용하기 불편하다.

정답 12.④ 13.④ 14.② 15.② 16.④ 17.① 18.④ 19.① 20.① 21.③

22. 다음 중 엽총(샷건) 구조 설명이 틀린 것은?
① 기관부는 약실과 노리쇠뭉치로 구성되어 있다.
② 개머리 재질에 따라 반동이 다르다.
③ 이동사격이 용이하게 제작되어 있다.
④ 3연발 엽총은 격발 시마다 자동으로 장전된다.

23. 다음은 총열에 대한 설명이다. 틀린 것은?
① 멧돼지 포획은 강선 총열을 사용한다.
② 일정한 패턴을 형성한다.
③ 개인 보관할 수 없다.
④ 상하쌍대 총열에도 초크를 사용할 수 있다.

24. 다음 중 수렵총기 해체 시 안전장치 위치는?
① 노리쇠뭉치 ② 약실 또는 총구
③ 방아틀 뭉치 ④ 총집의 지퍼

25. 다음의 한국 수렵용 총기설명이 틀린 것은?
① 이동이 간편한 구조로 제작되어 휴대하기 편리하다.
② 라이플 소총은 강선총으로 사격경기용으로 사용으로 할 수 있다.
③ 엽총(샷건)은 강선이 없어 산탄만 사용하며 총종에 따라 수렵용과 경기용이 있다.
④ 용도에 따라 엽총과 공기총으로 분류하며, 수렵용과 경기용으로 사용한다.

26. 다음 중 단탄 공기총 구경과 연지탄 에너지가 올바른 것은?
① 5.0㎜, 50G 이하 ② 5.5㎜, 60J 이하
③ 6.4㎜, 60J 이하 ④ 4.5㎜, 60H 이하

27. 수렵용 총기에 대한 설명이다. 잘못된 것은?
① 수렵을 하고자 하는 사람은 수렵보험에 가입하여야 한다.
② 「총포·도검·화약류 등의 안전관리에 관한 법률」에 따라야 한다.
③ 총기 소지자는 허가권자가 발하는 명령에 따른다.
④ 공기총은 안전장치가 있는 개인의 격납고에 보관하여야 한다.

28. 다음 중 수렵용 엽총(샷건) 설명이 아닌 것은?
① 총열, 기관부, 개머리로 구성되어 있다.
② 일반적으로 총열이 길면 산탄을 멀리 보낼 수 있다.
③ 슬러그 탄은 사용이 금지되어 있다.
④ 총열의 재질에 따라 반동에 영향을 준다.

29. 다음은 예비총열에 대한 설명이다. 틀린 것은?
① 총열의 길이에 따라 사정거리가 다르다.
② 경찰서장의 허가를 받아야 한다.
③ 길면 짧(좁)은 패턴을 형성한다.
④ 수렵용으로 26내지 32인치를 사용한다.

30. 다음 중 공기총 설명이 틀린 것은?
① 고정표적에 사격한다.
② 발사 전까지 안전장치를 하여야 한다.
③ 산탄과 단탄 사용 총기로 분류한다.
④ 자동과 반자동식이 있다.

31. 다음 중 6.4㎜ 공기총의 설명이 아닌 것은?
① 단탄용이다.
② 산탄용이다.
③ 강선이 없다.
④ 공기압축 또는 가스식이다.

32. 다음 중 수렵총기에 관한 설명이 바른 것은?
① 엽총(샷건)은 강선이 있어 산탄을 사용한다.
② 공기총은 6조 좌선이므로 연지탄용이다.
③ 조준·리드방법은 엽총과 공기총이 동일하다.
④ 견착 요령은 엽총(샷건)과 공기총이 동일하다.

33. 다음 중 상하쌍대 엽총(샷건)의 특징을 바르게 설명한 것은?
① 2개의 총열 있어 기능이 다양하다.
② 사격 시 무게의 분산이 잘 이루어진다.
③ 정교한 기술력을 필요로 하는 등 제조가 어려워 값이 비싸다.
④ 총열에 따라 산탄과 단탄을 사용할 수 있어 명중률이 높다.

제3장

정답 22.① 23.① 24.③ 25.④ 26.② 27.④ 28.④ 29.④ 30.④ 31.① 32.④ 33.①

34. 다음의 반자동 3연발 엽총(샷건)의 특징이 옳은 것은?
① 실탄장전 여부를 쉽게 확인할 수 있다.
② 삽탄장전식과 중절 식 등이 있다.
③ 고정된 표적사격 목적으로 제작되었다.
④ 초크를 사용할 수 있어 기능이 다양하다.

35. 다음 중 수렵용 총기 설명이 틀린 것은?
① 엽총(샷건)은 공기총보다 신속하게 조준 사격할 수 있다.
② 이동하는 게임에 효과적으로 사격할 수 있는 총기는 엽총(샷건)이다.
③ 상하쌍대 엽총(샷건)의 리브는 산탄의 산개를 조절한다.
④ 공기총도 개인이 보관할 수 없고 허가권자가 지정하는 장소에 보관해야 한다.

36. 들녘에 높이 나는 청둥오리사냥에 적합한 수렵총기는?
① 5.5㎜ 공기총 ② 5.0㎜ 공기총
③ 가스발사총 ④ 엽총(샷건)

37. 다음의 총열설명이 틀린 것은?
① 번(구)경에 따라 사정거리가 다르다.
② 총열이 길면 패턴이 넓어진다.
③ 3연발 엽총은 사격경기용으로 사용할 수 없다.
④ 긴 총열은 짧은 총열보다 산탄을 멀리 보낸다.

38. 다음 중 비행하는 조수류 사냥이 용이한 총기는?
① 공기권총 ② 엽총(샷건)
③ 5.5㎜ 공기총 ④ 라이플 소총

39. 다음 중 수렵용 총기 설명이 틀린 것은?
① 이동 또는 고정사격을 할 수 있다.
② 산탄총기만 사용한다.
③ 단발 또는 반자동식이다.
④ 라이플 소총은 사용할 수 없다.

40. 다음 중 수렵용 단탄공기총의 특징을 잘못 설명한 것은?
① 가벼우나 고장률이 높다.
② 산탄용과 단탄용으로 분류된다.
③ 소총은 허가 대상이 아니다.
④ 일정한 탄착군을 형성한다.

41. 다음은 엽총 총열에 대한 설명이다. 옳은 것은?
① 총열의 두께는 총구와 약실 쪽 양방향이 동일하게 제작되었다.
② 최근에 제작된 엽총은 기관부에서 총구까지 일체형으로 제작되어 있다.
③ 총열이 짧으면 넓은 패턴을, 길면 좁은 패턴 형성한다.
④ 예비총열은 주소지 관할 경찰서장에게 신고한 후 사용해야 한다.

42. 다음 중 인치 단위를 사용하나 번경으로 호칭되는 엽총은?
① 410번경 ② 420번경
③ 430번경 ④ 400번경

43. 다음 중 산탄공기총의 용도에 적합한 것은?
① 멧비둘기 포획 ② 고라니 포획
③ 멧돼지 포획 ④ 오리류 포획

44. 다음 중 수렵총기의 반동을 완충시키는 역할을 하는 것은?
① 실탄(엽탄) ② 개머리판
③ 덮게(포핸드) ④ 총열(총신)

45. 다음 중 수렵용으로 사용할 수 없는 총기는?
① 훌치기식 엽총(샷건)
② 단발 공기총
③ 산탄 공기총
④ 강선(라이플) 엽총

46. 수렵용 총기에 대한 설명이다. 올바른 것은?
① 타정총은 압축공기를 사용하며 연발 사격이 가능하다.
② 엽총은 사다리 가늠자가 있어 이동표적 조

정답 34.④ 35.③ 36.④ 37.② 38.② 39.② 40.④ 41.③ 42.① 43.① 44.② 45.④ 46.③

준이 어렵다.
③ 수렵용 공기총은 가벼우나 초크를 사용할 수 없다.
④ 상하쌍대 공기총은 수렵용과 사격경기용으로 분류한다.

47. 다음 중 6.4㎜ 공기총 설명이 틀린 것은?
① 연지탄을 사용할 수 없고 산탄만 사용한다.
② 최대 다섯발까지 장전 사격할 수 있다.
③ 총열은 강선이 없고 사격경기용으로는 부적합하다.
④ 엽총(샷건)에 비해 가벼우나 고장률이 높다.

48. 다음 중 공기총 특성이 아닌 것은?
① 발사에너지(공기)는 공기저장 탱크에 있다.
② 엽총(샷건)에 비해 반동이 약하나 고장률이 높다.
③ 압축공기 또는 가스식으로 일정량 사격 후 공기를 넣어야 하는 불편함이 있다.
④ 엽총(샷건)에 비해 구조가 간단하여 조준 사격이 용이하다.

49. 다음 중 5.5㎜ 산탄 공기총과 6.4㎜ 산탄 공기총의 적합한 설명은?
① 강선이 있고 명중률이 높아 사격경기용으로 사용할 수 있다.
② 4조 우선으로 최초에는 이동표적용으로 제조 사용되었다.
③ 공기저장 탱크가 있어 유효거리를 연장시키는 연지탄 사용에 유리하다.
④ 산탄을 사용할 수 있어 작은 조류 사냥에 유리하다.

50. 다음 중 수렵총기의 특징이 아닌 것은?
① 단탄 공기총은 명중률과 파괴력을 높여주는 강선을 총열에 채택하였다.
② 휴대와 조준이 편하고 견고하게 제작되어 있다.
③ 강선이 없는 엽총(샷건)은 나르는 조류를 포획할 목적으로 제작되었다.
④ 산탄은 긴 패턴을 만들어 포획률을 높이고 리브는 신속한 조준이 가능하게 제작하였다.

51. 다음 중 엽총(샷건)의 번경 설명이 옳은 것은?
① 20번경은 12번경에 비해 산탄 알맹이가 많다.
② 번경표시는 밀리미터를 사용한다.
③ 총강지름을 칭하는 용어이다.
④ 8번, 12번, 16번, 420번 등이 있다.

52. 다음 중 산탄과 단탄총으로 분류되는 총기는?
① 6.4㎜ 공기총　② 4.0㎜ 공기총
③ 5.0㎜ 공기총　④ 5.5㎜ 공기총

53. 다음 중 수렵용 총기가 아닌 것은?
① 5.5㎜ 공기총
② 6.4㎜ 공기총
③ 12번경 엽총(샷건)
④ 20㎜ 엽총

54. 다음 중 산탄엽총(shotgun)에 포함되지 않는 것은?
① 라이플(rifle) 소총
② 상하쌍대 엽총(over-under shotgun)
③ 반자동 엽총(semiautomatic shotgun)
④ 수평쌍대 엽총(side by side shotgun)

55. 강선(라이플)이 있어 산탄을 사용할 수 없고 단탄만 가능한 총기는?
① 5.5㎜ 공기총
② 경기용 엽총(샷건)
③ 상하쌍대 엽총(샷건)
④ 6.4㎜ 공기총

56. 다음 중 수렵용 총기 설명이 틀린 것은?
① 5.0㎜ 공기총은 실탄이 집중되는 탄착군을 형성하므로 꿩사냥에 유리하다.
② 엽총(샷건)은 조준과 휴대가 편리하며 공기총에 비해 고장이 적다.
③ 공기총은 단탄용과 산탄용으로 분류되나 개인이 보관할 수 없다.

정답 47.② 48.④ 49.④ 50.④ 51.③ 52.④ 53.④ 54.① 55.① 56.①

제3장

④ 공기총은 압축공기를 넣어야 하는 불편이 따르나 가벼운 장점이 있다.

57. **다음 중 패턴(Patten)에 영향을 주는 총기의 부품은?**
① 초크 ② 기관부
③ 노리쇠 뭉치 ④ 개머리판

58. **한국에서 구경표시를 밀리미터(mm)로 하는 총기는?**
① 청소총 ② 공기총
③ 엽총 ④ 도살총

59. **다음 중 격침을 장전해 주는 역할의 총기의 부품은?**
① 리브 ② 공이치기
③ 초크 ④ 노리쇠

60. **다음 중 불법으로 총포를 운반하는 경우는?**
① 고장수리를 위해 임시해제 받아 수리업소로 총기를 운반하는 경우
② 총기분실을 우려하여 연중 자동차 트렁크에 싣고 다니는 경우
③ 수렵허가를 얻은 사람이 허가지역으로 총기를 운반하는 경우
④ 수렵허가를 받은 사람이 수렵장으로 총기를 운반하는 경우

61. **다음 중 엽총(샷건)의 장치(구조물)가 아닌 것은?**
① 방아쇠울 ② 조준경(스코프)
③ 덮게(포핸드) ④ 공이치기(격침)

62. **다음 중 엽총(샷건)의 게이지(gauge)란 무엇인가?**
① 탄착점의 번경
② 산탄총(샷건)의 구경(번경)
③ 총열길이 ④ 단탄총의 구경

63. **다음의 공기총 구경 중 단탄 연지탄만 사용가능한 총기는?**
① 4.5㎜와 6.0㎜ 공기총
② 4.5㎜와 6.5㎜ 공기총
③ 5.0㎜와 6.4㎜ 공기총
④ 4.5㎜와 5.5㎜ 공기총

64. **다음은 수렵용 총기의 구조에 관한 설명이다. 틀린 것은?**
① 신속한 조준이 가능하다.
② 휴대하기 편한 구조다.
③ 견고하다.
④ 강선 엽총이 좋다.

65. **다음 중 수렵용 총기의 설명이 틀린 것은?**
① 수렵용 공기총은 산탄총과 단탄총이 있다.
② 한국에서의 엽총(샷건)은 모두 산탄이다.
③ 마취총도 수렵용으로 사용할 수 있다.
④ 현행법은 단탄 엽총(샷건)은 사용할 수 없다.

66. **다음 중 공기총 설명이 틀린 것을 고르시오.**
① 산탄 공기총은 조류를 포획하는데 유용한 도구이다.
② 4.5㎜, 5.0㎜, 5.5㎜와 산탄 공기총은 수렵용으로 사용할 수 있다.
③ 공기총은 수렵용과 사격용 및 유해조수구제용으로 분류한다.
④ 산탄 공기총은 강선(라이플)이 있다.

67. **다음 중 상하쌍대 엽총(샷건)설명이 옳은 설명은?**
① 단탄과 산탄 겸용으로 사용할 수 있다.
② 공기총에 비해 무거우나 휴대하기 쉽고 조준이 용이하다.
③ 외대 엽총보다 반동이 작으나 휴대가 불편하다.
④ 수평쌍대보다 가벼우나 고장률이 높다.

68. **다음 중 산탄만 사용할 수 있는 총기는?**
① 4.5㎜ 공기총 ② 5.0㎜ 공기총
③ 외대 엽총(샷건) ④ 삼열식 라이플 엽총

정답 57.① 58.② 59.④ 60.② 61.② 62.② 63.④ 64.④ 65.③ 66.④ 67.② 68.③

69. 다음 중 엽총(샷건)의 번경 설명이 틀린 것은?
① 410번 ② 12번 ③ 20번 ④ 33번

70. 다음은 총포관련법상 수렵용 총기에 대한 설명이다. 틀린 것은?
① 우리나라의 강선총은 0.22인치 내지 0.38인치의 것에 한한다.
② 우리나라의 산탄 공기총은 5.5㎜ 내지 6.4㎜의 것에 한한다.
③ 우리나라의 단탄 공기총은 4.5㎜ 내지 5.5㎜가 있다.
④ 우리나라의 엽총(샷건)은 12번 내지 32번과 0.41인치의 것에 한한다.

71. 다음 중 조준경을 부착할 수 없는 공기총은?
① 5.0㎜ 공기총 ② 5.5㎜ 공기총
③ 6.5㎜ 공기총 ④ 4.5㎜ 공기총

72. 다음 중 엽총(샷건)의 장치(구조물)가 아닌 것은?
① 가늠쇠 ② 공이치기(격침)
③ 리브(사다리) ④ 엽탄

73. 다음 중 제작 시부터 엽총(샷건)에 부착되어 있는 것은?
① 소음기 ② 적외선 조준경
③ 가늠쇠 ④ 조준경

74. 다음 중 산탄의 산개도(패턴)를 조절하여 주는 장치는?
① 게이지(번경) ② 초크(조리개)
③ 총열(총신) ④ 리브(사다리)

75. 다음 중 엽총(샷건)의 초크를 바르게 설명한 것은?
① 조리개(초크)는 산탄엽총에 적당하지 않은 도구이다.
② 조리개(초크)는 산탄의 패턴과 깊은 관계가 있다.
③ 조리개(초크)는 총열의 외부에 장식하는 도구이다.
④ 조리개(초크)는 공기총에 끼우는 장치다.

76. 다음의 엽총(샷건)번경에 대한 올바른 설명은?
① 공기총의 구경에서부터 시작되었다.
② 총신 내경의 표시이다.
③ 410번경은 상하쌍대용으로 제작되었다.
④ 번경은 실탄의 유형별 중량을 기준으로 표기된다.

77. 다음 중 총포의 설명이 틀린 것은?
① 엽총은 개머리, 기관부, 총열로 구성되어 있다.
② 개머리는 충격 흡수와 조준에 주요역할을 한다.
③ 엽총의 기관부에 초크(조리개)가 부착되어 있다.
④ 기관부는 총기를 작동하는 주요부분이다.

78. 다음 중 유효사거리가 가장 긴 총은?
① 가스 발사총 ② 공기총
③ 타정총 ④ 공기권총

79. 다음 중 총포관련법상 수렵에 사용하는 엽총(샷건)의 유효사거리는?
① 50m 이내 ② 70m 이내
③ 80m ④ 60m 이내

80. 다음 중 엽탄을 잘못 사용하여 발생할 수 있는 사고가 아닌 것은?
① 총열이 파열된다.
② 사수가 상해를 입을 수도 있다.
③ 총기고장의 원인이 될 수 있다.
④ 개머리판이 파손된다.

81. 다음 중 엽탄과 패턴에 대한 설명이 틀린 것은?
① 패턴은 온도의 영향을 많이 받는다.
② 패턴은 바람의 영향을 많이 받는다.
③ 패턴은 총열의 길이에 따라 달라질 수 있다.
④ 패턴은 초크에 따라 달라질 수 있다.

82. 다음은 엽총(샷건)의 번경을 한국식 밀리미터로 환산한 것이다. 잘못된 것은?
① 410번경 – 10.8㎜ ② 12번경 – 18.5㎜

정답 69.④ 70.④ 71.③ 72.④ 73.③ 74.② 75.② 76.② 77.③ 78.② 79.④ 80.④ 81.① 82.②

③ 20번경 - 16㎜　　④ 28번경 - 13.5㎜

83. 다음 중 엽총(샷건)의 번경 설명이 잘못된 것은?

① 상하쌍대의 구경은 다르다.
② 여성은 총기중량이 가벼운 20번을 주로 사용한다.
③ 남성은 12번을 주로 사용한다.
④ 410번경은 산탄용이다.

84. 다음 중 엽총(샷건)의 탄착군을 조절해 주는 것은?

① 약실　　② 조준경
③ 소음기　　④ 초크(조리개)

85. 다음 중 12구경 엽총(샷건)을 밀리미터로 환산한 것은?

① 18.5㎜　　② 17.5㎜
③ 15.6㎜　　④ 16.5㎜

86. 다음 중 공기총 용도에 가장 적합한 수렵동물은?

① 멧돼지　　② 고라니
③ 멧비둘기　　④ 가마우지

87. 다음 중 조리개(초크)의 설명을 잘못한 것은?

① 조리개(초크)에 따라 엽탄의 패턴이 달라진다.
② 조리개(초크)는 조준 시 정렬을 돕는 것으로 가늠자와 가늠쇠를 말한다.
③ 엽총의 조리개(초크)는 고정식, 교환식, 자체조절식이 있다.
④ 엽총의 조리개(초크)는 총구의 앞부분에 부착하도록 설계되어 있다.

88. 다음 중 상하쌍대 엽총(샷건) 설명이 틀린 것은?

① 두 개의 총열 때문에 기능이 다양하다.
② 조준이 편리하고 착용감도 좋은 편이다.
③ 공기총보다 고장이 적은 편이다.
④ 외대 엽총에 비하여 반동이 적은 편이다.

89. 다음 중 엽총의 구조 설명에 틀린 것은?

① 기관부는 격발과 실탄장전 등을 수행하는 보조 장치로 구성되었다.
② 개머리판은 사격자세를 지원하고 반동을 완화시켜주며 명중률을 높이는 역할을 한다.
③ 엽총(샷건)은 크게 총열과 기관부, 개머리판으로 구성된다.
④ 총열은 산탄의 방향, 도달거리, 패턴에 절대적 영향을 미친다.

90. 다음 중 한국의 총포관련법상 수렵용 엽총에 해당되는 것은?

① 4번 내지 32번과 0.41인치
② 4번 내지 32번과 0.31인치
③ 6번 내지 32번과 0.33인치
④ 12번 내지 32번과 0.14인치

91. 다음 중 패턴(Patten)이란?

① 산탄총의 구경
② 단탄의 탄착군
③ 발사된 탄알의 방향
④ 산탄의 탄착 형태

92. 다음 중 엽총의 총열에 대한 설명이다. 틀린 것은?

① 엽총 소지허가를 취득한 사람만 경찰서장의 허가를 받은 후 사용이 가능하다.
② 숲속에서는 짧은 총열을 사용하는 것이 긴 총열보다 실용적이다.
③ 이동표적에는 고정표적에 비해 고른 패턴이 훨씬 유리하다.
④ 슬럭 총열은 가늠쇠와 가늠자가 붙어 있으며 라이플 총열은 사용할 수 없다.

93. 다음 중 수렵용 총기의 올바른 설명은?

① 리벌버식 엽총은 최대 6발까지 사격이 가능하다.
② 쌍대 엽총(샷건)의 총열 기능은 동일하다.
③ 중절식 공기총은 이동사격용이다.
④ 이동 및 고정사격이 가능하다.

정답 83.① 84.④ 85.① 86.③ 87.② 88.④ 89.① 90.① 91.④ 92.③ 93.④

94. **다음의 엽총 총열에 관한 설명이 틀린 것은?**
① 총열이 길수록 사거리가 짧다.
② 화약의 폭발 때문에 총열 하부는 두껍게 제작된다.
③ 산탄엽총(shotgun)은 가늠쇠만 있는 것이 일반적이다.
④ 총열 위의 리브(rib)는 조준을 돕기 위한 장치다.

95. **다음 중 수렵용 엽총(샷건)이 아닌 것은?**
① 탄창이 있는 5연발 반자동 엽총
② 탄창이 없는 단발 엽총
③ 탄창이 있는 5연발 자동 엽총
④ 탄창이 없는 중절식 쌍대 엽총

96. **다음 중 상하쌍대 엽총(샷건) 특징을 잘못 설명한 것은?**
① 상하쌍대는 중절식이다.
② 사격경기용으로도 사용한다.
③ 수평쌍대에 비해 반동이 크다.
④ 수평쌍대에 비해 무겁다.

97. **다음 중 수렵인이 가장 많이 사용하는 엽총은?**
① 10번 엽총(샷건) ② 12번 엽총(샷건)
③ 20번 엽총(샷건) ④ 8번 엽총(샷건)

98. **다음 중 엽총(shotgun)과 관계가 없는 것은?**
① 조준경(스코프) ② 노리쇠 뭉치
③ 개머리 ④ 방아틀뭉치

99. **다음 중 초크에 대한 올바른 설명은?**
① 산탄 공기총에 장착한다.
② 단탄 엽총에 장착한다.
③ 총열의 상단에 장착한다.
④ 패턴과 관계가 있다.

100. **다음 중 초크에 대한 올바른 설명이 아닌 것은?**
① 목표물에 따라 교환할 수 있다.
② 총구에 부착한다.
③ 조준을 편리하게 한다.
④ 탄착군에 영향을 준다.

101. **다음 중 수렵용 총기 설명이 아닌 것은?**
① 총종에 따라 조준방법이 다르다.
② 엽총(샷건)의 구경은 번경으로 표시한다.
③ 한국에서 공기총 구경은 밀리미터(mm)로 표시한다.
④ 모든 공기총에는 강선이 있다.

102. **다음 중 총포소지허가를 받은 사람이 허가 없이 조준경을 부착할 수 있는 총기는?**
① 도살총 ② 엽총(shotgun)
③ 공기총(air rifle) ④ 마취총

103. **다음 중 수렵총기설명이 틀린 것은?**
① 허가받은 수렵장에서 추가 해제 받은 수렵장으로 운반할 수 있다.
② 총기보관 해제 신청기간이 설정되면 이 기간에 신청하여야 한다.
③ 수렵장설정자는 수렵총기 사용을 제한할 수 없다.
④ 수렵용 총기는 최대 2정까지 해제 받을 수 있다.

104. **다음 중 산탄의 방향성과 거리, 패턴에 절대적으로 영향을 주는 엽총(샷건)의 구조물은?**
① 가늠쇠 ② 가늠자
③ 리브 ④ 총열

105. **다음 중 엽총의 탄착점(패턴) 설명이 틀린 것은?**
① 엽총(샷건)의 패턴은 온도변화에 많은 영향을 받는다.
② 엽총(샷건)의 패턴은 초크(조리개)에 따라 달라질 수 있다.
③ 엽총(샷건)의 패턴은 구경과 총열길이에 따라 달라질 수 있다.
④ 엽총(샷건)의 패턴은 바람의 영향을 많이 받는다.

106. **다음의 총포 유효사거리에 대한 설명이 옳은 것은?**
① 엽탄의 최대도달거리를 말한다.

제 3 장

정답 94.① 95.③ 96.③ 97.② 98.① 99.④ 100.③ 101.④ 102.③ 103.① 104.④ 105.① 106.②

② 동물 포획이 실제적으로 가능한 거리를 말한다.
③ 엽총과 마취총은 유효사거리가 동일하다.
④ 엽총과 공기총은 유효사거리가 같다.

107. 다음 중 한국의 공기총 구경표시가 아닌 것은?
① 6.5mm ② 4.5mm
③ 5.0mm ④ 5.5mm

108. 다음 중 초크의 올바른 설명은?
① 헌터가 임의 교체할 수 없다.
② 경찰서장의 허가를 받아야 한다.
③ 엽탄의 유형에 따라 장착한다.
④ 약실 입구에 설치한다.

109. 다음 중 엽총에 대한 설명이 옳은 것은?
① 방아쇠를 당기면 모든 실탄이 한꺼번에 발사된다.
② 방아쇠를 당길 때마다 한발씩 발사된다.
③ 외부에서 실탄을 자동으로 공급한다.
④ 탄창을 개조하면 더 많이 쏠 수 있다.

110. 다음 중 수렵승인을 받은 헌터가 허가를 받지 않고 소지할 수 있는 것은?
① 공기총 소지자의 조준경
② 허가받은 총기 외의 총열
③ 600발의 엽탄
④ 소음기

111. 다음 중 유효사거리가 가장 긴 총기는?
① 가스 발사총 ② 마취총
③ 엽총(샷건) ④ 공기권총

112. 다음 중 가스식 공기총에 주입하는 가스는?
① 프로판가스 ② 산소
③ 질소 ④ 이산화탄소

113. 다음 중 엽총실탄 탄착군(퍼짐)의 크기를 조절하는 장치는?
① 방아틀뭉치 ② 초크
③ 총열 ④ 방아쇠

114. 다음 중 수렵용 총기는?
① 엽총(샷건)과 라이플 소총
② 엽총(샷건)과 마취총
③ 공기총과 라이플 소총
④ 엽총(샷건)과 공기총

115. 다음 중 산탄엽총(샷건)에 대한 설명으로 타당하지 않은 것은?
① 산탄 전용총기이다.
② 방아쇠를 당길 때 마다 한 발씩 발사되는 반자동이다.
③ 구경 9mm 엽총도 있다.
④ 사격용은 상하쌍대를 사용한다.

116. 수렵용 총기의 구조 성능 설명이 가장 바르지 않은 것은?
① 한국은 엽총(샷건)으로 멧돼지와 비둘기 등을 포획할 수 있다.
② 산탄총과 라이플 총은 가늠쇠가 같은 모양이다.
③ 산탄총과 라이플소총은 총포관련 법령상 사용용도가 다르다.
④ 엽총(샷건)은 공기총보다 휴대하기 편하고, 조준장치가 간단하다.

117. 다음 중 산탄 엽총(샷건)의 법정 최대 도달거리는?
① 560m 이하 ② 660m 이하
③ 800m 이하 ④ 400m 이하

118. 다음 중 허가를 받지 않고 부착할 수 있는 총기부품은?
① 공기총 또는 엽총(샷건)에 부착하는 소음기
② 개조한 엽총 총열
③ 성능을 높이기 위해 개조한 공기탱크
④ 5.5mm 공기총에 부착한 조준경(스코프)

정답 107.① 108.③ 109.② 110.① 111.③ 112.④ 113.② 114.④ 115.③ 116.② 117.① 118.④

119. 다음 중 방아쇠의 격발요령이 아닌 것은?
① 방아쇠는 직 후방으로 당겨 총구가 이동하지 않도록 해야 한다.
② 총소리에 놀라 눈을 감는 것은 명중에 특별한 지장이 없다.
③ 공기총 방아쇠는 긴장을 풀고 편안한 자세로 1단 2단 당겨야 한다.
④ 엽총(샷건)의 방아쇠는 검지손가락의 첫 마디에 걸친다.

120. 다음 중 산탄의 패턴과 탄도에 영향을 주는 것은?
① 실탄을 토해내는 갈퀴
② 초크
③ 가늠자
④ 실탄이 삽입된 약실

121. 다음 중 엽총(샷건)의 총열에 대한 설명이다. 틀린 것은?
① 수평쌍대는 가볍고 휴대가 간편하나 반동이 크고 정교한 기술이 필요하여 제조가 어려운 단점이 있으나 무게 분산이 잘 이루어져 있다.
② 외대 엽총(샷건)은 반자동으로 장전되어 연속적으로 발사할 수 있어 나르는 조류 사냥에 유리하나 잔고장과 약실 개방상태 확인이 어려워 안전사고률이 높은 것이 단점이다.
③ 펌프식 엽총(샷건)은 탄창 덮개를 당겨 엽탄을 장전하고 뒤로 밀어 탄피를 배출시키는 단점이 있으나 견고하고 성능이 뛰어나며 값이 싼 장점이 있다.
④ 상하쌍대는 아래 쪽 총열이 먼저 발사되므로 반동이 작고 재사격 시 조준이 빠른 장점이 있다.

122. 다음 중 조리개(초크)에 대한 설명이 틀린 것은?
① 허가받지 않고 사용할 수 있다.
② 조리개는 기관부에 설치되어 있다.
③ 엽탄에 따라 교체할 수 있다.
④ 게임에 따라 교체할 수 있다.

123. 다음 중 장거리 사격에 적합한 초크는?
① 스키트 초크 ② 실린더 초크
③ 모디파이드 초크 ④ 풀 초크

124. 다음 중 산탄엽총(샷건)의 총열 설명 중 틀린 것은?
① 총열의 길이에 따라 사거리가 달라진다.
② 총열이 길면 유효사거리가 멀다.
③ 예비총열도 허가를 받으면 사용할 수 있다.
④ 총열에 강선이 있다.

125. 다음 중 근거리 사격에 적합한 초크는?
① 임프루브드 초크 ② 풀 초크
③ 실린더 초크 ④ 모디 초크

126. 다음 중 제1종 수렵면허로 사용할 수 없는 총기는?
① 쌍대엽총
② 공기총
③ 엽총(샷건)과 공기총
④ 사격경기용 소총

127. 공기총의 탄착점 형성(명중)에 영향이 가장 적은 것은?
① 거리 ② 바람
③ 온도 ④ 공기압력

128. 다음 중 기능상 분류되는 초크가 아닌 것은?
① 실린더 초크 ② 풀 초크
③ 리브 초크 ④ 모디 초크

129. 다음 중 공기총의 설명이 틀린 것은?
① 압축 공기(또는 가스)로 발사한다.
② 레버식과 중절식, 공기주입식이 있다.
③ 공기압축 실린더가 있다.
④ 위력은 공기 압축식 보다 중절식이 더 좋다.

제 3 장

정답 119.② 120.② 121.③ 122.② 123.④ 124.④ 125.③ 126.④ 127.③ 128.③ 129.④

130. 다음 중 공기총의 특성에 대한 설명이 아닌 것은?

① 엽총(샷건)에 비해 가벼우나 조준이 어렵다.
② 압축공기나 가스로 발사하는 총이다.
③ 발사 시 엽총 보다 반동이 크다.
④ 엽총(샷건)보다 구조가 복잡하다.

131. 다음 중 4.5mm 공기총으로 포획하기에 가장 적당한 동물은?

① 멧돼지 ② 참새
③ 청둥오리 ④ 노루

132. 다음 중 엽총에 관한 설명 중 가장 올바른 것은?

① 사격용은 5연발을 사용한다.
② 조류를 날려놓고 사격한다.
③ 자동소총이다.
④ 5연발보다 3연발이 명중률이 더 좋다.

133. 우리나라 수렵용 총기에 대한 설명 중 틀린 것은?

① 엽총(샷건)과 공기총이 있다.
② 공기총에 6.4mm 연지탄은 사용할 수 없다.
③ 공기총의 구경은 밀리미터(mm)법을 사용하고 있다.
④ 모든 공기총은 강선이 있다.

134. 다음 중 공기총 설명이 가장 타당하지 않은 것은?

① 압축공기나 가스로 발사하는 총이다.
② 위력은 중절식이 가장 강력하다.
③ 공기압축식은 공기압축 탱크가 있다.
④ 레바식과 중절식, 가스식 등이 있다.

135. 다음 중 한국의 수렵용 총기로 볼 수 없는 것은?

① 단발 엽총(샷건) ② 상하쌍대엽총(샷건)
③ 라이플 소총 ④ 공기총

136. 다음 중 멧돼지 사냥에 적합한 초크는?

① 풀 초크 ② 실린더 초크
③ 모디파이드 초크 ④ 모디 초크

137. 다음 중 초크의 종류가 아닌 것은?

① 병합형 ② 고정형
③ 조절형 ④ 교환형

138. 다음 중 엽총의 구조 및 성능에 대한 설명이 틀린 것은?

① 개머리판의 재질에 따라 총기의 반동도 변할 수 있다.
② 총열의 두께는 일정하고 견고해야 한다.
③ 엽총(샷건)은 총열과 조준장치, 기관부, 개머리판으로 구성되어 있다.
④ 기관부에 격발장치가 내장되어 있다.

139. 다음 중 엽총(샷건)의 총열과 번경에 대한 설명 중 틀린 것은?

① 총구의 구경은 실탄의 위력을 표시한다.
② 게이지로 표시한다.
③ 총열은 외대, 상하쌍대, 수평쌍대가 있다.
④ 총열이 길면 유효사거리 또한 길어진다.

140. 다음 중 산탄의 비행거리를 늘려주는 장치는?

① 공이치기 ② 볼트
③ 리브(사다리) ④ 초크(조리개)

정답 130.③ 131.② 132.② 133.④ 134.② 135.③ 136.② 137.① 138.② 139.① 140.④

제3절 엽탄 · 연지탄 등의 용도 (과목 3(1종)/영역 3)

1. 다음 중 규정에 맞는 엽총(장약총 · 샷건)탄알의 수는?
① 2개 이상 ② 3개 이상
③ 7개 이상 ④ 1개 이상

2. 다음 중 발사된 실탄의 탄도에 가장 큰 편차를 주는 것은?
① 온도 변화 ② 공기 밀도
③ 풍향 ④ 실탄 성능

3. 다음 중 불발탄의 진단 대처요령이 아닌 것은?
① 뇌관을 타격한 흔적으로 고장여부를 진단한다.
② 불발탄은 지체 없이 실탄을 추출한다.
③ 불발탄은 재사용하지 않는다.
④ 타격흔적이 약하거나 없으면 총기고장으로 판단한다.

4. 다음 중 엽총(장약총 · 샷건) 산탄탄알의 지름은?
① 16.3㎜ 이하 ② 19.3㎜ 이하
③ 18.3㎜ 이하 ④ 17.3㎜ 이하

5. 다음 중 총포관련법상 엽총(샷건)의 유효사거리는?
① 50m 이내 ② 60m 이내
③ 70m 이내 ④ 40m 이내

6. 다음 중 엽사가 일일 구입할 수 있는 엽탄의 수량을 규정한 목적은?
① 유해조수 피해 농어민은 수량에 제한을 받지 않는다.
② 밀렵행위를 근절하기 위한 조치다.
③ 공공의 안전을 위한 조치다.
④ 야생동물의 무차별한 포획을 방지하기 위한 조치다.

7. 다음 중 엽총(샷건)의 산탄 패턴을 조절해 주는 기구는?
① 조준경 ② 조리개(초크)
③ 안전장치 ④ 마게

8. 다음 중 엽총(샷건) 탄알의 형태는?
① 마름모형 ② 타원형
③ 육각형 ④ 원형

9. 다음 중 탄도의 설명이 잘못된 것은?
① 공중으로 날아가는 탄알의 중심이 그리는 선을 탄알 비행선이라 한다.
② 탄도에서 가장 높은 지점을 탄도의 정점이라 한다.
③ 방아쇠를 당기고 난 후 총구까지 나오는 시간은 0.0015초가 걸린다.
④ 탄알은 공기의 저항과 중력 때문에 속도가 떨어지면서 포물선을 그리게 된다.

10. <총포안전법>의 공기총 연지탄 에너지(성능) 제한규정에 맞는 것은?
① 공기총 성능은 60줄(J) 이하로 제한되어 있다.
② 공기총 성능은 200m 이하의 최대사거리로 제한되어 있다.
③ 공기총 성능은 강력할수록 우수한 제품이다.
④ 공기총 압력은 150kg/㎠ 이하이다.

11. 다음 중 수렵용 엽총(샷건)에 사용할 수 없는 엽탄은?
① 지름 10㎜ 이하 산탄
② 지름 15㎜ 이하 산탄
③ 지름 20㎜ 이하 산탄
④ 지름 5㎜ 이하 산탄

12. 다음 중 총포관련법상 산탄총(샷건)의 탄알 최대도달거리는?
① 760m 이내 ② 460m 이내
③ 560m 이내 ④ 660m 이내

제3장

정답 1.① 2.③ 3.② 4.③ 5.② 6.③ 7.② 8.④ 9.① 10.① 11.③ 12.③

13. 수렵장에서 사용 중 발생한 불발탄의 올바른 조치요령이 아닌 것은?
① 타격 흔적이 강한 경우 경찰서에 반납한다.
② 타격 흔적이 약한 경우 방아쇠를 확인한다.
③ 타격 흔적이 미약한 경우 공이(격침)를 확인한다.
④ 안전하게 별도 관리 후 경찰서에 반납한다.

14. 수렵총기를 임시보관 해제를 받아 수렵장으로 출발하기에 전 엽탄을 구입하고자 한다. 이때 허가를 받지 않고 양도·양수 가능한 수량은 일일 몇 개인가?
① 400개 이하 ② 100개 이하
③ 200개 이하 ④ 300개 이하

15. 수렵총기를 임시보관 해제를 받아 수렵장으로 출발하기 전 실탄을 구입하고자 한다. 양도·양수 허가를 받지 않고 수렵용 실탄을 구입할 수 있는 곳은?
① 동료엽사 ② 총포판매업소
③ 사격연맹 ④ 총포수리업소

16. 다음 중 연지탄 표준 직경 5.0㎜에 중량 1.5g 이하의 규격탄은?
① 제4호 ② 제1호 ③ 제2호 ④ 제3호

17. 다음 중 엽탄 설명이 틀린 것은?
① 뇌관의 충격으로 추진화약이 발화한다.
② 추진화약의 발화로 뇌관을 폭발시킨다.
③ 뇌관과 추진제 화약은 그 성질이 다르다.
④ 추진화약이 폭발하면 고압가스가 발생한다.

18. 경찰서장의 허가를 받지 않고 화약류판매업자가 엽탄을 판매할 수 있는 대상은?
① 엽총 소지허가를 받은 자
② 대한사격연맹
③ 공기총소지허가를 받은 자
④ 가스총 판매업자

19. 다음 중 총포관련법상 탄알의 장전방법이 아닌 것은?
① 회전식 ② 삽탄식
③ 탄창식 ④ 수동식

20. 다음의 엽탄 성능설명으로 적합하지 않은 것은?
① 소립자는 탄착거리가 짧다.
② 입자의 크기에 따라 최대사거리가 다르다.
③ 추진화약과 뇌관 등으로 구성되어 있다.
④ 입자가 클수록 명중률이 높다.

21. 다음 중 실탄의 양도·양수 및 안전관리 요령이 올바른 것은?
① 총포소지허가를 받은 친구로부터 실탄 100발을 양수받았다.
② 수렵 후 사용하고 남은 실탄 25발을 경찰관서에 보관하였다.
③ 수렵 중 동료 엽사에게 실탄 50발을 빌려주었다.
④ 사격경기 중 대한사격연맹으로부터 실탄 250발을 양수받았다.

22. 엽탄의 비행속도에 영향을 미치는 요소가 아닌 것은?
① 기상상태 ② 엽총의 종류
③ 거리 ④ 실탄의 종류

23. 다음 중 엽탄에 대한 설명이 틀린 것은?
① 엽탄 길이는 동일하다.
② 번경에 맞는 것을 선택하여야 한다.
③ 넓은 지역에 산개하여 날아간다.
④ 납 등으로 만든 작은 알맹이다.

24. 다음의 약실과 관련된 설명 중 틀린 것은?
① 화약 량이 많은 실탄은 총기의 수명을 단축시키며 안전사고의 위험성이 높다.
② 약실(탄피)의 길이가 긴 엽탄은 장탄 량이 많아 총강에 피로를 준다.
③ 약실과 길이가 같은 매그넘탄은 경량 총기에 사용한다.

정답 13.② 14.② 15.② 16.③ 17.② 18.① 19.④ 20.④ 21.② 22.② 23.① 24.③

④ 약실이란 총열 후미에 실탄을 장전하는 부분이다.

25. 탄알 지름 3.75㎜ 엽탄으로 포획이 가장 적당한 야생동물은?
① 멧돼지 ② 십자매
③ 흰뺨검둥오리 ④ 멧비둘기

26. 다음은 수렵용 엽총탄에 대한 설명이다. 틀린 것은?
① 산탄으로 안전하다.
② 납 또는 철로 만든 작은 알맹이다.
③ 단탄은 사용할 수 없다.
④ 사격 시 지형에 영향을 받는다.

27. 다음 중 압축공기를 분출시켜 탄환을 밀어내는 원리를 이용하여 제작된 총기는?
① 어획총 ② 공기총
③ 엽총(샷건) ④ 소총

28. 다음 중 수렵용 엽탄 설명으로 적합하지 않은 것은?
① 탄알과 화약 등으로 구성되어 있다.
② 엽총(샷건)에 사용되고 있다.
③ 엽탄 표준 직경에 따라 길이가 다르다.
④ 번경에 맞는 엽탄만 사용하여야 한다.

29. 다음 중 산탄 탄알의 규격 기준에 맞는 것은?
① 탄알의 무게 ② 탄알의 반지름
③ 탄알의 호수 ④ 탄알의 형태

30. 다음 중 엽탄의 올바른 설명은?
① 엽탄은 산탄으로 안전하다.
② 초크에 따라 엽탄을 사용한다.
③ 엽탄 알맹이는 2개 이상만 사용한다.
④ 엽탄 알맹이 크기는 포획대상물과 별개다.

31. 다음 중 엽탄의 구조물과 다른 것은?
① 탄피와 신관 ② 산탄과 탄환
③ 워드와 화약 ④ 뇌관과 케이스

32. 다음 중 실탄 발사과정 설명이 틀린 것은?
① 공기총은 격발하면 해머가 공기압축탱크의 밸브를 개폐시켜 분출된 공기압으로 탄두를 밀어낸다.
② 실탄의 속도는 총열의 길이와 실탄의 무게, 탄두의 모양에 따라 다르다.
③ 실탄 장약으로 사용되는 유연화약은 타격 등에 의해 폭발되며 압축가스는 탄두를 총열 밖으로 밀어낸다.
④ 화약총을 격발하면 뇌관 안에 있던 점화제가 폭발하면서 추진제에 불이 붙고 화약가스가 생겨 탄알을 밀어낸다.

33. 다음 중 탄알 지름 6.1㎜ 엽탄으로 포획이 가장 적당한 야생동물은?
① 흰뺨검둥오리 ② 고라니
③ 멧비둘기 ④ 쇠오리

34. 다음 중 표적에 맞은 산탄 입자의 수로 분류한 것은?
① 연지탄 ② 패턴
③ 초크 ④ 엽탄

35. 다음 중 산탄 탄알의 규격에 대한 기준이 아닌 것은?
① 탄알의 호수 ② 탄알의 형태
③ 탄알의 수 ④ 탄알의 지름

36. 다음중 약실의 길이와 다른 엽탄 사용에 따른 피해가 아닌 것은?
① 총구가 막힐 수 있다.
② 본인과 타인에게 피해를 줄 수 있다.
③ 공이치기가 파손된다.
④ 탄착점이 다를 수 있다.

37. 다음 중 불발탄이 발생한 경우 잘못된 처리는?
① 불발탄은 안전한 방법으로 처리하여 사고를 예방한다.
② 불발탄은 다른 도구를 이용하여 충격을 가해 본다.

제 3 장

정답 25.③ 26.① 27.② 28.③ 29.④ 30.③ 31.① 32.③ 33.② 34.② 35.① 36.③ 37.②

③ 뇌관에 타격 흔적이 없거나 약할 경우 총기고장으로 판단한다.
④ 뇌관에 타격흔적이 있으면 불량 엽탄으로 판단한다.

38. 다음 중 연지탄 제1호의 표준 직경과 중량이 맞는 것은?
① 5.5㎜, 1.5g 이하 ② 5.0㎜, 1.7g 이상
③ 4.5㎜, 1.5g 이상 ④ 5.5㎜, 1.7g 이하

39. 다음 중 실탄의 안전관리를 바르게 설명한 것은?
① 실탄 주머니에 넣고 사용한다.
② 엽탄을 자동차 또는 가정의 장식용으로 전시해 놓는다.
③ 수렵종료 후 엽장지 관할 파출소에 보관한다.
④ 엽총의 약실과 맞지 않은 엽탄을 자주 사용한다.

40. 다음 중 공기총 산탄 탄알의 지름에 맞는 것은?
① 2.5㎜ 이하 ② 2.7㎜ 이하
③ 2.9㎜ 이하 ④ 3.3㎜ 이하

41. 다음 중 엽탄의 내부 구조물이 아닌 것은?
① 화약 ② 공이 ③ 뇌관 ④ 산탄

42. 다음 중 총포관련법상 탄알의 장전방법과 다른 설명은?
① 탄창식 ② 삽탄식
③ 압축식 ④ 회전식

43. 다음 중 화약총에 사용하는 산탄 설명이 아닌 것은?
① 샷 콜론(shot colon)이란 선두 탄알과 후미 탄알 사이 간격을 말한다.
② 샷 콜론(shot colon)이 길어질수록 패턴은 나빠진다.
③ 산탄은 원형을 형성하며 표적을 향해 날아간다.
④ 산탄과 라이플탄은 다르다.

44. 다음은 총포관련법상 탄알의 장전방법이다. 올바른 것은?
① 압축식 ② 수동식
③ 삽탄식 ④ 견착식

45. 다음 중 폭발 위험성이 없는 탄은?
① 군용 실탄 ② 공포탄
③ 공기총용 연지탄 ④ 엽총(샷건)용 실탄

46. 다음 중 외부의 자극을 받아 엽탄이 폭발할 수 있는 요인이 아닌 것은?
① 기온 ② 충격 ③ 마찰 ④ 고온

47. 연지탄 제3호의 표준 직경과 중량이 맞는 것은?
① 4.5㎜, 1.3g 이하 ② 5.5㎜, 1.7g 이상
③ 6.4㎜, 1.9g 이상 ④ 5.0㎜, 1.5g 이하

48. 다음 중 공기총에 사용되는 연지탄이 아닌 것은?
① 4.5mm 연지탄 ②6.4mm 연지탄
③ 5.0mm 연지탄 ④5.5mm 연지탄

49. 다음 중 산탄 공기총의 연지탄 에너지가 올바른 것은?
① 50G 이하 ② 60J 이하
③ 60G 이상 ④ 60H 이상

50. 다음의 엽탄 설명에 틀린 것은?
① 납알은 표준직경에 따라 서로 크기가 다르다.
② 엽탄은 표준직경이 낮을수록 탄알의 크기가 작다.
③ 법령상 엽탄의 납알 크기는 직경 18.3밀리미터(mm) 이하이어야 한다.
④ 유효사거리는 보통 50~60m 정도이다.

51. 다음 중 탄알 알맹이수가 가장 적게 만든 엽탄으로 포획이 적절한 수렵동물은?
① 멧돼지 ② 까마귀
③ 멧비둘기 ④ 참새

정답 38.④ 39.③ 40.③ 41.② 42.③ 43.③ 44.③ 45.③ 46.① 47.① 48.② 49.② 50.② 51.①

52. 다음 중 탄환의 탄착점에 미치는 영향이 가장 작은 것은?

① 지형지물 ② 공기밀도
③ 온도의 변화 ④ 풍향

53. 다음 중 연지탄의 구조가 틀린 것은?

① 추진력을 극대화시키기 위해 뒷부분이 치마(스컷트)모양이다.
② 정확도를 높이기 위해 뒷부분이 유선형이다.
③ 명중률을 높이기 위해 앞머리를 납작하게 만들었다.
④ 공기의 저항을 줄이기 위해 앞머리가 뾰쪽하다.

54. 다음 중 탄알 지름 3.0㎜ 엽탄으로 포획이 가장 적절한 수렵동물은?

① 참새 ② 청둥오리
③ 꿩 ④ 멧돼지

55. 다음 중 연지탄의 종류가 아닌 것은?

① 포인티드형 ② 돔형
③ 스커트형 ④ 워드커더형

56. 다음 중 워드커터형 연지탄의 설명이 아닌 것은?

① 단거리 사격에 적합하다.
② 앞머리가 평평하다.
③ 수렵용으로 사용한다.
④ 정확도가 가장 높다.

57. 다음 중 탄알 지름 2.4㎜ 엽탄으로 포획이 유리한 야생동물은?

① 고라니 ② 참새
③ 멧비둘기 ④ 꿩

58. 다음 중 강력한 압력을 사용하는 공기총에 적합한 연지탄은?

① 포인티드형
② 돔형
③ 할로우 포인티드형
④ 워드커더형

59. 다음 중 탄알 알맹이가 가장 많은 엽탄으로 포획이 적당한 수렵동물은?

① 멧비둘기 ② 멧돼지
③ 꿩 ④ 고라니

60. 다음 중 화약 및 실탄의 발사과정 설명이 잘못된 것은?

① 화약이 연소하면서 수축되는 힘으로 탄알을 총구 밖으로 밀어낸다.
② 무연화약이 총기 내부에서 연소 될 때의 가스는 994배로 팽창된다.
③ 화약은 마찰 등 외부의 자극에 순간적으로 팽창하는 성능을 가지고 있다.
④ 무연화약이 총기 내부에서 연소 시 걸리는 시간은 0.0012초이다.

61. 다음 중 유효사거리에 대한 올바른 설명은?)

① 실탄의 비행거리
② 총종별 유효사거리는 동일하다.
③ 동물을 포획할 수 있는 거리
④ 정조준과 조준선 정열된 거리

62. 무연화약이 총기 내부에서 연소 시 걸리는 시간과 가스 팽창률이 바르게 연결된 것은?

① 0.0017초 – 1,024배
② 0.001초 – 955배
③ 0.0012초 – 994배
④ 0.0035초 – 1,955배

63. 다음은 엽총(샷건) 등 화약총의 발사 원리에 대한 설명이다. 틀린 것은?

① 뇌관 추진제가 충격을 받아 폭발한다.
② 폭발 시 장약의 화약입자에 불을 확산시켜 탄력성을 갖춘 화약가스를 만들어 낸다.
③ 화약이 연소하면서 팽창되는 가스 압력으로 탄알을 총구 밖으로 밀어낸다.
④ 격발되면 노리쇠 내부에 장치된 공이치기에 의해 뇌관을 때린다.

제 3 장

정답 52.③ 53.② 54.③ 55.③ 56.③ 57.③ 58.③ 59.① 60.① 61.③ 62.③ 63.①

64. 관통력은 약하나 탄흔이 크게 남는 연지탄은?
① 포인티드형
② 돔형
③ 할로우 포인티드형
④ 워드커더형

65. 다음의 엽탄구조물 중 워드 형태가 아닌 것은?
① 십자형 워드　② 원통형 워드
③ 방추형 워드　④ 나사형 워드

66. 다음 중 엽탄의 비행에 관한 설명으로 볼 수 없는 것은?
① 산탄은 바람, 지형지물 등 외부 영향을 받아 탄착점이 흩어질 수 있다.
② 발사된 엽탄은 산탄군을 형성하며 날아간다.
③ 산탄군은 동시에 표적에 맞는다.
④ 산탄은 엽사가 조준한 방향과 다르게 날아가는 경우가 있다.

67. 다음 중 공기총 발사원리에 맞는 설명은?
① 노리쇠가 공기압축 탱크의 개폐 밸브를 타격하면 압축공기가 탄환을 밀어낸다.
② 공기압축 탱크의 개폐 밸브를 타격하면 그 충격으로 압축탱크 밸브가 열리면서 압축공기가 탄환을 밀어낸다.
③ 방아쇠를 당겨 격발이 되면 노리쇠 내부에 압축된 공기가 공이치기를 때린다.
④ 공이치기가 충격을 받으면 압축밸브가 열리면서 그 충격으로 실탄을 밀어낸다.

68. 다음 중 총포관련법상 산탄총(샷건)의 탄알 유효사거리는?
① 50m 이내　② 60m 이내
③ 70m 이내　④ 30m 이내

69. 수렵용 엽총 실탄에 대한 설명이 아닌 것은?
① 멧돼지 사냥은 단탄을 사용한다.
② 꿩 사냥은 산탄을 사용 한다.
③ 방아쇠를 당기고 있어도 한발씩만 발사된다.
④ 연지탄은 사용할 수 없다.

70. 다음 중 연지탄 규격과 명칭이 아닌 것은?
① 연지탄 제4호　② 연지탄 제1호
③ 연지탄 제2호　④ 연지탄 제3호

71. 다음 중 수렵용 엽총(샷건)에 사용하는 탄알성질이 아닌 것은?
① 기온이 낮으면 공기밀도가 낮아지면서 공기저항을 적게 받는다.
② 기온이 높으면 화약의 연소가 빨라져 가스압력이 증대되어 탄속은 빨라진다.
③ 바람 또는 지형지물 등도 탄도의 변화에 영향을 주게 된다.
④ 탄알은 공기의 저항과 중력에 영향을 받게 된다.

72. 다음 중 총기를 이용하여 조수를 포획할 수 있는 사거리란?
① 포획사거리　② 유효사거리
③ 비행사거리　④ 최대사거리

73. 다음 중 실탄의 탄속에 영향을 미치는 요소가 아닌 것은?
① 실탄의 성능　② 총기의 구조
③ 탄두의 모양　④ 총열의 길이

74. 다음 중 유연화약의 잘못된 설명은?
① 국내에서는 최무선 장군이 화포와 화통을 만들었다.
② 초창기 화약은 초석 · 목탄 · 유황 등의 혼합물로 만들었다.
③ 화승총에 사용한 화약은 눈 · 비가 와도 사용할 수 있었다.
④ 10세기경 중국에서 처음 만들었다.

75. 다음 중 실탄 폭발의 원인과 직접 관련이 없는 것은?
① 충격　② 열
③ 소리　④ 마찰

76. 다음 중 화약을 폭발시킬 수 있는 외부의 자극이 아닌 것은?

정답 64.④ 65.③ 66.③ 67.② 68.② 69.① 70.① 71.① 72.② 73.② 74.③ 75.③ 76.②

① 타격 ② 공기
③ 충격 ④ 마찰

77. 다음 중 공기총 실탄 설명이 잘못된 것은?

① 충격 순간 충격이 증대되어 유탄의 위험이 증가하게 된다.
② 연성으로 보관이 어렵고 무거운 중량으로 낙하탄의 위험성이 높다.
③ 위력을 중시하는 수렵용은 공기의 저항을 줄이기 위해 뾰족하게 제작되어 있다.
④ 납으로 만들어져 연지탄이라고도 불린다.

78. 다음 중 엽탄의 안전한 사용을 위해 헌터가 알아두어야 할 일이 아닌 것은?

① 엽탄은 동일 회사 제품이면 번경에 상관없이 사용해도 무방하다.
② 엽탄을 포장한 박스와 엽탄에 표기된 내용을 파악한 후 사용해야 한다.
③ 엽탄의 안전한 관리와 사용 방법을 알고 난 후 사용해야 한다.
④ 총기마다 적절한 엽탄이 있으므로 이를 확인하고 사용해야 한다.

제 3 장

정답 77.① 78.①

제4절 사격술 등 (과목 3(1종)/영역 4)

1. 다음은 사격술에 대한 설명이다. 틀린 것은?
① 고정된 목표물은 지상보다 물위가 잘 맞는다.
② 지향사격은 안전사고를 유발시킬 수 있다.
③ 정조준과 조준선 정열은 다르다.
④ 엽총은 리드 사격이 정조준보다 유리하다.

2. 다음 중 수렵용 샷건의 거총요령이 아닌 것은?
① 개머리의 고무패드는 견착 시 저항을 받아 나무패드에 비해 불리하다.
② 두꺼운 사냥복을 입을 경우 총을 전방으로 내민 후 견착해야 한다.
③ 개머리의 플라스틱 패드는 고무패드 보다 저항을 많이 받는다.
④ 짧은 개머리판은 신속한 거총이 유리하다.

3. 다음 중 멧돼지 사냥요령이 아닌 것은?
① 사격은 배 부위보다는 다리를 쏘는 것이 효과적이다.
② 지방이 두꺼운 멧돼지는 급소인 인중을 사격해야 효과적이다.
③ 헌터가 서있는 위쪽 능선에서 내려오는 멧돼지는 사격하지 않아야 한다.
④ 도망가는 멧돼지는 속도에 따라 1m～1.5m를 리드 사격해야 한다.

4. 다음은 공기총 사격술 설명이다. 틀린 것은?
① 사격 후 시선은 목표물을 지향한다.
② 1단과 2단으로 분리하여 방아쇠를 당긴다.
③ 한쪽 눈은 감고 사격한다.
④ 주로 고정표적에 사용한다.

5. 다음 중 엽총(shotgun)의 사격술로 보기 어려운 것은?
① 물위 또는 전깃줄에 앉아있는 조류는 날린 후 사격한다.
② 이동표적을 쏠 때에는 리드사격을 해야 한다.
③ 엽총(샷건)은 표적이 가까이 있을 때보다 어느 정도 날아간 뒤 사격해야 한다.
④ 산탄이기 때문에 날아가는 조류는 정조준하여 사격한다.

6. 다음 중 꾸준한 사격연습의 목적이 아닌 것은?
① 타인의 생명 재산보호
② 포획 동물의 고통감소
③ 많은 동물의 포획④ 안전사고 방지

7. 다음 중 사격술 용어 설명이 잘못된 것은?
① 조준점이란 조준선의 목표가 되는 지점이다.
② 조준각이란 조준선과 사선 사이에 형성되는 각도이다.
③ 조준선이란 눈과 가늠자 가늠쇠를 통하여 조준점에 이르는 선이다.
④ 발사선이란 총열과 목표물까지의 연장선이다.

8. 다음의 사격 용어 중 조준각이란?
① 조준선과 목표물까지의 각도
② 조준선과 사선 사이의 각도
③ 조준점과 사선 사이의 각도
④ 총구와 사수의 각도

9. 다음 중 사격술 배양 목적은?
① 자신감 배양
② 사람의 생명 보호
③ 강인한 정신력 배양
④ 포획량을 위해

10. 다음 중 사격에 미치는 영향이 가장 적은 것은?
① 옆바람 ② 맞바람
③ 기온 ④ 지형지물

11. 다음중 사격에 미치는 영향이 가장 적은 것은?
① 회오리바람 ② 맞바람
③ 옆바람 ④ 뒷바람

12. 다음 중 가장 안전한 사격방법은 무엇인가?
① 인가 주변으로 나는 조류는 사격을 멈춘다.
② 물 위의 오리는 날린 후 사격한다.

정답 1.① 2.③ 3.② 4.③ 5.④ 6.③ 7.④ 8.③ 9.② 10.③ 11.④ 12.①

③ 잠자고 있는 수류는 도망가게 한 후 사격한다.
④ 전선 위의 멧비둘기는 날린 후 사격한다.

13. 다음 중 안전한 사격 방법이 아닌 것은?
① 동료 엽사와는 안전거리를 유지한다.
② 평소 사격술을 배양한다.
③ 총기의 특성과 실탄의 성능을 이해한다.
④ 날고 있는 조류는 최대한 접근하면서 사격한다.

14. 다음은 사격술에 대한 설명이다. 틀린 것은?
① 사격장을 자주 이용하여 사격술을 습득한다.
② 긴장을 풀고 급작스런 사격을 금한다.
③ 지상에 비해 공중사격이 안전하다.
④ 엽총(샷건)과 공기총 조준 방법은 같다.

15. 다음 중 이동하는 수류에 대한 올바른 사격 방법은?
① 리드 사격을 한다.
② 멈출 때까지 기다린 후 사격한다.
③ 정조준 후 사격한다.
④ 조준선을 정열한 후 사격한다.

16. 다음 중 고정표적의 사격 순서로 올바른 것은?
① 조준→자세→호흡→격발→추적
② 추적→자세→호흡→조준→격발
③ 호흡→자세→조준→격발→추적
④ 자세→호흡→조준→격발→추적

17. 다음은 엽총(샷건)사격에 관한 설명이다. 적절하지 않은 것은?
① 거총은 개머리를 들어 어깨에 견착하는 동작이다.
② 엽총사격은 몸에 힘을 빼고 자연스럽게 스윙하여야 한다.
③ 공기총과 엽총(샷건)의 조준법은 동일하다.
④ 눈의 초점은 가늠쇠보다 이동 중인 물체에 두어야 한다.

18. 다음 중 사격술의 올바른 자세가 아닌 것은?
① 총기와 어깨뼈의 밀착 자세
② 긴장이 완화된 자세
③ 개머리와 어깨가 밀착된 자세
④ 자연스러운 자세

19. 다음 중 수렵장 안전수칙이 잘못된 것은?
① 출렵 전에 사격술을 배양한다.
② 초보 엽사는 안전을 위해 가까이 둔다.
③ 동료 수렵인과 안전거리를 유지한다.
④ 민가 근처를 지날 때 약실을 개방한다.

20. 다음의 사격 용어 중 조준선이란 무엇인가?
① 눈과 가늠자, 가늠쇠를 통하여 조준점에 이르는 선이다.
② 총열의 연장선이다.
③ 목표물과 사선 사이에 이르는 각도이다.
④ 가늠자와 목표물에 이르는 선이다.

21. 다음 중 조준선의 목표가 되는 지점은?
① 조준각 ② 발사선
③ 조준점 ④ 조준선

22. 총구의 방향과 시선이 나는 조류를 따라가다 사격하는 것을 무엇이라 하는가?
① 정조준 ② 조준선 정열
③ 스윙 ④ 격발

23. 다음 중 사격술의 기본자세라 할 수 없는 것은?
① 총과 인체가 조화롭게 균형이 잡힌 자세
② 신체의 어느 부분에도 긴장됨이 없는 자세
③ 견착이 부드러운 자세
④ 편안하고 안정된 자세

24. 다음 중 사격에 관한 설명이 틀린 것은?
① 한쪽 눈만 사용 할 때는 고정표적이 유리하다.
② 눈의 초점을 가늠쇠에 두면 총의 동요 폭이 적게 느껴진다.
③ 두 눈을 뜨고 사격해야 한다.
④ 눈과 가늠쇠를 표적에 일치시킨다.

정답 13.④ 14.④ 15.① 16.④ 17.③ 18.③ 19.② 20.① 21.③ 22.③ 23.③ 24.①

25. 나르는 조류에 대한 사격실패 원인이 가장 높은 이유는?
① 조준 불량　② 격발 불량
③ 스윙 불량　④ 견착 불량

26. 다음 중 올바른 공기총 사격의 기초자세가 아닌 것은?
① 총기는 뼈로 지탱한 자세
② 나무 등 의탁 자세
③ 총기가 몸에서 겉돌지 않는 자세
④ 안정된 자세

27. 다음 중 수렵총기의 격발요령이 아닌 것은?
① 방아쇠의 압력배분에 유의하여야 한다.
② 최종 압력을 부드럽게 증가시켜야 한다.
③ 호흡은 3분의 1을 내쉰 후 멈추어야 한다.
④ 위축사격과 급작사격을 하지 않는다.

28. 다음 중 사격 시 시선에 대한 설명이 틀린 것은?
① 양쪽의 눈은 뜬 상태여야 한다.
② 사격 전 반드시 전방을 관찰하여야 한다.
③ 고정표적의 경우 조준선 정열과 정조준을 해야 한다.
④ 이동표적의 경우 시선은 가늠자에 둔다.

29. 다음의 사격 실패원인 중 가장 비중이 높은 것은?
① 조준선 정열 불량
② 급작사격
③ 정조준
④ 견착 불량

30. 다음 중 고정표적의 사격 순서로 올바른 것은?
① 조준→자세→호흡→격발→추적
② 추적→자세→호흡→조준→격발
③ 호흡→자세→조준→격발→추적
④ 자세→호흡→조준→격발→추적

31. 다음 중 사격술과 거리가 먼 것은?
① 이동표적은 속도를 감안하여 일정거리 앞에 사격한다.
② 몸에 힘을 빼고 조준하는 것이 중요하다.
③ 정신 집중이 중요하다.
④ 격발은 잡아채듯이 급하게 당겨야 한다.

32. 다음 중 수렵총기의 격발요령이 아닌 것은?
① 위축사격과 급작사격을 하지 않는다.
② 호흡은 3분의 1을 내쉰 후 멈추어야 한다.
③ 방아쇠의 압력배분에 유의하여야 한다.
④ 최종 압력을 부드럽게 증가시켜야 한다.

33. 다음 중 사격술 배양 방법이 아닌 것은?
① 강인한 정신력　② 신체적 컨디션
③ 사격이론 숙지　④ 적당한 체력

34. 다음의 사격 실패원인 중 가장 비중이 높은 것은?
① 정조준
② 견착 불량
③ 조준선 정열 불량
④ 급작사격

35. 다음 중 수렵 시 행동요령이 잘못된 것은?
① 엽총(샷건)으로 고정된 물체에 사격하는 것은 올바른 매너가 아니다.
② 사격술의 기본자세를 항상 유지하여야 한다.
③ 갑자기 출현한 짐승은 지향사격을 해야 한다.
④ 부부라도 함께 대동하여서는 안 된다.

36. 다음 중 샷건의 사격요령이 아닌 것은?
① 이동표적의 조준은 한 박자 빠른 정조준이어야 한다.
② 이동표적의 조준은 총기와 몸이 일체가 되게 스윙해야 한다.
③ 장난감 총기 또는 사격장을 통한 지속적인 거총 연습이 중요하다.
④ 허리, 어깨, 뺨 등에 완벽하게 견착한 후 발사해야 한다.

정답 25.③ 26.② 27.③ 28.④ 29.③ 30.④ 31.④ 32.② 33.④ 34.① 35.③ 36.①

37. 다음은 사격술의 필요성에 대한 설명이다. 틀린 것은?

① 자신감이 결여된 헌터는 사격 대상의 식별에 앞서 방아쇠부터 당긴다.
② 정신력에 비해 사격술이 우선되는 것으로 집중력이 매우 중요하다.
③ 우수한 사격술은 피격동물의 고통을 감소시켜 준다.
④ 사격은 사람의 생명과 재산에 직결되므로 사격술이 차지하는 비중이 매우 크다.

38. 다음 중 공기총의 올바른 조준이 아닌 것은?

① 단탄 공기총은 명중률을 높이기 위해 조준경을 부착한다.
② 조준경을 부착하지 않은 총기는 가늠쇠에 초점을 둬야 한다.
③ 이동표적은 가늠자에 초점을 둬야 한다.
④ 고정된 표적에 조준선을 정열하고 정조준 사격한다.

39. 다음 중 이동표적의 사격 순서에 맞는 것은?

① 거총→스윙유지→리드조준점→격발→추적
② 거총→리드조준점→스윙유지→격발→추적
③ 거총→리드조준점→격발→스윙유지→추적
④ 추적→거총→스윙유지→조준→격발

40. 다음은 사격을 실패한 원인분석이다. 잘못된 것은?

① 갑자기 조류가 출현하여 일정한 거리에 도달하기 전 사격한 조기 발사
② 리드조준과 스윙을 유지하였으나 위축 사격으로 실패, 스윙 불량
③ 조류의 이동시간과 실탄의 도달거리 계산 후 정조준 사격했으나 조준 불량
④ 갑자기 출현한 고라니를 보고 당황하여 견착 전 사격한 거총 불량

41. 다음 중 사격술을 습득해야 하는 이유가 아닌 것은?

① 야생동물 고통감소
② 안전사고 예방
③ 야생동물 식별능력 향상
④ 야생동물을 많이 포획하기 위해

42. 다음 중 수렵장 안전수칙이 잘못된 것은?

① 출렵 전에 사격술을 배양한다.
② 초보 엽사는 안전을 위해 가까이 둔다.
③ 동료 수렵인과 안전거리를 유지한다.
④ 민가 근처를 지날 때 약실을 개방한다.

43. 실탄이 발사되고 조준상태를 유지하여 명중을 향상시키고 그 명중시킨 사격예감을 다음 사격에 연결시키는 것을 무엇이라 하는가?

① 격발 ② 감도 ③ 예언 ④ 추적

44. 다음 중 사격술의 올바른 기초 자세는?

① 의탁 자세 ② 안정된 자세
③ 총과 인체의 분리 자세
④ 긴장된 자세

45. A는 첫 출렵한 초보엽사로서 나는 조류를 발견하고 여유롭고 침착하게 사격하였으나 실패했다. 다음 중 가장 큰 실패 원인은?

① 적정한 초크 삽입 불량으로 실패
② 리드사격을 하였으나 총구의 일시적 멈춤으로 실패
③ 경험이 없는 초보헌터로서 긴장하여 실패
④ 리드사격을 하였으나 급박한 방아쇠 당김으로 실패

46. 다음 중 수렵총기의 격발 요령이 아닌 것은?

① 우측 손은 방아쇠에 넣은 손가락이 움직이지 않게 적당하게 파지한다.
② 이동표적의 격발요령은 고정표적의 격발요령보다 사격에서 차지하는 비중이 크다.
③ 방아쇠는 검지손가락 첫마디에 걸고 직 후방으로 당겨야 한다.
④ 격발 시 적극적이되 압력을 균등하게 증가시켜야 한다.

정답 37.② 38.③ 39.② 40.② 41.④ 42.② 43.④ 44.② 45.② 46.①

제3장

47. 다음 중 엽총(샷건)사격의 일시멈춤현상을 극복하는 요령이 아닌 것은?
① 목표물에 비해 가늠자와 가늠쇠에 집중하여야 한다.
② 가늠쇠를 무시하고 목표물이 초점에 집중하여야 한다.
③ 목표물에 대한 정조준 관념을 버려야 한다.
④ 목표물에 대한 조준선정열의 고정관념을 버려야 한다.

48. 다음 중 공기총 사냥에 가장 중요한 것은?
① 목측거리 연습
② 수류의 서식지 관찰법
③ 지형지물
④ 실측거리 연습

49. 다음 중 사격에 관한 설명으로 옳지 않은 것은?
① 사격에서 목측거리는 중요하지 않은 요소이다.
② 공기총 사격은 격발이 가장 중요한 단계이다.
③ 추적이란 격발 후 조준점을 끝까지 지속시키는 단계를 말한다.
④ 예언이란 탄착점을 미리 예측하는 것을 말한다.

50. 다음은 사격술의 필요성에 대한 설명이다. 틀린 것은?
① 우수한 사격술은 피격동물의 고통을 감소시켜 준다.
② 사격은 사람의 생명과 재산에 직결되므로 사격술이 차지하는 비중이 매우 크다.
③ 자신감이 결여된 헌터는 사격 대상의 식별에 앞서 방아쇠부터 당긴다.
④ 정신력에 비해 사격술이 우선되는 것으로 집중력이 매우 중요하다.

51. 다음은 사격술에 대한 설명이다. 틀린 것은?
① 사격장을 자주 이용하여 사격술을 습득한다.
② 긴장을 풀고 급작스런 사격을 금한다.
③ 지상에 비해 공중사격이 안전하다.
④ 엽총(샷건)과 공기총 조준 방법은 같다.

52. 다음 중 수렵장에서의 사격자세가 잘못된 것은?
① 인지손가락은 걸쇠 밑으로 향해서는 안 되며 사격 직전까지 방아쇠에 인지를 걸어서도 안 된다.
② 사격전에는 어떤 경우에도 총기를 수평으로 유지해서는 안 된다.
③ 총기휴대 시 왼손에 피로도가 쌓이게 하지 않게 해야 한다.
④ 거총 시 양팔을 올려 총기의 안전감을 유지하고 긴장을 풀어야 한다.

53. 다음 중 올바른 사격방법에 맞는 것은?
① 오소리를 발견하고 사격을 중지했다.
② 공기총은 리드사격이 유리하다.
③ 물 위의 앉은 오리류에 대한 사격은 육상에 비해 조준이 쉽다.
④ 산탄은 알맹이가 많아 적당히 사격해도 포획할 수 있다.

54. 다음 중 사격요령이 잘못된 것은?
① 총기의 파지는 편안하고 부드러운 자세를 유지한다.
② 엽총 사격은 허리를 이용하여 스윙한다.
③ 엽총 사격은 눈은 가늠쇠에 두어야 한다.
④ 호흡은 2/3 정도를 내쉬고 멈춘다.

55. 다음 중 공기총 사격술 설명이 틀린 것은?
① 5.0㎜ 공기총 사격은 산탄엽총과 같이 리드사격이 중요하다.
② 5.0㎜ 공기총 사격은 표적과의 거리를 예측하는 능력이 중요하다.
③ 5.0㎜ 공기총 사격은 시선을 가늠쇠에 둔다.
④ 5.0㎜ 공기총 사격은 방아쇠를 1단, 2단 당겨야 한다.

56. 나르는 조류에 대한 사격 실패 원인이 가장 높은 이유는?
① 조준 불량　② 격발 불량
③ 스윙 불량　④ 견착 불량

정답 47.① 48.① 49.① 50.④ 51.④ 52.④ 53.① 54.③ 55.① 56.③

57. 다음 중 사격술에 대한 설명이 틀린 것은?
① 눈과 가늠쇠를 표적에 일치시키는 것이 중요하다.
② 공기총은 접근술과 목측거리 연습이 중요하다.
③ 옆바람은 근거리 사격도 영향을 미친다.
④ 공기총의 조준장치는 아웃사이트로 구성되어 조준을 돕는다.

58. 다음 중 사격술의 안전요령이라 할 수 없는 것은?
① 풍향과 풍속은 사격에 많은 영향을 끼친다. 특히 맞바람은 탄알을 옆으로 이동시켜 근거리 사격도 영향을 미친다.
② 사격수의 뼈에 총기를 밀착시키는 등 총과 인체가 조화롭게 균형 잡힌 자세를 유지해야 한다.
③ 자연스런 자세의 조준점은 총기의 안정을 유지하며 총구방향도 안정되게 한다.
④ 공기총의 조준장치는 오픈사이트로 구성되어 표적을 쉽게 분별하고 두 눈을 사용하면 총기의 동요 폭이 적게 느껴져 안정된 사격을 할 수 있다.

59. 총구의 방향과 시선이 나는 조류를 따라가다 사격하는 것을 무엇이라 하는가?
① 정조준 ② 조준선 정열
③ 스윙 ④ 격발

60. 다음 중 이동사격이란?
① 고정된 표적의 리드 사격
② 물속에 잠수를 하고 있는 물체의 사격
③ 날거나 이동하는 물체의 리드 사격
④ 군무를 이루고 있는 물체에 대한 지향사격의 일종

61. 다음 중 수렵총기(샷건)의 올바른 사격자세는?
① 골반뼈 위에 총을 든 팔꿈치를 의탁하여 안정적인 자세를 취한다.
② 표적물을 향해 어깨넓이의 수평자세로 발을 벌린다.
③ 발 뒤쪽이 보일 정도로 허리를 숙이는 각도를 유지했다.
④ 체중이 발끝에 오도록 중심점을 약간 밀어 주었다.

62. 다음 중 사격 시 시선에 대한 설명이 틀린 것은?
① 양쪽의 눈은 뜬 상태여야 한다.
② 사격 전 반드시 전방을 관찰하여야 한다.
③ 고정표적의 경우 조준선 정열과 정조준을 해야 한다.
④ 이동표적의 경우 시선은 가늠자에 둔다.

63. 다음 중 수렵총기(샷건)의 거총과 파지법이 옳은 것은?
① 어깨를 뺨보다 개머리판에 먼저 대는 것이 속사엔 유리하다.
② 입술이 개머리판에 약간 닿을 정도로 견착하면 균형을 유지할 수 있다.
③ 심호흡 후 2/3를 내쉰 상태에서 몸에 힘을 주고 총기를 파지한다.
④ 턱은 최대한 당겨 견착한 후 목을 편하게 하고 조준한다.

64. 다음 중 수렵총기의 올바른 조준은?
① 움직이는 물체에 초점을 잡은 후 시선은 가늠쇠에 둔다.
② 조준선을 정열하고 정조준하여 총기의 흔들림이 없이 정확하게 사격한다.
③ 몸통에 거총 상태를 고정하고 초점을 맞춘 표적을 주시하며 조준 발사한다.
④ 고정된 물체의 정확성을 위해 한쪽 눈만 뜬다.

65. 공중으로 횡단하는 조류를 A는 다음과 같은 자세를 취했다. 가장 올바른 자세는?
① 밸런스를 유지할 수 없어 나무에 의탁한 채로 사격했다.
② 지형이 불편하여 몸에 힘을 주는 방법으로 사격자세를 유지했다.

정답 57.④ 58.① 59.③ 60.③ 61.④ 62.④ 63.② 64.③ 65.④

③ 바람이 불어 총기를 강하게 쥐고 자세가 흔들리지 않게 사격했다.
④ 긴장을 풀고 몸에 힘을 뺀 후 안정적인 사격자세를 유지하고 사격했다.

66. **다음 중 사격술에 대한 설명이 틀린 것은?**
① 사격연습을 많이 하면 안전사고 예방에 도움이 된다.
② 정신집중이 차지하는 비중이 매우 크다.
③ 목표물을 향해 총을 발사하는 기술이다.
④ 이동표적과 고정표적의 사격술은 같다.

정답 66.④

제5절 수렵도구(제2종)의 사용법 (과목 3/영역 5(2종))

1. 국궁의 자세를 8단계로 구분하여 물 흐르듯 동작해야 정확하게 사용할 수 있다. 다음 중 8단계 의 동작이 아닌 것은?
① 살 먹이기와 밀고 당기기
② 만작과 몸가짐
③ 발사와 잔신
④ 발 축과 들고 내리기

2. A는 2종 수렵도구로 사냥하고자 한다. 다음 중 갖추어야 할 요건이 아닌 것은?
① 석궁 또는 그물
② 야생동물 포획승인
③ 유해조수구제 허가
④ 2종 수렵면허증

3. 다음의 국궁사용법 중 발디딤 설명이 잘못된 것은?
① 왼발은 과녁 왼쪽 끝을 향하게 딛어야 한다.
② 오른발은 절반 내지 2/3정도 앞으로 내밀어 어깨 넓이로 벌린다.
③ 체중은 양발에 고루 실리게 하여 안정된 자세를 유지한다.
④ 활을 쏠 때 최초의 자세를 발디딤이라 하며 활쏘기의 기본토대이다.

4. 이동중인 동물에게 활사냥 엽사가 취해야 하는 것은?
① 조준선 정열 후 사격한다.
② 사격을 하지 않아야 한다.
③ 정조준 후 사격한다.
④ 2발을 동시에 장전하여 사격한다.

5. 다음 중 활사냥의 기본 장비는?
① 줌통, 화살, 시위 ② 활, 화살, 각지
③ 활, 고자, 절피 ④ 활, 화살, 촉, 각지

6. 2종 수렵승인을 받고 활을 사용하여 장끼 두 마리를 잡았다. 이때의 처벌은?
① 총포·도검·화약류 등의 안전관리에 관한 법률 위반 행위로 처벌된다.
② 합법적인 행위로 처벌을 받지 않는다.
③ 무허가 수렵도구 소지 행위자로 처벌된다.
④ 야생생물보호 및 관리에 관한 법률 위반 행위로 처벌된다.

7. 다음 중 활사냥의 발디딤 기본자세가 아닌 것은?
① 발끝의 각도는 20~60도를 유지해야 한다.
② 발디딤은 활쏘기의 기본동작으로 끝까지 유지하여야 한다.
③ 다리는 어깨넓이 만큼 벌리고 왼발은 과녁을 향해야 한다.
④ 체중을 허리에 두고 몸 중심을 양발에 고루 실어 안정을 유지한다.

8. 다음의 우리나라 민속 활 중 국궁 설명이 아닌 것은?
① 여름철에 국궁을 보관하고자 할 경우에는 30~34°c가 적당하다.
② 사계절이 뚜렷한 우리나라 기후에서 보관이 쉽다.
③ 궁신이 가볍다.
④ 탄성이 좋아 화살을 발사할 때 충격을 흡수한다.

9. 다음 중 허가를 받지 않고 활사냥한 경우의 처벌은?
① 야생생물보호 및 관리에 관한 법률에 의거 밀렵행위로 처벌된다.
② 활은 관계기관의 허가 대상이 아니지만 꿩을 잡았기 때문에 소지행위로 처벌 된다.
③ 장끼는 수렵 동물로 누구나 포획이 가능하므로 처벌을 할 수 없다.
④ 무허가 활 보관 및 소지위반으로 형사입건된다.

제3장

정답 1.④ 2.③ 3.② 4.② 5.② 6.② 7.④ 8.② 9.①

10. '잔신'은 발사 후의 자세로 활을 잘 쏘았는지를 결산하는 마지막 단계다. 틀린 것은?

① 줌팔이 좌우로 흐트러짐 없이 과녁을 향해 뻗어 있는 자세
② 줌팔이 두 어깨까지 올라간 자세
③ 각지 손은 뒤로 빼듯 뻗은 자세
④ 줌팔이 상하로 흐트러짐 없이 과녁을 향해 뻗어 있는 자세

11. 다음 중 활사냥 기본자세가 잘못된 것은?

① 몸가짐은 발디딤의 기초 위에 몸을 곧게 세우는 것이다.
② 몸을 곧게 세우고 허리를 펴야 한다.
③ 온몸의 중심을 허리에 두고 기력을 양발에 모은다.
④ 척추와 목덜미를 바르게 펴고 세워야 한다.

12. 다음 중 국궁의 올바른 들어올리기 자세는?

① 두 손과 발이 유연하면서도 부드러운 자세
② 몸의 중심을 허리 중앙에 두고 활을 가슴 높이로 들어 올린 자세
③ 활과 화살을 먹여 쥔 오른손을 머리 위로 들어 올린 자세
④ 활과 화살을 먹여 쥔 양손을 어깨 높이로 들어 올린 자세

13. 다음 중 활사냥 행동요령이 잘못된 것은?

① 명중과 동물의 고통을 감소시키기 위해 조준경을 부착하여 사격한다.
② 가까운 친구 또는 가족을 대동하면 안 된다.
③ 새끼를 거느린 동물을 잡는 것은 올바른 매너가 아니다.
④ 활쏘기의 기본자세를 항상 유지해야 한다.

14. 다음 중 새그물로 포획할 수 있는 동물은?

① 동박새 ② 참새
③ 독수리 ④ 수리부엉이

15. 다음 중 활사냥의 만작의 시간은?

① 1분 이내 ② 4~6초
③ 10~12초 ④ 15~20초

16. 다음 중 수류에 대한 올바른 활사냥법은?

① 여러 마리가 이동할 때에는 리더 동물을 먼저 사격한 후 다음 동물을 포획한다.
② 가까운 거리는 화살의 손실을 방지하기 위해 화살 끝에 안전선을 묶고 사격한다.
③ 움직이는 짐승을 발견하면 사격을 중지하고 멈출 때까지 기다린 후 사격한다.
④ 몰이꾼이 몰고 오는 짐승을 향해 사격한다.

17. 다음 중 수렵용 활의 선택 요령이 잘못된 것은?

① 화살의 중량은 궁사의 체력 및 활의 탄성과 일치된 것을 고른다.
② 화살의 길이는 궁사의 팔 길이와 일치된 것을 고른다.
③ 활을 사용하는 사람의 체격에 적당한 활을 사용한다.
④ 만작 시 4~5초를 유지할 수 있는 등 체력에 적정한 활을 선택하여야 한다.

18. 다음 중 활사용의 기본이 되는 자세는?

① 살 먹이기 자세 ②만작 자세
③ 들어올리기 자세 ④발디딤 자세

19. 새그물로 수렵을 하려고 한다. 다음 중 잘못된 것은?

① 수렵면허와 포획승인서를 휴대하여야 한다.
② 바람이 강한 날 참새는 기류를 타는 등 활발하게 움직이므로 이때 그물을 설치한다.
③ 하층식생이 없는 곳에 설치한다.
④ 일출 후 설치하고 매시간 그물을 점검하되 참새외 부상동물은 치료 후 방사한다.

20. 다음 중 만작에 대한 올바른 설명은?

① 밀고 당기기의 연속으로 몸과 마음, 궁시가 혼연일체가 된 자세
② 줌팔이 상하로 흐트러짐 없이 과녁을 향해 뻗어 있는 자세
③ 들어 올린 활을 앞뒤로 밀며 당겨서 만작

정답 10.② 11.③ 12.① 13.① 14.② 15.② 16.③ 17.① 18.④ 19.② 20.①

에 이르기까지의 동작
④ 들어 올린 활을 단숨에 당겨 만작이 되게 하는 동작

21. **다음 중 올바른 활사냥 방법은?**
① 새끼를 거느린 수류는 어미만 포획한다.
② 주변 환경과 어울리지 않아도 주황색 조끼 등을 입어야 한다.
③ 오리사냥의 경우 갈대와 유사한 색상의 위장복을 입어야 한다.
④ 발사 소음이 없으므로 야간에 사냥한다.

22. **다음 중 활의 선택과 사용에 적절한 설명은?**
① 화살의 길이는 궁사의 팔 길이와 일치하는 것을 고른다.
② 화살을 발사한 경우 지형지물에 영향을 받지 않는다.
③ 화살의 중량은 궁사의 체력과 활의 탄성이 일치하는 것을 고른다.
④ 활을 사용하는 사람의 체력보다 당기는 힘이 더 강한 활을 선택한다.

23. **다음 중 2종 수렵도구인 활의 설명이 옳은 것은?**
① 나무 등을 휘어 양 끝에 시위를 걸고 그 시위를 이용한 탄성으로 표적을 맞히는 것
② 탄성이 좋은 상아뼈를 휘어 양 끝에 시위를 걸고 당겨 그 압력을 이용하여 표적을 맞힌다.
③ 초기에는 갈대를 묶어 시위를 걸고 당기는 방법으로 표적을 맞혔다.
④ 국내에서는 현재 국궁 · 양궁 · 석궁 · 각궁 · 단순궁을 사용하고 있다.

24. **활을 다룸에 있어 우수한 기술과 재주가 있어야 한다는 엽사의 자세를 가리키는 윤리규범은?**
① 義(의) ② 藝(예)
③ 志(지) ④ 仁(인)

25. **다음 중 가장 현명하고 올바른 활사냥 방법은?**
① 멧돼지는 앞다리가 짧아 산기슭을 내려올 때 발사한다.
② 보호동물은 위협 발사를 하여 수렵장에 접근을 못하게 한다.
③ 조류는 여러 마리가 날 때를 기다린 후 사격한다.
④ 수류는 뛰다가 멈추는 시간을 이용하여 사격한다.

26. **다음 중 조류의 뛰어난 감각은?**
① 감각, 후각 ② 청각, 육감
③ 직감, 감각 ④ 시각, 청각

27. **수렵장 갈대밭에서 떠오른 꿩을 보고 궁사가 다음과 같이 행동했다. 옳은 것은?**
① 살 먹이기를 완료 후 꿩의 머리 방향으로 조준하여 발사하였다.
② 궁사와 활이 혼연일체가 되게 하고 만작 후 리드 사격을 하였다.
③ 나는 꿩이라 포획할 자신도 없었지만 아무런 발사 행위도 하지 않았다.
④ 양발을 어깨 넓이로 벌리고 안정된 자세를 취한 후 자연스럽게 발사하였다.

28. **다음 중 2종 수렵도구인 활이 우리나라에 출현한 시기는?**
① 후기 구석기시대
② 후기 신석기시대
③ 삼국시대
④ 후기 철기시대

29. **다음 중 올바른 활사냥 방법에 맞는 것은?**
① 시야가 어두운 지역에서는 야간투시경을 이용하여 사격한다.
② 움직이는 동물에 대해서는 어떠한 경우도 사격하지 않는다.
③ 화살의 비행속도는 초속 약 55m이므로 도망가는 고라니 사격에 유리하다.
④ 잠시 앉아 있는 동물은 도망갈 것에 대비하여 만작시간을 생략하고 사격한다.

정답 21.② 22.① 23.① 24.② 25.④ 26.④ 27.③ 28.① 29.②

제3장

30. **다음 중 안전한 활사냥이 아닌 것은?**
① 활의 특성과 화살의 성능을 이해한 상태에서 사격한다.
② 안전사고에 대비하여 반드시 2인 1조 사냥한다.
③ 수렵견을 대동한 경우 오히려 사냥을 실패한다.
④ 화살은 초속 50~60m이므로 동물의 속도와 비례하여 발사한다.

31. **끊임없는 인내와 노력으로 실력을 향상시켜야 한다는 엽사의 자세를 가리키는 윤리규범은?**
① 志(지) ② 仁(인)
③ 義(의) ④ 藝(예)

32. **다음 중 국궁의 밀며 당기기 자세가 올바른 것은?**
① 밀고 당기기의 연속으로 몸과 마음 궁시가 혼연일체가 된 자세
② 들어올린 활을 단숨에 당겨 만작이 되게 하는 동작
③ 몸의 중심을 허리 중앙에 두고 활을 가슴 높이로 들어올린 동작
④ 화살을 허리에서 빼 현의 절피에 끼우는 동작

33. **다음 중 화살의 비행거리에 영향을 미치는 요인이 가장 적은 것은?**
① 눈·비 ② 바람
③ 안개 ④ 지형지물

34. **다음 중 국궁 사용법의 '잔신' 설명이 옳은 것은?**
① 활을 쏘는 최후의 동작
② 발사 시 형성되는 자세로 활을 잘 쏘았는지 여부를 결산하는 단계
③ 활을 쏘는 기본동작
④ 적정한 시간에 겨냥과 굳힘 및 정신집중을 필요로 하는 동작

35. **다음 중 허가를 받지 않고 그물을 설치하여 참새를 포획한 경우의 처벌은?**
① 처벌을 받지 않는다.
② 그물의 불법보관 및 사용행위로 처벌된다.
③ 야생생물보호 및 관리에 관한 법률 위반 행위로 처벌된다.
④ 수렵장 위반 행위로 처벌된다.

36. **국궁의 자세를 8단계로 구분하여 물 흐르듯 동작해야 정확하게 사용할 수 있다. 다음 중 8단계의 동작으로 볼 수 없는 것은?**
① 만작과 잔신
② 화살 장전과 격발
③ 들어올리기와 몸가
④ 발사와 발 디딤

37. **다음 중 활사냥의 경우 가장 중요한 것은?**
① 수렵 동물 분포도
② 유효사거리
③ 목측거리
④ 최대사거리

38. **다음 중 새그물의 사용법이 아닌 것은?**
① 낚시대 등 탄력 있는 기둥을 세우고 목끈으로 그물을 펴지게 한다.
② 해질 무렵에 설치 후 다음날 아침에 점검한다.
③ 2인 1조로 한사람이 그물을 잡고 있는 동안 풀어나간다.
④ 일출 후 설치한다.

39. **다음은 활사냥 시 주의사항이다. 잘못된 것은?**
① 나는 조류에 대한 사격을 금한다.
② 차량이나 수렵장 이동 중 화살을 장전해서는 안 된다.
③ 타인의 경작지에 있는 동물은 안전상태를 확인 후 사격하여야 한다.
④ 주거지나 사람을 향한 조준은 절대 하지 않는다.

정답 30.④ 31.① 32.② 33.③ 34.② 35.③ 36.② 37.③ 38.② 39.③

40. 다음 중 활사냥의 준수사항이 가장 중요한 것은?
① 수렵도구 사용 능력 배양
② 안전사고 예방
③ 수렵 동물 포획
④ 야생동물 보호

41. 다음은 활사냥의 안전수칙에 관한 설명이다. 맞는 것은?
① 화살을 대지 않고 활을 당기거나 활시위를 튕겨서는 안 된다.
② 활에 망원조준경을 부착하여 사냥할 수 있다.
③ 활에 전기장치(액티베이터 등)를 부착할 수 있다.
④ 활은 필요에 따라 개조할 수 있다.

42. A는 2종 수렵면허를 취득한 사람으로 야생동물 통로에 함정을 설치 고라니 2마리를 포획한 후 인근 식당 주인 B에게 20만원을 받고 판매하였다. B는 이와 같은 사실을 알면서도 이를 구매 조리하여 판매하였다. 두 사람에 대한 처벌은?
① A, B 모두 행정처분 및 폐기처분
② A와 B 모두 형사입건 및 압류처분
③ A는 수렵면허 취소, B는 영업장 폐쇄 처분
④ A는 갱신허가 불허, B는 영업정지 처분

43. 다음 중 활사냥 요령이 틀린 것은?
① 물 위에 앉은 오리사냥은 시계가 확보되어 땅 위보다 유리하다.
② 발사 할 때는 몸의 흔들림이 없이 중심을 유지해야 한다.
③ 발디딤에서 잔신까지 물 흐르듯 이어지는 동작을 취해야 한다.
④ 수렵장에서 연습 사격은 안전사고를 유발시킬 수 있다.

44. A는 수렵절차가 복잡하여 이를 생략하고 시중에서 새그물 5개를 구입, 수렵장에 설치하여 참새 30여 마리를 포획하였다. A의 행위에 처벌을 논할 수 없는 것은?
① 수렵면허를 취득하지 않은 잘못
② 소지허가를 받지 않은 잘못
③ 포획승인을 받지 않은 잘못
④ 야생동물의 포획 금지 위반

45. 다음 중 활사냥 엽사가 지켜야할 안전수칙은?
① 움직이는 동물을 발견하고 수렵을 중지하였다.
② 수렵장에서 신속한 포획을 위해 장전한 채 이동하였다.
③ 유효사거리 내에서 나는 조류를 향해 발사했다.
④ 장전하지 않는 상태에서 재미삼아 활시위를 당겼다.

46. 수렵면허가 없는 A는 고향이 수렵해제가 된다는 사실을 알고 수렵을 위해 다음과 같이 준비를 했다. 다음 중 옳은 것은?
① 꿩 사냥을 위해 활 2개를 구입하여 경찰서장에게 소지허가 신청을 하고 자가 보관했다.
② 수렵면허시험에 합격, 지방자치단체장의 허가를 받지 않은 그물 2개를 구입하여 자가 보관중이다.
③ 수렵면허 시험기간이 지나서 1종 수렵도구만 구입했다.
④ 병・의원에서 신체검사를 받아 거주지 구청장에게 수렵면허증 교부를 신청했다.

47. 다음 중 그물을 설치하기 가장 좋은 시간은?
① 야생동물의 움직임이 없는 일출 후 시간
② 야생동물이 가장 활발하게 움직이는 16시 전후 시간
③ 먹이를 먹고 잠자리에 들기 위해 이동하는 시간
④ 야생동물이 잠에서 깨어나 활동하기 직전인 새벽 시간

48. 새그물로 수렵을 하려고 한다. 다음 중 잘못된 것은?
① 수렵면허와 포획승인서를 휴대하여야 한다.
② 바람이 강한 날 참새는 기류를 타는 등 활

정답 40.② 41.① 42.② 43.① 44.② 45.① 46.② 47.① 48.②

제3장

발하게 움직이므로 이때 그물을 설치한다.
③ 하층식생이 없는 곳에 설치한다.
④ 일출 후 설치하고 매시간 그물을 점검하되 참새와 부상동물은 치료 후 방사한다.

49. 다음 중 만작에 대한 올바른 설명은?
① 들어 올린 활을 앞뒤로 밀며 당겨서 만작에 이르기까지의 동작
② 들어 올린 활을 단숨에 당겨 만작이 되게 하는 동작
③ 밀고 당기기의 연속으로 몸과 마음, 궁시가 혼연일체가 된 자세
④ 줌팔이 상하로 흐트러짐 없이 과녁을 향해 뻗어 있는 자세

50. 미성년자인 A는 엽총사격선수로 겨울방학 중 고향 지역에 수렵해제가 된다는 사실을 알고 수렵을 하고자 다음과 같이 준비하였다. 이 중 올바른 것은?
① 수렵장 관할 지방자치단체장에게 2종 수렵 도구를 구입하여 소지허가를 신청했다.
② 활과 그물을 구입하였으나 고향집에 보관하였고 수렵은 못 했다.
③ 사격경기용 엽총을 수렵용으로 기재사항 변경 신청하였다.
④ 1종 수렵 도구를 구입하여 주소지 관할 경찰서장에게 소지허가를 신청하였다.

51. 국궁의 자세를 8단계로 구분하여 물 흐르듯 동작해야 정확하게 사용할 수 있다. 다음 중 8단계 의 동작이 올바른 것은?
① 발 디딤→몸가짐→살 먹이기→들어올리기→밀며 당기기→만작→발사→잔신
② 잔신→발 디딤→몸가짐→살 먹이기→들어올리기→밀며 당기기→만작→발사
③ 발 디딤→잔신→살 먹이기→들어올리기→밀며 당기기→만작→발사→몸가짐
④ 발 디딤→몸가짐→살 먹이기→밀며 당기기→들어올리기→만작→발사→잔신

52. 다음은 활사냥에 대한 설명이다. 틀린 것은?
① 활사냥은 소음이 없어 멧돼지 사냥에 유리하다.
② 총기 사냥과 동일하게 수렵기간과 시간이 지정되어 있다.
③ 소음이 없어도 축사 인근에서 사냥을 할 수 없다.
④ 야생동물포획승인을 받아 사냥해야 한다.

53. 다음의 활사냥 특징 중 잘못된 것은?
① 수렵동물 가까이 접근하는 방법이 중요하다.
② 활사냥은 소음이 없어 인근 엽사를 향한 경고가 이루어지지 않는다.
③ 수렵장 진입 전, 안전한 개활지 등에서 실사 후 수렵한다.
④ 수렵동물의 생태적 특성을 알아야 한다.

54. 다음 중 궁수(활사냥)의 준수 목적이 아닌 것은?
① 생명과 재산 보호
② 수렵에 관한 규정 준수
③ 유해야생동물 퇴치
④ 안전사고 예방

55. 다음 중 궁도에 벗어난 행위는?
① 새끼를 포획하지 않는다.
② 연습장을 이용해 실력을 배양한다.
③ 배짱과 자신감을 갖고 많은 동물을 잡는다.
④ 마음을 가다듬고 심신수련, 정신을 수양한다.

56. 다음은 양궁의 설명이다. 틀린 것은?
① 활을 당길 때는(Drawing)을 빠르게, 당기는 팔을 더 세게 당긴다.
② 화살은 항상 현의 일정한 위치에 노킹(Nocking)해야 한다.
③ 릴리즈(Release)는 턱 아래의 선을 따라 귀 아래까지가 효과적이다.
④ 스탠스(Stance)는 양발의 넓이가 어깨보다 약간 넓은 것이 좋다.

정답 49.③ 50.② 51.① 52.① 53.③ 54.③ 55.③ 56.①

57. 국궁의 자세를 8단계로 구분하여 물 흐르듯 동작해야 정확하게 사용할 수 있다. 다음 중 8 단계에 포함되지 않은 동작은?

① 당기며 밀기와 몸동작
② 발사와 잔신
③ 발 디딤과 만작
④ 살 먹이기와 들어올리기

58. 활사냥 엽사가 반드시 지켜야할 안전수칙이다. 잘못된 것은?

① 수렵장에서 신속한 포획을 위해 장전한 채 이동했다.
② 적중률이 없어도 구조변경 또는 개조를 하지 않고 사냥했다.
③ 적중률 향상을 위한 전기장치 등을 하지 않고 사냥해보았다.
④ 수렵 전 정상적인 작동이 되도록 사전 점검을 하였다.

59. 다음 중 양궁 사용설명이 틀린 것은?

① 세트 시 허리를 고정시키고 좌우의 어깨를 내린다.
② 몸의 중심을 허리에 둔다.
③ 자세가 불안정하다고 생각되면 반복하여 유연한 자세를 유지한다.
④ 릴리즈는 입 앞까지가 가장 효과적이다.

60. 다음 중 활사냥의 안전수칙에 맞는 행위는?

① 화살로 쏘기 직전 활과 화살 상태를 점검한다.
② 고라니처럼 보이는 동물이 숲 속에서 뛰어가면 활을 쏜다.
③ 본인이 사용하기 좋도록 구조를 약간 변경한다.
④ 나무 위의 포획 대상물을 발견하여 활을 쏜다.

61. 야생동물은 생존을 위해 뛰어난 감각을 가지고 있다. 다음 중 수류가 가지고 있는 감각은?

① 감각, 육감, 후각 ② 후각, 청각, 시각
③ 직감, 감각, 후각 ④ 시각, 청각, 육감

62. 다음의 수렵면허 관련 질문 중 틀린 것은?

① 2종 수렵면허는 새그물을 사용하여 사냥할 수 있다.
② 1종 수렵면허는 공기총을 사용하여 사냥할 수 있다.
③ 2종 수렵면허는 활을 사용하여 사냥할 수 있다.
④ 2종 수렵면허는 올무와 창애를 사용할 수 있다.

63. 2종 수렵면허시험에 합격, 수렵강습이수 후 수렵면허를 신청하였으나 불허되었다. 다음 중 불허 사유는?

① 수렵면허 취소처분을 받고 6개월이 지난 사람
② 총포소지허가 취소처분을 받고 6개월을 경과한 사람
③ 경찰서장이 발하는 지시·명령을 위반하여 소지허가 6월 효력정지 처분을 받은 사람
④ 지방자치단체장이 발하는 지시·명령을 위반한 사람

64. 활사냥 엽사가 반드시 지켜야할 안전수칙은?

① 장비점검을 생활화 하는 등 사전 점검을 했다.
② 장전되지 않은 상태로 사람을 향해 조준해 봤다.
③ 엽사의 체형에 맞게 구조를 변경했다.
④ 적중률을 높이기 위해 조준경을 부착했다.

65. 다음 중 활사냥 엽사의 위법행위가 아닌 것은?

① 동행한 친구에게 활을 빌려주고 함께 사냥했다.
② 기상 이변으로 비와 눈이 왔지만 어쩔수 없이 사냥했다.
③ 선불 맞은 고라니를 추격 중 허가지역을 약간 이탈하여 포획했다.
④ 도심의 주말농장에 해를 끼친 야생동물 있어 활로 잡았다.

66. 다음 중 활사냥의 올바른 자세가 아닌 것은?

① 만작은 4~6초가 적당하다.
② 활과 화살을 먹여 쥔 양손은 머리위로 들어올린다.
③ 두 손과 발은 유연하고 부드러워야 함.
④ 상체는 바르게 펴고 세워야 함.

정답 57.① 58.① 59.④ 60.① 61.② 62.④ 63.① 64.① 65.② 66.③

67. 2종 수렵면허자가 포획승인을 받고 활사냥을 하던 중 올무를 설치하여 사향노루 1마리를 포획 하였다. 다음의 처벌이 틀린 것은?
① 수렵면허 취소 처분
② 5년 이하 징역, 5백만원 이상 5천만원 이하 벌금
③ 300만 원 이하 과태료
④ 포획승인 취소 처분

68. 다음은 국궁사용방법의 발디딤 자세이다. 올바른 것은?
① 왼발은 과녁 끝을 향하고, 오른발은 2/3 정도 뒤로 끌어 어깨 넓이만큼 벌려 서는 자세
② 오른발은 후방에 두고 허리를 곧게 펴고, 다리는 어깨 넓이만큼 벌려 서는 자세
③ 체중은 오른발에 두어야 한다.
④ 몸의 중심을 다리에 두고 허리를 곧게 편 후, 어깨 넓이로 발을 벌려 안정되게 서는 자세

69. 다음 중 2종 수렵도구를 이용하여 사냥할 수 있는 사람은?
① 공기총소지허가를 받은 사람
② 엽총소지허가를 받은 사람
③ 포획승인을 받은 사람
④ 수렵면허를 받은 사람

70. 다음 중 2종 수렵면허로 포획 가능한 것은?
① 오소리 ② 고라니
③ 삵 ④ 노루

71. 다음은 활사냥 설명이다. 틀린 것은?
① 활사냥은 수렵대상 동물에 대한 접근기술을 익혀야 한다.
② 활사냥은 무엇보다 인내심을 가져야 한다.
③ 활사냥은 수렵동물의 생태적 특성을 알아야 성공률이 높다.
④ 활의 성능이 우수하여 엽총(샷건)보다 포획률이 높다.

72. 활사냥 엽사가 준수해야 할 안전수칙이다. 올바른 것은?
① 수렵동물로 의심되는 물체를 발견했으나 사격을 중지하였다.
② 동료 헌터의 안전을 위해 개활지에서 혼자 수렵했다.
③ 감기 증상으로 몸이 불편한 상태에서 사냥했다.
④ 바스락 소리에 활을 장전하고 목표물 확인을 위해 기다렸다.

73. 2종 수렵면허자가 새그물로 포획할 수 있는 조류는?
① 멧비둘기 ② 황조롱이
③ 새매 ④ 참새

74. 다음 중 그물 설치 시 주의사항이 아닌 것은?
① 습기에 젖어있는 그물은 말린 후 사용하여야 한다.
② 그물 주위는 낙엽으로 위장하여야 한다.
③ 조류는 참새만 포획하여야 한다.
④ 매시간 점검을 하여 다른 동물 포획여부를 확인하여야 한다.

75. 다음 중 활의 안전관리 설명이 틀린 것은?
① 화살의 위력 등 성능을 알아야 한다.
② 활의 구조와 사용방법을 숙지해야 한다.
③ 화살은 안전한 캐비닛 등에 보관하여야 한다.
④ 사냥을 마친 뒤 경찰관서에 보관해야 한다.

76. 다음은 국궁에 대한 설명이다. 틀린 것은?
① 국궁은 물소 뿔 등을 가공해서 제작하는 우리나라의 전통적인 활이다.
② 고구려 시대 발명된 각궁은 현대에 사용하는 각궁과 비슷하다.
③ 국궁의 과녁은 가로 2m, 세로 2m 66.7cm의 사각형 모양이다.
④ 국궁은 북방계통으로 청나라에서 유래하였다.

77. 그물 설치에 따른 올바른 내용이 아닌 것은?
① 야생동물이 이동하는 통로에 설치하지 않는다.
② 설치한 그물은 해가지면 반드시 철거한다.
③ 참새가 많은 전기 줄에 설치해서는 안 된다.

정답 67.③ 68.① 69.③ 70.② 71.④ 72.① 73.④ 74.② 75.④ 76.④ 77.②

④ 2인 1조로 설치하고 꿩이 걸리면 즉시 방사시킨다.

78. 다음은 활사냥 안전수칙이다. 맞는 것은?

① 이동 중 안전사고의 위험이 없어 화살을 장전하고 이동한다.
② 장전되지 않은 활은 사람을 향하여 조준해도 괜찮다.
③ 음주 후 불안정한 상태의 수렵은 금한다.
④ 날아가는 조류의 앞을 겨냥하여 사격하는 이동사격용이다.

79. 다음은 활사냥 안전수칙 설명이다. 잘못된 것은?

① 이동 중에는 장전을 하지 않고 안전을 고려해 공중을 향해 사격해야 한다.
② 발사 후 화살이 목표물에 도달 시까지 두 눈을 뜬 상태를 유지하여야 한다.
③ 도망가는 동물이나 나는 조류를 발견하면 사격을 중지하여야 한다.
④ 수렵 동물이 많이 분포된 지역에서도 장전하지 않아야 한다.

80. 다음 중 2종 수렵도구인 그물을 설치한 사람의 행위가 올바른 것을 고르시오

① 2개 이상 그물을 설치하면서 양쪽 그물 고리가 엇갈리게 설치하였다.
② 대나무 숲 주변에 많은 조류가 잠자기 위해 들어오는 시간을 이용하여 설치하였다.
③ 일출 후 설치하여 일몰 전에 제거하면서 비둘기와 참새 등을 포획하였다.
④ 설치한 그물은 2시간 마다 정기적으로 점검하였다.

81. 활사냥 엽사가 지켜야할 안전수칙이다. 잘못된 것은?

① 수렵 동물로 의심되는 물체를 발견하고 사격을 중지했다.
② 장전되지 않은 상태에서도 사람을 향해 조준하여서는 안 된다.
③ 하늘을 나는 조류를 발견하고 리드 사격을 해보았다.
④ 움직이는 고라니를 발견하고 사격을 멈추었다.

82. 다음은 활사냥의 안전수칙이다. 틀린 것은?

① 수렵 전, 지형지물과 기후 변화여부 점검한다.
② 날아가는 조류를 향하여 쏘지 않는다.
③ 수렵동물 포획방법 중 이동사격이 가장 중요한 요소이다.
④ 많은 수렵동호인과 함께 사냥하지 않는다.

83. 활사냥 엽사가 지켜야할 안전수칙이 잘못된 것은?

① 수렵인의 안전을 위해 개활지에서 2인1조로 사냥했다.
② 강추위로 인해 약간의 음주를 하고 사냥했다.
③ 숲속에 움직이는 물체를 발견하고 보일 때까지 기다렸다.
④ 움직이는 노루를 발견하고 사냥을 중지했다.

84. 다음 중 활사냥 안전수칙으로 틀린 것은?

① 부상당한 야생동물을 발견한 경우 사격하여 고통을 감소시켜야 한다.
② 활사냥은 총기처럼 소음이 없어 많은 엽사와 함께하는 수렵에 유리하다.
③ 수렵 전에 반드시 활과 화살 등을 점검하여야 한다.
④ 보호 동물과 수렵 동물이 구분되지 않은 동물에 대해서는 사격을 중지한다.

85. 다음 중 세계 3종 활에 해당되는 것?

① 단순궁 · 양궁 · 맥궁
② 각궁 · 노궁 · 만곡궁
③ 단순궁 · 합성궁 · 반곡궁
④ 단순궁 · 강화궁 · 합성궁

86. 2종 수렵도구 중 석궁을 제외한 소지자가 지켜야 할 안전수칙이 아닌 것은?

① 수렵 도구는 반드시 경찰관서에 보관하여야 한다.

정답 78.③ 79.① 80.① 81.③ 82.③ 83.② 84.① 85.④ 86.①

제3장

② 수렵장 내에서는 2인 1조 수렵을 하여야 한다.
③ 수렵면허증을 소지하고 수렵보험에 가입하여야 한다.
④ 일출 후부터 일몰 전까지만 수렵을 하여야 한다.

87. 다음은 양궁 사용 시 세트과정을 설명하였다. 틀린 것은?

① 몸의 중심을 허리에 둔다.
② 세트 시 허리를 고정시키고 좌우의 어깨를 내린다.
③ 자세가 불안정하다고 생각되면 반복하여 유연한 자세를 취한다.
④ 상체와 머리에 힘을 주어 자세를 유지한다.

88. 다음은 궁도를 설명한 것이다. 틀린 것은?

① 많은 동물을 잡아 이웃에게 나누어 준다.
② 심신의 수련을 통해 자기 자신을 제어한다.
③ 끊임없는 인내와 노력으로 자신의 실력을 기른다.
④ 임신한 동물과 새끼는 포획하지 않는다.

89. 다음은 석궁사냥의 안전수칙이다. 틀린 것은?

① 야간에는 반드시 경찰관서에 보관하여야 한다.
② 고정표적 사격용으로 이동표적에 대한 사격은 할 수 없다.
③ 소지허가를 받은 경우 조준경을 부착하여 사용할 수 있다.
④ 헌터의 안전 등을 고려하여 2인 1조의 수렵을 해야 한다.

90. 선조들은 활사냥에 도(道)를 중시하였다. 다음 중 임신한 짐승과 새끼, 새끼달린 짐승을 포획하면 안 된다는 엽사의 윤리규범은?

① 志(지) ② 仁(인)
③ 義(의) ④ 藝(예)

91. 다음은 활사냥의 안전수칙이다. 틀린 것은?

① 초보 엽사일수록 수렵장에 입장하면 나무 등에 표적지를 부착하고 연습해야한다.
② 엽총처럼 리드사격은 안전사고의 위험이 있어 고정사격만 한다.
③ 안전사고의 후속조치를 위하여 많은 사람이 함께 사냥하지 않는다.
④ 수렵 전 항상 장비 점검을 한다.

92. 다음은 석궁사냥의 안전수칙에 대한 설명이다. 틀린 것은?

① 목표물을 확인 후 장전하고 사격하여야 한다.
② 경찰서장이 발하는 명령과 지시에 따라야 한다.
③ 스트레스 또는 불안정한 상태에서는 수렵을 중지한다.
④ 리브는 조준을 편하게 한다.

93. 다음의 그물설치방법 중 옳은 것은?

① 설치 그물 식별이 어렵게 그물 앞 방향에 위장망을 설치한다.
② 그물을 팽팽하게 설치한 다음 양쪽 고정대를 주변 나무에 고정시킨다.
③ 그물 설치가 끝나면 그물주머니는 한쪽 방향이 되도록 한다.
④ 설치 그물은 자연 상태처럼 보이기 위해 나뭇가지 등을 붙인다.

94. 다음은 활사냥의 안전수칙에 관한 설명이다. 틀린 것은?

① 활에 망원조준경을 부착하면 안 된다.
② 활에 전기장치(액티베이터 등)를 부착할 수 없다.
③ 나는 청둥오리를 향해 쏘아서는 안 된다.
④ 활의 조준점이 다를 경우 개조하여 조준점을 맞출 수 있다.

95. 다음 중 그물을 사용할 때 주의 사항이 아닌 것은?

① 다른 새를 유인하기 위해 미끼 새를 사용한다.
② 안개, 비 등으로 그물이 젖게 되면 못쓰게 되어 충분히 말린다.
③ 그물은 설치 후 매시간 점검한다.
④ 그물 주위에 나뭇가지 등을 제거하여 그물이 꼬이지 않게 한다.

정답 87.④ 88.① 89.① 90.② 91.① 92.④ 93.③ 94.④ 95.①

96. 다음은 그물 사용에 대한 설명이다. 맞는 것은?
① 유해조수 포획허가된 지역에서는 누구라도 포획가능하다.
② 참새는 1년 내내 포획할 수 있다.
③ 2종 수렵면허를 얻은 뒤 포획허가 된 장소, 사람, 기간에만 포획한다.
④ 수렵장 내에서는 누구나 그물로 참새를 잡을 수 있다.

97. 다음 중 소지허가증이 없어도 개인이 소지할 수 있는 엽구는?
① 엽총(샷건) ② 활
③ 석궁 ④ 공기총

98. 다음의 그물설치방법이 틀린 것은?
① 그물 양쪽의 탄력 있는 기둥에 끈을 이용하여 그물이 완전히 펴지도록 설치한다.
② 설치된 그물은 이틀에 한 번씩 점검한다.
③ 새그물은 참새의 행동권을 관찰한 후 하층 식생이 없는 지역에 설치한다.
④ 2인 1조, 한사람은 그물을 잡고 다른 사람은 그물을 서서히 풀어 나간다.

99. 다음 중 그물 설치 방법이 잘못된 것은?
① 양쪽 고리는 30~50㎝ 간격으로 펼쳐 그물 주머니를 만든다.
② 그물을 펴서 평평해지면 양쪽 고정대에 말뚝을 박아 고정시킨다.
③ 그물 설치가 끝나면 그물주머니는 한쪽방향이 되도록 한다.
④ 설치 장소 주변의 낙엽은 제거하여야 한다.

100. 다음은 활사냥의 설명이다. 틀린 것은?
① 활의 관통력이 매우 강하기 때문에 맹수용으로 적합하다.
② 화살은 초속 50~60m이상으로 비행하며 낙하탄은 사람에게 치명상을 입힌다.
③ 활의 관통력은 강해 30m이내에서 1mm 정도 두께의 철판을 뚫을 수 있다.
④ 활도 1종 수렵도구와 같은 방법으로 본인이 휴대하고 사용하여야 한다.

101. 다음 중 활을 쏘았을 때 화살의 관통력은?
① 30m 거리 이내에서 1mm 정도 두께의 철판을 뚫을 수 있다.
② 30m 거리 이내에서 1.5mm 정도 두께의 철판을 뚫을 수 있다.
③ 30m 거리 이내에서 2mm 정도 두께의 철판을 뚫을 수 있다.
④ 30m 거리 이내에서 0.5mm 정도 두께의 철판을 뚫을 수 있다.

102. 2종 수렵도구 소지자가 지켜야할 규정으로 볼 수 없는 것은?
① 일몰 후에는 수렵을 할 수 없다.
② 유해조수구제 허가를 받을 수 있다.
③ 꿩그물은 수렵장에만 설치하여야 한다.
④ 수렵면허를 받아야 한다.

103. 다음은 국궁사용법에 대한 설명이다. 옳은 것은?
① 활로 날아가는 조류를 사냥할 때는 앞을 향해 쏴야 한다.
② 이동 중에는 화살을 장전하여 주위를 살핀다.
③ 활쏘기 연습을 할 때 사람을 향하여 활시위를 튕긴다.
④ 활사냥은 안전사고 예방과 후속조치를 위해 2인 1조 수렵을 권장한다.

104. 다음 활사냥 안전수칙을 설명한 것 중 틀린 것은?
① 화살을 날리는 방향은 반드시 하늘을 향하도록 조준한다.
② 운반이나 이동 중에는 화살을 장전하지 않는다.
③ 조준력을 향상시키기 위해 조준경을 부착할 수 없다.
④ 몰이꾼을 이용한 사냥은 할 수 없다.

정답 96.③ 97.② 98.② 99.② 100.① 101.① 102.③ 103.④ 104.①

105. A는 과수원을 경영하는 자로 까치에 의한 피해가 극심하여 다음과 같은 조치를 취했다. 이 중 올바른 조치는?

① 새그물을 구입, 과실수 주변에 설치하고 포획하였다.
② 활을 구입하여 리더 까치만 집중적으로 포획했다.
③ 수렵도구를 사용할 수 없음을 알고 다른 대책을 강구 중이다.
④ 친구로부터 공기총을 빌려 까치를 포획하며 공포탄을 발사 퇴치하였다.

106. 다음 중 활의 종류를 바르게 나열한 것은?

① 태평양형 · 남미형 · 유럽형
② 티벳형 · 아메리카형 · 이카형
③ 만주형 · 서유럽형 · 인디아형
④ 몽고형 · 지중해형 · 해양형

107. 다음 중 국궁의 들어올리기 자세가 아닌 것은?

① 체중을 양발에 고루 실리게 하는 등 안정된 자세
② 두 손과 발은 유연하면서도 부드러운 자세
③ 활과 화살을 먹여 쥔 상태에서 두 어깨는 올라가지 않는 자세
④ 활과 화살을 먹여 쥔 좌우 양쪽 손을 머리 위로 들어 올린 자세

108. 다음 중 활사냥의 기본자세는?

① 잡념을 버리고 몸과 마음을 편안하게 한 후 궁시와 혼연일체가 된 흐트러짐이 없는 자세
② 몸의 중심을 양발에 두고 허리를 곧게 편 안정된 자세
③ 왼발은 과녁을 향해 딛고 오른발은 절반 내지 2/3 정도 뒤로 끌어 어깨 넓이만큼 벌려 서는 자세
④ 허리를 곧게 펴고 온몸의 중심을 허리 중앙에 두며 기력을 단전에 모으는 자세

109. 다음 중 2종 수렵면허로 짝지어진 것은?

① 석궁-엽총-창애 ② 활-석궁-그물
③ 포획틀-도검-함정 ④ 창-올무-공기총

110. 현재 한국에서 사용하고 있는 국궁 형태는?

① 유럽형 ② 티벳형
③ 만주형 ④ 몽고형

111. 다음 중 수렵면허 소지자에 대한 올바른 설명이 아닌 것은?

① 2종 수렵면허에 해당되는 수렵도구 소지허가를 받아야 한다.
② 2종 수렵면허에 해당되는 수렵도구 반드시 포획승인을 받아야 한다.
③ 1종 수렵면허를 받는 자는 일정한 요건을 갖추면 유해야생동물을 포획할 수 있다.
④ 1종 수렵면허에 해당되는 수렵도구 반드시 소지허가를 받아야 한다.

112. 다음 중 새그물을 설치하는 데 필요한 것이 아닌 것은?

① 새그물 ② 그물대
③ 기계톱 ④ 노끈

113. 석궁으로 사냥하려 한다. 잘못된 것은?

① 2종 수렵면허증을 소지하여야 한다.
② 수렵동물 중 고라니와 꿩만 포획이 가능하다.
③ 눈, 비, 강풍이 불 때는 수렵을 중지하여야 한다.
④ 총기와 동일한 방법으로 경찰서장의 소지허가를 받아야 사용할 수 있다.

114. 다음 중 사리사욕을 떠나 옳은 일에 사용해야 한다는 엽사의 자세를 가리키는 윤리 규범은?

① 義(의) ② 藝(예)
③ 志(지) ④ 仁(인)

115. 다음 중 궁도인으로 잘못된 것은?

① 활사냥은 정교한 스포츠로 인내심과 접근술을 가져야 한다.
② 많은 포획으로 타 수렵인의 선망의 대상이 되어야 한다.
③ 신체적 단련과 수련으로 자신을 제어할 수 있어야 한다.

정답 105.③ 106.④ 107.① 108.④ 109.② 110.④ 111.① 112.③ 113.② 114.① 115.②

④ 규정외 수렵도구 사용은 엽사의 올바른 자세가 아니다.

116. 포획승인을 받은 사람이 다음과 같은 도구를 사용하였다. 틀린 것은?

① 엽총 소지자가 리드사격 경험이 없어 고정사격을 하여 멧비둘기를 포획했다.
② 멧돼지가 분묘를 파헤친다는 피해 주민의 요청에 의거 올무를 설치했다.
③ 야산에 새그물을 설치하고 100여 마리의 참새를 잡았다.
④ 배추 경작 피해 농민의 요청에 따라 고라니를 포획하기 위해 공기총을 사용하였다.

117. 다음 중 그물 설치 시 주의사항이 아닌 것은?

① 비나 눈이 내리면 그물을 걷어야 한다.
② 장시간 사용한 그물은 햇볕에 펼쳐 말려야 한다.
③ 일출 후 설치하고 일몰 전 거둔다.
④ 수류는 너구리까지만 포획가능하다.

118. 한국의 전통 활인 수렵용 국궁 제작에 쓰이는 6가지 재료가 아닌 것은?

① 대나무, 물푸레나무
② 물소뿔, 소의 힘줄
③ 뽕나무, 민어부레풀
④ 실, 옷칠

119. 다음 중 그물 설치 방법이 잘못된 것은?

① 그물에는 위장용 낙엽을 붙인다.
② 그물 양쪽 끝의 고리는 아래쪽부터 끼운다.
③ 주변 나뭇가지에 걸리지 않도록 펼친다.
④ 설치 역순으로 거둔다.

120. 2종 수렵면허자가 사용할 수 없는 수렵도구는?

① 국궁 ② 그물
③ 석궁 ④ 엽총(샷건)

121. 다음 중 활사냥인의 올바른 행위는?

① 의심스런 동물이 도망가더라도 확인 시까지 기다려야 한다.
② 야생동물의 생태적 특성과 접근술 보다 사격술이 중요하다.
③ 철판 관통 능력이 우수하여 근거리보다 원거리 수렵용으로 사용한다.
④ 화살은 30m 거리 밖에서 1㎜ 철판을 관통할 수 있어 맹수수렵용으로 적합하다.

122. 다음은 활사냥에 대한 설명이다. 맞는 것은?

① 활사냥은 움직이는 동물을 사냥하기 안성맞춤이다.
② 활사냥은 위력이 강해 전신주 위에 앉아있는 조류사냥에 유리하다.
③ 활의 성능이 우수하여 포획 성공률이 높다.
④ 활사냥은 수렵동물에 대하여 접근술을 익혀야 한다.

123. 다음 중 소지허가를 받지 않고 사용할 수 있는 수렵도구는?

① 공기총과 포획틀 ② 석궁과 올무
③ 활과 그물 ④ 엽총 및 창애

124. 다음 중 새그물에서 참새를 꺼내는 올바른 순서는?

① 머리-다리-날개 ② 날개-머리-다리
③ 다리-날개-머리 ④ 날개-다리-머리

125. 그물에 멧비둘기가 걸려들었다. 올바른 처리 방법은?

① 손상된 그물 값으로 포획한다.
② 수렵 허가 기관에 포획신고를 한다.
③ 같은 조원과 요리해서 먹는다.
④ 부상당하지 않게 그물을 벗겨 날려 보낸다.

126. 다음 중 국궁의 올바른 살 먹이기 동작과 거리가 먼 것은?

① 활의 줌을 쥐는 동작
② 화살을 허리에서 빼 현의 절피에 끼우는 동작
③ 줌팔이 좌우로 흐트러짐 없는 동작
④ 각지 손을 현에 걸어 쥐는 동작

정답 116.② 117.④ 118.① 119.① 120.④ 121.① 122.④ 123.③ 124.④ 125.④ 126.③

제 3 장

127. 다음 중 그물 설치 시 주의사항이 아닌 것은?
① 꿩이 걸려 있으면 조심해서 꺼낸 후 방사하여야 한다.
② 1시간에 1회 점검한다.
③ 바람이 강하게 불면 양끝을 단단히 고정시킨다.
④ 그물 설치 시간은 총기사용시간과 같다.

128. 다음 중 국궁의 밀며 당기기 동작 설명이 틀린 것은?
① 화살을 허리에서 빼 현의 절피에 끼우는 동작
② 밀고 당기는 자세는 다음 동작에 많은 영향을 주게 한다.
③ 들어올린 활을 앞뒤로 밀며 당겨서 만작에 이르기까지의 동작
④ 들어올린 활을 단숨에 당겨 만작이 되게 하는 동작

129. 그물에 걸린 참새를 꺼내는 올바른 방법은?
① 새가 걸려있는 역방향에서 꺼낸다.
② 머리를 가장 먼저 꺼내야 한다.
③ 다리부터 꺼내야 한다.
④ 날개부터 꺼내야 한다.

130. 다음은 석궁사냥에 대한 설명이다. 틀린 것은?
① 숲속에 잠복해서 뛰어가는 동물을 쏘아 포획한다.
② 기본근력과 기초체력을 길러야 한다.
③ 19:00까지 허가권자가 지정하는 장소에 보관하여야 한다.
④ 임신한 야생동물과 어린 동물을 잡지 않는다.

131. 다음의 국궁사용법에 틀린 것은?
① 자세와 동작은 처음부터 끝까지 유지되어야 한다.
② 손과 팔은 유연하고 부드럽게 하며 상체는 약간 앞으로 숙여야 한다.
③ 만작 시에는 몸과 마음, 궁시가 혼연일체 되어야 한다.
④ 국궁 각부 명칭을 숙지하고 사용방법을 이해하여야 한다.

132. 다음 중 석궁사냥에 옳은 것은?
① 안전관리는 2종 수렵도구와 동일한 방법으로 관리해야 한다.
② 격발 시 반동이 공기총과 유사하다.
③ 야생동물 생태와 엽장지의 수렵동물 분포도를 숙지하여야 한다.
④ 회전력을 돕는 강선이 내장되어 있다.

133. 새그물을 사용할 때 주의사항이 아닌 것은?
① 그물은 일출 후 설치하고 일몰 전 반드시 거두어야 한다.
② 눈, 비 등의 기상변화 있을 때에는 그물을 걷어야 한다.
③ 그물을 이용한 참새 포획은 수렵규정을 준수해야 한다.
④ 매시간 그물을 점검하고 참새가 아닌 동물이 포획되었을 때 반드시 놓아줄 필요는 없다.

134. 2종 수렵면허로 수렵할 수 없는 동물은?
① 고라니　② 꿩
③ 말똥가리　④ 참새

135. 다음 중 활사냥의 주의사항으로 적절하지 않은 것은?
① 절대로 사람이 있는 방향이나 의심 가는 방향에 화살을 향하는 것은 피한다.
② 화살은 보통 200~300m 이상 날아가므로 안전사고에 대비해야 한다.
③ 낙하하는 화살의 힘은 매우 크므로 주의해야 한다.
④ 작은 동물은 빗맞을 확률이 크므로 큰 동물 위주로 사냥한다.

136. 다음은 새그물 사냥 시 주의사항이다. 틀린 것은?
① 그물을 이용하여 수렵동물을 포획하고자 할 때도 규정을 준수한다.
② 참새가 아닌 조류가 잡히면 반드시 방사하

정답 127.③ 128.① 129.④ 130.① 131.② 132.③ 133.④ 134.③ 135.④ 136.④

여야 한다.
③ 매시간 그물을 점검하여 다른 조류가 잡히면 방사한다.
④ 눈, 비, 강한 바람 등과 같은 기상변화가 있을 때는 집중해서 잡는다.

137. 다음은 국궁사용법에 대한 설명이다. 옳은 것은?
① 들어올리기 동작에서 양발은 수평이 되어야 한다.
② 발디딤의 자세는 기력을 단전에 모으는 자세다.
③ 들어올리기 자세는 손과 발은 유연하고 어깨는 올라가지 않아야 한다.
④ 발사는 활쏘기의 최후의 동작으로 마지막으로 손끝을 사용하여야 한다.

138. 다음의 그물설치방법이 틀린 것은?
① 2인1조로 한사람은 그물을 잡고, 다른 사람은 그물을 서서히 풀어나간다.
② 그물이 다 펴졌으면 그물이 꼬여 있는지 확인하고 꼬여 있으면 그물을 푼다.
③ 그물설치가 끝난 후, 그물 주머니가 교대로 양방향으로 되어 있도록 한다.
④ 그물을 설치하려는 장소의 하층식생, 낙엽 등을 제거하여 그물이 걸리지 않도록 한다.

139. 다음은 국궁사용법에 대한 설명이다. 옳은 것은?
① 만작은 활쏘기 동작의 중심이 되는 자세다.
② 들어 올린 활을 천천히 오랫동안 당겨 만작이 되게 한다.
③ 만작 시에는 겨냥과 굳힘 및 정신집중을 동시에 해야 한다.
④ 활의 줌을 쥐는 동작은 들어올리기 자세다.

140. 다음 중 새그물설치에 주의사항이 아닌 것은?
① 야생동물이 다니는 길목에는 어떤 경우에도 설치하여서는 안 된다.
② 설치시간은 1종 수렵도구 사용자의 수렵시간과 동일하다.
③ 허가된 지역에 설치하고 포획 대상외 동물은 방사해야 한다.
④ 설치자는 현장을 파악하여 하루 중 가장 적정한 시간에 그물을 점검한다.

141. 다음 중 국궁 살 먹이기의 올바른 동작은?
① 각지 손을 현에 걸어 쥐는 동작
② 줌팔이 좌우로 흐트러짐 없는 동작
③ 들어올린 활을 만작에 이르기까지 밀며 당기는 동작
④ 몸의 중심을 허리 중앙에 두고 활을 든 양손을 머리 위로 들어올리는 동작

142. 다음은 국궁사용법에 대한 설명이다. 옳은 것은?
① 들어올리기는 두 어깨가 올라가야 한다.
② 몸가짐은 기력을 단전에 모으고 자세가 흐트러져서는 안된다.
③ 발사는 활쏘기를 결산하는 마지막 단계다.
④ 발디딤 자세는 앞발에 체중이 실려야 한다.

143. 다음 중 화살의 중량과 길이를 선택하는 기준이 아닌 것은?
① 궁사의 팔 길이 ② 활의 강도
③ 활의 크기 ④ 궁사의 체격

144. 다음 중 활이 화살을 날리는 힘이 아닌 것은?
① 활의 몸체가 펴지는 힘
② 안쪽에서 밀어주는 뿔의 힘
③ 바깥에서 당기는 힘줄의 힘
④ 시위의 탄력

145. 다음 중 2종 수렵면허에 맞는 수렵조수로 짝지어 진 것은?
① 양궁-오소리 ② 석궁-노루
③ 그물-참새 ④ 공기총-꿩

146. 다음은 국궁사용법에 대한 설명이다. 옳은 것은?
① 발 디딤의 자세는 양발에 체중이 고루 실

제3장

정답 137.③ 138.③ 139.③ 140.④ 141.① 142.② 143.③ 144.④ 145.③ 146.①

려서 안정된 자세를 유지한다.
② 들어올리기란 각 지손을 현에 걸어 쥐는 동작이다.
③ 들어 올린 활을 천천히 오랫동안 당겨 만작이 되게 한다.
④ 화살을 릴리이즈 할 때에는 단전에 힘을 모으고 눈을 감는다.

147. 다음은 활사냥 안전수칙에 대한 설명이다. 옳은 것은?
① 뛰어가는 동물은 수평사격을 해야 한다.
② 의심스런 물체는 만작과 동시 발사자세를 갖추어야 한다.
③ 활을 쏘면 보통 200~300m이상 날아가기 때문에 안전사고에 대비해야 한다.
④ 활사냥은 많은 사람이 함께 협동해야 많이 잡는다.

148. 다음은 국궁의 사용법이다. 틀린 것은?
① 마음과 심신의 수련을 통해 자기 자신을 제어 한다.
② 만작은 밀려 당기기 직전의 동작이다.
③ 화살을 먹여 들어올릴 때 두 어깨는 올라가지 않아야 한다.
④ 국궁을 사용할 때의 자세와 동작을 8단계로 구분한다.

149. 다음은 활사냥의 설명이다. 옳은 것은?
① 활사냥은 맹수용으로 적합하다.
② 날아가거나 뛰어가는 동물은 화살의 속도를 계산하여 동물의 전방을 향해 쏜다.
③ 화살을 장전하여 이동하면서 사냥해야 많이 잡을 수 있다.
④ 활사냥을 잘 하려면 인내심을 길러야 한다.

150. 다음은 국궁의 사용법에 관한 설명이다. 틀린 것은?
① 국궁 각부의 명칭을 숙지하고 기본구조를 파악해야 한다.
② 몸가짐의 자세는 시간이 흐르면 변해야 한다.
③ 국궁은 사용할 때의 자세와 동작을 8단계로 구분한다.
④ 만작은 활쏘기의 극치라고 한다.

151. 안전한 활사냥을 설명한 것이다, 틀린 것은?
① 수렵동물이 크기가 매우 큰 멧돼지라면 안전을 위하여 포기하는 것이 좋다.
② 활사냥을 잘 하려면 근력과 지구력을 길러야 한다.
③ 화살을 대지 않고 활을 당기거나 활시위를 튕겨서는 안 된다.
④ 활사냥은 여러 사람이 동물을 포위하여 사냥하면 효과적이다.

152. 다음 중 활 및 화살에 대한 설명이 틀린 것은?
① 화살의 비행속도는 시속 200km 정도이다.
② 활의 관통력은 30m이내에서 1mm 정도 두께의 철판을 뚫을 수 있다.
③ 낙하하는 화살은 힘이 약하여 사람에게 피해를 끼치지 않는다.
④ 활을 쏘았을 때 화살은 보통 200~300m 이상을 날아간다.

153. 다음 중 활사냥 설명이 틀린 것은?
① 활사냥은 야생동물에게 가까이 접근해야 한다.
② 활사냥은 야생동물의 생태적 특성을 파악해야 가능하다.
③ 활사냥은 접근기술을 습득하는 것이 중요하다.
④ 화살을 장전하고 동물을 쫓아가면서 사냥해야 많이 잡을 수 있다.

154. 다음은 활사냥 설명이다. 옳은 것은?
① 수렵장에서는 긴장과 흥분을 억제시키기 위해 사전에 화살을 장전하여야 한다.
② 화살에 릴리이즈 할 때 눈을 감고 긴장을 해소시켜야 정확한 사격을 할 수 있다.
③ 활은 허가사항이 아니므로 타인에게 빌려주어 수렵을 대신하게 할 수 있다.
④ 본인의 뜻대로 활을 개조하거나 구조변경을 하지 않는다.

정답 147.③ 148.② 149.④ 150.② 151.④ 152.③ 153.④ 154.④

155. **다음은 석궁사냥에 대한 설명이다. 옳은 것은?**
① 보조 장치 부착 시에는 경찰서장의 허가를 받아야 한다.
② 인내심과 접근기술이 우선이다.
③ 가늠자와 가늠쇠에 의한 조준보다는 목측에 의한 사격이 유리하다.
④ 사냥견을 2마리까지 대동할 수 있어 꿩사냥에 효과적이다.

정답 155.②

4장 안전사고의 예방 및 응급조치에 관한 사항

제1절 총포 · 도검 · 화약류 등의 안전관리에 관한 법률 (과목 4/영역 1)

1. **총포 관련법상 총기보관방법에 옳은 것은?**
   ① 총기에 실탄·공포탄을 장전해서는 안된다.
   ② 실탄 유무와 관계없이 개인이 보관해도 무방하다.
   ③ 총기 약실에 공포탄은 넣어 보관할 수 있다.
   ④ 안전장치를 하면 실탄을 넣어 보관해도 무방하다.

2. **총포 관련법상 총기를 운반하는 방법이 옳은 것은?**
   ① 총을 차량의 트렁크에 넣어 운반한다.
   ② 손쉽게 분리 가능한 부품(노리쇠뭉치, 탄창 등)을 분리하여 운반한다.
   ③ 총기는 총집에 넣어 운반한다.
   ④ 총기는 항상 잘 보이도록 운반한다.

3. **총포 · 석궁의 소지허가를 받은 사람이 운반할 수 없는 경우는?**
   ① 사냥을 위해 보관해제 받은 총기를 수렵장으로 운반하는 경우
   ② 수렵장과 다른 방향에 있는 친구 집에 들르기 위한 운반하는 경우
   ③ 총기수리 신고를 하고 수리업소로 운반하는 경우
   ④ 유해야생동물 포획허가를 받고 피해지역으로 운반하는 경우

4. **다음 중 총포 · 석궁을 운반할 수 있는 경우가 아닌 것은?**
   ① 수렵장으로의 운반
   ② 유해야생동물 포획을 위해 운반
   ③ 수리를 위해서 운반
   ④ 이웃사람에게 빌려주기 위해 운반

5. **수렵용(유해야생동물 포획용) 총포 · 석궁을 운반할 수 있는 경우가 아닌 것은?**
   ① 수렵장에 가기 위한 운반
   ② 유해야생동물 포획을 위한 운반
   ③ 사격경기를 하기 위한 운반
   ④ 수리업소에 가기 위한 운반

6. **총포 · 석궁의 사용용도에 관한 설명이 틀린 것은?**
   ① 수렵용으로 허가받은 경우 사격경기용으로는 사용할 수 없다.
   ② 허가받은 용도로만 사용할 수 있다.
   ③ 사격경기용으로 허가받은 경우 수렵용으로 사용할 수 있다.
   ④ 수렵용으로 허가받은 경우 수렵용으로만 사용가능하다.

7. **다음 중 총포운반방법이 틀린 것은?**
   ① 총집에 넣어 운반
   ② 총기를 포장한 후 운반
   ③ 총과 실탄 분리 운반
   ④ 공포탄 장전 후 운반

8. **다음 중 총기 개조를 바르게 설명한 것은?**
   ① 간단한 성능 변경이 가능하다.
   ② 개인에 따라 총열은 조절 할 수 있다.
   ③ 필요할 경우 개조할 수 있다.
   ④ 임의 개조는 금지된다.

정답 1.① 2.③ 3.② 4.④ 5.③ 6.③ 7.④ 8.④

9. 총포를 총집에 넣거나 포장하지 않고 운반한 경우의 처벌은?
① 벌금 500만원 이하
② 벌금 1000만원 이하
③ 과태료 300만원 이하
④ 과태료 500만원 이하

10. 총포 · 석궁을 정당한 사유 없이 사용한 경우의 처벌은?
① 1년 이하의 징역 또는 500만원 이하의 벌금
② 2년 이하의 징역 또는 500만원 이하의 벌금
③ 1년 이하의 징역 또는 300만원 이하의 벌금
④ 2년 이하의 징역 또는 300만원 이하의 벌금

11. 총포소지허가를 받은 사람이 총기를 임의 개조한 경우의 처벌은?
① 1년 이하의 징역 또는 500만원 이하의 벌금
② 1년 이하의 징역 또는 1000만원 이하의 벌금
③ 2년 이하의 징역 또는 500만원 이하의 벌금
④ 2년 이하의 징역 또는 1000만원 이하의 벌금

12. 총포 · 석궁을 정당한 목적 외의 사유로 운반한 경우의 처벌은?
① 300만원 이하의 과태료
② 300만원 이하의 벌금
③ 500만원 이하의 과태료
④ 500만원 이하의 벌금

13. 소지허가를 받은 총포 · 석궁의 용도 설명에 맞는 것은?
① 유해조수구제용으로 허가받은 경우 허가받은 용도에 관계없이 사용할 수 있다.
② 사격경기용으로 허가받은 경우 수렵용으로 사용가능하다.
③ 수렵용으로 허가받은 경우 사격경기용으로 사용가능하다.
④ 사격경기용으로 허가받은 경우 수렵용으로 사용할 수 없다.

14. 허가된 수렵장 밖의 참새를 잡아달라는 요청을 받은 경우 바른 선택은?
① 수렵장이 아니므로 요청을 거부해야 한다.
② 주민의 요청이 있으므로 참새를 포획한다.
③ 참새를 쫓기 위해 밭에서 공포를 발사한다.
④ 수렵장에서 엽장 밖의 참새를 향하여 실탄을 발사한다.

15. 수렵용 총포 · 석궁의 용도 설명이 올바른 것은?
① 수렵총기는 어떤 경우에도 사격경기용으로 사용할 수 없다.
② 수렵 용도로 허가받은 경우 사격용으로 사용할 수 있다.
③ 수렵용을 사격경기용으로 용도변경허가 받아 사용할 수 있다.
④ 수렵이 허가된 지역 외에서도 사용할 수 있다.

16. 총포 · 석궁의 제조 · 판매 · 운반 · 소지 · 사용 등에 관한 사항을 규정한 법률은?
① 수렵총포 안전관리에 관한 법률
② 수렵도구 안전관리에 관한 법률
③ 총포 도검 등 안전관리에 관한 법률
④ 총포 · 도검 · 화약류 등의 안전관리에 관한 법률

17. 총포 · 석궁의 제조 · 판매 · 운반 · 소지 · 사용 등에 관한 사항을 법률로 정하는 목적이 옳은 것은?
① 공공의 안전유지
② 공공의 복리증진
③ 제조 · 판매 등 규제
④ 제조 · 판매 산업 활성화

18. 다음 중 법률상 총포가 아닌 것은?
① 공기총 ② 전자총
③ 엽총 ④ 가스발사총

19. 다음 중 총포 · 석궁을 소지할 수 없는 사람은?
① 법령에 따라 직무상 소지
② 총포 제조업자가 자신이 제조한 제품 소지
③ 총포 판매업자가 소지

정답 9.③ 10.② 11.③ 12.① 13.④ 14.① 15.③ 16.④ 17.① 18.② 19.④

④ 개인이 만든 총포 소지

20. 다음 중 엽총(샷건) 실탄을 소지할 수 없는 사람은?

① 엽총 소지허가를 받은 사람
② 엽총 수입허가를 받은 사람
③ 엽총 실탄 판매업소 종업원
④ 공기총 소지허가를 받은 사람

21. 사격경기용으로 소지허가를 받은 총포·석궁으로 수렵하기 위해 필요한 사항은?

① 경찰서에서 용도변경 허가를 받아야 한다.
② 소지허가를 받았으므로 수렵용으로 사용 가능하다.
③ 한 달 정도는 용도변경 허가 없이 사용가 능하다.
④ 용도변경허가를 받아도 되고 받지 않아도 된다.

22. 소지허가를 받은 총포·석궁의 용도 설명이 옳은 것은?

① 수렵면허가 있다면 사용용도를 제한받지 않는다.
② 사격경기용이라도 유해야생동물 포획허가만 있으면 사용할 수 있다.
③ 사격용으로 수렵을 하려면 수렵용으로 용도변경허가를 받는다.
④ 야생동물포획허가를 받으면 어떤 용도로 사용해도 상관없다.

23. 총포·석궁의 사용용도 설명이 옳은 것은?

① 소지허가를 받을 때 사용용도를 정하지 않아도 된다.
② 소지허가를 받은 후 본인이 용도를 지정 사용할 수 있다.
③ 필요한 경우 소지허가 시 지정된 용도 외에도 사용가능하다.
④ 총기는 소지허가 시 지정된 용도에만 사용할 수 있다.

24. 다음 중 수렵총기의 사용용도 설명이 틀린 것은?

① 소지허가 신청 시 본인이 정하여 허가를 받아야 한다.
② 총기의 사용용도는 소지허가를 받은 후 본인이 정한다.
③ 수렵용으로 허가받은 총기는 수렵 외 다른 용도로 사용할 수 없다.
④ 수렵총기를 다른 용도로 사용하기 위해서 용도변경허가를 받아야 한다.

25. 다음 중 수렵총기를 용도 변경하고자 할 때 신청하는 기관은?

① 주소지 지구대
② 주소지 동사무소
③ 주소지 경찰서
④ 주소지 시·군·구청

26. 총포·석궁의 소지 사용에 관한 규정을 바르게 설명한 것은?

① 허가받은 총기는 항상 소지하고 다닐 수 있다.
② 허가받은 총기는 야간 여행 시 안전을 위해 휴대할 수 있다.
③ 허가받은 총기는 집안에 비상용으로 둘 수 있다.
④ 정당한 사유가 있는 경우 외 소지·사용할 수 없다.

27. 수렵용 총포·석궁의 정당한 사용으로 올바른 것은?

① 사격경기용으로 사용할 수 있다.
② 필요시 방범용으로도 사용할 수 있다.
③ 수렵용으로 사용할 수 있다.
④ 허가받은 용도 외 사용할 수 있다.

28. 다음 중 수렵장에서 총기를 사용하는 방법이 가장 옳은 것은?

① 포획허가 받은 동물, 정해진 수량 포획
② 수렵하기 전 수렵장 농지에서 사격 연습
③ 총기는 항상 사격이 가능하도록 장전 유지
④ 총기를 소지할 때 총구를 수평으로 유지

정답 20.④ 21.① 22.③ 23.④ 24.② 25.③ 26.④ 27.③ 28.①

29. 총기 소지·사용에 관한 규정을 바르게 설명한 것은?
① 총기는 정당한 사유가 있는 경우 외에는 소지·사용할 수 없다.
② 수렵용으로 허가받은 총기는 범죄예방을 위해 사용할 수 있다.
③ 수렵총기를 호신용으로 소지 사용할 수 있다.
④ 중요한 여행 시 소지할 수 있다

30. 다음 중 총기 운반 규정에 맞지 않은 것은?
① 운반 보관 시 총집에 넣거나 포장한다.
② 운반 시 실탄이나 공포탄을 장전해서는 안 된다.
③ 휴대 시 외에는 실탄을 장전해서는 안 된다.
④ 보관 시에는 실탄을 장전해서는 안 된다.

31. 다음 중 수렵총기 운반에 관한 규정이 옳은 것은?
① 소지허가를 받은 총기는 항상 휴대 운반이 가능하다.
② 정당한 이유가 있는 경우에만 운반 가능하다.
③ 수렵기간 중엔 어디든지 운반이 가능하다.
④ 수렵 외 다른 일을 보러 갈 때도 가지고 갈 수 있다.

32. 수렵총기를 정당한 사유 없이 운반했을 때의 벌칙은?
① 1년 이하의 징역 또는 300만원 이하의 벌금
② 1,000만원 이하의 벌금
③ 3년 이하의 징역 또는 금고형
④ 300만원 이하의 과태료

33. 수렵총기를 허가받은 용도 외에 사용한 경우의 벌칙은?
① 2년 이하의 징역 또는 300만원 이하의 벌금
② 2,000만원 이하의 벌금
③ 2년 이하의 징역 또는 500만원 이하의 벌금
④ 1년 이하의 징역 또는 금고

34. 수렵총기를 정당한 사유 없이 사용한 경우의 벌칙은?
① 300만원 이하의 벌금
② 1,000만원 이하의 벌금
③ 3년 이하의 징역 또는 금고
④ 2년 이하의 징역 또는 500만원 이하의 벌금

35. 수렵총기를 정당한 사유 없이 소지 운반한 경우의 벌칙은?
① 500만원 이하의 과태료
② 100만원 이하의 과태료
③ 200만원 이하의 과태료.
④ 300만원 이하의 과태료

36. 다음 중 허가를 받지 않고 휴대 운반할 수 있는 것은?
① 총포·석궁 ② 도검·분사기
③ 손도끼 ④ 전자충격기

37. 수렵용 총포·석궁을 보관해제 받은 사람이 합법적으로 할 수 있는 것은?
① 실탄이나 화살을 수렵장으로 운반
② 석궁을 빌려주기 위한 운반
③ 사격연습을 위한 사격장으로 운반
④ 성능 개조를 위해 운반

38. 수렵용 총기의 성능 향상을 위해 하면 안 되는 것은?
① 총기 수입을 잘 하여 고장을 방지한다.
② 사용 후 고장여부 점검 등 관리를 철저히 한다.
③ 총열에 강선을 새로 만든다.
④ 총기의 가늠쇠를 잘 보이게 대체한다.

39. 총포·석궁의 성능변경에 관한 내용이 옳은 것은?
① 임의 개조할 수 있다.
② 총열 교체는 임의로 할 수 있다.
③ 임의 개조할 수 없다.
④ 지구대에 신고하고 개조할 수 있다.

40. 다음 중 총포·석궁의 개조 금지를 규정한 법령 조항은?
① 총포·도검·화약류 등 안전관리법 제17조1항

제4장

정답 29.① 30.③ 31.② 32.④ 33.③ 34.④ 35.④ 36.③ 37.① 38.③ 39.③ 40.④

② 총포·도검·화약류 등 안전관리법 제17조2항
③ 총포·도검·화약류 등 안전관리법 제17조3항
④ 총포·도검·화약류 등 안전관리법 제17조4항

41. 수렵용 총포·석궁에 조준경을 부착 할 경우 올바른 설명은?
① 모든 총포·석궁에 부착할 수 없다.
② 모든 총포·석궁에 부착할 수 있다.
③ 산탄엽총(샷건) 소지허가를 받은 경우 허가 없이 부착할 수 있다.
④ 공기총 소지허가를 받은 경우 허가 없이 부착할 수 있다.

42. 다음 중 총신(총열), 총기관부 등 총포의 부품을 별도 소지하고자 할 경우 옳은 설명은?
① 별도 소지허가를 받아야 한다.
② 총기소지허가를 받은 경우 허가 없이 소지 가능하다.
③ 총신(열)은 별도 허가가 필요 없다.
④ 총기관부는 별도 허가가 필요 없다.

43. 다음 중 총포의 부품이 아닌 것은?
① 총포의 신 ② 총의 기관부
③ 산탄탄알 및 연지탄 ④ 탄피

44. 다음 중 총포의 부품으로 볼 수 없는 것은?
① 탄창 ② 총의 기관부
③ 산탄탄알 ④ 연지탄

45. 다음 중 총포의 부품에 관한 설명이 틀린 것은?
① 총포신은 총포의 부품이다.
② 소음기 조준경은 총포의 부품이 아니다.
③ 산탄탄알 및 연지탄도 총포의 부품이다.
④ 탄피는 총포의 부품이 아니다.

46. 수렵인이 자신의 엽총에 대체총열을 사용하고자 할 경우 필요한 절차는?
① 주소지 경찰지구대에 신고하고 구입할 수 있다.
② 주소지 동사무소에 신고하고 구입할 수 있다.
③ 주소지 경찰서에서 허가를 받은 뒤 구입할 수 있다.
④ 주소지 경찰서에 신고하고 구입할 수 있다.

47. 수렵인이 산탄엽총(샷건)에 조준경을 부착하고자 할 경우 올바른 답은?
① 필요할 경우 임의 부착할 수 있다.
② 주소지 지구대에 신고한 후 부착할 수 있다.
③ 주소지 경찰서에 신고한 후 부착할 수 있다.
④ 산탄엽총(샷건)에 부착할 수 없다.

48. 수렵용 엽총(산탄) 소지에 관한 설명이 옳은 것은?
① 별도의 신고나 허가 없이 누구나 소지가 가능하다.
② 수렵총기(샷건) 소지허가를 받은 사람은 무제한 소지할 수 있다.
③ 수렵총기(샷건) 소지허가를 받은 가족도 허가 없이 일정량 소지할 수 있다.
④ 수렵총기(샷건) 소지허가를 받은 사람은 허가 없이 일정량 소지할 수 있다.

49. 수렵용 공기총 실탄(연지탄) 소지에 관한 규정이 옳은 것은?
① 공기총 실탄(연지탄)은 신고 없이 소지할 수 있다.
② 공기총 실탄(연지탄)은 허가 없이 만들 수 있다.
③ 공기총 소지허가를 받은 사람은 허가 없이 소지 가능하다.
④ 공기총 실탄은 누구나 소지는 가능하나 제조는 허가를 받아야 한다.

50. A씨는 엽총(샷건)구입 전, 엽총을 소지하고 있는 B씨로부터 실탄을 양도받아 소지하고 있다. 이 에 관한 총기 관련법의 올바른 설명은?
① A씨와 B씨 모두 위법행위다.
② A씨는 위법이나 B씨는 정당하다.
③ A씨와 B씨 모두 위법행위가 아니다.
④ A씨는 정당하나 B씨는 위법이다.

정답 41.④ 42.① 43.④ 44.① 45.② 46.③ 47.④ 48.④ 49.③ 50.①

51. **<총포안전법>의 총포·석궁 양도 규정과 어긋나는 것은?**
① 양도 양수는 허가를 받아야 한다.
② 총포·석궁 판매업자도 소지허가를 받은 사람에게만 양도 가능하다.
③ 소지 허가가 없는 사람으로부터 구입할 수 있다.
④ 소지허가를 받은 총기도 소지허가를 받은 사람에게만 양도할 수 있다.

52. **A헌터는 B친구와 사냥을 가서 B에게 총기를 주며 쏴보도록 했다. 다음 중 바르게 설명한 것은?**
① A씨는 위법행위이고 친구는 위법이 아니다.
② A씨와 B 모두 위법행위이다.
③ 친구는 위법행위가 아니고 A씨만 위법이다.
④ 두 사람 모두 위법행위는 아니다.

53. **총포·석궁의 양도에 관한 설명이 옳은 것은?**
① 총포·석궁의 소지허가를 받은 사람에게만 양도 가능하다.
② 총포상에 맡겨둔 총기는 누구나 빌려 쓸 수 있다.
③ 총포판매업자는 누구이든 양도할 수 있다.
④ 동료 수렵인 간에는 총기를 교환해서 사용해도 된다.

54. **총포·석궁을 친구에게 양도하고자 하는 경우 올바른 절차는?**
① 먼저 넘겨주고 소지허가를 신청한다.
② 소지허가를 받는다면 먼저 주든 나중에 주든 상관없다.
③ 친구가 소지허가를 받은 후에 넘겨준다.
④ 소지허가에 관계없이 그냥 줘도 된다.

55. **수렵 중 총기(석궁)가 잘 맞지 않아 동료 총기를 빌려 사용한 경우의 위법여부는?**
① 두 사람 모두 위반 아니다.
② 빌려준 사람만 위반이다.
③ 빌린 사람만 위반이다.
④ 두 사람 모두 위반이다.

56. **총기를 양도받을 경우 사전에 취해야 할 절차에 옳은 것은?**
① 지구대 또는 파출소에 먼저 신고한다.
② 주소지 경찰서의 소지허가를 먼저 받는다.
③ 총기를 먼저 인수하고 소지허가를 신청한다.
④ 수렵지 시·군·구청에 사전 연락하고 신청한다.

57. **총기를 수렵장에서 아들과 공동으로 사용하려 한다, 알맞은 답은?**
① 공동 사용할 수 없다.
② 가족간에는 상관없다.
③ 지구대에 사전 신고하면 된다.
④ 수렵지 시·군·구청에 신고하면 된다.

58. **다음 중 총기 양도·양수에 관한 법규정을 바르게 설명한 것은?**
① 허가 없이 양도·양수는 안되나 빌려주는 것은 허용된다.
② 양도는 허가 없이 가능하나 빌려주는 것은 곤란하다.
③ 허가 없이 양도·양수하거나 빌려주거나 빌리는 행위 모두 금지된다.
④ 지방관서별로 관련 규정이 다를 수 있다.

59. **총기 양도·양수에 관해 허가를 받도록 규정한 이유로 올바른 것은?**
① 양도·양수 시 과세를 위해서
② 자격을 갖춘 사람이 소지하도록 하기 위해서
③ 총기소지를 억제하기 위해서
④ 총기의 희소성을 높이기 위해서

60. **A씨는 마음에 들지 않는 총기를 총포사에서 교환하려고 한다. 이때 필요한 절차는?**
① 먼저 구입한 총기의 소지허가를 반납하고 총기소지허가를 다시 받는다.
② 먼저 총기의 소지허가를 받았으므로 총기만 바꾸면 된다.

제4장

정답 51.③ 52.② 53.① 54.③ 55.④ 56.② 57.① 58.③ 59.② 60.①

③ 먼저 받은 총기소지허가는 그냥 둬야 된다.
④ 총기소지허가의 변경 신고만 하면 된다.

61. "총기를 빌리거나 빌려주어서도 안 된다"는 총기관련법률을 위반할 경우의 처벌은?
① 1천만 원 이하의 벌금
② 5년 이하의 징역 또는 1천만원 이하의 벌금
③ 3년 이하의 징역 또는 2천만원 이하의 벌금
④ 5년 이하의 금고 또는 1천만원 이하의 벌금

62. 친구와 수렵장을 찾은 A헌터가 B친구에게 총기를 빌려주며 수렵하게 했다. 이때 처벌은?
① 1년 이하의 징역 또는 1천만원 이하의 벌금
② 2년 이하의 징역 또는 2천만원 이하의 벌금
③ 3년 이하의 징역 또는 3천만원 이하의 벌금
④ 5년 이하의 징역 또는 1천만원 이하의 벌금

63. 총포 관련법에서 정한 총포를 보관하는 장소로 가장 정확하게 표시한 것은?
① 지구대
② 파출소
③ 경찰관서
④ 허가관청이 지정한 장소

64. 다음 중 수렵총기 소지허가를 받은 사람이 경찰관서에 보관하여야 할 대상이 아닌 것은?
① 총기 ② 실탄
③ 공포탄 ④ 탄창과 탄피

65. 수렵인이 수렵기간 중 사용하고 남은 엽탄을 보관할 경우 규정상 가장 적합한 장소는?
① 집안 장롱 ② 사무실 금고
③ 총포사 보관실
④ 주소지 경찰서에서 지정한 장소

66. 수렵기간이 종료되었을 때 총기 보관 장소로 가장 올바른 것은 ?
① 허가관청이 지정하는 장소
② 수렵지 경찰서 관내 파출소 또는 지구대
③ 주소지 인근 경찰관서
④ 수렵지 관할 경찰관서

67. 수렵장에서 사용한 탄피의 보관 처리방법에 관한 설명이다. 가장 올바른 것은?
① 관내 지구대에 보관을 의뢰한다.
② 수렵지 경찰서에 반납한다.
③ 주소지 경찰서에 보관한다.
④ 탄피는 임의 보관할 수 있다.

68. 수렵총기를 허가관청이 지정하는 장소에 보관해야 하는 이유로 타당한 것은?
① 총기를 깨끗이 관리하기 위해서
② 내년도에 총기를 찾기 쉽도록 하려고
③ 공공의 안전유지를 위해서
④ 총기를 집중 관리하여 비용이 절감되기 위해서

69. 수렵장에서 사용하고 남은 공포탄을 보관할 경우 규정상 어디에 보관하는가?
① 공포탄은 사고 위험이 없으므로 가정에 보관하다.
② 집안 금고에 안전하게 보관한다.
③ 허가관청이 지정하는 장소에 보관한다.
④ 차량 트렁크에 안전하게 보관한다.

70. 수렵총기의 보관 관리 등에 관한 내용을 규정하고 있는 법령은?
① 야생생물 보호 및 관리에 관한 법률
② 총포·도검·화약류 등의 안전관리에 관한 법률
③ 조수보호법
④ 총포·도검·화약류 등 단속법

71. 수렵기간이 종료되어 총기를 허가관청이 지정하는 장소에 보관하지 않은 경우의 처벌은?
① 2천만원 이하의 벌금
② 5년 이하의 징역 또는 1천만원 이하의 벌금
③ 2년 이하의 징역 또는 2천만원 이하의 벌금
④ 5년 이하의 금고 또는 1천만원 이하의 벌금

정답 61.② 62.④ 63.④ 64.④ 65.④ 66.① 67.④ 68.③ 69.③ 70.② 71.②

72. 수렵기간이 종료된 후 실탄을 경찰서장이 지정하는 곳에 보관하지 않은 경우의 결과는?

① 실탄은 개인이 보관해도 문제가 없다.
② 실탄도 보관대상이 되기는 하나 처벌은 받지 않는다.
③ 실탄도 보관 대상이므로 처벌대상이다.
④ 실탄은 보관해도 되고 안 해도 된다.

73. 수렵기간이 종료된 후 공포탄은 어떻게 해야 하는가?

① 공포탄은 보관 대상이 아니므로 문제가 안 된다.
② 공포탄도 보관 대상이므로 경찰서에 보관해야 한다.
③ 공포탄은 차량에 해도 된다.
④ 공포탄은 개인의 격납고 보관한다.

74. 경찰서에 보관된 수렵총기를 보관해제 받을 수 없는 경우는?

① 수렵기간에 수렵을 할 경우
② 총기를 수리할 때
③ 총기를 판매업소에 매각할 때
④ 집 근처를 배회하는 고양이를 포획하고자 할 때

75. 경찰서에 보관된 총기를 보관해제 받을 수 있는 사유가 아닌 것은?

① 수렵허가를 받고 수렵장에 나갈 때
② 총기를 매각하여 판매상에 인계할 때
③ 유해야생동물포획허가를 받아 사용하려 할 때
④ 목장에서 달아난 사슴을 포획하려 할 때

76. 수렵총기 보관해제 신청 시 허가관청에 함께 제출해야 하는 서류는?

① 수렵면허신청서 ② 수렵허가신청서
③ 유해야생동물포획허가 신청서
④ 위치정보수집 동의서

77. 다음 중 수렵용 총포 소지자가 준수해야 할 의무가 아닌 것은?

① 휴대전화의 위성위치확인시스템(GPS)기능의 작동을 유지
② 경찰청장이 지정하는 휴대전화 응용프로그램 설치
③ 위치정보수집에 동의한 휴대전화를 작동 가능 상태로 유지
④ 수렵장의 안전유지시스템 설치 및 유지

78. 수렵총기 보관해제 시 위치정보 수집을 하는 이유에 맞는 것은?

① 수렵장 지리를 파악하기 위해
② 수렵인의 신체상 안전유지를 위해
③ 수렵총기의 위치정보 확인을 위해
④ 총기의 분실방지를 위해

79. 수렵총기 관련 사고방지를 위해 신설된 총기 관련법령 규정은?

① 안전사고 발생 시 신고 의무
② 위치정보시스템 이용 동의서 제출
③ 응급처지 의무
④ 사냥화 착용 의무

80. 수렵총기 보관해제 시 위치정보수집동의서를 제출하지 않을 경우 허가관청이 할 수 있는 것은?

① 임의규정이므로 아무런 조치를 할 수 없다.
② 총기 소지허가를 취소할 수 있다.
③ 총기 보관을 해제하지 않을 수 있다.
④ 2회 불응 시 총기허가를 취소한다.

81. 수렵총기 소지허가를 받은 경우 법령상 허가 갱신기간으로 옳은 것은?

① 5년 ② 3년 ③ 4년 ④ 2년

82. 다음 중 총포소지허가의 갱신기간 내에 갱신하지 않은 경우의 올바른 설명은?

① 허가 효력이 상실된다.
② 1년 이내 과태료 납부 후 갱신할 수 있다.
③ 2년 이내에는 효력이 상실되지 않는다.
④ 갱신하지 않아도 효력에 지장이 없다.

정답 72.③ 73.② 74.④ 75.④ 76.④ 77.④ 78.③ 79.② 80.③ 81.② 82.①

제 4 장

83. 다음은 총기소지허가 갱신에 관한 내용이다. 틀린 것은?
① 허가관청은 보관된 총기의 소지허가 갱신을 유보할 수 있다.
② 소지허가를 받은 사람은 허가받은 날로부터 3년마다 갱신하여야 한다.
③ 재해 질병 등 부득이한 사유가 있을 경우에는 연기신청을 할 수 있다.
④ 갱신기간은 총포의 종류에 따라 다른 경우가 있다.

84. 총포소지허가를 갱신토록 하는 목적으로 가장 거리가 먼 설명은?
① 총기의 개·변조 여부 확인을 위해서
② 소지허가 자격요건의 재심사를 위해서
③ 소지허가자의 결격사유 재심사를 위해서
④ 소지허가자의 신체적 결격사유 재심사를 위해서

85. 총포소지허가를 갱신하는 목적으로 가장 중요하다고 할 수 있는 것은?
① 허가자의 존재 여부확인을 위해서
② 총기의 존재 여부를 확인하기 위해서
③ 허가자의 결격사유 발생여부의 확인을 위해서
④ 총기의 총 수량 조정을 위해서

86. 총포 또는 석궁 소지허가를 받은 자가 적정하게 소지하고 있는지를 검사할 수 있는 기관은?
① 지구대장
② 허가관청
③ 경찰청장
④ 총포화약안전기술협회

87. 총포·석궁의 적정여부 검사에 관한 설명으로 타당하지 않은 것은?
① 검사절차는 대통령령으로 정한다.
② 검사결과 불합격품은 임시영치한다.
③ 소지허가를 받은 사람은 검사를 받아야 한다.
④ 지방경찰청장 또는 경찰서장이 한다.

88. 소지허가를 받은 총포·석궁 검사결과에 대한 설명이 틀린 것은?
① 부적격 판정을 받은 경우 임시영치한다.
② 부적격 판정을 받으면 양도를 해야 한다.
③ 부적격 판정을 받으면 허가가 취소될 수 있다.
④ 부적격 판정을 받으면 형사처벌을 받을 수 있다.

89. 소지허가된 총포·석궁에 대한 검사 실시 목적에 대한 옳은 설명은?
① 적정소지 여부 확인
② 사용여부 확인
③ 밀렵여부 확인
④ 소지허가 결격 사유 확인

90. 총포·석궁의 소지허가를 한 경찰서장이 실시하는 총포 검사를 가장 정확하게 설명한 것은?
① 총포 또는 석궁 등의 안전에 관한 검사를 한다.
② 총포 또는 석궁 등에 대한 기술검사를 한다.
③ 총포 또는 석궁 등에 대한 성능검사를 한다.
④ 총포·석궁 등의 적정소지 여부를 검사한다.

91. 규정상 총포·석궁의 소지허가를 받고자 하는 사람이 받아야 하는 교육은?
① 파출소장 또는 지구대장이 실시하는 교육
② 시장 또는 군수가 실시하는 교육
③ 면장 또는 동장이 실시하는 교육
④ 경찰서장이 실시하는 교육

92. 총포·석궁의 소지허가를 받고자 하는 사람이 허가 전 받아야 하는 교육내용이 아닌 것은?
① 총포·석궁의 수렵 관련 법령
② 총포·석궁에 관한 법령
③ 총포·석궁의 사용 실기
④ 총포·석궁의 취급 실기

93. 총포·석궁 소지자의 수렵 전, 경찰서장으로부터 받아야 하는 교육이 아닌 것은?
① 총포·석궁을 이용한 수렵실기 교육
② 총포·석궁 관련 법령에 따른 안전 관련 주의사항

정답 83.④ 84.① 85.③ 86.② 87.① 88.② 89.① 90.④ 91.④ 92.① 93.①

③ 총포・석궁의 안전관리 수칙
④ 총포・석궁의 조작방법

94. 총포・석궁 소지자의 수렵 전 경찰서장으로부터 교육을 받도록 하는 목적으로 타당한 것은?
① 총기・석궁으로 인한 안전사고 방지를 위해
② 총기・석궁의 효율적인 수렵을 위해
③ 총기・석궁의 고장방지를 위해
④ 총기・석궁의 명중률을 높이기 위해

95. 수렵 전 지방경찰청장 또는 경찰서장으로부터 받아야 하는 교육의 유효 기간은?
① 1년 ② 2년 ③ 3년 ④ 5년

96. 다음 중 정상적으로 관리되지 않는 총포를 발견하였을 때 해야 하는 조치는?
① 주민센터에 신고 ② 경찰지구대에 신고
③ 구청에 신고 ④ 군부대에 신고

97. 터파기 공사를 하다가 종류미상의 포탄을 발견하였다. 이때 잘못된 조치는?
① 무엇인지 확인하기 위해 두드려 본다.
② 가까운 경찰 파출소에 신고한다.
③ 출동한 경찰관의 지시에 따른다.
④ 경찰관이 올 때까지 그 자리에 그대로 보관한다.

98. 총포・석궁을 습득하였을 때 국가경찰관서에 신고해야 하는 시간은?
① 24시간 이내 ② 12시간 이내
③ 6시간 이내` ④ 3시간 이내

99. 수렵장에서 엽총을 습득하였다. 이때 A씨가 해야 하는 조치로 가장 바르게 설명한 것은?
① 집으로 가지고 돌아와 수소문하여 주인을 찾는다.
② 24시간 내에 가까운 경찰 파출소에 신고한다.
③ 총포사 대표에게 주인을 찾아주도록 맡긴다.
④ 수렵장 관할 시・군・구청에 신고한다.

100. 벽장 안에서 오래된 실탄을 발견하였다. 이 때 필요한 조치가 아닌 것은?
① 가까운 경찰지구대에 신고한다.
② 경찰관이 나오기 전에는 다른 장소로 옮기지 않는다.
③ 실탄의 상태를 확인하기 위해 망치로 두드려 본다.
④ 24시간 이내에 신고해야 한다.

101. 수렵용 산탄총(샷건)의 소지허가 자가 총포화약안전기술협회에 납부하는 연회비는?
① 5,500원 ② 6,500원
③ 7,500원 ④ 4,500원

102. 수렵용 공기총 소지허가 자가 총포화약안전기술협회에 납부해야 할 연회비는?
① 3,000원 ② 4,000원
③ 5,000원 ④ 6,000원

103. 다음 중 총포소지허가 자가 총포화약안전기술협회 회비납부 사유를 바르게 설명한 것은?
① 회비납부 의무가 없다.
② 회비납부 의무가 있다.
③ 회비납부는 자유의사이다.
④ 회비에 관한 규정이 없다.

104. 총포소지허가 자와 총포화약안전기술협회와의 관계에 대한 설명이 바르지 않은 것은?
① 허가를 받은 때부터 당연히 회원이 된다.
② 회원이 되었으나 회비납부 의무는 없다.
③ 회원은 당연히 회비를 납부하여야 한다.
④ 협회는 법령에 따라 회비를 징수 할 수 있다.

105. 총포소지허가 자가 납부하는 총포화약안전기술협회 회비에 대한 설명이 옳지 않은 것은?
① 공기총은 1년에 3,000원이다.
② 장약엽총은 년 7,500원이다.
③ 회비의 납부는 의무규정이 아니다.
④ 회원자격이 되므로 회비 납부 의무가 있다.

정답 94.① 95.① 96.② 97.① 98.① 99.② 100.③ 101.③ 102.① 103.② 104.② 105.③

106. <총포안전법>에 따라 설립된 총포화약안전기술 협회를 바르게 설명한 것은?
① 민법상의 단체다.
② 행정법상의 법인이다.
③ 사단법인이다.
④ 영리단체이다.

107. 총포화약안전기술협회의 사업 설명으로 타당하지 않은 것은?
① 수렵인의 권익보호
② 총포의 안전에 관한 기술지원 및 조사·연구
③ 총포의 안전검사
④ 총포 안전사상 계몽 및 홍보.

108. 다음 중 총포화약안전기술협회가 하는 사업 설명이 바른 것은?
① 총포의 안전 및 기술에 관한 연구
② 수렵기술에 관한 연구
③ 사격술의 연구 및 보급
④ 총기의 위탁보관 및 관리

109. 다음 중 총포화약안전기술협회에서 할 수 있는 사업이 아닌 것은?
① 총포의 안전에 관한 기술도입
② 총포제조·판매업자에 대한 영업지원
③ 총포의 안전에 관한 국제협력
④ 총포의 안전을 위한 행정업무에 관한 기술자문

110. 총기소지허가 갱신기간이 지나 효력을 상실한 사람의 총포화약안전기술협회 회원자격은?
① 회원자격은 유지된다.
② 회원자격은 탈퇴를 하기 전까지 유지된다.
③ 허가효력이 상실되어 당연히 회원자격도 상실한다.
④ 회원자격의 유지는 자유의사이다.

111. <총포안전법>상 행정처분에 관한 설명이 맞는 것은?
① 법령상 명문규정이 있다.
② 경찰서장의 재량으로 한다.
③ 지방경찰청장의 재량으로 한다.
④ 경찰청장의 재량으로 한다.

112. 다음 중 총포소지허가 취소사유가 아닌 것은?
① 총기를 경찰관서에 보관
② 총기의 임의 개조
③ 수렵장이 아닌 곳에서의 수렵
④ 총기를 정당한 사유 없이 차에 싣고 운반함

113. 다음 중 총포소지허가 취소사유에 해당하지 않는 것은?
① 총기고장
② 총기 도난 신고 후 30일 경과
③ 총기 분실 신고 후 30일 경과
④ 총기소지허가 결격사유 발생

114. 밀렵에 사용된 총기의 조치로 가장 가능성이 높은 설명은?
① 조사를 받고 수렵장 시·군·구청으로 보낸다.
② 경찰서 또는 파출소에 보관될 수 있다.
③ 총포사에서 임시 보관된다.
④ 재판 시까지 본인이 보관한다.

115. 다음 중 밀렵을 하다 적발된 경우 총포소지허가에 대한 행정처분 기관이 옳은 것은?
① 시장·군수·구청장이 행정처분을 한다.
② 수렵지 관할 경찰서장이 행정처분을 한다.
③ 주소지 관할 경찰서장이 행정처분을 한다.
④ 수렵장설정자가 행정처분을 한다.

116. 다음 중 밀렵이 적발되어 총포소지허가 행정처분을 받을 경우 소지자에게 해명 기회를 주는 절차에 맞는 것은?
① 사전 신고 ② 청문
③ 사건 설명회 ④ 의견서 제출

117. 허가받지 않은 석궁을 보관하고 있다가 경찰관에게 적발된 경우의 대한 조치는?
① 압수되어 경찰서에 보관
② 본인이 보관하다가 재판 시 제출

정답 106.② 107.① 108.① 109.② 110.③ 111.① 112.① 113.① 114.② 115.③ 116.② 117.①

③ 검찰조사 시 증거로 제출
④ 총포사에 상품으로 보관

118. A씨는 친구인 B씨로부터 허가받지 않은 석궁을 양수한 경우의 처벌은?
① A, B 모두 처벌된다.
② 양수한 A만 처벌된다.
③ 양도한 B만 처벌된다.
④ 허가 받지 않은 것이므로 A, B 모두 처벌되지 않는다.

119. 총포소지허가의 행정처분에 관한 설명이 맞는 것은?
① 허가에 대한 행정처분은 형벌이다.
② 허가의 효력에 대한 처분이다.
③ 총기에 대한 처분이다.
④ 총기와 허가 모두에 대한 처분이다.

120. 총포소지허가 행정처분으로 허가가 취소 된 때, 허가의 효력에 관한 설명이 옳은 것은?
① 허가의 효력이 1년간 정지된다.
② 허가의 효력은 유효하다.
③ 허가의 효력이 상실된다.
④ 하가의 효력에는 영향이 없다.

121. 총포나 석궁을 소지하고 있던 사람이 소지허가가 취소된 경우의 조치로 바른 것은?
① 허가관청에 임시영치
② 총포상에 보관
③ 경찰지구대에 임시영치
④ 파출소에 임시영치

122. 엽장에서 포획대상이 아닌 동물을 포획하여 경찰에 입건된 경우의 조치로 틀린 것은?
① 압수되어 본인에게 반환되지 않을 수 있다.
② 압수되어 경찰관서에 보관될 수 있다.
③ 수렵장 관할 군청에 보관될 수 있다.
④ 총포소지허가에 대한 행정처분이 따른다.

123. 다음 중 총포소지허가의 행정처분 종류에 해당하는 것은?
① 허가말소 ② 허가유보
③ 허가상실 ④ 허가취소

124. 총포소지허가 정지 처분을 받은 경우 허가증을 어떻게 해야 하는가?
① 총기는 반납해도 허가증은 본인이 소지해도 된다.
② 총기를 보관한 경우 허가증은 그대로 가지고 있어도 된다.
③ 효력이 정지된 경우 허가증을 허가관청에 반납하지 않는다.
④ 허가가 정지되면 허가증은 허가관청에 반납해야 한다.

125. 경찰서에서 청문통지라는 우편물을 받은 경우, 다음 진행될 것으로 보이는 것은?
① 총기 압수 절차
② 수렵면허 취소 절차
③ 총포소지허가 취소 절차
④ 수렵허가 취소 절차

126. 다음 중 <총포안전법> 위반으로 총포소지허가 취소가 아닌 것은?
① 총포소지허가 결격사유 발생
② 야생동물포획허가증 미취득
③ 총기 개조
④ 총기를 정당하지 않은 목적으로 사용

127. 다음 중 <총포안전법>에 따라 총포소지허가가 취소되는 것은?
① 총기를 정당한 목적 외에 사용
② 총기를 경찰서에 보관
③ 공기총에 조준경 부착
④ 총기 분실신고 후 20일 경과

128. 총기 · 석궁 소지허가가 취소된 경우 취소처분을 받은 자가 취해야 할 올바른 자세는?
① 15일 이내에 친구에게 양도

정답 118.① 119.② 120.③ 121.① 122.③ 123.④ 124.④ 125.③ 126.② 127.① 128.②

제4장

② 15일 이내 경찰서에 임시영치
③ 15일 이내에 총포사에 상품으로 보관
④ 즉시 분리하여 고철로 매각

129. 다음 중 <총포안전법>에 따라 소지허가 취소에 해당하는 것은?
① 수렵장에서 포획대상 외의 동물 포획
② 유해야생동물 포획허가를 받은 후 고라니 포획
③ 총기수리를 위해 수리업소로 운반
④ 허가관청에 총기보관을 위해 운반

130. 총포·석궁의 소지허가 자가 법령을 위반할 경우 받게 되는 행정처분은?
① 허가 중지 ② 허가 철회
③ 허가 취소 ④ 허가 말소

131. 다음 중 총포 허가관청이 공공의 안전유지를 위하여 필요하다고 인정되는 경우, 소지허가자에 게 취할 수 있는 조치가 아닌 것은?
① 소지허가 취소
② 총포 또는 석궁의 운반제한
③ 총포 또는 석궁의 사용제한
④ 총포 또는 석궁의 양도제한

132. 다음 중 총포 허가관청이 공공의 안전유지를 위하여 필요하다고 인정되는 경우, 취하는 조치에 맞는 것은?
① 총포 또는 석궁의 운반제한
② 총포 또는 석궁의 유출제한
③ 총포 또는 석궁의 양도제한
④ 총포 또는 석궁의 수리제한

133. 다음 중 총포 허가관청이 공공의 안전유지를 위하여 필요하다고 인정되는 경우, 소지허가자에 게 취할 수 있는 조치가 아닌 것은?
① 보관 명령 ② 사용제한 명령
③ 제출 명령 ④ 운반금지 명령

134. 총포 관련 허가관청의 "공공의 안전을 위한 조치"와 가장 거리가 먼 것은?
① 총포 또는 석궁의 사용제한
② 수렵도구의 변경
③ 총포 또는 석궁의 운반제한
④ 총포 또는 석궁의 보관명령

135. 총포 허가관청이 공공의 안전유지를 위하여 필요하다고 인정되는 경우, 취하는 조치로서 총기 또는 석궁 소지자에게만 해당하는 것은?
① 양도·양수 허가의 취소
② 폐기의 일시금지 또는 제한
③ 소지허가 취소
④ 24시간 이내 신고

136. 다음 중 행정자치부령이 정하는 총포 등 소지자의 준수사항이 아닌 것은?
① 경찰서장이 발하는 지시·명령 준수
② 수렵지 관할파출소장의 지시 준수
③ 총포 운반 전, 주소지 관할경찰관서에 신고
④ 일몰 이후부터 일출 이전까지 지정경찰관서 보관지시 준수

137. 행정자치부령이 정하는 총포 등 소지자의 준수사항 중 2019년에 폐지 된 것은?
① 수렵장에서 2인 이상 동행
② 수렵복 및 수렵화 착용
③ 수렵견의 동행
④ 수렵장 안내요원 동행

138. 다음 중 <총포안전법>에 따라 총포 또는 석궁소지자가 준수해야 할 사항으로 옳은 것은?
① 공공의 안전유지를 위한 경찰서장의 명령 준수
② 수렵지 관할 군수의 명령 준수
③ 수렵장에서 3인 이상 동행
④ 수렵장에서 빨간 모자 착용

139. 수렵인 A씨가 수렵장으로 총포를 운반하려 할 때 반드시 필요한 사전 절차는?
① 수렵장으로 가는 동료와 협의

정답 129.① 130.③ 131.④ 132.① 133.③ 134.② 135.③ 136.② 137.① 138.① 139.②

② 주소지 관할 경찰관서에 신고
③ 총포사에 수렵장 상황 문의
④ 수렵장 관할 경찰관서에 신고

140. <총포안전법>에 따라 수렵장에서 반드시 착용해야 할 복장이 맞는 것은?
① 수렵이라고 적힌 얼룩무늬 수렵복
② 수렵이라고 적힌 빨강색 모자
③ 수렵이라고 적힌 주황색 조끼
④ 수렵이라고 적힌 주황색 모자

141. 다음 중 <총포안전법>에 따라 총포 · 석궁 등의 소지자가 준수하여야 할 사항은?
① 수렵금지구역 설정 명령
② 공공의 안전유지를 위한 명령
③ 유해야생동물 포획을 위한 명령
④ 야생동물 보호를 위한 명령

142. 총포 · 석궁의 소지허가 자가 허가증의 기재사항을 변경하고자 할 때 어떻게 해야 하는가?
① 허가받은 경찰서에 신고
② 허가지 파출소에 신고
③ 허가지 주민센터에 신고
④ 허가지 시청에 신고

143. 총포 · 석궁의 소지허가 자가 허가증의 기재사항 변경사유 발생 시 신고의무 기간은?
① 변경사유 발생일로부터 30일 이내
② 변경사유 발생일로부터 20일 이내
③ 변경사유 발생일로부터 15일 이내
④ 변경사유 발생일로부터 10일 이내

144. 총포 · 석궁의 소지허가를 받은 사람이 기재사항 변경 시 신고서에 첨부하는 서류는?
① 주민등록등본 ②허가증
③ 주민등록초본 ④운전면허증

145. 총기를 경찰관서에 보관중인 사람의 총포소지허가 기재사항 변경 신고기간은?
① 기재사항 변경 사유 발생일로부터 30일 이내
② 기재사항 변경 사유 발생일로부터 20일 이내
③ 기재사항 변경 사유 발생일로부터 10일 이내
④ 총기반환을 신청할 때

146. 총포 · 석궁의 소지허가 자가 허가증을 잃어버려 재교부 신청을 할 때의 첨부서류는?
① 분실신고서 ② 잃어버린 경위서
③ 주민등록초본 ④ 운전면허증

147. 총포 · 석궁의 소지허가를 받은 사람이 허가증을 분실했을 때 취해야 할 것은?
① 주민센터에 재교부 신청
② 경찰지구대에 재교부 신청
③ 허가관청에 재교부 신청
④ 수렵지 군청에 재교부 신청

148. 총포 · 석궁의 소지허가증이 헐어서 못쓰게 되었을 경우 취해야 할 것은?
① 수렵지 경찰서에 재교부 신청
② 주소지 지구대에 재교부 신청
③ 주소지 주민센터에 재교부 신청
④ 허가관청에 재교부 신청

149. 총포 · 석궁의 소지허가증이 헐어서 못쓰게 되어 재교부 신청을 할 때 첨부하는 서류는?
① 주민등록증 사본
② 헐어서 못 쓰게된 허가증
③ 주민등록초본 ④ 기본증명서

150. 총포 · 석궁의 소지허가증을 분실하거나 헐어서 못쓰게 된 경우 취해야 할 것은?
① 경찰지구대에 재교부 신청
② 주민센터에 재교부 신청
③ 허가경찰서에 재교부 신청
④ 수렵지 경찰서에 재교부 신청

151. 다음 중 총포 · 석궁을 허가 없이 소지할 수 없는 사람은?
① 총포담당 경찰관
② 수렵면허를 받은 사람

정답 140.③ 141.② 142.① 143.① 144.② 145.① 146.② 147.③ 148.④ 149.② 150.③ 151.②

제 4 장

③ 총포 임대업자
④ 총포 제조업자

152. 수렵용 엽총(샷건)의 소지허가를 받은 사람이 하루에 구입할 수 있는 실탄 수량은?
① 100발이하 ② 200발이하
③ 300발이하 ④ 400발이하

153. 총포·석궁을 허가관청의 허가를 받지 아니하고 양도할 수 있는 사람은?
① 총포 판매업자
② 다른 총기소지허가를 가지고 있는 친구
③ 수렵면허를 받은 사람
④ 사격장 관리자

154. 엽총(샷건)·석궁을 구입하고자 하는 사람이 소지허가증을 신청하는 기관은?
① 주소지 관할 파출소
② 주소지 관할 경찰서
③ 주소지 주민센터
④ 주소지 관할 경찰서 또는 파출소

155. <총포안전법> 제13조 1항의 결격사유에 해당하지 않는 사람은?
① 20세미만자 ② 알코올 중독자
③ 게임 중독자 ④ 정신질환자

156. 수렵용 총포·석궁의 소지허가를 신청할 때 첨부서류가 아닌 것은?
① 신체검사서
② 수렵면허시험 응시원서
③ 수렵면허증
④ 출처증명서

157. 보관 중인 총포와 실탄을 해제 신청할 때 첨부해야 할 서류가 아닌 것은?
① 반환사유 및 입증서류
② 총포 보관증명서
③ 신체검사서
④ 위치정보수집 동의서

158. 다음 중 소지허가를 받을 수 없는 총포·석궁에 해당하지 않는 것은?
① 구조와 기능이 행정자치부령의 기준에 적합하지 않은 총포 또는 석궁
② 위장한 총포 또는 석궁
③ 습득한 지 1개월 된 총포 또는 석궁
④ 상속받은 총포 또는 석궁

159. 다음 중 총포·석궁의 소지허가를 받을 수 있는 경우가 아닌 것은?
① 소지허가를 한 번 받은 사람
② 5년 이내 2회 음주운전으로 벌금형을 받은 후 5년이 지나지 않은 사람
③ 총기를 분실하여 허가 취소된 후 1년이 지난 사람
④ 총기를 소지하고 있는 사람이 석궁 소지허가를 신청한 경우

160. 수렵용 총포 또는 석궁의 취급금지 대상자에 대한 설명이 틀린 것은?
① 18세 미만자(사격경기용 제외)
② 정신질환자
③ 사기 피의자
④ 마약 중독자

161. 다음 중 <총포안전법> 상 수렵인의 준수사항은?
① 경찰지구대장의 명령
② 경찰서장의 명령
③ 지방경찰청장의 명령
④ 경찰청장의 명령

162. 허가를 받지 않은 불법 총포를 소지한 경우 처벌은?
① 5년 이하 징역 또는 1천만원 이하 벌금
② 5년 이하 징역 또는 2천만원 이하 벌금
③ 10년 이하 징역 또는 2천만원 이하 벌금
④ 10년 이하 징역 또는 3천만원 이하 벌금

정답 152.① 153.① 154.② 155.③ 156.② 157.③ 158.④ 159.② 160.③ 161.② 162.③

163. 다른 사람이 허가받은 총포 또는 석궁을 소지한 경우 처벌은?
① 3년 이하 징역 또는 1천만원 이하 벌금
② 3년 이하 징역 또는 2천만원 이하 벌금
③ 5년 이하 징역 또는 1천만원 이하 벌금
④ 5년 이하 징역 또는 2천만원 이하 벌금

164. 총포 또는 석궁을 다른 사람에게 빌려준 경우 처벌은?
① 3년 이하 징역 또는 1천만원 이하 벌금
② 3년 이하 징역 또는 2천만원 이하 벌금
③ 5년 이하 징역 또는 2천만원 이하 벌금
④ 5년 이하 징역 또는 1천만원 이하 벌금

165. 허가관청의 총포 또는 석궁 보관명령을 위반한 경우의 처벌은?
① 3년 이하 징역 또는 1천만원 이하 벌금
② 3년 이하 징역 또는 2천만원 이하 벌금
③ 5년 이하 징역 또는 1천만원 이하 벌금
④ 5년 이하 징역 또는 2천만원 이하 벌금

166. 총포 또는 석궁을 허가를 받지 아니한 자에게 양도한 경우의 처벌은?
① 3년 이하 징역 또는 1천만원 이하 벌금
② 3년 이하 징역 또는 2천만원 이하 벌금
③ 5년 이하 징역 또는 1천만원 이하 벌금
④ 5년 이하 징역 또는 2천만원 이하 벌금

167. 총포 또는 석궁의 소지허가를 받은 사람이 준수사항을 위반한 경우의 처벌은?
① 100만원 이하의 과태료
② 200만원 이하의 과태료
③ 300만원 이하의 과태료
④ 400만원 이하의 과태료

168. 총포 또는 석궁을 도난·분실하고 신고하지 않은 경우의 처벌은?
① 100만원 이하의 과태료
② 200만원 이하의 과태료
③ 300만원 이하의 과태료
④ 400만원 이하의 과태료

169. 거짓이나 부정한 방법으로 총포 또는 석궁의 소지허가를 받은 경우의 처벌은?
① 3년 이하 징역 또는 500만원 이하 벌금
② 3년 이하 징역 또는 700만원 이하 벌금
③ 3년 이하 징역 또는 1000만원 이하 벌금
④ 3년 이하 징역 또는 1500만원 이하 벌금

170. 총포 또는 석궁을 습득하고 24시간 이내에 신고하지 않은 경우의 처벌은?
① 1년 이하 징역 또는 300만원 이하 벌금
② 2년 이하 징역 또는 500만원 이하 벌금
③ 3년 이하 징역 또는 1000만원 이하 벌금
④ 5년 이하 징역 또는 1500만원 이하 벌금

171. 다음 중 총기의 안전관리 방법 중 틀린 것은?
① 해제지 관할 경찰서에서부터 수렵장 도착 시까지 총기와 실탄은 분리한다.
② 개인 차량으로 운반 시에도 총집과 총기를 분리한다.
③ 시야가 확보된 개활지에서도 안전장치를 하고 총구는 하늘을 향한다.
④ 수렵 종료 후 공기총은 반드시 경찰관서에 보관한다.

172. 공공의 안전유지를 위해 총기 소지자에게 발하는 명령권자는?
① 수렵총기 해제지 관할 환경청장
② 수렵총기해제지 관할 경찰서장
③ 수렵총기 해제지 관할 지구대장
④ 수렵총기 해제지 관할 시·도지사

173. 다음 중 총포 운반 규정에 위배되는 것은?
① 수렵허가 받은 수렵장으로 총기 운반
② 허가받은 수렵장에서 다른 지역 수렵장으로의 총기 운반
③ 수렵 중 실탄 추출 불량으로 임시해제 받아 총포수리업소로 총기 운반
④ 긴급 상황이 발생하여 출동한 소방관이 업무상 사용하기 위한 총기 운반

정답 163.③ 164.④ 165.③ 166.③ 167.③ 168.③ 169.② 170.② 171.② 172.② 173.②

제4장

174. 다음 중 총포 운반 규정에 위배되는 것은?
① 총포임시해제 증명서에 의한 엽장지 운반
② 유해조수구제 허가에 의한 피해지 운반
③ 수렵 종료 후 수렵장 관할 지구대에 보관하기 위해 동료엽사와 함께 운반
④ 수렵 중 부친상을 당해 긴급하게 고향경찰서에 보관하기 위해 운반

175. 보관 중인 총기를 해제 받아 운반할 수 있는 경우가 아닌 것은?
① 수렵허가를 받아 사용하고자 하는 경우
② 총포를 수리하고자 하는 경우
③ 총포판매업주가 총포를 매수한 경우
④ 소지허가 받은 자가 보관하고자 하는 경우

176. 수렵총기 안전관리에 대한 올바른 설명은?
① 허가 받은 총기는 3정까지 수렵용 총기로 해제 받아 그 중 2정까지 사용할 수 있다.
② 수렵지역 도착 시까지 방아쇠 잠금장치를 하며 수렵장에서는 잠금장치를 하지 않아도 된다.
③ 해제 받은 수렵총기는 포획승인을 받은 수렵장 어디서든 자유롭게 사용할 수 있다.
④ 9인승 이상 차량을 이용하여 단체 이동 시에는 안전관리책임자를 지정하여야 한다.

177. 다음은 수렵총기 안전관리에 대한 설명이다. 틀린 것은?
① 수렵총기 해제 시 반드시 방아쇠 잠금장치를 받아 이동하여야 한다.
② 허가 받은 자가 직접 운반하여야 한다.
③ 수렵장과 해제지 경찰서가 같은 지역에서는 잠금장치를 하지 않는다.
④ 수렵총기 특성에 따라 최대 2정까지 출고받아 수렵을 할 수 있다.

178. 다음 중 수렵총기 안전관리에 대한 설명이 틀린 것은?
① 수렵 전 총기의 구경에 알맞은 실탄인지 여부 확인
② 총기의 구조와 성능을 이해하고 수렵장에 입장한다.
③ 수렵 중에는 총기의 안전장치를 반드시 확인하여야 한다.
④ 수렵 총기는 22:00까지 해양경찰서에 보관할 수도 있다.

179. A엽사는 수렵 중 동행한 B엽사의 엽총(샷건)이 고장 나 수렵하지 못한 것을 보고 휴식 중에 총기를 빌려 주었고 B엽사는 A엽사의 총기를 이용하여 꿩 2마리를 포획하였다. 이들에 대한 처벌조항 중 올바른 것을 고르시오.
① A엽사는 총포소지허가를 취득한 자로 형사처분 대상이 아니다.
② B엽사는 총포소지허가를 취득한 자로 형정처분 대상이다.
③ A엽사는 양도·양수 제한 위반으로 형사처분 대상이다.
④ B엽사는 A엽사의 총기를 사용한 자로 불법무기소지죄에 해당된다.

180. 다음은 수렵총기 안전관리 방법이다. 옳은 것은?
① 수렵장에서 이동 중에도 반드시 안전장치를 하여야 한다.
② 휴식 중에는 총기를 차량 내 또는 차량 트렁크 등에 안전하게 보관한다.
③ 수렵 중이거나 휴식 중 조치한 총기의 방아쇠 잠금 장치는 안전하다.
④ 수렵 중 소음기를 부착하여 수렵 동물의 서식지를 보호한다.

181. 엽총(샷건)을 해제 받은 A와 개인보관 중인 공기총을 소지한 B는 수렵장으로 이동 중 A는 노루 1마리를, B는 멧비둘기 2마리를 포획한 후 수렵장에 도착하여 B는 A의 엽총을 빌려 멧돼지 1마리를 포획하였다. A엽사의 행위에 처벌이 아닌 것은?
① 효력정지 처분만 받는다.
② 엽장지 이탈 수렵행위로 처분 받는다.
③ 양도·양수 제한행위로 처분 받는다.

정답 174.④ 175.④ 176.② 177.④ 178.④ 179.③ 180.① 181.①

④ 방아쇠 안전장치 해제행위로 처분 받는다.

182. **갑돌이는 엽총(샷건) 1정을 소지한 자로 A군과 B군 2개 수렵장의 포획승인을 받고 먼저 A군 수렵장에서 수렵 중 수렵동물 포획이 어렵자 B군 수렵장으로 이동하여 수렵을 하고자 한다. 이때 수렵을 할 수 있는 방법은?**

① 아무런 제약 없이 자유롭게 수렵할 수 있다.
② B군에 도착 후 군수에게 신고하면 수렵할 수 있다.
③ 해제지 관할 경찰서장과 수렵지 관할 군수에게 신고 후 수렵할 수 있다.
④ 신규 엽총 구입 후 소지허가를 받아야만 수렵할 수 있다.

183. **다음 중 총기보관에 대하여 바르게 설명한 것은?**

① 자동차 트렁크에 보관하고 총 위에 물건을 올려놓는다.
② 비교적 습기가 많고 쉽게 눈에 뜨이는 곳에 보관한다.
③ 습기 또는 화기가 있는 곳에 보관한다.
④ 총포는 개인이 보관할 수 없다.

제 4 장

정답 182.④ 183.④

제2절 총기 안전사고 방지 요령 (과목 4/영역 2)

1. **다음 중 총열 파열로 인한 안전사고 원인으로 볼 수 없는 것은?**
   ① 총구에 이물질이 들어 있는 총기를 그대로 사용했다.
   ② 규정된 정품 실탄을 개량하여 성능을 강화하여 사용했다.
   ③ 미세한 균열이 있는 총열을 그대로 사용했다.
   ④ 방아틀 뭉치에 이물질이 묻어있는 것을 그대로 사용했다.

2. **조류 포획을 위해 사격을 할 경우 가장 안전한 방법은?**
   ① 조류가 수면에서 날아오르려고 할 때 사격한다.
   ② 조류가 수면에 앉아 있을 때 사격한다.
   ③ 조류가 수면에서 공중에 날아오른 후 사격한다.
   ④ 날아가는 조류를 차량 안에서 사격한다.

3. **보관해제 된 수렵용 총기를 경찰관서에 보관해야 하는 시간으로 맞는 것은?**
   ① 19:00~07:00　② 20:00~07:00
   ③ 19:00~08:00　④ 20:00~08:00

4. **총기 또는 석궁의 고장에 관한 설명으로 가장 틀린 것은?**
   ① 총포 또는 석궁의 고장이나 불발이 나면 즉시 탄(살)을 제거해야 한다.
   ② 가늠쇠 조정이 잘못된 경우도 오탄으로 인한 사고로 이이질 수 있다.
   ③ 불발의 원인은 여러 가지가 있으므로 예단은 금물이다.
   ④ 단순 고장은 사고 가능성이 낮으므로 안전에 지장이 없다.

5. **수렵장 안전사고방지를 위해 가장 중요한 총기 취급요령은?**
   ① 정조준 후에만 방아쇠를 당겨야 한다.
   ② 총기 운반 시에는 실탄을 제거한다.
   ③ 어떠한 경우에도 총구가 사람을 향하지 않도록 한다.
   ④ 총기는 안전하게 본인이 관리한다.

6. **수렵 시 안전사고예방을 위한 행동요령 중 가장 올바른 것은?**
   ① 극도의 긴장상태에서는 수렵을 중단한다.
   ② 수렵장에서는 항상 장전상태를 유지하여야 한다.
   ③ 사격 연습을 많이 하면 오히려 위험하다.
   ④ 식당에 들어 갈 때는 총기 또는 석궁을 차 안에 보관한다.

7. **총기 · 석궁으로 인한 안전사고 발생에 대한 설명 중 옳지 않은 것은?**
   ① 생명 또는 재산에 치명적인 피해를 입힐 수 있다.
   ② 사용자와 상대방 양측 다 피해자가 될 수 있다.
   ③ 방심하다가 발생하는 경우도 많다.
   ④ 총기안전수칙만 잘 지키면 사고발생을 줄일 수 있다.

8. **총기 · 석궁으로 인한 안전사고 방지에 가장 올바른 것은?**
   ① 사격연습을 많이 해도 안전사고를 줄이는 데는 별 도움이 안 된다.
   ② 장전되지 않았을 때도 늘 안전장치를 걸어 두는 습관을 기른다.
   ③ 수렵 중 피곤하면 동료에게 잠시 총기를 맡겨둔다.
   ④ 자만심과 안전사고율은 아무런 상관관계가 없다.

9. **총기 · 석궁으로 인한 안전사고의 원인으로 가장 거리가 먼 것은?**
   ① 안전장치의 맹신
   ② 기능에 대한 무지

정답 1.④ 2.③ 3.① 4.④ 5.③ 6.① 7.④ 8.③ 9.③

③ 평소 과도한 사격훈련
④ 사격술에 대한 자만심

10. 보관해제 총기 출고 시 1인 1정으로 제한하는 이유로 타당하지 않은 것은?
① 수렵은 1정으로도 가능하다.
② 안전사고 방지를 위한 조치이다.
③ 2정 이상 관리할 경우 소홀하기가 쉽다.
④ 수렵허가증에 1정만 사용하도록 되어 있다.

11. 다음 중 수렵장 안전사고예방과 가장 거리가 먼 것은?
① 인적이 드문 곳이라도 사격연습은 허용되지 않는다.
② 총구는 항상 사람이 없는 안전한 방향을 향하여야 한다.
③ 인기척이 들리면 총구를 돌리고 방아쇠에서 손을 떼어야 한다.
④ 도망가는 야생동물을 추격 할 경우 동료의 후방에서 지원사격 한다.

12. 총기·석궁으로 인한 안전사고예방을 위한 설명이 올바른 것은?
① 본인의 농장에서는 마음대로 사격연습을 할 수 있다.
② 동료에게 무전기를 주어 다른 엽사의 접근을 차단시킨다.
③ 초보 엽사를 뒤에 배치하여 배우면서 뒤를 따라오게 한다.
④ 운행 중인 차량에서는 절대 사격을 하여서는 안 된다.

13. 수렵장의 안전사고예방에 관한 설명으로 가장 올바른 것은?
① 총기 수입은 고장으로 작동이 멈출 때만 한다.
② 수렵장의 지형지물을 사전에 숙지하는 것이 안전에 유익할 수 있다.
③ 수렵장에서는 눈보다 소리로 동물을 판단하고 쏴야 한다.
④ 총은 지면과 수평이 되도록 메고 운반하여야 한다.

14. 수렵 중 발생할 수 있는 위험요소 등에 관한 설명이 가장 올바른 것은?
① 올무나 창애는 동물은 물론 엽사에게도 위험한 도구이다.
② 멧돼지는 나보다 높은 곳에 있을 때 사격을 해야 안전하다.
③ 지평선과 수평을 이루는 물체에 대한 사격이 제일 안전하다.
④ 우리나라는 대부분 초식동물로 부상당한 후 반격한 사례가 없다.

15. 다음 중 수렵총기 사용자의 준수사항이 아닌 것은?
① 수렵신청 총기 외 여타 총기는 사용하여서는 안된다.
② 총기를 운반할 때에는 경찰관서에 신고하여야 한다.
③ 자치단체장의 명령에 따라야 한다.
④ 허가된 지역에서만 사용할 수 있다.

16. 총기안전관리수칙에 관한 설명이 틀린 것은?
① 총기보관 시 부품 등을 분리 보관하여 도난에 대비한다.
② 허가받은 용도 등 정당한 사유 외에는 사용해서는 안된다.
③ 총기는 남에게 빌려주어서는 안되며 빌려서도 안된다.
④ 빈총 격발 시에도 먼저 장전유무를 확인하며, 총구는 반드시 지면을 향한다.

17. 수렵장에서 총기사고를 예방하는 방법에 가장 타당한 것은?
① 총기는 항상 손 가까이 둔다.
② 사격은 항상 신속하게 한다.
③ 동료엽사와 자주 전화 통화를 한다.
④ 총기는 항상 실탄이 장전된 것처럼 취급한다.

제 4 장

정답 10.④ 11.④ 12.④ 13.② 14.① 15.③ 16.④ 17.④

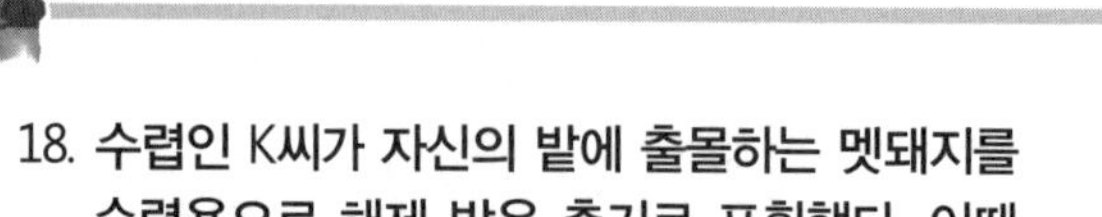

18. 수렵인 K씨가 자신의 밭에 출몰하는 멧돼지를 수렵용으로 해제 받은 총기로 포획했다. 이때 지키지 않은 총기안전관리 수칙은 ?
① 총기휴대·운반방법 위반
② 허가받은 용도 외 사용
③ 수렵장 이탈
④ 총기와 실탄 분리보관 불이행

19. 안전한 수렵을 위해 항상 주의해야 할 사항으로 가장 거리가 먼 것은 ?
① 총기사용의 효율성
② 총기 사용의 안전성
③ 안전수칙의 준수
④ 총기 도난·분실방지

20. 수렵장지에서 동행한 수렵인이 행방불명되었을 경우 가장 먼저 취해야 할 조치는?
① 수렵장 관할 군청에 신고
② 119에 구호요청
③ 112로 경찰관서에 신고
④ 인근병원에 연락

21. 총기 안전사고 발생 원인에 대한 설명으로 가장 틀린 것은?
① 총기를 수입하다가 자주 발생한다.
② 총기조작 미숙으로 발생한다.
③ 무의식적으로 방아쇠를 만지작거리다 발생한다.
④ 총기를 떨어드리는 등 부주의로 인해 발생한다.

22. 안전사고 방지를 위해 헌터로서 지켜야 할 내용이 적절하지 않은 것은?
① 빈총(석궁)이라도 항상 안전한 방향으로 지향하는 습관을 갖는다.
② 오발사고에 대비하여 늘 긴장하며 총(석궁)을 다뤄야 한다.
③ 수렵장 안에서는 총(석궁)을 언제나 장전상태로 유지하여야 한다.
④ 총(석궁)을 남에게 빌려주거나 빌리지 않아야 한다.

23. 다음 중 안전사고방지를 위한 총기취급 시의 준수사항이 아닌 것은?
① 총기를 임의 변조 또는 개조하지 않는다.
② 총기와 실탄은 항상 분리 보관한다.
③ 총기는 항상 깨끗하게 손질하여야 한다.
④ 총기 손질시 장전유무를 먼저 확인하지 않는다.

24. 다음 중 헌터의 총기취급 등에 대한 설명이 올바른 것은?
① 필요시 내 총을 동료 엽사에게 운반을 부탁할 수 있다.
② 성능을 강화한 실탄보다 정품실탄이 안전성이 더 높다.
③ 적당한 음주는 담대해져 수렵에 도움이 될 수 있으므로 허용된다.
④ 총구는 언제나 전방을 향하게 하여 안전을 유지한다.

25. 수렵인으로서 동물 포획 시 지켜야 행동양식으로 가장 적절하지 않은 것은?
① 수면위에 있는 조류는 사격을 하지 않는다.
② 달아나는 동물은 무리하게 추격하지 말아야 한다.
③ 새끼를 거느린 어미동물을 포획하지 않는다.
④ 부상당한 동물의 고통을 덜어주지 않아도 된다.

26. 총포·석궁 사용 시 안전에 관한 설명으로 가장 적합하지 않은 것은?
① 장전하지 않은 총기나 석궁도 항상 안전한 방향으로 지향하는 습관을 기른다.
② 발사 직전에 안전장치를 해제하는 습관을 기른다.
③ 총기 보관 시 분리 가능한 부품과 실탄을 따로 두는 게 좋다.
④ 울창한 숲속에서는 실탄 제거보다 방아쇠울을 감싸는 게 더 안전하다.

27. 총기·석궁의 임의 개·변조에 관한 올바른 설명은?

정답 18.② 19.① 20.③ 21.① 22.③ 23.④ 24.② 25.④ 26.④ 27.③

① 성능 강화를 위한 일부 변조는 허용되고 있다.
② 성능 강화를 위한 일부 개조는 허용되고 있다.
③ 임의 개·변조는 금지되어 있다.
④ 빈총이나 고장 난 석궁은 안전하므로 개·변조가 가능하다.

28. 다음 중 총기 안전관리수칙에 관한 설명으로 올바른 것은?
① 총기 보관 시 노리쇠 뭉치를 따로 분리하여 보관한다.
② 수렵 중 간단한 음주와 흡연은 긴장해소에 많은 도움이 된다.
③ 가족 외에는 누구에게도 총기를 빌려 주어서는 안 된다.
④ 총기를 보관할 때 총기에서 안전장치를 따로 분리하여 보관해 둔다.

29. 수렵 도중 휴식을 취할 때 총기를 어떻게 하는 것이 가장 안전한가?
① 총기와 실탄을 분리한다.
② 안전장치를 한다.
③ 약실을 열어둔다.
④ 동물이 나타나면 즉시 사격이 가능하도록 장전상태를 유지한다.

30. 수렵장에서 안전하게 수렵하기 위한 방법 설명이 옳은 것은?
① 주변 환경에 잘 어울리는 모자나 조끼를 입어야 한다.
② 목표물 발견 즉시 사격하여 동물을 포획한다.
③ 안전사고 방지를 위해 오렌지색 조끼를 착용한다.
④ 급한 사정이 있을 때에는 동료에게 총기를 맡겨두는 것이 안전하다.

31. 수렵 시 안전사고 예방을 위한 상식으로 타당하지 않은 것은?
① 안전수칙은 수렵인이 지켜야 할 가장 중요한 매너다.
② 안전장치를 하는 것이 실탄을 제거하는 것보다 더 안전하다.
③ 총기 사용법을 사전에 숙지하는 것은 매우 중요하다.
④ 수렵장에서 사격연습을 함부로 하면 안전사고의 원인이 될 수 있다.

32. 수렵장에서 발생할 수 있는 안전사고 대비요령이 바르지 않은 것은?
① 구급약 등을 준비하는 것이 좋다.
② 지정된 표식이 있는 조끼를 착용한다.
③ 조난에 대비하여 나침반 등을 준비하는 것이 좋다.
④ 사고가 발생하면 즉시 구호요청을 하면 되므로 별다른 준비가 필요치 않다.

33. 다음 중 수렵장에서 발생하기 쉬운 안전사고 방지 내용이 옳은 것은?
① 포획을 잘하기 위해서는 급사연습을 많이 할 필요가 있다.
② 총기의 안전장치를 해제하는 순간은 동물마다 다르다.
③ 추격전에 대비하여 운동화를 신는 것이 유리하다.
④ 사냥용 보안경은 유탄으로부터 눈을 보호해 줄 수 있다.

34. 수렵장에서 안전사고 방지를 위한 행동요령 설명이 적절치 않은 것은?
① 울창한 숲을 통과할 땐 실탄을 제거하는 것이 가장 안전하다.
② 나무가 적은 지역에서는 총을 지면과 수평으로 메고 다녀야 안전하다.
③ 운행 중인 차량이나 선박에서 수렵을 하는 것은 유탄의 위험이 있다.
④ 전선에 앉아 있는 조류는 사격하지 말아야 한다.

35. 수렵을 나가기 위해 사전에 준비하는 요령 중 가장 올바른 것은?
① 조난이나 사고에 대비하여 호루라기 등 신호용구를 준비하는 게 좋다.

제4장

정답 28.① 29.① 30.③ 31.② 32.④ 33.④ 34.② 35.①

② 다른 엽사들의 눈에 잘 띄지 않게 수렵장 주변 색과 비슷한 복장을 한다.
③ 피로할 경우에는 산에서 낮잠을 잘 수 있도록 침낭을 준비한다.
④ 충성스런 사냥견은 1인당 2마리 이상 동행한다.

36. 수렵 도중 휴식을 취할 때의 안전사고 방지요령으로 가장 적절한 경우는?
① 총기에서 실탄을 분리하고 약실을 개방한다.
② 안전장치를 하면 실탄을 빼지 않아도 된다.
③ 서로 떨어져 있으면 실탄을 분리하지 않아도 된다.
④ 화장실에 갈 때는 총기를 동료에게 맡긴다.

37. 다음 중 안전사고 방지를 위해 수렵용 총기를 점검할 때 착안사항으로 적절하지 않은 것은?
① 기관부의 원활한 작동 상태
② 실탄의 이상 유무
③ 총구 안에 있는 이물질 청소
④ 격발 장치의 이상 유무

38. 수렵 시 총기나 석궁을 잘못 사용하여 발생할 수 있는 안전사고 방지요령이 틀린 것은?
① 동료 엽사의 경험담이나 충고를 귀담아 듣는다.
② 평소에 자주 사격장을 찾아 연습을 한다.
③ 포획대상 발견 시 즉시 사격하여야 한다.
④ 자신과 동료를 과신하지 않고 항상 주의한다.

39. 수렵을 나갔다가 날이 저물어 숙박업소에 투숙하게 될 경우 총기를 어떻게 처리하여야 하는가?
① 차량 트렁크에 안전하게 보관
② 숙박업소 캐비넷에 보관의뢰
③ 경찰서에서 지정하는 지구대에 보관
④ 투숙한 방에 안전하게 보관

40. 수렵 시 안전수칙에 명시된 수렵총기 야간보관 장소와 시간이 바르게 연결된 것은?
① 수렵지 경찰서 - 22:00까지
② 수렵지 지구대 또는 파출소 - 20:00까지
③ 주소지 지구대 - 20:00까지
④ 지정된 경찰관서 - 19:00까지

41. 헌터가 소지한 수렵수첩에 반드시 기재하고 경찰관서의 확인을 받아야 하는 사항이 아닌 것은?
① 총기 입·출고 시간
② 수렵장소
③ 실탄 사용내역
④ 동행인의 성명

42. 수렵장에서 경찰관서에 보관했던 총기 출고 시 신고하여야 할 사항이 아닌 것은?
① 포획대상 동물　② 행선지(수렵지)
③ 연락처　④ 귀가 일정 여부

43. 수렵 중 동행하던 동료가 갑자기 사라져 나타나지 않을 경우의 조치로 타당한 것은?
① 그냥 혼자서 수렵한다.
② 일몰시 까지 기다려 본다.
③ 경찰관서에 즉시 신고한다.
④ 동행인 집에 전화로 통보한다.

44. 다음 중 수렵장 안전사고 예방을 위한 준수사항에 아닌 것은?
① 수렵총기 1인 1정 소지
② 총기 야간 경찰관서 보관
③ 수렵수첩 기록·유지
④ 포획동물 수량신고

45. 수렵인이 수렵기간 중 지켜야 할 총기 안전관리수칙이 아닌 것은?
① 수렵금지 구역 준수
② 총기 운반 시 실탄 분리
③ 초보 엽사와 동행금지
④ 음주상태 총기취급 금지

46. 수렵총기 안전관리 수칙을 위반할 경우 수렵인이 받을 수 있는 행정처분 또는 벌칙에 해당하지 않는 것은?

정답 36.① 37.② 38.③ 39.③ 40.④ 41.④ 42.① 43.③ 44.④ 45.③ 46.③

① 소지허가 취소 ② 소지허가 정지
③ 경범죄로 처벌 ④ 형사처벌

47. 한 사람이 여러 정의 수렵총기를 소지한 경우 수렵장에서 사용가능한 총기의 수량은?
① 1인 2정 ② 1인 3정
③ 제한 없음 ④ 1인 1정

48. 수렵총기 운반 시 경찰관서에서 안전사고 방지를 위해 잠금장치를 채운 경우의 올바른 설명은?
① 관련법에 의한 조치로서 임의로 해제하여서는 안된다.
② 안전사고만 안 나게 한다면 해제해도 무방하다.
③ 필요할 경우 해제했다가 다시 채워도 된다.
④ 개인소지 총기이므로 제한받지 않는다.

49. 수렵기간 중 개인 사정으로 수렵을 조기에 종료하고 귀가하여 주소지 경찰관서에 총기를 재보관 조치하였을 경우에 대한 설명으로 옳은 것은?
① 수렵기간이 1개월 이상 남은 경우 재보관한 총기로 다시 수렵을 할 수 있다.
② 특별한 개인 사정이 있다면 재보관 총기로 수렵이 가능하다.
③ 재보관한 총기로 재수렵은 불가하다.
④ 언제든지 제한 없이 재수렵을 나갈 수 있다.

50. 수렵기간 중 허가관청에서 설 명절에 귀성객 등의 안전을 위해 보관 해제된 총기를 재보관하라는 연락을 받은 경우 헌터가 해야 할 일은?
① 지체 없이 명령에 따라야 한다.
② 임의 사항이므로 보관하지 않아도 된다.
③ 총기는 사유재산이므로 효력이 없다.
④ 명령에 위반해도 처벌되지 않는다.

51. 수렵장에서 일몰이 되어 경찰관서에 총기를 보관하려 할 경우의 설명이 바르지 않은 것은?
① 인계·인수는 반드시 본인이 한다.
② 입·출고는 반드시 본인이 한다.
③ 필요시 입·출고를 대신할 수 있다.
④ 인계·인수는 대신할 수 없다.

52. 수렵총기로 인한 각종 사건·사고 방지를 위해 새로 도입된 제도가 아닌 것은?
① 방아쇠 잠금장치 ② 수렵수첩 휴대
③ 위치정보 수집 ④ 신체검사의 강화

53. 다음 중 수렵총기로 인한 사고방지를 위해 새로 도입된 제도에 해당하는 것은?
① 총기 본인 휴대 ② 수렵면허 제도
③ 재보관 명령 ④ 위치정보 수집

54. 수렵장에서의 오인으로 인한 안전사고 방지를 위해 새로 도입된 제도는?
① 총기 입·출고 시간 변경
② 총기 입출고 관서 지정
③ 수렵표시 조끼 착용
④ 위치정보 수집

55. 수렵총기로 인한 각종 사건·사고를 예방하기 위해 총기보관해제 시 수렵 전 실시하는 교육은?
① 총포소지자 안전교육
② 수렵면허 교육
③ 유해조수 구제 교육
④ 수렵교육

56. 수렵총기로 인한 각종 사건·사고 방지를 위해 새로 도입된 제도에 해당하는 것은?
① 수렵수첩 휴대 ② 야간 수렵금지
③ 총기 임의 개·변조 금지
④ 실탄대장 작성

57. 안전사고 등의 방지를 위한 실탄대장 작성 시 기재하여야 할 사항이 아닌 것은?
① 탄피의 처리 ② 실탄의 양수
③ 실탄의 폐기 ④ 실탄의 사용

정답 47.④ 48.① 49.③ 50.① 51.③ 52.② 53.④ 54.③ 55.④ 56.④ 57.①

58. 수렵 중 준수해야 할 제도로써 2019년 과잉규제로 폐지 된 것은?
① 5인1조 동행
② 2인1조 동행
③ 3인1조 동행
④ 4인1조 동행

59. 수렵총기로 인한 각종 사건 · 사고를 방지하기 위한 직접적 안전조치로 볼 수 없는 것은?
① 총기 입출고 시간의 제한
② 총기 임의개조 금지
③ 총기 입출고 관서 지정
④ 실탄대장 작성

60. 수렵인은 규정된 수량의 실탄만을 소지 사용할 수 있는데 이에 대한 설명이 가장 적절한 것은?
① 실탄 불법유출 방지
② 실탄 남용방지
③ 탄피 유출방지
④ 실탄 절약

61. 다음 중 옳은 것은?
① 총기 출고시 실탄 장전
② 본인이 직접 총기 입 · 출고
③ 수렵 표시 조끼 미착용
④ 수렵인 2인 이상 동행 강화

62. 수렵을 위해 총기를 보관해제 받은 경우 총기관리 설명이 틀린 것은?
① 지정 경찰관서에 보관한다.
② 총기는 반드시 사용 전 수입(청소)한다.
③ 정당한 이유 없이 수렵장 이탈을 금지한다.
④ 수렵장을 벗어날 때는 미리 신고한다.

63. 수렵총기를 보관해제 받아 운반 중에 지켜야 할 사항으로 옳지 않은 것은?
① 총기에서 실탄분리
② 총집에 넣거나 포장
③ 본인이 직접운반
④ 부득이한 경우 택배운반

64. 다음 중 총기 안전관리 수칙에 해당하지 않는 것은?
① 총기보관시 실탄분리
② 음주상태 총기취급 절대금지
③ 야간에 지정 경찰관서 보관
④ 수렵도중 휴식 시 장전실탄 제거

65. 총기사용 전 반드시 총구에 이물질이 없는지 확인하여야 하는 이유로 가장 타당한 것은?
① 명중률을 높이려고
② 신속한 사격을 위해
③ 정확한 조준을 위해서
④ 총구 막힘으로 인한 사고 예방

66. 수렵장에서 물이 흐르는 계곡을 건너가는 방법으로 가장 안전한 것은?
① 실탄을 추출한 후 총구를 하늘로 향하고 건너간다.
② 여러 명일 경우에는 총을 어깨에 메고 건너간다.
③ 2명이 이동할 경우에는 한 손에 총을 들고 건너간다.
④ 노리쇠를 후퇴시킨 후 약실을 닫고 건너간다.

67. 수렵장에서 장애물을 안전하게 건너기 위해 실탄을 제거해야 하는 이유로 적절치 않은 것은?
① 무의식적으로 방아쇠를 당길 수 있다.
② 넘어질 경우 실탄이 발사될 수 있다.
③ 총기에 실탄 장전여부는 상관이 없다.
④ 총을 떨어뜨려 실탄이 발사될 수 있다.

68. 수렵장에서 여러 명이 이동하는 방법으로 가장 안전하지 못한 경우는?
① 총구 방향이 하늘을 향하되 엇갈리도록 하고 걷는다.
② 약실이 개방된 상태를 상대에게 보이도록 한다.
③ 실탄을 제거한 총을 어깨에 수평으로 멘 후 이동한다.

정답 58.② 59.② 60.① 61.② 62.② 63.④ 64.④ 65.④ 66.① 67.③ 68.③

④ 총구 방향이 절대로 사람 쪽을 향하지 않도록 주의한다.

69. 수렵장에서 안전하게 이동하는 방법을 설명한 것으로 가장 적절치 못한 것은?

① 사격 준비 시에도 총구가 사람을 향하게 해서는 안 된다.
② 실탄은 수렵할 때에만 장전하고 휴식 시에는 분리한다.
③ 총구가 항상 전방을 향하도록 하여야 한다.
④ 사격을 하지 않을 때는 총구가 하늘을 향하게 한다.

70. 수렵장에서 발생할 수 있는 안전사고에 대한 설명으로 적절하지 못한 것은?

① 창애는 사람도 다치게 할 수 있는 위험한 도구이다.
② 우리나라 야생동물은 사람을 공격하는 사례가 없다.
③ 올무에 걸린 동물은 수건 등으로 먼저 눈을 가린 후 풀어주는 것이 안전하다.
④ 엽사보다 높은 곳에 있는 멧돼지에게는 사격하지 않는다.

71. 총기 소지자의 총기안전관리에 관한 설명으로 옳은 것은?

① 고장 난 총기는 신고 없이 장기간 수리업소에 맡길 수 있다.
② 총기안전관리를 위하여 수렵장설정자가 내리는 명령에 따른다.
③ 수렵용 엽총(샷건)은 정당한 사유가 없으면 운반할 수 없다.
④ 총기 입고 시 약실에 공포탄을 넣어 기관부의 고장을 방지한다.

72. 총기를 발사하였으나 불발이 된 경우, 안전조치요령으로 적절하지 않은 것은?

① 실탄을 우선 추출 한다.
② 실탄의 뇌관을 타격한 흔적으로 총기 고장 여부를 진단해 본다.
③ 불발탄은 재발사가 안되므로 바로 폐기처분한다.
④ 타격 흔적이 없는 경우 공이치기의 고장여부를 확인한다.

73. 불법 제조한 실탄을 사용한 경우 발생할 수 있는 결과가 아닌 것은?

① 불발의 원인이 될 수 있다.
② 명중률이 좋아져 안전성이 높아진다.
③ 총열이 파열될 수 있다.
④ 오발로 사고발생 위험이 높다.

74. 수렵인 A씨는 도로 550미터 지점에서 도로 반대쪽의 양계장 지붕 위 전선에 앉은 산비둘기를 잡기 위해 총을 쏘았다. 이때 위반내용에 해당하지 않는 것은?

① 포획금지 조류 포획
② 축사 등 수렵금지 위반
③ 공용시설물 훼손 위험
④ 접도구역 수렵금지 위반

75. 수렵인이 사찰 인근 1킬로미터 지점에서 날아가는 꿩을 향해 총을 쏘았는데 지나가던 탐방객이 유탄으로 부상을 당한 경우 가장 큰 부주의로 볼 수 있는 것은?

① 목표물 주변 확인 부주의
② 사찰 주변 수렵금지 위반
③ 총구를 사람을 향하게 한 잘못
④ 달아나는 조류의 무리한 추격

76. 수렵장에서 부주의로 발생할 수 있는 안전사고와 가장 거리가 먼 것은?

① 바위 위에서 실족
② 높은 곳에서 추락
③ 유탄으로 인한 인명피해
④ 당뇨로 인한 졸도

77. 휴식 중 오발 등의 사고 방지를 위한 안전관리 방법으로 가장 효과적인 것은?

① 휴식을 취할 때는 항상 총기에서 실탄을

제 4 장

정답 69.③ 70.② 71.③ 72.③ 73.② 74.① 75.① 76.④ 77.①

분리한다.
② 실탄을 장전한 총기는 총집에 안전하게 넣어 두어야 한다.
③ 동물 출현이 예상되면 즉시 사격자세를 취한다.
④ 기관부에 이물질이 들어가지 않도록 약실은 항상 닫아 둔다.

78. 수렵을 마치고 총기를 경찰관서에 입고시키기 위해 공중을 향해 격발을 하였는데 실탄이 발사 되었을 경우, 어떠한 안전수칙을 이행하지 않았는가?
① 운반 시 실탄분리② 수렵 도중 실탄분리
③ 수렵 종료 시 실탄제거
④ 휴식 시 실탄분리

79. 수렵장에서 오인사고 방지를 위해 등산객, 인근 주민이 입어야 할 복장으로 가장 적당한 것은?
① 얼룩무늬 군복 계통의 상의와 모자
② 붉은색 계통의 상의와 모자
③ 갈색 계통의 상의와 모자
④ 어두운 색 계통의 상의와 모자

80. 다음 중 수렵을 위해 준비해야 할 내용이 아닌 것은?
① 최대한 안전한 총기를 선택한다.
② 자기의 체격에 알맞은 총기를 선택한다.
③ 무조준 사격에 알맞은 총기를 선택한다.
④ 게임에 알맞은 초크와 엽탄을 선택한다.

81. 경찰과 지방자치단체의 수렵관련 사항이 일치하지 않을 수 있는데 그 이유로 가장 옳은 것은?
① 자치단체와 경찰은 행정목적이 다르기 때문이다.
② 자치단체와 경찰은 소속기관이 다르기 때문이다.
③ 자치단체와 경찰은 예산이 다르기 때문이다.
④ 자치단체와 경찰은 위치가 다르기 때문이다.

82. 총포 허가관청은 보관이 해제된 총기도 상황에 따라 사용을 금지하거나 재보관 조치할 수 있는데, 이러한 조치는 어떠한 법적 근거인가?
① 행정명령을 근거로 한다.
② 헌법을 근거로 한다.
③ 야생동물 보호 및 관리에 관한 법률을 근거로 한다.
④ 총포·도검·화약류 등의 안전관리에 관한 법률을 근거로 한다.

83. 다음 중 수렵장에서 발생할 수 있는 안전사고 방지에 장해가 될 수 있는 행동은?
① 기온이 올라 더울 때는 수렵표시 안전조끼를 벗고 수렵활동 할 수 있다.
② 총기 취급 시는 반드시 안전수칙을 준수한다.
③ 수렵화, 보안경 등 보호장구를 반드시 착용한다.
④ 간단한 구급약을 준비하고 유사시 비상연락망을 구축한다.

84. 수렵장에 갈 때 준비해야 할 물품으로 올바른 것은?
① 나침반, 호루라기, 간단한 구급약과 양식을 준비한다.
② 수렵화가 없을 땐 편한 운동화도 괜찮다.
③ 위장이 잘되는 어두운 색 계통의 의복이 좋다.
④ 보안경이나 보온 옷 등은 있어도 되고 없어도 된다.

85. 수렵 중 안전사고 예방에 관한 설명이 아닌 것은?
① 넘어질 때 총기로 땅을 짚으면 오발의 위험이 있다.
② 총구는 어떠한 경우에도 사람을 향해서는 안 된다.
③ 안전성을 높이기 위해서는 수평사격이 가장 좋다.
④ 안전장치는 무의식적으로 방아쇠를 당기는 실수를 막을 수 있다.

정답 78.③ 79.② 80.③ 81.① 82.④ 83.① 84.① 85.③ 86.③

86. 수렵장에서 총기를 경찰관서 무기고에 보관해야 하는 시간은?
① 20:00～익일 07:00시까지
② 20:00～익일 08:00시까지
③ 19:00～익일 07:00시까지
④ 19:00～익일 08:00시까지

87. 수렵 도중 일몰이 되어 총기를 보관해야 하는 장소로 가장 옳은 곳은?
① 주소지 경찰서 ② 주소지 경찰 지구대
③ 수렵지 경찰 지구대
④ 보관해제 시 지정한 경찰관서

88. 수렵장에서 야간에 수렵총기를 경찰관서에 보관토록 하는 궁극적인 목적은?
① 총기 도난방지를 위해서
② 야간 동물보호
③ 야간에는 수렵이 어려우므로
④ 총기로 인한 안전사고 방지

89. 3정의 총기를 소지허가 받아 경찰서에 보관중인 사람이 수렵장에서 소지 가능한 총기 수량은?
① 1정 ② 2정 ③ 3정 ④ 자유의사

90. 수렵을 위해 한 사람이 소지할 수 있는 총기 수량을 제한하는 이유로 가장 타당한 것은?
① 동물 남획방지
② 총기대여 방지
③ 총기안전관리 강화
④ 총기사용 제한

91. 다음 중 엽총(샷건)에 알맞은 설명이 아닌 것은?
① 외대 ② 자동연발
③ 수평쌍대 ④ 상하쌍대

92. 다음 중 틀린 것은?
① 2호 엽탄 - 오리사냥
② 4호 엽탄 - 꿩사냥
③ SG 엽탄 - 고라니사냥
④ 7호 엽탄 - 멧돼지사냥

93. 수렵장에서 동행하던 동료를 찾을 수 없을 경우의 조치로서 타당한 것은?
① 나타날 때까지 기다린다.
② 수렵장 관할 군청에 연락한다.
③ 그냥 혼자 수렵을 계속한다.
④ 112로 신속하게 신고한다.

94. 수렵장에서 개인적인 간단한 용무로 수렵장을 벗어나고자 할 경우 필요한 조치는?
① 동료에게 알린후 일을 처리하고 온다.
② 동료에게 사정을 말한 후 총기를 지정된 경찰관서에 보관하고 간다.
③ 수렵을 종료한 후 총기를 보관하고 간다.
④ 수렵지 경찰서에 신고 후 조치에 따른다.

95. 수렵총기로 인한 안전사고 및 인명피해 예방을 위한 조치와 가장 거리가 먼 것 은?
① 수렵장에서 일정 인원의 수렵인 동행
② 수렵총기 야간 경찰관서 보관
③ 수렵허가증교부
④ 수렵면허제도

96. 수렵도중 총기를 차안에 잠시 두고 화장실을 다녀왔는데 총기가 없어졌다. 이때 가장 적절한 조치는?
① 계속 찾아본다.
② 112로 경찰관서에 즉시 신고한다.
③ 더 찾아보고 지구대에 신고한다.
④ 수렵종료 후 경찰서에 신고한다.

97. 수렵시에 반드시 착용해야 하는 복장과 색상을 바르게 설명한 것은?
① 주황색 조끼 ② 빨간색 조끼
③ 얼룩무늬 군복 ④ 노란색 조끼

98. 수렵시 반드시 착용해야 하는 조끼에 새겨 넣어야 하는 글씨는?
① 사냥 ② 사격

정답 87.④ 88.④ 89.① 90.③ 91.② 92.④ 93.④ 94.① 95.③ 96.② 97.① 98.④ 99.④

제4장

③ 헌팅　　　　　　④ 수렵

99. 수렵도중 휴식할 때 총기를 안전하게 관리하는 방법으로 가장 옳은 것은?
① 총기를 나무에 기대어 세워둔다.
② 총기를 나뭇가지에 걸어 둔다.
③ 총기의 약실을 개방해 놓는다.
④ 총에 장전된 실탄을 제거한다.

100. 수렵장 휴식 중 안전사고 방지를 위한 총기 관리방법이 가장 옳지 않은 것은?
① 총기를 사용하지 않을 때는 반드시 실탄제거
② 총구는 어떠한 경우에도 사람을 향하지 않음
③ 언제든지 조수를 포획할 수 있도록 실탄장전
④ 빈총이라도 격발 시에는 총구를 공중으로 향함

101. 수렵장 지역 경찰관서에서 총기를 출고할 때 신고사항에 해당하는 것은?
① 수렵할 동물의 수량
② 수렵견 수
③ 수렵할 지역
④ 동행할 인원

102. 수렵총기를 출고할 때 수렵과 관련한 내용을 신고하는 이유로 가장 적절한 것은?
① 포획 동물의 보호
② 수렵지역 주민보호
③ 수렵지역 환경보호
④ 수렵총기의 안전관리

103. 수렵총기의 안전관리를 위하여 새로 도입한 총기 안전장치는?
① 방아쇠 고리장치 ② 방아쇠 멈춤장치
③ 방아쇠 잠금장치 ④ 방아쇠 연결장치

104. 2015.11 수렵기부터 수렵총기를 이동할 때 트리거락(Triger Lock)을 채우도록 하였다. 이 제도를 시행하는 목적이 옳지 않은 것은?
① 총기 분실·도난 방지
② 정당한 목적 외 총기사용 제한
③ 총기로 인한 인명사고 방지
④ 총기 불법사용 방지

105. 수렵총기를 출고 받아 수렵장으로 이동 중 경찰서에서 채워놓은 방아쇠 잠금장치(트리거락, Triger Lock)를 고의로 파손했을 경우 적용되는 죄명은?
① 총기불법개조죄 ② 총기불법변조죄
③ 공용물건손상죄 ④ 죄가 안 됨

106. 수렵총기를 주소지 관할경찰서에서 수렵지 관할경찰서로 이동 시 총기안전사고 방지를 위하여 장치하는 것은?
① 방아쇠 울장치 ② 방아쇠 잠금장치
③ 방아쇠 뭉치장치 ④ 방아쇠 강화장치

107. 수렵 중 고의 또는 과실로 다른 사람의 생명·신체에 피해를 준 경우의 처벌은?
① 면허취소
② 면허정지
③ 1회 위반 경고 ④ 과태료 부과

108. 수렵 중 고의 또는 과실로 다른 사람의 재산에 피해를 준 경우의 처벌은?
① 수렵면허 정지
② 과태료 부과
③ 1회 위반 시 경고처분
④ 2회 위반 시 총포소지허가 1개월 정지

109. 총기수첩에 반드시 기록하고 경찰관서의 확인을 받아야 하는 것이 아닌 것은?
① 동행인의 성명 ② 수렵장소
③ 실탄 사용내역 ④ 총기 입출고 시간

110. 수렵총기 운반 중 지켜야 할 사항이 아닌 것은?
① 총기와 실탄의 분리
② 총집에 넣어 운반
③ 동료 수렵인의 운반
④ 본인이 직접 운반

정답 100.③ 101.③ 102.④ 103.③ 104.① 105.③ 106.② 107.① 108.① 109.① 110.③ 111.②

111. 수렵총기 소지자가 수렵 전 교육을 받아야 하는 이유로서 가장 거리가 먼 것은?
① 총기관련 사고방지
② 야생동물 보호
③ 수렵장 안전사고 방지
④ 올바른 총기사용

112. 다음 중 수렵총기 보관해제 신청 시 반드시 작성·제출해야 하는 서류는?
① 위치정보수집 동의서
② 지리정보수집 동의서
③ 지역정보수집 동의서
④ 관할정보수집 동의서

113. 경찰서에서 수렵총기보관해제 신청 시 위치정보수집 동의서를 제출하지 않을 경우의 조치는?
① 소지허가 정지 ② 보관해제 금지
③ 소지허가 취소 ④ 수렵면허 정지

114. 경찰서장이 총기보관해제 신청 시 위치정보수집동의서를 징구하는 사유에 가장 타당한 것은?
① 수렵인 수 조정
② 동물 남획방지
③ 동물이동경로 추적
④ 총기의 위치확인

115. 총포 보관해제 신청 시 위치정보수집 동의서를 제출토록 하는 법적 근거는?
① 야생생물 보호 및 관리에 관한 법률
② 개인정보보호법
③ 총포·도검·화약류 등의 안전관리에 관한 법률
④ 통신정보보호법

116. 음주자에 대한 수렵총기 사용 내용이 가장 바르지 않은 것은?
① 음주를 했을 경우 총기취급은 절대 금물이다.
② 적당한 음주는 긴장을 해소하여 수렵에 도움 된다.
③ 수렵 중에는 금주를 하는 것이 가장 안전하다.
④ 수렵 중에는 약간의 음주도 금지해야 한다.

117. 음주자가 수렵을 할 경우 발생할 수 있는 신체 장애로 가장 거리가 먼 것은?
① 관절 이상 ② 시력 장애
③ 신체조절 능력저하
④ 상황판단 능력저하

118. 수렵 도중 휴식을 할 때 총기에 장전된 실탄을 어떻게 하는 것이 가장 안전한가?
① 실탄을 제거하고 공포탄으로 장전한다.
② 그대로 약실을 개방한다.
③ 실탄을 제거한다.
④ 발사할 수 있도록 장전하여 둔다.

119. 총기로 인한 불의의 안전사고 방지를 위한 조치로서 가장 거리가 먼 것은?
① 쉴 때는 항상 약실을 개방한다.
② 휴식을 할 때는 반드시 실탄을 제거한다.
③ 수렵을 하지 않을 때는 항상 안전장치를 한다.
④ 총구는 항상 안전한 방향으로 지향한다.

120. 실탄이 장전된 총기를 자동차 뒷 트렁크에 적재한 상태로 운반을 할 경우, 발생할 수 있는 안전사고로 가장 희박한 것은?
① 충격으로 인한 실탄발사
② 총기 도난 시 범죄위험
③ 총기분해 사고
④ 총기 취급 시 오발사고

121. 수렵장에 진입, 수렵을 시작하기 전 안전을 위해 반드시 확인해야 할 사항으로 옳은 것은?
① 등산로의 유무
② 포획동물의 습성
③ 산림작업 지역여부
④ 양축장의 유무

제 4 장

정답 112.① 113.② 114.④ 115.③ 116.② 117.① 118.③ 119.① 120.③ 121.② 122.①

122. **수렵장에서 총기를 발사하기 전 안전사고 방지를 위해 확인해야 할 사항이 옳은 것은?**
① 등산객 등 전방 위험성 확인
② 동물의 건강상태 및 크기
③ 동물의 개체수 확인
④ 포획 대상동물 공격루트 점검

123. **수렵장에서 사격연습을 위해 민가 주변의 나무에 엽총을 발사할 경우 안전사고와 관련이 적은 것은?**
① 사격연습으로 명중률 향상
② 나무의 파편으로 인명 부상
③ 빗나간 탄환으로 양축 피해
④ 건축물 훼손 및 파괴

124. **수렵장에서의 안전사고 방지를 위해 반드시 지켜야할 사항으로 거리가 먼 것은?**
① 수렵지역내 동물분포 파악
② 총기안전관리 수칙 준수
③ 수렵 시 안전수칙 준수
④ 총기의 구조 및 성능 이해

125. **다음 중 수렵장안전사고 방지를 위한 총기안전관리 수칙과 거리가 먼 것은?**
① 음주한 상태에서 총기 취급 금지
② 총기는 장전된 것처럼 취급
③ 수시로 연습사격
④ 총구는 항상 안전한 방향 지향

126. **수렵 도중 동물이 갑자기 도로를 횡단하여 달아나고 있는 경우, 안전한 총기사용설명으로 올바르지 않은 것은?**
① 도로 건너에 사람이 있을지 모르므로 사격을 중지한다.
② 추격하며 집중사격을 실시한다.
③ 주변에 인가나 양축장이 있는지 신중히 확인한다.
④ 달아나는 동물을 추적하지 않는다.

127. **다음 중 총기안전관리 수칙에 대한 설명으로 틀린 것은?**
① 총구는 항상 하늘을 향하게 하지 않는다.
② 총기는 항상 장전된 것처럼 취급한다.
③ 빈총을 격발할 경우에도 실탄 장전유무를 확인한다.
④ 총기는 항상 깨끗이 손질한다.

128. **엽사가 지켜야 할 총기안전관리수칙에 옳지 않은 것은?**
① 총구는 하늘을 향하게 한다.
② 총기에 맞는 실탄을 사용한다.
③ 총기와 실탄은 반드시 분리보관 한다.
④ 총기는 임의로 개조해도 된다.

129. **수렵 시 발생할 수 있는 안전사고의 방지 설명으로 틀린 것은?**
① 눈과 귀에 보호 장구를 착용한다.
② 총기작동 상태와 총열 내에 이물질이 들어있는지 확인한다.
③ 총기는 절대 개조하지 않는다.
④ 감기에 걸렸거나 피곤할 때는 약을 복용하고 수렵을 한다.

130. **수렵 도구(총기 또는 석궁)의 특성 파악에 관한 설명이 바르지 않은 것은?**
① 특성을 제대로 알아야 안전하게 사용할 수 있다.
② 같은 종류도 다 같은 형태와 구조를 가지고 있지 않다.
③ 성능만 잘 익히면 메뉴얼은 읽어보지 않아도 된다.
④ 잘 모르는 것은 제조회사 등에 문의한다.

131. **"모든 총기는 항상 장전된 것처럼 다루어야 한다"는 총기안전관리수칙 설명으로 틀린 것은?**
① 빈총이라고 함부로 다루면 습관화되어 장전된 총도 함부로 다루게 된다.
② 방아쇠에 항상 손가락을 넣어 오발사고를 방지한다.

정답 123.① 124.① 125.③ 126.② 127.① 128.④ 129.④ 130.③ 131.②

③ 장전되지 않았다고 생각해도 착각이 있을 수 있다.
④ 약실에 실탄이 없어도 실탄이 들어 있을 수도 있다.

132. 수렵장에서 장시간 총기를 다루다 보면 총기 안전관리수칙을 잊을 수가 있다. 이때 오발 방지를 위해 가장 올바른 것은?
① 실탄은 성능이 우수한 것이 좋다.
② 항상 총기를 장전된 것처럼 다룬다.
③ 눈과 귀의 보호 장구를 한다.
④ 총기의 성능을 숙지한다.

133. 총기안전관리수칙 중 "발사하지 않으면 방아쇠에 손가락을 넣지 않는다."는 설명으로 가장 올 바르지 않은 것은?
① 평상시 방아쇠에 손가락을 얻는 것이 습관화 될 수 있다.
② 방아쇠는 실탄발사 용도 외에도 필요한 경우가 있다.
③ 넘어질 경우 무의식중 방아쇠를 당길 수 있다.
④ 큰 소리나 놀랄 경우 자신의 의지와 관계없이 당겨질 수 있다.

134. 다음 중 총기 안전장치에 대한 설명이 가장 아닌 것은?
① 총기의 안전장치는 총종에 따라 없는 경우도 있다.
② 고가의 총기일수록 안전장치가 잘 되어 있다.
③ 안전장치는 결함으로 스스로 풀릴 수도 있다.
④ 안전장치를 걸었다 해도 실탄분리와 병행해야 더 안전하다.

135. 수렵 등 사격을 할 때는 항상 "목표물 주위에 무엇이 있는지 확인해야 한다"는 총기안전관리수칙에 관한 설명으로 옳지 않은 것은?
① 소리나 움직임으로 포획물을 확인하지 않아야 한다.
② 목표물 주위에 이상 물체가 있을 때는 절대 사격하지 않는다.
③ 수렵을 잘 하려면 신속한 사격이 필요하다.
④ 목표물 주위에 사람이 있을 수가 있다.

136. 전방에 고라니인 듯 한 물체가 움직였다. 주변에 등산로가 있는 것으로 판단되는 이때 취해야 할 행동으로 가장 올바른 것은?
① 일단 사격하여 포획을 시도한다.
② 물체를 재 확인한 후 사격 여부를 판단한다.
③ 공포를 한발 쏜 후 조준하여 사격한다.
④ 물체 아래쪽을 조준하여 사격한다.

137. 수렵장에서 나뭇가지에 걸려 오발, 동료가 부상당하는 상황이 발생했다. 이 경우 어떤 안전수칙을 지키지 않았다고 할 수 있는가?
① 휴식 중 실탄 분리한다.
② 숲에서는 방아쇠를 손바닥으로 감싼다.
③ 총기발사 시 전방 위험을 확인한다.
④ 수렵종료 시는 실탄을 제거한다.

138. 다음 중 수렵 가능한 시간 설명으로 올바른 것은?
① 야간에도 필요시 수렵이 가능하다.
② 일몰 바로 후 초저녁에는 허용된다.
③ 새벽 해뜨기 전에만 가능하다.
④ 일출전과 일몰 후에는 수렵이 금지된다.

139. 수렵 시 안전수칙 준수사항을 위반할 경우 총기소지 허가 관청으로부터 받을 수 있는 조치가 아닌 것은?
① 행정처분 ② 형사처벌
③ 즉결심판 ④ 총기 출고금지

140. 헌터라면 의무적으로 착용해야 할 수렵조끼에 관한 설명으로 옳은 것은?
① 총기 출고시에만 착용해야 한다.
② 총기 입고시에만 착용해야 한다.
③ 총기 출고 시부터 입고 시까지 착용해야 한다.
④ 수렵장에서만 착용해야 한다.

제 4 장

정답 132.② 133.② 134.② 135.③ 136.② 137.② 138.④ 139.③ 140.③ 141.③

141. 다음 중 수렵인이 자신의 신체를 보호하기 위한 내용은?

① 사격술 연습　② 수렵조끼 착용
③ 눈과 귀의 보호장구 착용
④ 총기의 개조금지

142. 수렵장에서 눈을 보호하기 위한 안경 등을 착용하는 이유로 가장 적절하지 않은 것은?

① 격발 시 발생하는 금속 가루가 눈에 들어가는 것 방지
② 방출되는 뜨거운 탄피로 인한 화상 방지
③ 조류의 배설물이 눈에 들어가는 것 방지
④ 폭발 시 발생하는 화약가루가 눈에 들어가는 것 방지

143. 수렵 시 소음으로 청력을 보호하기 위해 착용하는 장구로 가장 적합하지 않은 것은?

① 귀마개　② 귀집
③ 귀덮개　④ 챙 넓은 모자

144. 수렵총기의 작동상태를 점검하지 않아 발생 가능한 안전사고의 유형이 아닌 것은?

① 오발로 인한 본인의 피해
② 오작동 할 경우 동료 수렵인의 피해
③ 불발사고 등으로 인한 인명피해
④ 총기 고장으로 인한 재산 피해

145. 총기 안전사고 방지를 위한 총기점검 방법으로 가장 적합하지 않은 것은?

① 약실에 실탄이나 탄피가 들어있는지 확인
② 총열에 이물질 들어 있는지 확인
③ 총구의 균열여부 확인
④ 개머리의 도장상태 확인

146. 총기의 임의 개·변조는 총기고장의 원인이 될 수 있고 법에 따라 처벌대상이다. 다음 중 총기 개·변조에 해당하지 않은 것은?

① 구조 변형　② 개머리 교체
③ 총열교체　④ 총번 변경

147. 수렵총기를 개·변조할 경우 총기안전사고와 총기고장의 직접적 원인일 수 있다. 다음 중 총기 개·변조 행위에 해당하지 않는 것은?

① 총신 교체
② 기관부 형식 변경
③ 총기 제조번호 변경
④ 총기 가늠쇠 조정

148. 총기·석궁의 고장 원인이 될 수 있는 안전수칙 위배 행위는?

① 기관부 개조　② 조준경 부착
③ 가늠쇠 조정　④ 개머리 교체

149. 다음 중 총기관리 소홀로 인한 안전사고방지를 위해 모든 총기소지자가 반드시 지켜야 할 내용은?

① 수렵장 안전유지수칙
② 수렵총기 안전관리대책
③ 총기안전관리수칙
④ 민유총포 무기고 관리규칙

150. 수렵 중 안전사고방지를 위해 헌터가 지켜야 할 가장 기본적인 의무는?

① 수렵장 관리규칙
② 총기안전관리수칙
③ 수렵 시 안전수칙
④ 민유총포무기고 관리수칙

151. 다음 중 총기관리안전수칙에 관한 설명이다. 올바르지 않은 것은?

① 총기는 빌리거나 빌려주지 않는다.
② 모든 총기는 장전된 것처럼 다루지 않는다.
③ 총구는 항상 안전한 방향으로 향한다.
④ 빈총도 격발전 장전유무를 확인한다.

152. 표적에 사격을 할 때 확인방법에 관한 설명으로 가장 옳지 않은 것은?

① 표적 뒤에 무엇이 있는지 확인한다.
② 표적에 빗나가면 어떻게 될 것인지를 확인한다.
③ 표적에 맞은 후 어떻게 될 것인지 확인한다.

정답 142.③ 143.④ 144.④ 145.④ 146.② 147.④ 148.① 149.③ 150.③ 151.② 152.④

④ 표적을 정확하게 맞출 수 있을 것인지 확인한다.

153. 총포 · 석궁으로 인한 안전사고 방지에 관한 설명으로 옳지 않은 것은?

① 사용하기에 좋도록 개조한다.
② 구조와 사용방법을 바로 익힌다.
③ 남에게 과시하거나 빌려주지 않는다.
④ 절대로 사람에게 겨냥하지 않는다.

154. 수렵장 안전사고 방지를 위한 행동요령으로 바르지 않은 것은?

① 이동시는 실탄을 제거한다.
② 동료와 안전거리를 유지한다.
③ 경쟁적인 수렵이 흥미를 더한다.
④ 안전수칙은 반드시 준수한다.

155. 총포 · 석궁으로 인한 안전사고예방에 관한 설명이 틀린 것은?

① 자신의 수렵도구는 타인에게 맡기지 않는다.
② 총구는 항상 안전하게 하늘을 향한다.
③ 수렵은 실탄을 장전하고 신속하게 이동해야 한다.
④ 탄착점을 예상치 못할 경우 사격을 하지 않는다.

156. 총기 · 석궁의 안전사고에 대한 설명으로 가장 옳지 않은 것은?

① 도구는 항상 안전하게 관리한다.
② 사격은 항상 자신을 믿는다.
③ 사격은 항상 신중해야 한다.
④ 생명을 위협하는 사고가 많다.

157. 수렵장에서 발생할 수 있는 안전사고로 가장 희박한 경우는?

① 등산객을 동물로 오인 사격
② 장전된 총기 오발로 부상
③ 지면에 앉은 조류 사격으로 유탄부상
④ 나는 조류 사격으로 유탄부상

158. 총기안전관리수칙에 위배되며 총기고장의 직접적 원인이 될 수 있는 행위는?

① 총기의 개 · 변조 ② 준수사항 위반
③ 정당한 사유 없이 총기사용
④ 총포 습득 후 미신고

159. 수렵장에서 안전사고로 부상자 발생 시 응급조치요령으로 타당하지 않는 것은?

① 119로 구조요청
② 신속하게 응급처치
③ 우선 가족에게 연락
④ 112로 경찰서 신고

160. 수렵 중 달아나는 고라니를 발견했을 때 포획하는 요령으로 가장 안전한 방법은?

① 2인이 일렬로 뒤에서 추격하며 사격한다.
② 1인이 달아나는 길목을 차단하고 뒤에서 사격한다.
③ 전방의 안전이 확인되지 않으면 포기한다.
④ 동료와 전방을 향해 일제사격을 한다.

161. 수렵장에서 발생하는 안전사고의 가장 주된 원인이 되는 것은?

① 수렵도구의 결함
② 자만심과 관리소홀
③ 대상동물의 희소성
④ 수렵장 협소

162. 수렵을 마치고 경찰서로 이동 중 도로 요철 충격으로 실탄이 발사되었다 이때 지키지 않은 총 기 안전수칙은?

① 총기 운반방법 위반
② 총기 사용방법 위반
③ 총기 조작방법 위반
④ 총기 보관방법 위반

163. 하천 내 웅덩이에 앉아 있는 오리 떼를 만났을 때 가장 안전한 사냥은?

① 오리 떼를 날아오르게 한 후 사격
② 수면에 앉은 상태로 사격

제 4 장

정답 153.① 154.③ 155.③ 156.② 157.④ 158.① 159.③ 160.③ 161.② 162.① 163.①

③ 날아오르려 할 때 사격
④ 발견 즉시 집중사격

164. 수렵장에서 꿩을 추적하던 중 수풀 속에서 꿩처럼 보이는 물체를 발견하였을 경우 어떤 조치가 가장 안전한가?
① 일단 사격하여 포획
② 공포탄을 쏜 후 사격
③ 꿩을 재확인 후 사격
④ 땅바닥으로 사격

165. 수렵 중 전방 수풀 속에 부스럭 거리는 물체를 발견하였다. 이때 행동으로 가장 안전한 것은?
① 일단 동물로 보고 사격
② 물체의 색상을 확인 후 사격
③ 동물임을 확인 후 사격
④ 움직임을 확인한 후 사격

166. 수렵총기 사용 준수사항을 위반한 경우 처분이 올바르지 않은 것은?
① 형사 처벌　② 행정 처분
③ 과태료 처분　④ 즉결재판

167. 수렵이 끝난 후 안전사고 방지를 위해 지켜야 할 안전수칙 중 가장 중요한 것은?
① 총기수입　② 총열분리
③ 약실개방　④ 실탄제거 및 확인

168. 운행 중인 자동차에서 사격을 하지 않도록 하는 이유로 가장 타당한 것은?
① 차량이 흔들려 오발사고 위험이 높다.
② 차내에서 사격 시 차량파손 우려가 높다.
③ 사격자세가 불편하여 명중률이 낮아진다.
④ 차량이 흔들려 정확한 조준이 곤란하다.

169. 엽총(샷건) 사냥 시 강이나 바다에서는 조류를 공중으로 날아오르게 하고 사격을 하도록 하는 이유로서 가장 옳은 것은?
① 사격이 편리해서
② 조류가 잘 보여서
③ 유탄방지를 위해서
④ 연발사격이 가능해서

170. 수렵 시 지켜야 할 준수사항 등을 위반할 경우 처벌이 적용되는 총포·도검·화약류 등의 안전관리에 관한 법률 조항은?
① 제12조 1항　② 제13조 2항
③ 제17조 2항　④ 제47조

정답 164.③ 165.③ 166.④ 167.④ 168.① 169.③ 170.④

제3절 응급 처치 요령 (과목 4/영역 3)

1. **응급상황 시 의식을 확인하는 방법으로 적절한 것은?**
   ① 가볍게 어깨를 두드리며 큰 소리로 "괜찮습니까?"하고 묻는다.
   ② 구조자는 현장을 떠나지 않고 환자 상태를 파악한다.
   ③ 환자의 자세는 그대로 유지하되 필요 시 자세를 교정한다.
   ④ 한 손을 환자의 이마에 살짝 얹어 머리를 뒤로 젖힌다.

2. **다음 중 응급환자에게 음료를 주어도 괜찮은 경우는?**
   ① 의식이 있는 환자
   ② 출혈이 멈추지 않는 환자
   ③ 수술을 받아야 하는 환자
   ④ 환자가 의식이 희미한 경우

3. **응급환자 환자 운반법 중 2인 운반법의 종류로 틀린 것은?**
   ① 옷 잡고 끌기 ② 양팔운반
   ③ 의자운반 ④ 독일식운반

4. **응급환자 후송을 위해 들것 대용품을 만드는 방법 중 가장 부적당한 것은?**
   ① 담요와 막대기로 들것 만들기
   ② 상의와 막대기로 들것 만들기
   ③ 담요로 들것 만들기
   ④ 신문지와 막대기로 들것 만들기

5. **응급환자를 들것에 싣고 이동할 때 진행방향에 대한 설명으로 가장 타당하지 않은 것은?**
   ① 평지에서는 환자의 발 방향으로 진행한다.
   ② 언덕에서 내려올 때는 머리 방향으로 진행한다.
   ③ 구급차에 탑승시킬 때는 머리 방향으로 진행한다.
   ④ 계단을 오를 땐 머리 방향으로 진행한다.

6. **환자 운반법에 관한 설명 중 1인 운반법의 종류에 가장 적합하지 않은 것은?**
   ① 부축하기 ② 업기
   ③ 안기 ④ 의자에 앉혀 운반

7. **다음 중 압박지혈(직접압박)에 대한 설명으로 올바르지 않은 것은?**
   ① 거즈나 깨끗한 헝겊을 두껍게 접어 상처부위를 직접 누른다.
   ② 출혈이 심하면 상처부위를 심장보다 높게 한다.
   ③ 손상된 곳과 심장 사이에서 뼈 가까이 지나는 곳의 동맥을 압박한다.
   ④ 출혈이 심하고 지혈이 안 될 때 유용한 방법이다.

8. **기도폐쇄의 종류 중 완전기도폐쇄에 대한 설명이 틀린 것은?**
   ① 호흡이 잘 안 되는 부분기도폐쇄도 완전기도폐쇄로 본다.
   ② 말을 할 수 없고 호흡이나 기침도 할 수 없다.
   ③ 환자는 한 손 또는 두 손으로 목을 움켜쥐는 동작을 하게 된다.
   ④ 환자 스스로 이물질을 뱉어내려 하거나 기침을 세게 할 수 있다.

9. **인공호흡을 위해 심장압박 시 위치에 대한 설명이 틀린 것은?**
   ① 젖꼭지와 젖꼭지 사이 가슴 정중앙을 찾는다.
   ② 가슴 정중앙에 한 손을 올려놓고 그 손위에 다른 쪽 손을 포개어 놓는다.
   ③ 젖꼭지와 젖꼭지 사이 정중앙 밑에 있는 명치를 압박한다.
   ④ 팔을 곧게 펴서 환자의 압박부위와 수직방향으로 힘을 가할 수 있는 자세를 취한다.

10. **다음 중 의식이 돌아왔다가 다시 없어진 환자의 조치로 올바르지 않은 것은?**
   ① 입안의 이물질을 제거한다.
   ② 의식이 돌아올 때까지 계속 말을 건다.

정답 1.① 2.① 3.① 4.④ 5.② 6.④ 7.③ 8.④ 9.③ 10.②

제4장

③ 심폐소생술을 실시한다.
④ 기도열기와 호흡확인

11. 다음 중 의식이 있는 경우 기도폐쇄에 대한 설명으로 바르지 않은 것은?
① 이물질을 제거하고 심폐소생술을 실시한다.
② 이물질에 의해 기도가 막혔을 경우 말, 기침, 호흡여부를 확인한다.
③ 환자에게 기침을 권장한다.
④ 환자를 뒤에서 감싸 안고 배를 아래에서 위쪽 방향으로 당기듯이 밀쳐 올린다.

12. 다음 중 심장이 정지된 환자의 조치요령으로 가장 올바른 것은?
① 호흡, 기침, 손발의 움직임이 전혀 없으면 가슴압박을 실시한다.
② 혈액순환 등 환자의 상태를 정확하게 파악할 수 있을 때까지 확인한다.
③ 환자가 회복되거나 전문요원이 도착할 때까지 기다린다.
④ 분당 100회의 속도로 계속하여 100회를 압박한다.

13. 다음 중 응급환자를 운반하기 위한 준비사항으로 가장 적절하지 않은 것은?
① 환자에 대한 응급처치
② 환자의 보온상태 유지
③ 환자에게 충분한 음료 공급
④ 목적지 선정 및 안전한 이송경로 결정

14. 다음 중 응급환자의 인공호흡 설명이 가장 바르지 않은 것은?
① 머리를 뒤로 젖히고 턱을 들어 올린다.
② 인공호흡을 하는 동안 구조자는 숨을 참는다.
③ 불어넣는 사이에 구조자는 호흡을 한다.
④ 환자의 코에 구조자의 귀를 대고 가슴의 오르내림을 지켜본다.

15. 응급환자 운반 시 고려해야 할 사항으로 타당하지 않은 것은?
① 부상의 정도
② 신속한 이송의 필요성
③ 사고의 종류
④ 환자의 정신연령

16. 다음 중 응급환자 이송 시 주의사항이 아닌 것은?
① 응급처치를 위하여 필요한 경우에 환자를 운반한다.
② 들것이나 구급차가 없으면 운반할 수 없다.
③ 환자 운반 시 2차 부상과 고통을 주어서는 안된다.
④ 산불, 폭발위험 등 급박한 위험에서는 환자이송을 신중하게 판단한다.

17. 다음 중 겨울철 동상에 대한 설명이 틀린 것은?
① 얼굴이 붉어지고 잦은 소변을 본다.
② 동상은 상대적으로 통증이 약하다.
③ 동상 부위에 피하출혈과 괴저가 나타난다.
④ 손과 발의 동상은 비교적 자각증세가 약하다.

18. 다음 중 동상의 원인 설명이 옳지 않은 것은?
① 찬 공기에 장시간 노출될 때 발생할 수 있다.
② 지나친 담배가 원인이 될 수 있다.
③ 추운 곳에서 혈액순환 장애 시 위험성이 크다.
④ 자기 보온을 제대로 못한 경우 발생할 수 있다.

19. 다음 중 독극물 복용환자의 처치요령으로 가장 올바르지 아니한 것은?
① 농약 등 독극물이 눈, 피부에 묻었을 경우에는 신속히 씻어낸다.
② 농약 등 독극물을 삼켰을 경우 구토를 유발시킨다.
③ 독극물을 삼켜 호흡곤란 징후가 보이면 산소를 공급한다.
④ 복용한 독극물은 땅에 묻고 신속하게 병원으로 이송한다.

20. 다음 중 광견병에 걸린 동물에 물렸을 때 응급처치법으로 틀린 것은?

정답 11.① 12.① 13.③ 14.② 15.④ 16.② 17.① 18.② 19.④ 20.④

① 동물을 잡아 발작 증세가 있는지 확인하는 것이 좋다.
② 동물에 대한 정보를 확인한다.
③ 의사의 진료를 받는다.
④ 뜨거운 물에 상처 부위를 담근다.

21. 다음 중 쇼크의 증상에 관한 설명이 틀린 것은?
① 얼굴이 창백해진다.
② 식은땀이 나며 현기증을 일으킨다.
③ 메스꺼움을 느끼며 구토나 헛구역질을 한다.
④ 심하면 장기의 손상도 가져온다.

22. 산에서 벌레에 물리거나 쏘였을 때 응급처치법으로 틀린 것은?
① 암모니아수나 증류수를 상처부위에 바른다.
② 상처부위를 깨끗이 소독한다.
③ 알레르기 반응이 있으면 병원에 간다.
④ 온찜질을 통해 혈액순환을 돕는다.

23. 다음 중 뱀에 물렸을 때의 응급처치법 설명이 틀린 것은?
① 온찜질을 한다.
② 상처부위에서 몸에 가까운 쪽을 압박한다.
③ 상처를 심장보다 낮게 한다.
④ 뱀에 대한 정보를 확인한다.

24. 뱀에 물렸을 때의 응급처치에 관한 설명이다. 이중 가장 먼저 해야 할 조치는?
① 상처 절개
② 상처를 심장보다 낮게
③ 냉찜질
④ 깨끗이 소독

25. 다음 중 골반골절의 응급처치법 설명이 틀린 것은?
① 환자가 편하게 느끼는 자세가 되도록 도와준다.
② 과다 출혈의 위험이 있다.
③ 온찜질을 하면 효과적이다.
④ 충격이 적도록 처치를 한다.

26. 다음 중 대퇴부 골절에 대한 설명이 틀린 것은?
① 확인이 곤란할 때가 많다.
② 누운 상태에서 발뒤꿈치를 들지 못한다.
③ 뼈를 연결하는 인대와 관절낭이 파손된 상태다.
④ 발이 바깥쪽 또는 안쪽으로 비틀어져 발을 세우지 못한다.

27. 탈구에 대한 응급처치법 설명이 틀린 것은?
① 부상당한 부위를 될 수 있는 한 편하게 한다.
② 전문 의료진이 아니더라도 누구나 바로잡을 수 있다.
③ 충격에 대비한 응급처치를 한다.
④ 냉찜질을 하면 고통경감에 도움이 된다.

28. 다음 중 염좌의 응급처치법 설명이 아닌 것은?
① 염좌된 부위를 높이 올린다.
② 냉찜질은 도움이 된다.
③ 전문 의료진의 도움을 받을 때까지 움직이지 않도록 한다.
④ 지혈한다.

29. 다음 중 머리, 척추의 골절처치 요령으로 적절하지 않은 것은?
① 골절 부위를 움직일 때 통증이 심하더라도 구부러진 부위를 곧게 편다.
② 환자의 체온유지 및 보온에 신경을 쓴다.
③ 수시로 의식 및 호흡을 확인하고 기도 확보에 힘쓴다.
④ 머리, 목 등의 움직임을 최소화한다.

30. 쇄골 골절에 대한 설명이 틀린 것은?
① 부상당한 쪽의 팔을 어깨 위로 쳐들지 못한다.
② 부상당한 쪽의 어깨가 다른 쪽의 어깨보다 낮아진다.
③ 어깨를 대고 추락했거나 손을 앞으로 짚고 넘어졌을 때 발생한다.
④ 누운 상태에서 발뒤꿈치를 들지 못한다.

31. 응급상황 발생 시 현장 판단요령이 옳은 것은?
① 피해자에게 위험이 계속될 것인지 파악해

제 4 장

정답 21.④ 22.④ 23.① 24.② 25.③ 26.③ 27.② 28.④ 29.① 30.④ 31.①

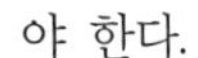

야 한다.
② 피해자의 인적사항을 확인 한다.
③ 현장상황 파악은 경찰에게 맡긴다.
④ 구조자 자신의 위험은 무시한다.

32. 응급상황 발생 시 현장 상황 판단요령이 올바른 것은?
① 피해자의 가족관계를 파악한다.
② 침착하고 신속하게 응급여부를 파악한다.
③ 긴급 구조 요청을 우선 한다.
④ 피해자의 주소지를 확인한다.

33. 다음은 응급상황 판단요령에 관한 설명이다. 틀린 것은?
① 현장 상황은 침착하되 신속하게 파악한다.
② 구조자에게 위험이 계속될 것인지 파악한다.
③ 구조자 자신이 위험에 처하지 않도록 한다.
④ 피해자의 인적사항을 먼저 확인한다.

34. 응급사고 발생 현장에서의 안전조치 요령이 틀린 것은?
① 피해자의 부상상태를 확인한다.
② 피해자를 위험지역으로부터 피신시킨다.
③ 구조자는 자신의 위험을 무릅쓰고 헌신적으로 조치한다.
④ 가급적 빨리 구조요청을 한다.

35. 다음은 응급처치의 일반원칙에 대한 설명이다. 틀린 것은?
① 긴박한 상황에서도 구조자 자신의 안전을 최우선으로 한다.
② 응급처치 시 사전에 보호자 또는 당사자의 동의를 얻는 것을 원칙으로 한다.
③ 당황하거나 흥분하지 말고 침착하게 사고의 정도와 환자의 모든 상태를 확인한다.
④ 환자의 손상에 대한 처치는 불확실하더라도 우선 조치한다.

36. 다음 중 구조자의 응급현장 상황 파악 및 조치에 관한 설명이 옳은 것은?
① 신고자는 사고 현장을 보존하여야 한다.
② 구조자나 신고자의 위험도 살펴야 한다.
③ 사고가 발생한 원인을 파악하여야 한다.
④ 사고현장에 외부인의 통제장치를 설치한다.

37. 응급상황 발생 시 구조신고에 우선 포함시켜야 할 사항으로 올바른 것은?
① 사고자의 이름과 전화번호
② 사고자의 주소지
③ 연락 가능한 신고자의 이름과 전화번호
④ 신고자의 주소지

38. 응급상황이 발생하여 구조신고 시 반드시 포함시켜야 할 사항은?
① 사고의 종류와 피해 규모
② 사고 발생원인
③ 신고자의 직업 및 성별
④ 구조 동기

39. 다음 중 골절처치 시 주의사항에 대한 설명이 적절하지 않은 것은?
① 골절은 출혈과 관계가 전혀 없다.
② 직접 이송 또는 전문구조대 이송을 고려하여 결정한다.
③ 충격에 대비한 처치를 시행한다.
④ 이송 중 30분에 한 번씩은 혈액순환을 확인한다.

40. 다음 중 응급상황 발생 시 구조신고 사항으로 적절하지 않은 것은?
① 환자의 부상상태
② 구조자의 건강상태
③ 무슨 일이 일어났는가?
④ 사고 장소

41. 안전사고 현장에서 응급구조신고를 한 후 환자를 돌보는 요령으로 적절하지 않은 행동은?
① 환자를 안심시키며 편안한 자세를 취하게 한다.
② 환자의 호흡과 의식을 확인한다.
③ 환자가 목마름을 느낄 때 물을 섭취하게 한다.

정답 32.② 33.④ 34.③ 35.④ 36.② 37.③ 38.① 39.① 40.② 41.③

④ 필요한 처치를 한 후 2차 손상을 방지한다.

42. 응급처치 시 부상자의 질병감염 가능성을 감소시키기 위해 준수해야 할 사항이 아닌 것은?
① 부상자의 신체분비액과 직접적인 접촉을 피한다.
② 인공호흡 시 보조기구를 사용한다.
③ 피로 더럽혀진 물건은 만지지 않는다.
④ 장갑 등의 보조 장구를 사용한 경우 손을 씻지 않아도 된다.

43. 의식이 없는 응급환자의 상태를 확인하는 요령으로 적절하지 않은 것은?
① 기도가 열려있는지 확인한다.
② 숨을 쉬고 있는지 확인한다.
③ 몸에 상처가 있는지 확인한다.
④ 심한 출혈이 있는지 확인한다.

44. 다음 중 응급환자의 위험진단 요령과 거리가 먼 것은?
① 환자의 출혈 상태를 확인한다.
② 환자의 피부 상태를 살펴본다.
③ 환자가 호흡 상태를 살펴본다.
④ 환자의 의식 상태를 확인한다.

45. 다음 중 응급 환자의 위험진단 방법으로 적절하지 않은 것은?
① 환자의 가족 또는 전화번호를 확인 연락한다.
② 환자의 호흡을 확인한다.
③ 맥박 등을 통해 심장 박동 유무를 판단한다.
④ 동공의 반응 등 의식의 존재 유무를 판단한다.

46. 다음 중 응급처치 실시 범위에 대한 설명이 틀린 것은?
① 전문구조요원이나 의사에게 인도하기 전까지 한다.
② 원칙적으로 의약품을 사용해도 된다.
③ 반드시 의사의 진료를 받도록 권유한다.
④ 생사판정은 하지 않는다.

47. 응급구조 신고 시 신고자가 직접 확인해야 할 사항과 가장 거리가 먼 것은?
① 호흡　② 골절　③ 의식　④ 맥박

48. 응급환자에 대한 위험진단 항목과 가장 거리가 먼 것은?
① 호흡 : 숨을 편안하게 쉬고 있는지 여부
② 맥박 : 심장의 박동여부
③ 식도 : 확보되어 있는지 여부
④ 의식 : 환자의 의식이 있는지 여부

49. 다음 중 응급 환자의 의식을 확인하는 반응검사 방법이 아닌 것은?
① 소리반응　② 자극반응
③ 동공반응　④ 자각반응

50. 다음 중 응급환자의 의식을 확인하는 반응검사 중 하나는?
① 맥박반응　② 기도반응
③ 미세반응　④ 동공반응

51. 안전사고 현장에서 환자가 도움받기를 거부할 경우 어떻게 행동하는 것이 가장 올바른가?
① 강제라도 도와준다.
② 그냥 기다려 본다.
③ 물러나서 신고하고 지켜본다.
④ 신고만 하고 자리를 뜬다.

52. 수렵장에서 응급환자 발생 시 조치요령이 순서대로 나열된 것은?
① 응급처치 → 현장상황 판단 → 구조요청
② 구조요청 → 응급처치 → 현장상황 판단
③ 현장상황 판단 → 구조요청 → 응급처치
④ 현장상황 판단 → 응급처치 → 구조신고

53. 다음 중 응급환자의 호흡여부 판단 방법이 바르지 않은 것은?
① 환자에게 심호흡을 하라고 요구한다.
② 환자의 숨소리로 호흡여부를 판단한다.
③ 환자의 코와 입에 귀를 대고 바람소리로 확인한다.

제 4 장

정답 42.④ 43.③ 44.② 45.① 46.② 47.② 48.③ 49.④ 50.④ 51.③ 52.③ 53.①

④ 규칙적인 가슴의 상하 움직임이 있는지 확인한다.

54. 다음 중 응급환자의 심장상태를 판단하는 방법이 가장 적절한 것은?
① 호흡 여부로 판단한다.
② 출혈 상태로 판단한다.
③ 맥박 상태로 판단한다.
④ 안면 홍조 상태로 판단한다.

55. 다음 중 응급환자의 맥박여부를 판단하는 방법이 맞지 않는 것은?
① 손목의 동맥을 손끝으로 맥 확인
② 목젖 바깥쪽 경동맥을 손끝으로 확인
③ 환자의 가슴에 귀를 대고 박동 확인
④ 1분 동안 환자의 숨소리로 확인

56. 다음 중 신체에서 맥박을 체크할 수 있는 곳은?
① 손가락 ② 손목 ③ 발목 ④ 발등

57. 골절 시 부목을 이용하여 손상부위를 고정하는 이유로 틀린 것은?
① 부상악화 방지
② 부러진 뼈를 맞추기 위함
③ 고통 경감
④ 전신 또는 신체 일부분의 고정

58. 응급환자 중 출혈 환자의 응급조치 요령으로 틀린 것은?
① 출혈 상태에 따라 응급조치 순서를 결정한다.
② 출혈이 심하면 지혈을 우선한다.
③ 출혈이 심하면 우선 혈액순환 상태를 확인한다.
④ 출혈이 소량이면 심장에 대한 처치를 먼저 시행한다.

59. 골절에 대한 일반적인 증상 및 진단방법으로 올바르지 않은 것은?
① 부상자의 진술
② 통증, 부종, 운동 상태
③ 복합골절의 경우 상처 동반, 심한 출혈
④ 상처부위를 만지거나 움직여서 골절 유무 확인

60. 수렵인이 응급처치법을 알아야 하는 이유로서 타당하지 않은 것은?
① 환자의 고통을 경감할 수 있다.
② 적절한 처치로써 부상의 악화를 방지할 수 있다.
③ 위급한 생명을 구할 수 있다.
④ 건강을 유지할 수 있다.

61. 수렵인이 응급처치법을 알아야 할 필요성과 가장 거리가 먼 것은?
① 우발적 총기안전사고 대비
② 수렵장 내 의료시설의 부족
③ 의료진 도착할 때까지 상태악화 방지
④ 무리한 활동으로 인한 병리적 질병 대비

62. 의식불명 환자를 인공호흡 할 때 가장 먼저 취해야 할 행동으로 올바른 것은?
① 머리를 젖히고 입 안의 이물질 제거
② 입을 막은 후 코 속으로 호흡을 불어넣기
③ 환자의 얼굴을 두드려 이물질 제거
④ 엎드리게 하여 등을 힘차게 눌러 이물질 제거

63. 다음 중 뚜렷한 심장 발작 증상은?
① 다리가 쿡쿡 쑤시는 증상
② 빈번한 두통
③ 가슴이 불편하거나 통증을 느낌
④ 호흡이 가빠지고 힘든 운동 후에 땀을 흘림.

64. 심폐소생술에 대한 설명으로 보기 어려운 것은?
① 호흡이 정지된 환자에게 필요한 응급조치이다.
② 심장이 정지된 환자에게 필요한 응급조치이다.
③ 심장을 압박하여 혈액을 순환시키는 응급조치이다.
④ 호흡기를 압박하여 의식을 회복시키는 응급조치이다.

65. 수렵 중 넘어진 환자의 골절 증상으로 보기 어려운 것은?
① 만지거나 누르면 상당한 통증을 느낄 때

정답 54.③ 55.④ 56.② 57.② 58.③ 59.④ 60.④ 61.② 62.① 63.③ 64.④ 65.④

② 기형 또는 부자연스러운 자세를 느낄 때
③ 움직일 때 상당한 통증을 느낄 때
④ 극심한 두통 등의 진통이 수반되고 있을 때

66. 다음 중 수렵장에서 안전사고가 발생한 경우 골절 의심 증상은?
① 토사광란 증세가 있을 때
② 흑색으로 변한 피부색
③ 부종과 피하출혈이 있을 때
④ 부자연스런 언행

67. 다음 중 골절 환자에 대한 응급처치 방법으로 적절하지 않은 것은?
① 관절형태의 이상 등으로 골절을 판단한다.
② 골절 부위에 소염제를 바르고 마사지한다.
③ 부목 처치 후 병원으로 후송한다.
④ 골절 또는 손상 부위의 운동을 제한한다.

68. 다음 중 골절 환자에 대한 응급처치 요령으로 적절하지 않은 것은?
① 골절 환자의 가벼운 운동은 통증을 줄여 준다.
② 골절 의심이 있는 손상부위를 건드리면 안 된다.
③ 구급차가 올 때까지 부목처리를 한 채 대기한다.
④ 골절 의심이 있는 손상부위를 누르면 안 된다.

69. 다음 중 골절 환자 부목의 필요성에 대한 설명이 틀린 것은?
① 골절된 부위를 바로 교정시켜 형태가 유지되도록 한다.
② 골절된 뼈 조각에 의한 피부의 열창 가능성을 예방한다.
③ 혈류가 차단될 수 있는 가능성 예방한다.
④ 근육신경이나 혈관의 손상 예방한다.

70. 다음 중 빗장뼈(쇄골) 골절 시 증상에 대한 설명이 틀린 것은?
① 골절의 일반적인 증상이 나타난다.
② 부러진 쪽의 팔을 어깨 위로 들지 못한다.
③ 부러진 뼈의 끝부분이 만져진다.
④ 부러진 쪽 어깨보다 반대쪽 어깨가 낮아진다.

71. 다음 중 팔꿈치뼈(주관골) 골절 시 증상에 관한 설명이 틀린 것은?
① 관절 부위가 붓는다.
② 부러진 팔 쪽 어깨가 처진다.
③ 아파서 팔을 폈다 구부렸다를 못한다.
④ 팔을 구부리고 넘어질 때 주로 발생한다.

72. 다음 중 무릎뼈(슬개골) 골절에 관한 설명이 틀린 것은?
① 무릎을 강하게 부딪칠 때 발생할 수 있다.
② 무릎을 굽힌 채로 추락할 때 발생할 수 있다.
③ 다친 슬개골은 부어오를 수 있으므로 꼭 동여 맨다.
④ 무릎뼈를 만져보면 대개 갈라진 부분을 만질 수 있다.

73. 다음 중 정강뼈(하퇴) 골절에 관한 설명으로 올바르지 않은 것은?
① 무릎과 발목사이의 뼈가 부러진 것을 말한다.
② 1개만 부러진 경우 기형이 나타날 수 있다.
③ 운반이 필요한 경우 다친 다리만 따로 묶는다.
④ 발목 위의 골절은 염좌로 오인할 수도 있다.

74. 다음 중 일반적인 출혈 시 지혈 방법에 관한 설명이 틀린 것은?
① 두꺼운 거즈 등으로 직접 누르고 압박붕대로 감는다.
② 출혈부위 직접압박으로 안 되면 혈관압박을 병행한다.
③ 혈관압박은 출혈부위에 공급하는 혈관을 압박한다.
④ 출혈이 심하지 않을 때는 저절로 멎을 때까지 안정을 취해 준다.

75. 다음 중 응급환자에 대한 지혈 방법이 틀린 것은?
① 정맥지압 ② 압박지혈
③ 동맥지압 ④ 지압지혈

제 4 장

정답 66.③ 67.② 68.① 69.① 70.④ 71.② 72.③ 73.③ 74.④ 75.①

76. 다음 중 일반적인 지혈 요령에 대한 설명이 틀린 것은?
① 두꺼운 거즈 등으로 몇 분씩 압박을 가한다.
② 출혈 부위를 심장보다 낮게 한다.
③ 심장 가까운 쪽의 동맥을 눌러준다.
④ 손수건 등으로 출혈 부위를 감싸 압박한다.

77. 다음 중 뱀에 물렸을 때의 처치요령이 틀린 것은?
① 환자를 안정시키고 최대한 움직이지 않게 한다.
② 물린 부위를 심장보다 낮게 한다.
③ 환자를 문 뱀은 포획하여 땅에 묻는다.
④ 상처부위를 비눗물로 깨끗이 씻는다.

78. 다음 중 농약 등을 복용한 경우 응급처치 요령으로 적절하지 않은 것은?
① 기도가 개방되었는지 확인한다.
② 장갑을 낀 손으로 환자의 입안의 약물을 제거한다.
③ 그람옥손(Gramoxone)계열의 농약제를 마신 경우 물을 많이 마시게 한다.
④ 의식을 잃었을 때 손가락을 입에 넣어 구토를 유발시킨다.

79. 심폐 기능이 멈춘 후 뇌 손상을 막을 수 있는 산소의 여분 시간은?
① 4~6 분 이내 ② 6~10 분 이내
③ 10~15 분 이내 ④ 15~20 분 이내

80. 다음 중 응급처치에 관한 일반적인 설명으로 볼 수 없는 것은?
① 의식이 없는 환자에게 구토를 유발시키면 질식사의 위험이 있다.
② 부목은 골절된 뼈를 바로 잡는 치료를 목적으로 사용된다.
③ 뱀에 물렸을 때 정확한 치료를 위하여 뱀의 사체가 큰 도움이 된다.
④ 응급환자에게 의식을 확인하는 쉬운 방법은 소리반응이다.

81. 다음은 동상에 대한 처치법이다. 올바르지 않은 것은?
① 정상 체온을 회복하도록 한다.
② 손상 부위의 반지나 악세사리를 제거한다.
③ 상처가 저릴 경우는 정상적인 회복이 진행 중이라고 볼 수 있다.
④ 물집이 생기면 터뜨린 후 말려준다.

82. 다음 중 동상 환자의 처치법에 관한 설명으로 옳은 것은?
① 시원한 물을 마시게 한다.
② 동상부위를 얼음주머니로 마사지한다.
③ 손상된 부위를 마사지하거나 문지르지 않는다.
④ 실내가 시원하고 통풍이 잘 되게 한다.

83. 다음은 동상 환자의 처치법에 대한 설명이다. 틀린 것은?
① 따뜻한 물을 마시게 한다.
② 동상부위는 뜨거운 물주머니로 찜질을 한다.
③ 체온을 따뜻하게 해 준다.
④ 뜨거운 불에 동상부위를 녹이려 하면 안 된다.

84. 다음은 동상의 발생 원인에 대한 설명이다. 가장 거리가 먼 것은?
① 부정적인 사람에게 많이 발생한다.
② 흡연과 음주를 하는 사람이 동상에 더 잘 걸린다.
③ 동상 환자는 자각 증세가 약하다.
④ 혈액 순환이 좋지 않은 사람이 더 잘 걸린다.

85. 상처에 이물질이 깊이 박힌 경우 응급처치법으로 적절하지 않은 것은?
① 이물질을 그대로 두고 드레싱을 대고 붕대를 감는다.
② 이물질을 그대로 두고 움직임을 최소화한다.
③ 한쪽 눈에 이물질이 박힌 경우 양쪽 눈을 다 가린다.
④ 이물질을 신속히 제거하고 지혈한다.

정답 76.② 77.③ 78.④ 79.① 80.② 81.④ 82.③ 83.② 84.① 85.④

86. 수렵을 할 때 동상을 예방하는 방법을 설명한 것으로 틀린 것은?
① 동상 예방에 금연이 좋다.
② 외부에 노출된 신체 부분을 자주 비벼 준다.
③ 술은 혈액 순환에 도움이 되므로 자주 마신다.
④ 손과 발을 자주 움직이거나 마찰해 준다.

87. 다음 중 저체온증의 증상 및 징후로 맞지 않는 것은?
① 심한 경우에도 심장기능 장애는 오지 않는다.
② 체온이 35℃ 이하인 경우를 말한다.
③ 단계별로 경증에서 중증으로 나타난다.
④ 심한 경우 의식 손실을 가져온다.

88. 다음 중 저체온증이 심할 경우의 증상으로 맞지 않는 것은?
① 의식손실
② 언어지시에 적극 반응
③ 모든 반사 신경 상실
④ 심장기능 장애

89. 다음 중 저체온증을 가리키는 증상으로 볼 수 없는 것은?
① 구토를 한다.
② 온몸을 떤다.
③ 몸이 저리다.
④ 멍한 눈으로 허공을 응시한다.

90. 다음 중 저체온증 환자에 대한 일반적인 응급처치법으로 맞지 않는 것은?
① 추가 열손실 방지
② 보온 및 열 공급
③ 기도개방 유지
④ 환자를 더운 물에 넣는다.

91. 다음 중 저체온증 환자 발생 시 현장 조치사항으로 적절하지 않은 것은?
① 치명적인 상태(호흡정지, 심장마비) 동반 여부를 확인한다.
② 환자의 의식이 없을 경우 따뜻한 음료를 마시게 한다.
③ 필요시 신속하게 구조요청을 한다.
④ 환자의 몸을 건조하고 따뜻하게 한다.

92. 다음 중 절단된 상처의 응급처치가 적절한 조치는?
① 손가락이 절단된 경우 절단된 손가락의 표면을 깨끗이 닦는다.
② 절단된 부위를 냉동시켜 환자와 함께 병원으로 이송한다.
③ 절단된 표면은 만지지 않고 헝겊과 비닐에 감싼 후 얼음주머니에 넣는다.
④ 손가락이 절단된 경우 지혈대를 사용하여 단단히 묶는다.

93. 다음 중 일반적으로 뇌졸중을 발병시키는 위험요소에 해당하지 않는 것은?
① 지나친 운동　② 고혈압, 심장병
③ 비만, 고지혈증　④ 당뇨병, 흡연

94. 다음 중 일반적인 뇌졸중의 증상과 가장 거리가 먼 것은?
① 반신마비　② 반신감각 장애
③ 청각장애　④ 언어장애

95. 다음 중 뇌졸중에 대한 응급처치 요령으로 적절하지 않는 것은?
① 응급의료기관에 신속히 신고한다.
② 기도를 열고 상태를 확인한다.
③ 토사물이 나오면 잘 나올 수 있도록 옆으로 눕힌다.
④ 물이나 음료를 주어 갈증을 해소시킨다.

96. 다음 중 응급상황 시 출혈과 관련된 설명으로 가장 올바르지 않은 것은?
① 출혈이 아무리 심해도 지혈보다 심폐소생술이 먼저 행해져야 한다.
② 출혈 상태에 따라 응급처치법의 순서를 결정해야 한다.
③ 출혈이 심하면 지혈을 시키면서 의식, 호

정답 86.③ 87.① 88.② 89.① 90.④ 91.② 92.③ 93.① 94.③ 95.④ 96.①

제 4 장

흡, 순환상태를 확인한다.
④ 출혈이 심하지 않으면 호흡 확인 후 심폐 소생술을 먼저 할 수 있다.

97. 다음 중 외부 출혈 시 처치요령에 대한 설명이 틀린 것은?
① 출혈부위를 심장보다 높이 해야 한다.
② 상처가 깊으면 일단 붕대로 강하게 조여 맨다.
③ 간접압박은 국소압박으로 지혈되지 않을 때 실시한다.
④ 지혈대 압박은 지혈의 마지막 수단이다.

98. 다음 중 지혈의 방법에 속하지 않는 것은?
① 직접압박 ② 간접압박
③ 지혈대 압박 ④ 붕대압박

99. 다음은 응급환자 운반의 일반원칙이다. 틀린 것은?
① 손상 환자는 마취 및 지혈 후 운반
② 환자 상태를 파악 후 운반방법 결정
③ 운반 중 환자의 의식상태 지속파악
④ 운반 중 충격에 대비하여 조심운반

100. 환자의 운반법에 대한 설명이다. 틀린 것은?
① 안전하고 정확한 계획을 수립한다.
② 맬 곳과 풀 곳을 확실히 한다.
③ 모두에게 동일한 임무를 부여한다.
④ 운반 순서와 방법을 결정한다.

101. 응급환자의 호흡유무 판단 요령이 틀린 것은?
① 환자의 움직임과 숨소리로 판단할 수 있다.
② 환자의 손발을 가볍게 꼬집어 호흡유무를 판단할 수 있다.
③ 가슴에 규칙적인 상하 움직임이 있는지 살펴보거나 손을 얹어 확인한다.
④ 환자의 입과 코에 귀를 대고 호흡 유무를 판단할 수 있다.

102. 다음 중 열상의 특징에 대한 설명이 아닌 것은?
① 상처 부위에 따라 출혈이 심할 수 있다.
② 날카로운 물체에 의한 상처다.
③ 피부조직이 부분적 또는 전체적으로 찢겨진 상처다.
④ 정도에 따라 출혈량에 차이가 있다.

103. 다음 중 사고현장에서 발생한 응급상황에 대한 설명으로 옳은 것은?
① 현장 상황은 침착하되 신속하게 판단해야 한다.
② 구조자는 자신의 위험을 감수해야 한다.
③ 구조요청을 하면 응급처치를 하지 않아도 된다.
④ 현장의 안전성은 나중에 판단한다.

104. 다음 중 사고현장의 안전관리에 대한 설명으로 옳은 것은?
① 피해자를 위험으로부터 보호했다면 피신시킬 필요가 없다.
② 구조자가 1차적으로 모든 일을 처리해야 한다.
③ 가급적 빨리 구조요청을 한다.
④ 위험한 동료를 위해서는 구조자의 몸을 던지는 등 희생이 반드시 뒤따른다.

105. 다음 중 응급상황 시 구조신고 내용에 대한 설명이 틀린 것은?
① 정확한 사고위치와 구급차 대기 장소
② 사고의 종류와 심각성
③ 피해규모 및 환자의 손상 정도
④ 친인척 등 가족사항

106. 수렵장에서 응급구조 요청 시 접수자에게 반드시 알려주어야 할 내용은?
① 피해규모 및 환자의 손상 정도
② 친인척 등 가족사항
③ 수렵활동의 적법성 등 허가 여부
④ 불법 총기 소지 여부

107. 수렵장에서 응급상황 발생 시 현장 판단요령으로 적절하지 않은 것은?
① 피해자와 구조자에게 위험이 계속될 것인지 파악한다.

정답 97.② 98.④ 99.① 100.③ 101.② 102.② 103.① 104.③ 105.④ 106.① 107.③

② 현장상황은 침착하고 신속하게 파악해야 한다.
③ 구조대가 어디에 있는가 알아봐야 한다.
④ 구조자 자신이 위험에 처하지 않도록 주의해야 한다.

108. 수렵장 내 사고현장에 대한 안전관리 요령 중 틀린 것은?
① 피해자를 위험으로부터 보호하거나 피신시킨다.
② 가급적 빨리 구조요청을 한다.
③ 구조자가 1차적으로 모든 일을 처리하려는 생각은 금물이다.
④ 전문구조기술을 습득한 자만이 구조자라 칭한다.

109. 의식이 있는 환자에게 질문내용으로 적합하지 않은 것은?
① 무슨 일이 있었는가를 물어 본다.
② 환자의 증상(통증, 불편함)을 물어 본다.
③ 치료 중인 질병이나 복용하고 있는 약물이 있는가를 물어 본다.
④ 현재 다니고 있는 직장이 있는가를 물어 본다.

110. 구조요청 후 구급차가 도착할 때까지의 응급처치 요령으로 적절치 않은 것은?
① 피해상황에 대해 신속히 신고했다면 더 이상 필요가 없다.
② 환자나 구조자에게 또 다른 외부 위험요소가 있는지 확인한다.
③ 환자의 부상 또는 위험상태가 어떠한지 계속해서 관찰한다.
④ 의식, 호흡, 맥박이 있는지 계속해서 관찰한다.

111. 수렵장에서 사고발생 시 부상자에 대한 위험판단 요령으로 적절치 않은 것은?
① 의식여부를 확인한다.
② 숨은 쉬고 있는지 기도는 확보되어 있는지 확인한다.
③ 맥박과 혈액순환 등을 확인한다.
④ 질병 병력을 확인한다.

112. 부상자의 응급상황을 파악할 때 의식유무 확인 방법으로 적절치 않은 것은?
① 환자의 소리반응 ② 환자의 자극반응
③ 환자의 출혈반응 ④ 환자의 동공반응

113. 안전사고 시 부상자의 의식유무 확인 방법 중 소리반응에 대한 설명은?
① 손발을 가볍게 꼬집어 자극에 대한 반응으로 파악할 수 있다.
② 환자의 이름을 불러 대답 유무로 확인할 수 있다.
③ 눈꺼풀을 올려 동공의 크기로 정상유무를 확인할 수 있다.
④ 환자의 입에 귀를 가까이 대고 숨소리가 들리는지 확인한다.

114. 안전사고 시 부상자의 의식 확인방법 중 자극반응에 대한 설명은?
① 환자의 이름을 불러 대답 유무로 확인할 수 있다.
② 눈꺼풀을 올려 동공의 크기로 정상유무를 확인할 수 있다.
③ 손발을 가볍게 꼬집어 반응 유무를 파악할 수 있다.
④ 환자의 입에 귀를 가까이 대고 숨소리가 들리는지 확인한다.

115. 응급상황 시 부상자의 의식 확인 방법 중 동공반응에 대한 설명은?
① 환자의 입에 귀를 가까이 대고 숨소리가 들리는지 확인한다.
② 환자의 이름을 불러 대답 유무로 확인할 수 있다.
③ 눈꺼풀을 올려 동공의 크기로 정상유무를 확인할 수 있다.
④ 환자의 손발을 가볍게 꼬집어 반응 유무를 파악할 수 있다.

116. 다음 중 출혈이 심하지 않은 경우의 응급처치가 아닌 것은?

제 4 장

정답 108.④ 109.④ 110.① 111.④ 112.③ 113.② 114.③ 115.③ 116.③

① 엉키어 뭉친 핏덩어리를 떼어내지 말아야 한다.
② 흙이나 더러운 것이 묻었을 때는 깨끗한 흐르는 물에 씻어준다.
③ 손상된 곳과 심장 사이에 뼈 가까이 지나는 동맥을 압박한다.
④ 의사의 치료를 받게 한다.

117. 다음은 응급처치법 중 인공호흡에 관한 설명이다. 틀린 것은?
① 호흡이 없으면 이마를 뒤로 젖히고 기도를 유지시킨다.
② 호흡을 불어 넣을 땐 깊고 강하게 불어 넣는다.
③ 호흡이 원활하게 들어가는지 저항감은 있는지 확인한다.
④ 환자의 입을 구조자의 입으로 모두 덮고 가슴이 충분히 부풀어 오를 정도로 숨을 불어넣는다.

118. 다음 중 응급처치 시 가슴압박에 대한 설명으로 올바르지 않은 것은?
① 구조자의 어깨와 환자의 몸이 수직이 되게 하고 팔꿈치를 곧게 펴서 고정한다.
② 성인은 5~6cm이하의 깊이로 들어가도록 압박과 이완을 반복한다.
③ 환자의 젖꼭지와 젖꼭지를 이은 명치부위를 압박한다.
④ 압박속도는 1분에 100~120회의 압박이 적당하다.

119. 다음 중 성인의 심폐소생술 요령에 대한 설명이 적절치 않은 것은?
① 약 2분 동안 30(가슴압박):2(인공호흡)의 비율로 5회 반복한다.
② 인공호흡이 되지 않을 때는 가슴압박만 실시한다.
③ 환자가 회복되거나 전문요원이 도착할 때까지 실시한다.
④ 산소가 공급되지 않으면 가슴압박은 의미가 없다.

120. 다음 중 심장마비의 증상과 직접 관련이 없는 것은?
① 호흡곤란 ② 가슴통증
③ 현기증 ④ 소화불량

121. 다음 중 수렵장에서 신체 손상환자(골절, 염좌 등) 발견 시 응급처치 순서로 맞는 것은?
① 안정 → 압박 → 상처올림 → 냉찜질
② 안정 → 냉찜질 → 압박 → 상처올림
③ 압박 → 냉찜질 → 상처올림 → 안정
④ 냉찜질 → 압박 → 상처올림 → 안정

122. 다음 중 수렵장에서 부상자 발생 시의 응급처치 순서로 올바른 것은?
① 지혈 → 기도유지 → 생명력유지 → 운반
② 기도유지 → 생명력유지 →지혈 → 운반
③ 지혈 → 생명력유지 → 기도유지 → 운반
④ 생명력유지 → 기도유지 → 운반 → 지혈

123. 수렵장에서 응급환자를 처치할 때 지켜야 할 원칙으로 옳지 않은 것은?
① 부상자의 상태를 확인하고 편안한 자세를 유지
② 부상자에 대한 생사판단은 하지 않음
③ 가지고 있는 약품을 모두 사용하여 신속히 조치
④ 응급후송 전까지 2차 쇼크 방지 및 2차 부상 방지

124. 다음 중 응급처치의 4대 요소에 해당하지 않는 것은?
① 전문 의료기관에 연락
② 지혈
③ 기도유지
④ 쇼크방지 및 치료

125. 수렵 도중 부상으로 인한 심한 출혈 시 응급처치 요령으로 틀린 것은?
① 소독된 거즈나 헝겊으로 세게 압박한다.
② 감염에 주의하며 이물질을 물로 씻는다.
③ 출혈부위를 심장보다 높게 한다.
④ 환자를 편안하게 눕히고 보온한다.

정답 117.② 118.③ 119.④ 120.④ 121.② 122.② 123.③ 124.① 125.②

126. 수렵 시 두부가 손상된 환자의 응급처치 방법이 틀린 것은?
① 경추, 척추 고정
② 들것에 눕힌 상태에서 머리쪽을 30°정도 올려준다.
③ 기도를 확보한다.
④ 머리 부분을 따뜻하게 해준다.

127. 다음중 수렵장에서 타박상을 입었을 때 조치방법으로 옳지 않은 것은?
① 출혈이 멈추고 부기가 내리면 온찜질을 한다.
② 8~10 시간 가량 얼음찜질을 한다.
③ 상처주위를 탄력붕대로 감아 출혈과 부종을 방지한다.
④ 상처부위는 심장보다 낮게 해서 혈액순환이 잘 되게 한다.

128. 수렵도중 동료가 부상을 당한 경우 조치요령으로 타당하지 않은 것은?
① 먼지나 세균에 의한 상처감염 방지
② 가능한 상처에 손이나 물건 접촉 삼가
③ 현장에서 완전히 치료 후 이송
④ 출혈이 있는 경우 지혈조치

129. 다음 중 감염증에 의한 쇼크에 해당하는 것은?
① 출혈성 쇼크　② 저체액성 쇼크
③ 패혈성 쇼크　④ 호흡성 쇼크

130. 수렵도중 발생한 부상자를 1차 기본조사 시 특히 확인해야 할 신체기능은?
① 감각계, 순환계　② 감각계, 신경계
③ 호흡계, 순환계　④ 호흡계, 신경계

131. 다음 중 응급의료서비스 기관을 표시하는 용어는?
① CMC　② CPR　③ EMS　④ EPR

132. 수렵도중 동료가 구토와 함께 졸도하였을 때 해야 할 최초의 행동으로 올바른 것은?
① 바로 인공호흡을 실시한다.
② 입안의 오물을 제거한다.
③ 정신을 차리도록 흔들어 깨운다.
④ 119로 신고한 후 기다린다.

133. 수렵도중 응급환자 발생 시 응급의료기관에 신고 전화하는 요령으로 적합치 않은 것은?
① 보다 확실한 도움요청이 되도록 가능하면 2인 이상이 전화를 한다.
② 응급상황 발생장소, 전화자 이름, 응급상황 내용을 말해 준다.
③ 환자의 주소지, 가족관계 등 신상관계를 말해 준다.
④ 응급의료기관 직원이 묻는 말에 정확히 답해 준다.

134. 수렵 중 쓰러진 동료의 의식상태에 대한 점검요령으로 가장 맞지 않은 것은?
① 말을 걸어본다.
② 꼬집어본다.
③ 동공을 살펴본다.
④ 출혈상태를 확인한다.

135. 수렵도중 쓰러진 동료의 호흡여부를 조사하는 요령으로 적절하지 않은 것은?
① 환자 가슴의 움직임을 살펴본다.
② 자신의 뺨을 코 가까이 대어본다.
③ 자신의 뺨을 입 가까이 대어본다.
④ 환자의 동공을 살펴본다.

136. 수렵도중 쓰러진 동료의 맥박을 확인하는 요령으로 가장 적합하지 않은 것은?
① 손목 동맥을 짚어본다.
② 경동맥을 살펴본다.
③ 이마를 만져본다.
④ 심박동을 들어본다.

137. 다음 중 음료를 마시도록 하여서는 안되는 응급환자에 해당하는 경우는?
① 출혈환자　② 쇼크상태
③ 동상환자　④ 골절상태

정답 126.④ 127.④ 128.③ 129.③ 130.③ 131.③ 132.② 133.③ 134.④ 135.④ 136.③ 137.②

제 4 장

138. **다음 중 쇼크의 종류로 올바르지 않은 것은?**
① 심장성 쇼크 ② 출혈성 쇼크
③ 골절성 쇼크 ④ 신경성 쇼크

139. **다음은 심정지 상태의 증상에 관한 설명이다. 타당하지 않은 것은?**
① 숨을 쉬지 않는다.
② 외견상 사망한 것으로 보인다.
③ 의식이 없다. ④ 다리를 떨고 있다.

140. **심폐 소생술 실시시간에 관한 설명이 틀린 것은?**
① 0~4분이내: 뇌 손상 가능성이 거의 없다.
② 4~6분이내: 뇌 손상 가능성이 높다.
③ 6~10분이내: 뇌 손상이 확실시 된다.
④ 10분 이상: 사망한다.

141. **심장마비의 증상을 설명한 것으로 올바르지 않은 것은?**
① 환자의 맥박이 약하고 안색은 창백하다.
② 호흡곤란이 있다.
③ 머리에 열이 올라 뜨겁다.
④ 환자의 의식이 오락가락 한다.

142. **뇌빈혈로 졸도하여 쓰러진 동료의 응급처치법으로 바르지 않은 것은?**
① 머리와 몸을 수평으로 눕히고 다리를 높여준다.
② 곧바로 인공호흡을 실시한다.
③ 옷깃을 느슨하게 하여 뇌에 피가 잘 흐르도록 한다.
④ 의식이 회복되면 차나 물을 많이 마시게 한다.

143. **수렵장에서 창상을 입어 출혈이 심한 동료를 응급처치하는 방법이 아닌 것은?**
① 즉시 지혈을 하고 출혈부위를 높게 하여 안정을 취하도록 눕힌다.
② 출혈이 멎기 전에는 음료를 주지 않는다.
③ 소나무 껍질을 벗겨 상처부위를 덮어준다.
④ 응급처치를 한 후 즉시 응급구조요청을 한다.

144. **수렵을 하다가 야생견에게 물렸을 때 조치사항이 틀린 것은?**
① 비누와 물로 상처를 깨끗이 씻고 말린다.
② 소독된 거즈를 대고 붕대를 감는다.
③ 신속하게 의사의 진단을 받는다.
④ 지혈제를 바르고 수렵을 계속한다.

145. **유해야생동물을 포획하다가 말벌에 쏘였을 때 응급처치법이 틀린 것은?**
① 즉시 벌침을 빼낸다.
② 암모니아수를 바르고 연고를 바른다.
③ 붓기가 심하면 병원으로 후송한다.
④ 소주나 된장으로 소독한다.

146. **다음 중 척추골절에 대한 설명이다. 올바르지 않은 것은?**
① 손가락 또는 발가락을 자기 뜻대로 움직이지 못한다.
② 의료진이 도착하기 전까지는 그대로 두는 것이 좋다.
③ 몸을 옆으로 돌려보며 손상 여부를 확인한다.
④ 경추 손상시는 튼튼한 전신부목위에 바로 눕히고 고정한다.

147. **다음 중 두개골 골절에 대한 설명이 아닌 것은?**
① 머리가 터지거나 의식이 없다.
② 머리부분을 따뜻하게 보온한다.
③ 심할 경우에는 귀, 코, 입 등으로 출혈이 있다.
④ 부상자의 머리와 어깨를 약간 높여준다.

148. **수렵도중 응급환자 발생 시 행동요령이 아닌 것은?**
① 부상자의 상황을 신속히 파악해야 한다.
② 필요 시 신속하게 응급구호 요청을 한다.
③ 심한 출혈일 경우 바로 차에 태워 병원으로 간다.
④ 필요한 응급처치를 실시한다.

정답 138.③ 139.④ 140.④ 141.③ 142.② 143.③ 144.④ 145.④ 146.③ 147.② 148.③

149. 응급처치법에 대한 설명으로 볼 수 없는 것은?
① 사고현장에서 부상자가 전문 의료 서비스를 받기 이전까지의 조치이다.
② 부상의 원인 종류 등을 규명하는 전문적 치료와는 다르다.
③ 현장에서 환자에게 발생하는 중요한 변화에 대한 응급조치이다.
④ 현장에서 약품을 투여하여 환자를 치료하는 것이다.

150. 응급처치 시 부상자가 의식이 있을 경우의 설명이 아닌 것은?
① 응급처치 전에 동의를 받아야 한다.
② 심한 부상인 경우 동의가 필요치 않다.
③ 동의는 명시적이어야 한다.
④ 동의가 없을 경우 위법행위가 될 수도 있다.

151. 다음 중 응급처치의 4대 요소가 아닌 것은?
① 기도유지 ② 쇼크방지
③ 신속한 구호요청 ④ 지혈

152. 다음 중 보온을 해야 하는 응급환자가 아닌 것은?
① 실신하여 얼굴이 창백한 환자
② 열사병 환자
③ 출혈이 심한 저체온증 환자
④ 운반을 필요로 하는 환자

153. 다음 중 질식된 듯한 모습을 보이고 화상을 동반하며 쇼크 증상을 보일 수 있는 경우는?
① 골절 ② 창상 ③ 감전 ④ 탈구

154. 겨울철 혹한의 산속에서 조난당한 경우 발생하기 쉬운 응급환자의 종류는?
① 중독환자 ② 열사병 환자
③ 감전환자 ④ 저체온증 환자

155. 다음 중 혹한기 수렵도중 동상을 예방법으로 적절하지 않은 것은?
① 꼭 끼는 장갑, 양말착용은 지양한다.
② 술을 마신다.
③ 손과 발이 젖지 않도록 한다.
④ 손가락 발가락을 계속 움직인다.

156. 다음 중 응급처치의 중요성을 설명한 것이다. 가장 맞지 않는 것은?
① 긴급한 환자의 생명유지
② 환자의 절박한 고통경감
③ 사망시간의 연장
④ 신속한 현장처치로 부상악화 방지

157. 다음 설명 중 응급처치의 일반원칙에 해당하지 않는 것은?
① 구조자 자신의 안전을 최우선으로 한다.
② 신속하게 가지고 있는 모든 구급약품을 동원하여 환자를 처치한다.
③ 사전에 당사자의 이해와 동의를 얻어 실시하는 것을 원칙으로 한다.
④ 당황하거나 흥분하지 않고 침착하게 사고의 정도와 환자의 모든 상태를 확인한다.

158. 다음 중 출혈의 증상에 관한 설명으로 알맞지 않은 것은?
① 호흡과 맥박이 빠르고 불규칙하다.
② 불안과 갈증, 반사작용이 둔해지고 구토도 발생한다.
③ 혈압이 점점 상승하며 얼굴이 창백해진다.
④ 탈수현상이 있으며 갈증을 호소한다.

159. 다음 중 출혈에 대한 설명이 맞지 않는 것은?
① 혈액이 피부 밖으로 흘러나오는 것을 외출혈이라 한다.
② 혈액이 피부 안쪽으로 고이는 것을 내출혈이라 한다.
③ 성인의 혈액총량은 일반적으로 체중의 1/12~1/13 정도이다.
④ 출혈로 혈액이 부족하면 식염수를 공급하여 보충해 주면 된다.

제 4 장

정답 149.④ 150.② 151.③ 152.② 153.③ 154.④ 155.② 156.③ 157.② 158.③ 159.④

160. 다음 중 인공호흡(성인 심폐소생술 방법)에 관한 설명이 틀린 것은?

① 가슴압박과 인공호흡의 비율은 30:2이다.
② 손바닥 전체로 힘차게 압박한다.
③ 압박의 깊이는 5~6cm로 한다.
④ 속도는 1분에 100~120회 이다.

정답 160.②

그림으로 보는 사냥규범

사냥은 기술도 중요하지만 엽사로서 규범과 에티켓을 지키는 것이 무엇보다 중요하다. 수렵인이 이해하여야 할 기본적인 수렵상식과 필요한 사냥 규범을 그림으로 설명했다.

수렵조수의 생산과 소비

• 서식지의 수용능력이 곧 야생동물 수를 결정한다.

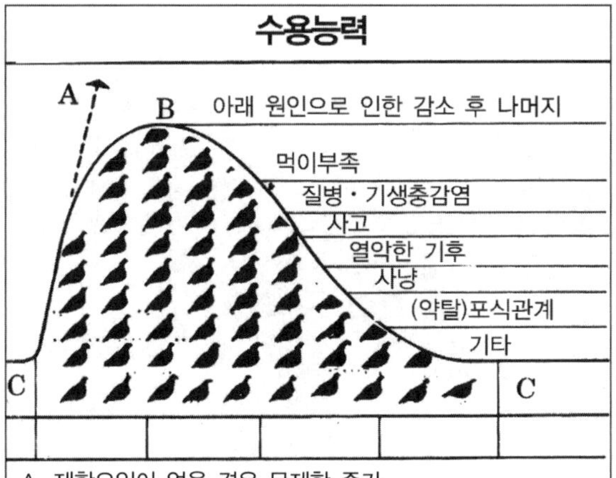

A. 제한요인이 없을 경우 무제한 증가
B. 연평균 사냥수량
C. 연간 번식수량
(수렵은 감소될 연간 증가분을 솎아내는 것)

야생조수는 먹이와 은폐물이 많은 초여름에 증가한다. 여름에는 우수한 서식환경으로 새로운 가족이 늘어난다. 늦은 여름 은폐 환경이 정점을 지나면서 조수는 줄어들고 먹이가 부족한 혹한기의 겨울이 되면 급격하게 줄어든다.

안전사고 주의

한 마리 게임에 2인 사격을 금지한다.

총을 놓고 자유롭게 행동한다. 총구는 모자 위에 올려 놓는다.

차 안으로 장탄된 총기를 가지고 오지 않는다.

앞이 안 보이는 능선 등지에서 사격을 금지한다.

출렵시에 안전한 방향으로 총구를 향한다.

인용 문헌

1. 환경부 발표, 수렵면허시험문제은행
시험과목1: 수렵에 관한 법령 및 수렵절차
평가영역1: 야생생물보호및관리에관한법률 / 평가영역2: 수렵의 절차 / 평가영역3: 기타
출제: 김태용 / 검증: 이현우

시험과목2: 야생동물의 보호·관리에 관한사항
평가영역1: 야생동물과 수렵동물의 특성 / 평가영역2: 야생동물과 수렵동물의 식별
출제: 안현경 / 검증: 윤종민

시험과목3(1종): 수렵도구(제1종)의 사용법
평가영역1(1종): 수렵용 총기에 대한 기본 / 평가영역2(1종): 수렵용 총기(엽총 공기총)의 특성
평가영역3(1종): 엽탄 연지탄 등의 용도 / 평가영역4(1종): 사격술 등. 2종: 수렵도구의 사용법
출제: 최경철 / 검증: 윤종영

시험과목4: 안전사고의 예방 및 응급조치에 관한 사항
평가영역1: 총포·도검·화약류 등의 안전관리에 관한법률 / 평가영역2: 안전사고 방지요령
평가영역3: 응급처치 요령 / 출제: 황규명 / 검증: 윤종영

본지에 수록된 수렵면허시험 문제는 2017. 7. 환경부에서 발표한 수렵면허시험 문제은행을 부분 수정 수록하였으며, 각 장의 문제는 위에 기록한 "각 4명의 출제·검증자가 저작한 수렵면허시험 문제임"을 밝힙니다.

환경부 발표
수렵면허 시험문제
필드사냥 완전정복

발행처: 자연과사냥 / 출판등록번호: 제2-3578호 / 저자(수렵면허시험문제 해설): 이종익
2003년 3. 5. 초판 1쇄 발행
2020년 3. 26. 개정 2판 23쇄 발행

주소: 04537 서울 중구 명동10길 19-3(명동2가 3-3)
우편배달: 10499 경기 고양시 덕양구 화신로 234 백양빌딩 522호(화정2동 993)
전화: 02-777-9090 팩스: 02-776-9090
홈페이지: gohunting.co.kr / e-mil : nhunting@naver.com

값 25,000 원
ISBN 978-89-969893-3-2 93690